中国传媒大学校友文库
新闻传播学校友卷

广播影视散论

黄 勇著

中国传媒大学出版社
·北京·

序

思考:人生的另一种乐趣与财富

——初读《广播影视散论》有感

在国人心目中,温州人是坚韧不拔、思想解放、敢为人先、开拓进取的一族。而他恰恰是一个温州人。1965 年,16 岁的他离乡赴闽,投身军旅,经历了革命大熔炉的锤炼。后来的机遇让他转入福建省广播局(台)工作。1978 年在完成北京广播学院(现中国传媒大学)新闻系的学业之后,他留校工作,在母校成长,曾任北京广播学院党委副书记、副院长。他 1996 年调入广电部机关工作,先后担任广电部办公厅副主任兼法规司副司长,部(总局)机关党委常务副书记,广播电视规划院院长,广电总局副总编、总局发展研究中心主任、研究员,可谓一生与广电结下不解之缘。他就是本书的作者黄勇。

历史有时会惊人地相似。百多年前,英国作家王尔德曾大发感慨:"这个世界上,好看的脸蛋很多,有趣的灵魂太少。"对照而言,在追捧颜值的当下,在这个娱(愚)乐代替思考、浮躁嘲弄理性、肤浅轻蔑深刻的当下,情况不正是如此么?

颜值高固然令人欣怡,但灵魂有趣则更值得钦敬。灵魂有趣的最高境界在于善思考、有思想。因为"人类是靠思想站起来的","人类的全部尊严就在于思想"。

在我的朋友之中,黄勇就是喜欢思考的思想者之一。他很正统,但绝不因循;他善思考,但又很务实;他曾是官员,但很具学者之风。多年来,他虽痛风缠身,严重时步履维艰,却一刻不曾停下思想脚步，且笔耕不辍。此前，他已发表论文数十篇，出版个人专著6部，另有3部正在出版之中。这部《广播影视散论》即将出版之际，他要我写篇序文。我们既是校友，又是同事，加之我对他一直坚持理论思考心存钦敬，所以欣然从命。

本书是一部广播影视学术理论研究和实践探索的文集，不但内容丰富，而且成文时间跨度大。全书三辑，分别是：广播影视学术理论研究、广播影视规划和研究机构建设与思考、广播电视高等教育探索与思考。撰文时间则是从1978年到2018年，正好是改革开放40年，读者从中可以把脉广播影视行业40年的某些历史轨迹。

理论来源于实践，反过来又可指导和推动实践。脱离实践的理论，必定是无源之水、无根之木。但是，脱离了理论指导的实践，必定是盲目乃至跑偏的实践，或低水平的实践。因此，一个国家或一项事业的变革或突进，总是以理论的突破为先导的。

有趣的是，理论研究工作恰恰就如一条事业线，连起了黄勇在广播学院和广电总局工作的首尾两端。在北京广播学院工作期间，他曾负责宣传思想理论教育工作，还一度兼任学报（即《现代传播》）主编；而他在广电总局的最后一个岗位，则是负责组织开展广播影视政策决策研究工作。高等学校的长期熏陶和历练，为他奠定了理论思维的基础，开启了他理论思考研究的始端；而广电总局机关的工作提供了了解国家大局和掌握广电全局的条件，大大开阔了他的视野和思路，增强了他宏观观察思考问题的能力。这都为他后来的研究工作蓄积了厚实的能量。

2003年，黄勇受命创建广电总局规划院和发展研究中心。作为首任院长和主任，在总局党组的领导下，在各相关司局的支持下，他与同事们艰辛创业，筚路蓝缕，在6年时间里，不仅建立了一院一中心和两支科研队伍，还较好地完成了37个国家和部级重要社科研究项目，组织编写出版了每年一部的《中国广播影视发展报告》（广电蓝皮书），填补了我国广电领域的一个空白，为广播影视的发展改革和科学决策提供了必要的理论智力支持与咨询服务。

理论并不玄妙。它是朴素的，甚至是常识性的、底线性的。而理论研究的要义之一，便是坚持底线思维，宣示和坚守事物的基本规律、基本原则、基本常识这个底线、红线，从而规范实践，防止违背基本规律、基本原则、基本常识的低级错误贻害事业的发展。

比如，黄勇在一篇文章中说，新闻的本质特征是真实性，即事实的真实。事实的价值是第一性的，新闻的价值是第二性的。乍一看，这只是关于新闻常识性的基本论述，似无新意。但是，看看当下信息传播的现状，我们就会发现，无良信息的压城之势已经凶猛地冲击着传播底线和新闻伦理，重新认识、理解和强化新闻传播理论教育极具重要性和必要性。

君不见，每每打开手机和电脑，目之所及，各种“标题党”“导语党”的喧嚣，铺天盖地；各种耸人听闻的字眼，诸如“世界哗然”“某某哀号”等，充斥着各种终端，令人烦不胜烦！

正如广电总局副局长朱咏雷所言：“在当前的信息传播中，有两大突出问题：一是大量新媒体野蛮生长，很多都没有资质、缺乏经验、缺少管理，导致舆论导向偏失，虚假低俗信息泛滥，新闻伦理问题突出；二是一些网站法律意识淡薄，一些网民的文明诚信素养欠缺，网络传播秩序混乱。”

在这种传播生态和传播氛围中，事实已不重要，喧嚣代替了一切，某些人越来越不关注事实真相，只在乎情绪的宣泄和自我的表达。这极大地污染了传播环境，损害了人们的心智乃至国家形象和国际关系。

因此，开展一场有关新闻传播基本理论、基本规律和基本伦理的底线保卫战，以净化传播环境，回归新闻传播的常识、常规、常态，乃是新闻传播界亟须完成的任务。

理论研究工作的要义之二，是要坚持求实思维。

法国评论家法朗士说：“最难得的勇气，是思想的勇气。”而思想的勇气，对于理论研究工作者而言，无疑是第一素质要求。

黄勇在本书中强调，广电学术理论研究，要始终坚持实事求是和理论联系实际的原则。这既是一个工作原则问题，也是研究工作者的学术品格问题。作为研究者，要有独立的观察、思考和判断能力，要有敢于坚持实事求是、提出和坚持正确意见的勇气。特别是总局发展研究中心，作为总局的决策研究机构和智库，其研究工作必须坚持“科学、理性、求实、可行”的原则，必须将“中国国情、中央精神、时代要求、广电实际”四者结合起来，不唯上，不唯书，不唯外，只唯实。

这是十分难能可贵的。比如，对于当年县级广电播出机构的存废、文化体制改革中广电机构的改革、建立广电集团等问题，黄勇在深入研究的基础上，都持有自己独立的见解，并以各种适当方式向上反映和陈述。他在总结广电集团化的经验教训的文章中指出：“中国广播影视集团从成立到撤销的教训在于：其一，集团定性为事业性质、企业化管理，缺乏现行法律根据，与现行财政、资产、人事制度相抵触，在市场经济条件下根本无法运行。其二，集团没有实行真正的整合，成员单位均为独立法人单位，人、财、物等资源不能整合和统一配置，集团总部仅是一个行政管理机构，与广电总局重叠，这种顶层设计与现代企业集团模式相去甚远。其三，组建集团方案的制定，缺乏调查研究和应有的科学论证，在上级的催促下，决策也很仓促。这就注定了这个集团难以持久的命运。”可见，“秉持理性思维和渐进方略对待体制改革，该有多么重要和必要”。

理论研究工作的要义之三，是必须有创新思维。

“理论是灰色的，而生命之树常青。”无疑，长青之树需要理论的浇灌，而理论的价值也必须在长青之树中去实现。理论研究工作的终极使命，是推动事物的发展，而非为理论而理论，一味搞空对空，做精神体操和概念游戏。

对于广电而言，当前最迫切的重大问题之一，无疑是媒体融合发展问题。天上一朵云，地上一张网，手中一个端。这个虚拟世界给广电传播带来了极大的挑战，但也给广电转型和升级发展带来历史性机遇。

黄勇在本书中论及，新媒体的突出优势，是移动、即时、交互、便捷、海量、全覆盖、虚拟化、个性化，人人可以拥有、人人可以使用，传播无所不在、如影随行。因此，推动媒体融合，意义重大，势在必行。他还提出，媒体融合，应从四个方面入手：一是网络融合发展，打破各网之间的技术瓶颈和体制障碍；二是业务融合发展，整合资源，跨界传播，发挥优势，各展所长；三是媒体融合发展，既打造新平台，更构建全媒体；四是终端融合发展，实现终端的智能化和一体多屏。

如今，广播电视与新媒体的融合发展，已经在努力探索中取得了可喜进展，正在继续向前推进。这其中恐怕也得益于像黄勇这样执着于创新思维和事业发展的众多同行持续不断的思考与研究、探索与推动。

人在说话，话在说人。人在写书，书在写人。通读全书，你会深深感受到黄勇对广播电视和新闻传播事业的挚爱、思考和期许。

事业的发展永远在路上，理论的思考也永远在路上。也许我们永远找不到终极的答案，但一刻也不应放弃对问题的思考。

人是寻求意义的动物。而思考则不仅是人在寻求意义之路上的拐杖和头灯，还是会享用它的人的另种乐趣与财富。拥有这种乐趣和财富的人，无论物质条件如何，心里总是充实的。

基于此，我匆匆写就这些文字，以表达对黄勇钟情于理论思考和研究的敬意，并对本书的出版表达祝贺之忱。

张振华

（原国家广播电影电视总局党组成员、
原中国国际广播电台台长，高级编辑）

2020 年 5 月 20 日于京城

本书主要学术观点综述

一、关于新闻学基本概念

新闻的本质特征，一是它的真实性，即真实的事实。二是它的时新性，新闻价值很大程度上取决于时新性。时新概念是对新闻时间性要求的抽象概括，是新闻定义不可缺少的要素。三是它的公开性，它的传播公开、迅捷、广泛，不受限制。

新闻价值由事实与真实、时间与空间、政治性与艺术性、效能与效果四组因素构成。事实价值是第一性的，新闻价值是第二性的。事实在前，新闻在后；事实价值在前，新闻价值在后；新闻价值“表现”在前，新闻价值“存在”在后。

二、关于广电学术和决策研究

广电学术研究工作，要始终坚持实事求是、理论与实践紧密结合的原则。这既是一个学术工作原则问题，也是一个研究工作者的学术品格问题。作为研究者，我们要有独立的观察、思考、判断能力，要有敢于实事求是地反映事实、敢于提出和坚持正确意见的勇气；再是要坚持理论与实践的紧密结合。从理论到理论，解决不了任何问题。我国广电发展改革面临一系列亟待解决的现实问题，要求我们运用科学理论的指导和相关学科的理论支持，主动去研究这些现实问题，提出独到的见解和学术成果，为推进广电的发展改革提供有力的智力支持和咨询服务。这是广电学术研究的价值所在。

广电总局发展研究中心，是政策研究机构，是广电政策研究机构，不同于高校、媒体、社会组织研究机构。它必须坚持“二为”方向，即研究工作要为总局决策提供依据和咨询服务，围绕广播影视发展改革中的重大问题和重要部署的落实提供智力支持和咨询服务。我们的研究工作，应当自觉坚持两个“追求”，即追求“科学、理性、求实、可行”，追求“中国国情、中央精神、时代要求、广电实际”的结合。

坚持两个“追求”，是对党和国家事业的负责，是对人民利益的负责，同时有助于自己对事物规律性的认识，形成研究工作自觉遵循的规则，提高研究工作的质量和水平。我们的研究人员，要坚持“三同”精神和“三重”原则，即“思想与时代同进，工作与时代同步，学习与时代同求”，就是绝不满足于已有的知识、理论和能力，要注重学习、注重更新、注重积累，追求新的进步，了解新的实践，与时俱进，开拓创新；就是以事业为重、以大局为重、以集体为重，把自己从事的工作同国家的大事业、党的大事业、广电的大事业联系起来，同贡献国家和人民、实现自己的人生理想和价值追求联系起来。

三、关于广电发展改革和战略重点

改革开放以来，我国广电发展经历了三次重大突破：第一次始于20世纪80年代初，以政策上的重大突破为主要特征，标志性事件是1983年第十一次全国广播电视工作会议提出的“四级办”方针和以宣传改革为突破口带动全面改革的决策，同年10月中共中央37号文件的颁发实施，带来了广播电视的大发展和规模的迅速扩张；第二次始于20世纪90年代初，以技术上的重大突破为主要特征，其标志性事件是有线电视的崛起和卫星广播电视的应用，带来了收听收看质量的大提升、频率频道资源的大增长和覆盖范围的扩大；第三次始于21世纪初，其标志性事件是广播电视数字化和广电体制改革被推向高潮，逐步实现广电的整体转型。当前，广电正面临又一次重大突破，其标志性事件是媒体融合，就是广电媒体在新媒体崛起的冲击之下，谋求改革、创新、转型，与新媒体实行融合一体发展。这是广电面临的严峻考验，更是一次发展的历史机遇。这个过程，其实质就是传统广电媒体向现代融合媒体的演进、转型过程，就是广播电视追随国家实现社会主义现代化的历史进程。

在国家不断推进全面建成小康社会的新阶段和中国特色社会主义进入新时代的历史阶段，全国广播电视系统发展改革的战略重点，主要应该是以下三大课题：一是构建现代广播电视融合传媒新体系，全面实现多媒体融合传播新格局；二是深化广播电视体制改革，构建由公共服务体系、产业市场体系、政府监管体系和社会中介服务体系构成的适应国家现代化建设要求的新型广播电视体制；三是加快农村广播电视建设发展，构建农村广播电视公共服务体系，解决好农村广电总体滞后问题。

四、关于广电体制改革

新世纪头10年，在全面建设小康社会的新阶段的社会背景下，有四大因素影响和推动了广播电视的变革和发展：一是社会主义市场经济体制的建立和日益完善，使广播电视生存、发展的环境和条件发生了重大变化，广播电视进入了在竞争中谋发展的时代；二是以信息技术、数字技术和网络技术为代表的高科技在世界范围的广泛应用及其引起的变革，使广播电视的面貌得以脱胎换骨地改造升级，进入数字化时代；三是中央启动文化体制改革进程，广播电视体制机制改革创新，进入了构建新型体制的新阶段；四是物质生活条件的改善催生了人民群众对精神文化产品的巨大需求，广播电视面临着公共服务和市场服务的双重挑战，进入了一个多元发展、多样需求的时代。因此，这需要广电人和广电业从思想观念、体制机制、制作传播、节目形态、经营管理等各方面与之相适应，广播电视体制改革和创新成为这一时期的客观要求和大势所趋。

从新世纪开始，广播电视进入了一个新的发展阶段，即整体转型和科学发展阶段。整体转型的基本内涵和主要特征是：其一，理念的转变；其二，技术的转型；其三，业态的转型；其四，功能的转型；其五，体制的转型。科学发展的基本要求，主要表现在三个方面：一是坚持以发展为主题，把发展作为第一要务；二是坚持以人为本，把社会效益放在第一位；三是坚持协调和可持续发展，解决好发展不平衡问题。

从总体看，广播电视体制改革十年，成绩斐然，成效显著：一是有效地推动了广播电视从业人员的思想解放和观念转变；二是有效地推动了广播电视体制转型和机制创新；三是有效地推动了广播电视事业和产业的共同发展；四是有效地推动了广播电视自身的现代化进程。

广播电视体制改革十年，主要的经验和启示是：一是广播电视体制改革是推动广播电视发展的强大动力；二是广播电视体制改革是广播电视主动适应时代新要求的自我革新；三是广播电视体制改革必须与国家总体改革同向而行；四是广播电视体制改革应当秉持理性思维与渐进方略。

中国广播影视集团从成立到撤销的深刻教训在于：其一，集团定性为事业性质、企业化管理，缺乏现行法律根据，与现行财政、资产、人事制度相抵触，在市场经济条件下根本无法运行；其二，集团没有实行真正的整合，成员单位均为独立法人单位，人、财、物等资源不能统一配置，总部仅是一个行政管理机构，与广电总局重叠，这种顶层设计与现代企业集团模式相去甚远；其三，组建集团方案的制定，缺乏调查研究和应有科学论证，在上级的催促下，决策也很仓促。这就决定了这个集团难以持久的命运。可见，理性思维和科学决策，该有多么重要和必要。

五、关于媒体融合

新世纪以来,以互联网和移动互联网为代表的新媒体异军突起,快速发展,打破了传统媒体一统天下的格局,开创和推动了传统媒体与新媒体融合发展的新趋势、新局面。

与传统媒体相比,新媒体有什么样的突出特点? 主要是:交叉、即时,移动、便捷,海量、全覆盖,虚拟化、个性化,人人可以拥有,人人可以使用,传播无所不在、如影随形。

推动媒体融合发展,具有重大的战略意义。其一,这是顺应时代发展大势、巩固壮大宣传思想文化阵地的必然要求;其二,这是增强国际话语权、维护国家意识形态安全的战略要求;其三,这是深化文化体制改革、促进文化事业和产业发展的重要任务。

媒体融合,应包括以下四个方面的融合发展:一是网络融合发展,即网络的改造升级、互联互通,打破通信网、广电网和互联网之间的技术瓶颈和体制障碍;二是业务融合发展,即整合资源、跨界传播,发挥优势、各展其长,这是融合的核心问题;三是媒体融合发展,即打造新平台、构建全媒体,这是媒体融合的主要形式;四是终端融合发展,即多功能、智能化、一体多屏。

媒体融合是媒体转型的核心内容和关键因素。它涉及观念理念、思维思路、媒体结构、业务流程、内容形态、传播方式、资源配置、盈利模式、管理方式、分配制度、队伍素质各方面,乃至体制机制系统的全局性改革和创新。

全面实现媒体深度融合发展,行业面临的困难和障碍还相当大,离中央提出的目标要求还有很长的路要走。主要的困难和突出的问题是:一、体制问题。"一台两制",即传统媒体实行事业体制,新媒体实行企业体制,使得两者实际上不具平等地位,有形无形障碍很多,很难真正实现深度融合和一体化发展。二、投入问题。传统媒体对广告创收依赖极大,广告收入下降压力愈来愈大令传统媒体面临危机。媒体融合,需要巨资投入,资金从哪里来? 事业体制不能从市场融资,新媒体尚无有效盈利模式,也无法从市场融资。这已成为无解的难题。三、内容制作差异和队伍结构问题。

六、关于加快农村广电发展

我们应当深刻认识加快农村广电发展的重大意义和紧迫性。在我国,"解决好农业农村农民问题是全党工作重中之重,城乡发展一体化是解决‘三农’问题的根本途径。”①没有农村和农民的小康,就不能说是全面的小康;没有农村和农业的现代化,就不能说是全国全面的现代化。

全面建成小康社会,需要广播影视提供强有力的舆论支持和文化支撑,如果广播影视不能从这两个方面适应全面建成小康社会的需要,特别是由于农村广电发展不能适应这种需要,那就会从一个领域、一个行业拖国家整体发展的后腿。我们应当从全面建成小康社会大局的高度,来认识和提高加快农村广电发展的紧迫性,思考和着力解决这个重中之重问题。

加快农村广电发展步伐,其重点是:一、以工程建设为龙头,创新发展方式,加大投入力度,加快改造升级,全面推进农村广电基础设施建设,全面提升农村广电现代化水平;二、以构建农村广电服务体系为目标,创新体制机制,整合公共资源,建设以县级广电机构为中心、乡镇广电服务站为基础的垂直管理、上下贯通的新体制,建立和完善投入机制和长效运营机制,全面提高广电服务水平;三、以服务广大农村居民为重点,创新宣传工作,提高节目质量,加强专业人才培训,提高专业化水平,在确保转播好规定的国家台、省级台节目的前提下,努力办好本地特色的各类节目,为广大农村居民提供更好更多的新闻信息和文化、科技、娱乐节目等方面的内容服务。

七、关于广电高等教育管理和发展

学校要在指导思想上确立:办学的根本目的是多出人才、出好人才。院系两级组织,应将主要精力、工作重点放在办学上,不能因为创收而影响校内教学。“以质量求生存,以品种求发展”同样适用于高校。现在的主要矛盾是质量问题。不提高质量,势必误人子弟。规模宜适当控制,不能不顾客观条件,盲目追求速度和规模,超越承受能力,造成全面紧张、工作失调。今后的方针应当是:相对稳定、适当发展规模,着重抓质量的提升,抓基础建设,创造良好办学条件。

学校应当树立以教学科研为中心的思想,树立管理就是服务的思想,树立改革创新的思想,解决“守”重于“创”和谨慎有余、创新不足的问题。

教学与科研,好比飞机之两翼,缺一不可。教学水平的提高,教学内容的更新,有赖于科研的开展。科研不能脱离各个学科的教学。学校应当在政策上鼓励教师开展科研工作。“以教学带科研,以科研促教学”的方针,要落实到各项工作中去。

---

① 胡锦涛在中国共产党第十八次全国代表大会上的报告[EB/OL].(2012-11-08)[2022-05-05].http://cpc.people.com.cn/n/2012/1118/c64094-19612151-4.html.

培养广播电视人才,是我们学校的根本任务,这首先要依靠教师。教学活动是学校的基本活动,是培养人才的基本方式,而处于主导地位的应当是教师。没有教师,就没有学校,没有教师的辛勤劳动,就不会有“桃李满天下”的今天。

高校思想政治工作是一门思想性、政治性、实践性很强的科学。我们必须以科学的态度和科学的方法来对待,要在探索的实践中,加强思想政治工作队伍建设,逐步“培养和造就一批思想政治教育的专家、教授和理论家”。

思想政治工作具有极大的贯通性,这是它区别于其他业务工作的一个显著标志。在高校,思想政治工作贯通到教学、科研、行政管理和后勤服务等各项工作之中,贯通到育人的各个环节和全过程中。所以,思想政治工作要实行齐抓共管制度,就是学校各级党组织、团组织、行政领导、工会、学生会都要抓思想政治工作,教学、科研、行政、后勤各部门都要结合自身业务做好人的思想政治工作,老师要教书育人,干部要管理育人,后勤职工要服务育人。

“两课”既具有天然的内在联系,又有不同的作用和侧重点。马克思主义理论课要解决世界观、方法论问题,要揭示社会发展规律,要回答现实社会中的重大问题,具有宏观性;思想政治教育课要解决个人的人生观、价值观、道德观问题,要回答学生生活中的一系列实际问题,带有个体的微观性。“两课”的任务,要着重解决学生的四个问题:政治方向问题,思想意识问题,道德品质问题,心理素质问题。这些问题,归根到底决定着学生将会走什么道路,是否为人民服务、为社会服务,能不能适应社会和时代的需求,能不能成为社会主义事业建设者和接班人。可以说,“两课”教育教学,对学生的健康成长起着导向、动力和保证作用。

在高校开展文明校园建设,具有普遍的、重大的、深远的意义。我们的目的是:通过抓文明校园建设,建立良好的秩序,树立良好的校风,创造良好的环境,形成具有特色的校园文化,提高师生员工的文明素质,提高教育教学质量,增强学校自身的文化软实力。

中国传媒大学学报《现代传播》的学术研究工作,应当坚持理论联系实际的原则,一方面要注重理论研究,在研究中不断提出新的理论观点,即出思想、出观点、出理论,并在此基础上构建新的理论体系,创立边缘学说;另一方面,要学会运用多学科综合理论,观照广播电视在现代社会的位置和功能,揭示广播电视发展和传播的内在规律,回答广播电视实践、改革和发展中的重大问题,探析广播电视未来的发展走向和趋势。

今后,学报追求的目标是:有特色,即中国特色、广播电视特色、“学院派”特色;高层次,即全息式的思维、全景式的研究、规律性的揭示、理论性的启迪;高品位,即追求文化品位、学术价值、创造精神和社会效益;有影响,即不仅在国内学界业界有影响,更要打入国际传播理论界并产生影响。总之,学报应成为一流的现代传播学术理论刊物。

北京广播学院(现中国传媒大学)经过几代人几十年的艰苦创业、不断开拓和发展,已经成为一所具备鲜明特色的高等学校。概括起来,这所学校有以下五大特色:一是与广播电视鱼水相依的行业特色。它同广播电视业有着“血缘”关系,其教学科研活动与广播电视媒体和实际工作部门有着千丝万缕的联系,兼具广播电视与高等教育两大基因和特性。二是多样化、开放式的办学特色。多样化的培养、培训方式,最大限度地满足广播电视行业和社会对专门人才的多样化需求。对内对外的开放式办学,密切了学校同广电行业、同新闻传媒界、同国外相关机构的合作交流。三是多学科兼容、全方位覆盖的学科特色。学校根据国家广播电视业和新闻传播业发展的需要,逐步构建多学科兼容的格局,逐步扩大学科和专业对整个传播传媒领域业务的覆盖面,成为国内传媒高等教育涵盖面最全的高等学校。四是按照传媒职业要求培养学生综合素质的育人特色。北京广播学院在教育教学上,实施并不断完善、创新各种形之有效的培养方式,从德、智、体、美诸方面培养学生的综合素质,发展学生的专业优势;在治学和育人规范上,创立并倡行自己独特的校训:立德、敬业、博学、竞先。立德,就是坚持德育首位,树立社会公德、职业道德和社会主义思想品德;敬业,就是敬重事业、热爱专业,专心学业,具有强烈的事业心和社会责任感;博学,就是要掌握广博的科学文化知识,博闻广识,博学多才,基础厚实;竞先,就是要有时代精神、竞争意识和竞争能力,开拓进取,敢为人先。学校进而由此逐步形成具有自己特色的校园文化和“白杨精神”。五是“学院派”的学术特色。所谓“学院派”,最显著的特征是:注重理论研究,包括基础理论和应用理论研究,不断提出新的理论观点,构建新的理论体系,创立边缘学科理论;注重理论思维,用理论思维去揭示广电发展和运作的内在规律,用理论思维去审视和回答实践中的问题,用理论思维去分析和预测广电未来发展的趋势;注重理论总结和提升,对实际工作进行系统研究,从中找出规律性的东西,加以理论概括,使之理论化、系统化、科学化;注重理论综合,运用多学科理论综合研究现代广电的各种现象,提出独到的理论学说和观点。总之,这种学术研究更侧重于学理性研究,有别于广电媒体和管理部门的纯业务研究、决策政策研究。

以上就是本书主要学术观点的综述。

黄　勇

撰于 2020 年 5 月

目录

第一辑　广播影视学术理论研究

一　广播影视学术理论研究的重点方向　/3

谈谈怎样加强广播电视学术研究工作　/3

突破重围　浴火重生　/8

学术聚焦：创新发展与媒体融合　/12

广播影视学术研究要为行业改革发展提供智力支持　/15

广电学术研究工作应当主动为广电融合创新发展服务　/18

二　广播影视决策与政策研究　/21

增强四种意识　服务宣传工作　/21

新中国电视事业的发展和基本经验　/28

我国广播影视业的改革发展和面临的挑战　/35

广电产业发展：机遇与挑战并存　/40

制播分离改革的宏观思考　/42

融合对广电系统意味着什么　/46

发挥广电优势　实现“三大创新”　/51

推动广播影视又好又快发展　/55

新世纪头10年的广播电视体制改革 / 62
深刻认识加快农村广播电视发展的紧迫性 / 91
论中国广播电视发展战略走向 / 97
关于媒体融合发展问题 / 100
当前广电媒体融合发展面临的主要问题 / 109
传媒融合创新发展为传媒经济研究提供了新机遇 / 113

三 广播电视节目与采编业务研究 / 119
人物通讯采访漫谈 / 119
一个节目引出的思想、思考和思路 / 130
令人心醉的名人访谈 / 141
“电视问政”:百姓和政府的共同需求 / 152

四 广播电视基础理论与史学研究 / 154
关于新闻价值两个问题的浅见 / 154
新闻定义时新概念试探 / 160
关于修订《当代中国广播电视学》的意见和建议 / 163
一部具有现实意义与历史价值的广播电视史著
——《中国广播电视改革发展十年回眸(2001年—2010年)》
是怎样写成的 / 167

第二辑 广播影视规划和研究机构建设与思考

广播电视规划院和广播影视发展改革研究中心是怎样组建起来的 / 173
努力开创规划院工作新局面 / 183
坚持“二为”方向 坚持两个追求 / 194
转轨 敬业 进取 成才 / 199

如何做合格的党员领导干部 / 207
广播影视事业发展需要专门的研究机构 / 219
重建独立的广电发展研究中心 / 221
广电发展研究中心来之不易 / 223
全面加强党的建设 推动第二次创业 / 225
自觉坚持研究工作的两个追求 / 233

第三辑 广播电视高等教育探索与思考

一 北京广播学院建设发展探索与思考 / 243
关于广院改革发展的思考 / 243
广院短评(一组) / 247
全方位推进文明校园建设 / 254
追求与梦想 / 265
试论北京广播学院的特色 / 267
《现代传播》的创新性转型 / 272
校训的由来及其含义 / 275
就设立校训答记者问 / 279

二 广播电视高校党的建设和思想政治工作探索与思考 / 281
努力适应新形势,把思想政治教育纳入科学化的轨道 / 281
论高校思想政治工作特点和如何加强的问题 / 287
学习贯彻毛泽东教育思想 探索和推进我院教育教学改革 / 297
启示与思考:学习《邓选》第三卷札记 / 300
略论加强高校党的建设的战略意义 / 304
推优工作重在提高团员的思想政治素质 / 310
“两课”是高校德育的主渠道和主阵地 / 313

三　广播电视高校学生工作实践与思考　/ 319
理论与现实:怎样认识新闻自由　/ 319
大学生军训管见　/ 326
致 1994 届电视摄影毕业班同学　/ 334
以自己的贡献和成才来回报人民　/ 335
当代青年学生的价值追求　/ 339
充分发挥校友会的作用　增强传媒大学的软实力　/ 341
致校友　/ 343

四　广播电视高等教育发展回眸　/ 344
曲折的历程　光明的前景
——纪念北京广播学院建院二十五周年　/ 344
广播电视高等教育二十六年　/ 354
创业铸辉煌　学子遍神州　/ 363

后　记　/ 367

第一辑

广播影视学术理论研究

一　广播影视学术理论研究的重点方向

谈谈怎样加强广播电视学术研究工作

中国广播电视协会第三届学术委员会即将届满。作为学术委员，我经历了三届。本届的后半部分，我被聘为学术委员会执行副主任，较之以前，更多地参与了学术委的工作。今天是本届学术委的最后一次全体会议。刘习良同志刚才代表学术委作了工作报告，言简意赅地总结了五年的工作，我完全赞同。我要感谢中国广播电视协会和学术委领导对我的信任和支持，感谢学术部同志在日常工作中给予的帮助。

借此机会，我想就今后如何加强广电学术研究工作问题，谈点个人的思考性意见和建议。

中国广播电视协会是全国性、行业性的广播电视社会团体，承担着广电行业的学术研究、自律维权和业务评奖等主要任务。其中的学术研究工作，是协会的传统优势和核心业务。

在学习贯彻党的十八大精神、推进全面建成小康社会和建设社会主义文化强国的新形势下，在促进广播电视大发展、大繁荣和整体转型的历史进程中，我们的广播电视学术研究工作，应当得到有效的加强、改进和创新，应当发挥智力、理论、学术支持作用，应当有所作为。

第一，要始终坚持实事求是、理论与实践紧密结合的原则。

刘习良同志在总结报告中强调，“要永远恪守实事求是的原则”。我的体会也是，做广电学术研究工作，坚持实事求是原则是至关重要、必须遵守的职业准则。

在实际工作中,坚持实事求是往往很不容易。比如,文化体制改革中的“三局合一”改革,瓦解了地方市县原有广电体制,造成了一系列新的问题和障碍,严重影响了广电行业的发展和有效运行。我们对此作了充分的调研,并及时向上级乃至高层领导反映,但不被高层领导接受,现已成为一个非常突出的体制性问题。面对这个结局,我们要不要坚持实事求是?我想还是要坚持,还是要从学术研究领域发出我们的声音。这既是一个学术工作原则问题,也是一个研究工作者的学术品格问题。作为研究者,我们要有独立的观察、思考、判断能力,要有敢于实事求是反映事实、敢于提出和坚持正确意见的勇气。

再一个要坚持的原则就是理论与实践的紧密结合。理论是实践经验的升华和理性认识的深化,对实践可以起到指导、引领、启示作用,但它的运用必须同实践相结合,从实际出发。运用任何理论和知识研究广电,必须从我国的实际出发,同广电实践紧密结合起来。从理论到理论,解决不了任何问题。当今我国广电发展改革,面临一系列亟待解决的现实问题,要求我们研究者运用科学理论的指导和相关学科理论的支持,主动去研究这些现实问题,提出独到的见解和学术成果,为推进广电的发展改革提供有力的智力支持和咨询服务。而要达此要求,必须始终坚持理论与实践紧密结合的原则。

第二,要注重广电重大问题和战略重点的研究。

我国正处在全面建成小康社会的攻坚和决战阶段。党的十八大已经明确提出全面建成小康社会的奋斗目标和战略部署。广电系统面临如何主动适应新形势、新要求、新部署,充分发挥广电在推进全面建成小康社会中的舆论支持和文化支撑作用,同时在这过程中推进自身的科学发展、整体转型和现代化这样重大的课题。当前急迫需要回答的是:我国广电发展改革向何处去?广电如何应对全面小康社会建设的新机遇和新要求?广电未来发展的目标和战略重点是什么?这些重大问题,无疑是广电决策管理部门需要考虑和实践的课题,同时也应当是我们中广协会学术委员会应当思考和研究的课题。

我以为,未来八年,也就是全面建成小康社会的新阶段,全国广电系统发展改革的战略重点,主要应该是以下三大课题:

一是构建现代广电综合传媒新体系,全面实现多媒体融合传播新格局。我们必须充分认识到,我国传媒已进入现代化转型和多媒体激烈竞争时代。传统媒体的现代化改造同各种新媒体的崛起,在同样的范围和时间段发生。基于高科技的新媒体形态和新型接收终端不断涌现,技术之先进、功能之多样往往令人难以想象,新媒体的传播力和社会影响力日益扩大。广电受众中的相当一部分(主要是青年、学生、知识分子、公务员)已转向新媒体获取信息和娱乐。这就是不争的、严峻的现实。如果固守传统、单一的广播电视传播体系不变,要么逐渐被边缘化,丧失主流媒体的话语地位,要么彻底被淘汰出局,在竞争中失败衰落。广电人要有危机感和紧迫感!唯一的选择就是:加快传统广电传媒的现代化更新改造,依托传统广电传媒的资源、人才等优势,大力发展新媒体新业务,着力构建现代广电综合传媒新体系,全面开创和实现多媒体融合传播新格局。

二是深化广播电视体制改革,构建新型广播电视体制。党的十六大以来,中央部署的文化体制改革,带动和推进了广电体制改革,总体上促进了广电的发展,取得了明显的成效。但也出现一些新问题,如有的改革脱离中国国情、当地实际和广电特性,引发新的障碍和运行的困难;有的半途而止,或是改革中政策摇摆不定,不知下一步该如何深化。体制上老的问题没有完全解决,新的问题又层出不穷。体制问题牵动广电发展全局。深化广电体制改革依然是广电发展的战略重点。根据党的十八大精神,继续推进和深化广播电视体制改革,首先应对新型广播电视体制进行科学的顶层设计。依我之见,这个新型体制框架应由公共服务体系、产业市场体系、政府监管体系和社会中介服务体系四大部分构成。同时,应明确各大体系的结构、主体、职能、目标以及相互关系。广电决策部门应汲取以往教训,在进行顶层设计过程中,应当经过调查研究、科学论证和民主决策,注重发挥广电研究机构在这方面的咨询和智囊作用。有了科学的顶层设计和明确的目标取向,再施以有力的政策措施,就能继续推进和深化广电体制改革,逐步构建起适应国家全面建成小康社会要求和广电现代化要求的新型广播电视体制。

三是加快农村广电建设发展,构建农村广电公共服务体系。必须看到,我国自 1998 年以来相继实施广播电视村村通工程、西新工程、无线覆盖工程、直播卫星工程等重点工程,在全国农村地区普遍解决或改善了广播电视节目覆盖问题,取得了显著的成效。但是,同样必须看到,广大农村地区(特别是中西部农村地区)广播电视发展滞后状况依然存在,农村广电公共服务体系(包括基础设施、节目供给、财力投入、队伍素质和体制机制)远未全面构建起来。农村广电发展总体滞后已成为我国广电发展全局的短板和瓶颈。如果不能解决好这个问题,就会从一个方面拖住农村地区全面小康和社会主义新农村建设的后腿,就会成为广电系统的最大失误和失职。广电部门应当从全面建成小康社会大局高度深刻认识加快农村广电发展的紧迫性,深刻认识十八大提出的新型“四化”(即新型工业化、信息化、城镇化、农业现代化)战略决策的实施将给农村地区带来巨大的变革,深刻认识这种变革将给广电带来的挑战、机遇和期待。加快农村广电发展的着力点是:以重点工程建设为龙头,全面加强农村广电基础设施建设,提高农村广电现代化水平;以构建农村广电公共服务体系为目标,建设以县级广电机构为中心、乡镇广电服务站为基础、实行垂直管理和具备长效机制的新体制;以服务广大农村居民为重点,建立节目供给机制,创新节目制作方式和提高节目质量,提供更多更好的信息、文化、科技、娱乐等方面内容的服务。总之,加快农村广电发展应当成为全国广电发展的重中之重。

中广协会学术委员会,以及省级广电协会、学会,应当围绕上述三大战略重点开展学术研究工作。当然,这是重点领域。其他如广电基础理论研究、广电发展史研究、广电业务研究,也都是必不可少的,而且是大量的。

第三,要加强学术委员会自身建设。

加强广电学术研究工作的关键在于加强学术委员会的自身建设,使之真正成为一个拥有一流研究专家、能出高水平研究成果、能为广电发展起智囊作用、能在广电系统和行业学术研究领域充当领军并具权威性的学术研究机构。应当说,学术委员会离这样的目标还有不同程度的差距。对此,我建议从以下几方面入手,切实加强学术委员会自身建设:

一是优化学术委员和学科专长结构。新一届学术委员会委员,除继续从广电系统内和系统外高校选聘以外,还应考虑从系统外选聘适当数量的经济、科技、文化、信息、传媒等有关领域的专家。系统内的学术委员构成,应考虑来源单位和个人专长的合理布局。所有学术委员均应具备本领域很高的学术水平和学界业界公认度,并热心于学术委员会的工作。

二是改进研究工作方式。应将案头研究同实地调研结合起来,个人研究同集体研讨交流结合起来,使学术研究更加贴近实际,学术成果能够运用于实际工作,能够为决策部门制定政策和业务部门改革创新提供科学依据,并产生应有影响。对此应制订和实行相应的调研考察制度、集体研讨交流制度和定期提供论文或研究报告制度。

三是创造和提供较好的研究工作条件。广电总局和中广协会应高度重视学术研究工作,充分发挥学术委员会的作用,解决学者在学术研究工作中遇到的困难和问题。具体措施要求是:及时传达中央和广电总局的有关精神,通报广电发展改革进展情况,提供相关的资料和统计数据,增加学术委员的知情度;支持或组织学术委员参加国外考察和国际学术交流活动,以拓宽学术委员的国际视野;切实改善学术研究工作条件,为学术委员会组织开展学术研讨交流活动和经常性的学术沙龙提供必要的固定场所,为学术委主任、副主任提供必要的办公场所和办公用具，为学术部改善办公条件；为学术委组织开展重大课题项目研究提供必要的经费支持，对作出重要贡献者给予应有的荣誉和奖励。如果以上各项能得以落实，必能有效加强学术委员会的工作，使之发挥应有的作用。这是我们的期盼。

（本文为作者2012年12月21日在中广协会第三届学术委员会最后一次全体学术委员工作会议上的发言，发表于《中国广播电视学刊》2013年第3期）

突破重围 浴火重生

2015年度中国广播电视学术年会，内容十分丰富，信息量很大，安排也很紧凑，是一次鼓舞士气、明确方向、促进广电改革创新发展的会议。相信与会各位都从中分享到学术成果，都获得助益和启示。归纳起来，主要的特点和成果是：

第一，明确方向，前瞻发展大势。

今年是国家“十二五”的收官之年，明年是“十三五”的开局之年，也是我国全面建成小康社会的决战阶段的新起点。不久前召开的党的十八届五中全会，对这一阶段国家经济和社会发展的总体目标、指导思想、发展理念和各项战略任务，作出了全面的部署，吹响了决战的冲锋号。

中国广电和广电人，正面临国家发展战略决战的总体大势，应该怎样主动适应大势、围绕大局，积极地提供强有力的舆论支持和文化服务，为国家现代化建设第二步战略目标的实现，作出无愧于时代的贡献？

中国广电和广电人，同时也正面临以信息技术革命为核心，以互联网、移动互联网为代表的新媒体对传统传播媒介、传播秩序、传播方式的颠覆性冲击和挑战，应该如何突破重围、杀出一条血路，凤凰涅槃、浴火重生？

这就是摆在我们广电人面前的严酷而又现实的重大挑战，也是我们学术研究中不可回避的重大课题。

这里，我想穿插讲点个人的学术观点。

12年前，在中国人民大学新闻学院举办的一次学术论坛上，我在学术发言中，首次提出中国广播电视三次重大突破的观点。第一次重大突破，始于20世纪80年代初，是政策上的重大突破，其标志性事件是1983年3月31日至4月10日召开的第十一次全国广播电视工作会议提出“四级办”方针和以宣传改革为突破口带动全面改革的决策，同年10月26日中共中央批准上述方针政策的中发37号文件的颁发实施，结果带来广播电视的大发展和规模的迅速扩张。第二次重大突破，始于20世纪90年代初，是技术上的重大突破，其标志性事件是有线电视的崛起和卫星广播电视的应用，结果带来收听收视质量的大提升、频率频道资源的大增长和覆盖范围的扩大。第三次重大突破，始于21世纪之初，是体制上的重大突破，其标志性事件是广播电视数字化和体制改革，逐步实现整体转型。三个阶段，三次重大突破，这就是伴随改革开放三十几年来广播电视经历的发展进程。其实质，就是传统广播电视媒体向现代融合媒体的演进、转型过程，就是广播电视全面实现现代化的过程。

大概在七八年前，我在研究新媒体时预言：十年之后，新媒体很可能占领整个传媒领域半壁江山，成为现代社会主流媒体。果不其然，这已逐步变为现实。超乎我的预料，云平台、大数据技术的问世和应用，大大加速了新媒体的发展，特别是移动互联网和智能移动终端的迅速晋级，令人眼花缭乱。新媒体来势凶猛，无处不往，无所不在，打破了传统媒体一统天下的垄断局面，打乱了原有传播秩序和利益格局。传统广电媒体和传统广电人，面对这一切，思想准备不足，理论准备不足，心理准备也不足，陷入了前所未有的困惑和迷茫，于是问出：广电出路，路在何方？

在今天上午的会上，张海涛会长站在国家发展全局高度，以贯彻落实党的十八届五中全会精神为主导，从宏观战略层面以广阔的视野阐明了国家发展大势和伟大民族复兴的历史使命，分析了广电面临的时代要求、发展环境和严峻挑战，提出广电和广电人应有的责任和担当，要求广电人坚持与国家、与时代、与人民共行同步同进，认清形势和使命，更加主动积极地为国家发展大局服务。海涛会长充分肯定了中广联一年来的学术研究工作和所取得的成果，指出了“十三五”学术研究工作的总体方向和整体思路，要求我们更加关注广电重点、热点、难点问题，更加贴近基层、贴近生活、贴近实际，急行业之所急，帮行业之所需，解行业之所难，积极探索和回答广电发展“路在何方”的问题，为广电改革创新发展提供更加有力的理论支持。海涛会长的讲话，对我们深入学习领会和推动落实党的十八届五中全会精神、推动广电学术理论研究工作，具有重要的启示和指导意义。

总局发展研究中心副主任杨明品同志在上午会上所作题为《关于“十三五”时期我国广播影视发展的几点思考》的报告，结合广电系统贯彻五中全会精神，分析广电发展存在的困惑和问题，提出广电发展的六大重点任务，并就如何走出困境、推进上述任务的完成，发表了自己独到的思考性、建设性意见。这对帮助我们加深对五中全会精神的理解，认清国家的发展大势和广电面临的挑战，思考广电当前和今后的发展思路和举措，无疑会有有益的启发和助益。

第二，总结表彰，推动学术研究。

广电学术研究工作，是中广联合会的三大职能之一，也是传统优势，是为广电改革创新发展提供智力支持和理论支撑的重要途径和方式。

在这次年会上，中广联合会副会长、学术委员会主任杨波同志作了中广联合会2015年学术工作总结报告。这个务实的报告，梳理了中广联合会一年来的学术理论研究工作的可喜进展和主要成果，提出了2016年学术理论研究工作的具体打算。大家可以从中感受到，中广联合会的学术理论研究工作，着力聚集于广电发展的重点、热点、难点问题。无论是组织编写《广播电视改革与创新(2015)》一书，与四川电视节组委会联合举办“媒体融合高峰论坛”，还是理论研究工作走基层活动，都把关注点放在媒体融合、节目创新创优和体制机制创新这三大热点上面，旨在引领学术理论研究方向。

此外，我们还注重发挥学术委员、专家学者和业界广电工作者的作用，支持和鼓励开展中国广播电视理论、史学、业务和决策管理方面的研究，也陆续推出一批学术成果。除了中广联学术委员会直接组织力量开展研究的项目以外，更多的是各专业委员会、各研究基地、各级广播电视台、各级学会协会和各相关高等院校组织开展的研究项目和研究活动。这次会上颁奖表彰的第九届全国广播电视学术著作评选获奖著作和作者，就是这方面突出的代表。希望获奖受表彰的同志，继续努力探求，不断提高学术水平，特别是在广电转型、媒体融合、节目创新方面下功夫，多出高质量成果，引领广电学术理论研究迈向新的高峰。

这次会上还宣布了新聘杨晶等9位同志为学术委员，充实了学术委员会的力量，扩大了学术研究领域的涵盖面。希望新聘学术委员以更大的热情参与学术委员会的工作，充分发挥学术理论研究的领军作用，不断推动广电学术理论研究工作。

第三，交流经验，促进创新发展。

在广电面临国家发展战略实施和新媒体竞争双重挑战的新形势下，有若干广电媒体审时度势、迎难而上，在困惑中探求，在困境中突围，在困难中前行，取得不凡的业绩和进展，站到了改革创新的前列。我们在组织编写《广播电视改革与创新(2015)》时，确定了20个典型单位，收集了这些单位的经验材料。它们就是这方面突出的代表。

这次会上，我们安排扬州广电传媒集团董事长陈韵强、江苏广播电视台台长卜宇、黑龙江广播电视台台长杨晶、新疆人民广播电台交通广播总监张翼、湖南广电传媒集团中广天择副总经理何超等同志作了精彩的主题发言。他们给大家带来了广电第一线生动鲜活的典型案例和实实在在的成功经验。他们的经验表明，广电在严峻挑战面前，既有危机，更有机遇；既存弱势，更具优势，关键在于要有进取的心态、宽广的视野、现代的思维和勇于探索、开拓的精神。他们的成功探索实践告诉我们：广电的出路，在于融合发展，在于面向社会、面向大众、面向市场。他们的成功，在一定程度上回答了广电发展“路在何方”的问题，让我们看到了广电突破重围的路径，看到了广电未来前景的曙光，从而大大增强了我们攻坚克难的信心和希望。

在今天下午的主题发言中，还有两位来自高校的学者——中国传媒大学的宫承波教授、南京大学的易前良教授。他们关于媒体融合和关于地面频道转型之道的发言，分别从理论探究和实证研究层面深入地辨析，提出了自己独到的学术见解，给了我们理论上的启示和导引，加深了我们对现实问题的认识和理解。

总之，这种面对面的交流，理论与实践的交融，可以引发我们的更深思考和触类旁通，引领我们在变革转型中挺立潮头，带动和促进整个广电行业的改革创新发展，勇敢地去开辟新世纪广电大发展大繁荣的“茉莉花开”！

（本文系作者 2015 年 11 月 26 日在 2015 年度中国广播电视学术年会上总结发言的摘要）

学术聚焦:创新发展与媒体融合

2016 年度中国广播影视学术年会,聚焦于创新发展和媒体融合这个主题,内容丰富而鲜活,气氛热烈而振奋,给正致力于转型、突围的广电同行们,注入了思维的活力,提供了创新的经验,增强了改革的动力,给遭遇新竞争格局而陷于困境的广电人点燃了一把火,使我们看到了广电创新和融合发展新希望的曙光。

张海涛会长亲临年会,作了重要讲话。他充分肯定了一年来中广联学术研究工作和学术活动所取得的新进展新成果,更从如何贯彻落实党的十八大和十八届六中全会精神的高度,就加快广播影视自主创新与融合发展这一重大主题,提出了三点极具针对性和可行性的指导意见,即不断推出品牌成果,自觉发挥学术引领作用;深入开展调查研究,更好发挥桥梁纽带作用;组织开展大型学术活动,进一步提升学术影响力。海涛同志强调,广电社会组织,是中国特色广电行业的有机组成部分,要始终与行业发展相生相伴相随,始终要急行业之所需,想行业之所思,供行业之所求,为行业的改革发展提供货真价实的智力支持。尤其是当前如何推进传统媒体与新媒体融合发展,已经成为广电媒体共同面临的重大课题。我认为,海涛同志的这一意见,对我们各级广电学会协会的学术研究工作,都具有很强的启示和指导意义,应当着力予以贯彻。作为中国广电的最高一级社团组织的学术研究机构及其各研究基地,以自己的研究成果引领和促进中国广电的改革、创新、发展、转型,既是职责、使命所在,又是我们长期以来形成的优势和传统。历史和现实都已证明,我国广电发展、改革、创新和每一次重大突破、跨越,都离不开强有力的理论引领和智力支持!

陶世明副会长代表胡占凡副会长所作的 2016 年度广电学术工作总结报告,全面回顾和总结了中广联一年来的学术工作,包括学术研究各方面的进展和成果,包括一年来所开展的学术调研、学术研讨等活动。从报告中可以看到,这一年的学术研究工作,始终聚焦于当前我国广播影视改革创新和媒体融合这个主题,始终紧贴时代发展潮流、国家发展战略和广电发展实践这个前沿。我们相信,已经面世和将要面世的一系列学术研究成果，将为今后推进广电改革创新和媒体融合进程，发挥积极而无可替代的作用。

这次年会的一项例行议程，就是公布了第十四届全国广播影视学术论文评选结果和第六届全国广播影视“十佳百优”理论人才评选结果，并向获奖者颁奖以示表彰。这届共有111篇论文和159位作者分别获得一、二、三等奖；有卜宇、丁扬明等110人分别被评为“十佳百优”理论人才。可以说，这些获奖论文作者和获奖理论人才，是我们广电学术领域的光荣领跑者或领军者。他们在从事繁重的广播影视宣传、创作、管理、教学等本职工作的同时，结合工作实践，广泛运用相关学科理论，孜孜以求地致力于研究和探求，积极主动地调研、分析、总结、提炼，从中深化认识、找出规律，提出独到见解和建设性意见，不断充实、拓展、创新理论，为指导实践和构建中国广电宏大的理论体系大厦，贡献了自己的心力和才智。我们谨向他们表示热烈的祝贺和深深的敬意！

这次年会安排的主题演讲，无疑为年会增添了一道亮丽的风景。两个时段10位同志的演讲，始终贯穿着创新发展和媒体融合这一主线。演讲内容丰富充实、精彩纷呈，不仅提供了大容量的信息和鲜活的经验案例，更有宏观战略层面的深度思考和分析；不仅有对传统主流广电媒体的责任担当和对外传播的经验介绍，更有对新媒体全面崛起带来的挑战和广电媒体如何确立互联网思维、如何构建全媒体结构、如何实现媒体融合发展及协同创新的深入探寻和深刻认识。这次年会，还第一次安排了关于电影发展和网络文艺的演讲，使学术交流的内容第一次包含了广播、电视、电影、网络四大领域，体现了最高广电社团的整体属性和学术涵盖的拓展。10位主题演讲人，有来自总局机关的阎成胜同志，有来自中央广播电台、中央电视台的褚雄潮、黎斌同志，有来自省市两级台的卜宇、李静、唐宁、严克勤、陈韵强同志。特别是，我们还请来了两位来自高校、长期从事影视理论研究的知名教授尹鸿、周星同志。他们的演讲，不仅给我们带来了最新的学术成果和学术信息，更给我们带来一场头脑风暴，一种危机意识，一种改革的动力和创新的启示！我们深深感到，形势逼人，形势催人，传统广电媒体如果不改革、不创新、不融合，要么被边缘化，要么被淘汰。可以说，广电已经到了“生死存亡”的时候了，必须在创新发展和媒体融合上杀出一条血路！

这里我还想提到的是，与这次学术年会套开的还有城市广播电视学术研究基地成立会议。明天上午，这个隶属于中广联学术委的第9个广电学术研究基地将在这里宣告成立。我们中广联无疑又增加了一块新的学术研究阵地和一支新的学术研究团队。我们对此表示热烈祝贺！

这次学术年会的全部议程已经圆满完成。年会自始至终围绕创新发展和媒体融合这个主题,探讨和交流了理论创新、观念创新、思维创新和节目创新、管理创新、融合创新、体制创新等方面的学术成果和典型经验。总之,创新、探索、方向、信心,是我们这次学术年会的主旋律和关键词,也是年会成功的显著特点。让我们大家把这次年会的收获带回去,在新形势下自觉发挥理论担当和引领作用。特别是,要深入学习贯彻落实党的十八大和十八届六中全会精神,深入学习贯彻落实习近平总书记系列讲话精神,主动面对经济社会发展的新常态和传媒变革与转型的新挑战,在创新发展和媒体融合主攻方向,攻坚克难,扎实推进,再创辉煌!

(本文系作者2016年11月28日在2016年度中国广播影视学术年会上总结发言的主要内容)

广播影视学术研究要为行业改革发展提供智力支持

在大家的共同努力下,2017 年度中国广播影视学术年会的预定议程,现已圆满完成。我代表学术委员会作年会小结。

我们这次年会,是在党的十九大召开近两个月之后、全党全国都在学习贯彻十九大精神的新形势下举行的。年会始终以学习贯彻党的十九大精神、激发广播影视创新活力、推动广播影视创新发展为主题,探讨和交流广播影视改革创新和融合发展进程中的新挑战、新进展、新经验、新成果和新期待,使大家增强了信心,开阔了视野,收获了成果,看到了未来的希望和前景,达到了预期的目的。

我们这次年会虽然只开了一天,但内容十分丰富充实,议程十分紧凑高效。概括起来,主要有这样三个突出特点和收获:

一是有总结、有表彰、有激励。

在今天上午第一时段里,中广联合会副会长、学术委主任胡占凡同志,作了题为《开启新时代,展现新气象,为广播影视发展提供思想交流平台》的 2017 年度中国广播影视学术年会工作报告。占凡同志在报告中首先指出了一年来的广播影视学术工作,是紧紧围绕中央坚定文化自信、推动社会主义文化繁荣兴盛的重要部署全面展开的,是紧紧围绕全国广播影视领域重大问题和最新实践探索全面展开的。他从紧扣中心工作开展学术活动,瞄准现实问题积极探索破解之道、结合重大理论课题推进基础理论研究、精心打造品牌提升学刊办刊质量、扩大与学界业界合作开展学术活动等五个方面,全面总结和肯定了一年来学术工作的进展和取得的成果。可以说,一年来学术研究的一个突出的特点就是:紧密跟踪广电改革、发展、创新的重大问题,围绕媒体融合、节目创新创优、基层广电建设等行业热点主题,开展调研和学术研究工作,体现学术研究工作的指导性、针对性和可操作性。关于明年的学术工作,占凡同志强调要在习近平新时代中国特色社会主义思想指引下,奋力前行,推动学术研究工作再上新台阶。他要求重点是抓好四项工作:深入学习、宣传、贯彻好党的十九大精神；办好各类调研活动和征文活动；抓住广电改革发展创新中的重大问题深入开展研讨工作（如关于社会主义核心价值观传播的研究、关于媒体融合与广电新媒体发展趋势的研究、关于传统广电媒体如何应对新媒体挑战的研究、关于广电新闻宣传如何增强吸引力的研究、关于广电节目自主创新的研究等重点选题）；配合广电中心工作，确保学刊导向，提高质量。

在回顾总结一年来学术研究工作的同时，这次年会还公布了第十届全国广播影视学术著作评选结果，并为获奖者颁发了证书，进行了表彰。这也从一个方面彰显了我国广播影视学术研究的丰硕成果。本届学术著作评选活动，共收到各单位、各省市区广电协会学会选送的著作 42 部，经初审、复评、终评等评选程序，最终评出 27 部优秀著作，其中特别奖 2 部、一等奖 3 部、二等奖 10 部、三等奖 12 部。总结表彰，是对过去成绩和成果的肯定，也是对未来工作的激励。

二是有导向、有方向、有期待。

在今天上午年会的第二个时段里，中广联合会会长张海涛同志为这次年会作了题为《认真学习贯彻党的十九大精神，推动广播影视学术研究再上新台阶》的主题报告。这个报告，集中体现了这次年会的主题，精辟地阐述了党的十九大的精神要义，阐明了广播影视在新时代的新方位、新使命、新目标、新要求，为广播影视学术研究工作明确了导向，指出了方向，寄予了期待。

海涛同志在报告中充分肯定了党的十八大以来广播影视学术理论研究工作所取得的成绩，强调广播影视学术研究要始终与行业发展相生、相伴、相随，要始终急行业之所急，帮行业之所需，解行业之所难，为行业改革发展提供智力支持。海涛同志认为，中广联合会更名三年半以来，广电学术研究的最大变化是：学术研究从侧重基础理论研究向应用研究与基础理论研究并重转变，并把重点放在应用研究上。而应用研究在研究方向和方法上有了新的突破，即关注广电行业的重点、难点、焦点问题，关注广电行业的盲点、冷点、空白点。一年来的学术研究工作，有亮点，有创新，有突破，突出了针对性和可操作性，推出了一批新典型、新经验，推出了一批优秀学术研究成果，社会影响力大大提升。

海涛同志就新时代如何努力开拓广播影视学术研究工作新局面，提出了新要求，指出了努力方向。他强调，要把学习、宣传习近平新时代中国特色社会主义思想放在首位，引导广大从业人员全面贯彻落实党的十九大精神。他要求，在新的一年，广播影视学术研究工作要在创新内容方式、指导广电实践和注重联系实际方面下功夫，并结合一些典型事例，特别注意以下重大问题的研究：一是注重研究如何解决广播影视发展不充分、不平衡问题，提高广电服务能力、满足新时代人民群众对美好生活的需求；二是注重对广电本源的再研究、再认识，深化对信息时代广播影视的定位、责任和特有功能的认识；三是注重广电体制机制改革的研究，破解市场经济条件下如何突破体制障碍这个发展瓶颈问题；四是注重研究人才队伍建设问题，为解决好人才队伍的培养、守护和稳定问题提供方案；五是注重提高调研质量水平，特别要提高洞察本质问题的能力。

海涛同志的报告，令人有振聋发聩和茅塞顿开之感。我以为，这也是他从事广电工作几十年的深刻体悟，更是他学习十九大精神、探求新时代广播影视改革发展如何适应新需求、实现新突破的深刻思考，在思维方式、观念转变、认识深度上给我们以新的启发和新的导向，无疑对我们新的一年的学术研究工作具有很强的针对性和指导性。

三是有交流、有经验、有助益。

当前和今后相当长的一个时期，我国广播影视仍将处于全面转型和融合发展阶段。全国广电媒体普遍面临艰难转型、收听收视率和创收双下降、传统广电媒体与新媒体融合和竞争并存的严峻挑战。广播影视的出路何在、前景如何？这是各级广电媒体都在苦苦思考、不懈探索的重大课题。可喜的是，这些年来，在改革创新和媒体融合方面，涌现了一批勇于创新、卓有成效的单位，他们创造的业绩和经验令人刮目相看，有着十分重要的启示和借鉴意义。

这次年会，安排了代表三级广电媒体的 5 个典型发言，即：山东广播电视台台长吕芃同志指派代表所作的《省级广电媒体融合发展的思考》，重庆市文化委员会副主任江卫宁同志所作的《重庆区县电视台标准化建设实践探索与发展》，广州广播电视台总编辑陈家成同志所作的《返本开新和共享发展——广州台的初心与坚持》，苏州广播电视台副台长王晓雄同志指派代表所作的《苏州台以“五个转型”推动融合发展》，甘肃庆城广播电视台台长王立平同志所作的《借梯上楼 借船出海——甘肃庆城台融合创新探索》。他们从不同侧面介绍的改革创新和融合发展的思路、途径、做法、经验，令人耳目一新，眼睛为之一亮，使我们从中看到了希望的曙光。他们的经验证明：改革创新、融合发展，是广电全面转型的必由之路，是突破重围、重铸辉煌的不二选择。而因地制宜，扬长避短，坚持从实际出发，勇于探索，敢于作为，又是他们共同的特点。我相信，这样的信息和经验交流，对于启发思维、解放思想、拓宽思路，推动广播影视的改革、创新、发展，如广州台总编辑陈家成同志所说“如何在白热化的媒体激烈竞争中打出一片天地”，无疑是大有助益的。

（本文系作者 2017 年 12 月 14 日在 2017 年度中国广播影视学术年会上的总结讲话的主要内容）

广电学术研究工作
应当主动为广电融合创新发展服务

2018 年中国广播电视学术年会，经大家共同努力，在热烈的氛围中，已经顺利高效地完成了各项议程。

我们这次年会，适逢纪念我国改革开放 40 周年这个具有重大历史意义的时间节点，又在最早的改革开放经济特区之一的珠海这个标志性城市举行，可以说是具有特殊意义的。

中国的改革开放和现代化建设，已跨入新时代这个中华民族振兴的关键时期。中国的广播电视与其他主流传媒一样，正处于整体转型和融合发展阶段，面临重大机遇和严峻挑战。

在这样的大背景下召开的此次年会，以习近平新时代中国特色社会主义思想为指导，贯彻落实全国宣传思想工作会议精神，总结改革开放 40 年来广播电视发展经验和成就，研讨今后如何推进广播电视融合发展等重大问题。这体现了我们广电学术研究工作的时代主题和与时俱进的工作思路。

紧凑的一天会期，安排了丰富的内容。占凡同志作了年度学术工作报告，全面总结了中广联一年来学术工作的进展、特点和成果，着重介绍了节目创新、学术调研和重点项目研究情况，同时扼要地提出了明年学术工作的基本要点。海涛同志的书面主旨讲话，对本届中广联六年来的学术研究工作做了全面的回顾和概述，肯定了六年来学术研究工作的成绩和亮点，并指出其主要的特点：一是转变观念，注重学术研究工作主动为广电改革发展服务；二是调整重心，注重广播电视应用研究和决策研究；三是创新方式，注重贴近实践"走转改"；四是整合资源，统筹各方力量协同攻关重点项目；五是典型引领，注重运用和推介典型案例，包括每年编辑出版一部《广播电视改革与创新》，发挥典型引领作用。而这一时期接续完成的《中国广播电视学》《中国广播电视节目评估体系研究》《中国广播电视编年史（第一卷）》等重点研究项目，则是这一时期具有代表性的学术理论成果，将发挥理论引领和指导作用。海涛同志到会所作讲话，更从贯彻落实新时代建设中国特色社会主义文化战略高度，紧密联系广播电视发展改革实际，就新时代广播电视学术研究工作如何开拓创新，如何为大局服务，为广电发展改革提供智力支持，作了深刻的阐述，具有很强的针对性和指导性。

这次年会还安排了来自学界业界的范以锦、欧阳宏生、蔡伏青、刘文岚、张晓刚、王艳等6位同志作大会发言交流。他们关于广播电视发展历史、成就与经验、创新实践和理论思考的精彩演讲，展现了专家学者的智慧之光和组织领导者的务实创新精神，使大家分享到了一场学术盛宴。年会还公布了第十五届全国广播影视学术论文评选结果，对106篇获奖论文和作者进行了表彰，将激励业界学界研究者拿出更多的优秀学术成果。

可以说，我们这次年会，体现了鲜明的时代主题，明确了努力的方向，交流了宝贵的实践创新的经验和学术观点，增强了大家进一步做好学术研究工作的动力。概括起来，主要有以下收获和成果：

第一，通过回顾以往，总结了改革开放时期新一届中广联六年来学术研究工作的进展和经验，展示了已经取得的显著成绩和良好效果，增强了我们做好学术研究工作和继续前进的信心与力量。

第二，通过学术交流，展现了业界学界在转型和融合发展中不懈探索、不畏困难、开拓进取的宝贵精神，展现了实践创新的典型事例和最新进展，给人以有益的启示和未来的希望。

第三，通过评选表彰，展示了业界学界近两年的学术理论研究成果，而这也是对业界学界学术理论研究能力的一次检阅，将激励业界学界有志于学术理论研究的人们更好地为中国广播电视繁荣发展提供智力支持。

第四，通过主旨引领，包括主题设置和工作报告、主旨讲话，帮助大家更好地领会贯彻中央关于宣传思想工作和媒体融合发展的指示精神，明确当前和今后广播电视创新发展、融合发展的方向和未来发展的趋势，引领新时代广播电视持续健康地向前发展，并更好地服务于国家发展战略，服务于人民群众对美好生活的新需求、新期待。

方向已经明确，路径正在探求。我们业界学界的学术研究工作，同样有待开拓进取、创新发展，必将大有作为，续写新的篇章！

我们这次年会的顺利召开和圆满成功，有赖于珠海广播电视台的大力支持、精心安排和周到服务，让我们以热烈掌声向他们表示最诚挚的感谢！

再过18天，我们将迎来新的一年——新中国成立70周年。作为一个在广电系统度过50个春秋的老广电工作者，我真诚地期待广播电视在新时代转型融合发展中屹立于新型主流传媒之林！

预祝各位新年快乐、工作顺意、幸福安康！中广联将于明年上半年换届。我已年届古稀，即将与海涛同志共进退。衷心感谢业界学界同行多年来的厚爱、信任和支持！

最后，我想以一首词来表达此刻的心情，并献给大家。

满庭芳·珠海中国广播电视学术年会感怀

粤海明珠，宾朋会聚，火花才智奔流。改革开放，涛浪卷神州。广电三番跨越，重建构，未敢言休。新时代，融媒再造，须运幄筹谋。

献身拼事业，同甘共苦，漫漫春秋。见证曲折路，有喜兼忧。正遇转型嬗变，何处是，诺亚方舟？风生起，新奇独创，将更上层楼。

（本文系作者2018年12月13日在2018年中国广播电视学术年会上的总结讲话）

二　广播影视决策与政策研究

增强四种意识　服务宣传工作

全国省级电视台办公室主任会议从1992年开始，每两年召开一次，这次是第三届了。这次会议的主要议题是：学习江泽民总书记视察人民日报社的重要讲话，提高对电视宣传工作重要意义的认识，研究如何发挥办公室的综合协调作用，加强中央电视台和地方省级电视台的合作，交流学习各地电视台行政管理工作的经验，尤其是学习有关管理改革方面的经验，以便更好地服务于电视事业的发展。

下面，我讲三个问题：

一、如何学习贯彻江泽民总书记视察人民日报社的重要讲话

1996年9月26日，江泽民总书记在视察人民日报社时，就新闻舆论工作问题发表了重要讲话。这个讲话以马列主义、毛泽东思想和邓小平建设有中国特色的社会主义理论为指导，总结历史经验，结合当前的国际国内形势，从政治和全局的高度，精辟而全面地阐明了新闻舆论工作的性质、地位、作用、使命、任务、队伍建设等一系列问题。这个重要讲话是我们在新的历史时期做好新闻舆论工作的指导方针。它不但对报纸工作，而且对广播电视，以至对所有新闻舆论工作都具有重大的现实意义和深远的历史意义。认真学习、深刻领会、全面贯彻江泽民总书记讲话的精神，是当前对我们各级广播电视部门，特别是对直接从事广播电视宣传工作的同志们提出的重大政治要求。为此，部党组已经向全国各地的广电部门和部属单位，

发出了《关于认真组织学习江泽民总书记视察人民日报社重要讲话的通知》，要求各地广电部门和各级电台、电视台组织干部职工认真学习，深刻领会，并自觉地将讲话精神贯彻落实到实际工作中去。学习江总书记的重要讲话，要抓住重点、要点，加深理解。归纳起来，我们可以从以下几个方面来理解江总书记的讲话。

第一，关于新闻舆论工作的性质。江总书记在讲话中指出，新闻舆论是上层建筑和意识形态的重要组成部分，它决定于经济基础，同时又反作用于经济基础。它同社会的政治、经济、文化生活等各个领域都有着密切的联系，并产生广泛而深刻的影响。新闻舆论工作有其自身的特点和优势，特别是电视，在各种传媒当中，影响最大。因此，我们要理解新闻舆论工作的"喉舌"性质，自觉坚持正确的舆论导向。

第二，关于新闻舆论工作的地位。江总书记强调了新闻舆论工作在国家各个行业、各条战线中的重要地位。而且这是多年来，我们第一次听到这样的话："党的新闻事业与党休戚与共，是党的生命的一部分。可以说，舆论工作就是思想政治工作，是党和国家的前途和命运所系的工作。"这就把新闻舆论工作的地位提到非常高的高度，同党的命运、国家的命运联系在一起。从这个角度理解，我们电视工作者确实是责任重大。

第三，关于新闻舆论工作的作用。从当前改革开放整个大的背景出发，新闻舆论导向正确与否，对我们党的成长、壮大，对人民政权的不断巩固，对人民的团结和国家的繁荣昌盛，都具有重要作用。

第四，关于新闻舆论工作的任务。江总书记指出，要旗帜鲜明地坚持党性原则，坚持以邓小平建设有中国特色社会主义理论为指导，紧紧围绕经济建设这个中心，服从服务于全党、全国工作的大局；要弘扬爱国主义、集体主义、社会主义的主旋律，热情歌颂人民群众为振兴中华而艰苦奋斗的精神。我们电视宣传工作，要围绕经济建设这个中心，宣传经济建设，为促进经济建设的发展服务，这是我们全党、全国工作的大局。另一方面，就是要弘扬爱国主义、集体主义、社会主义精神，通过我们的宣传工具促进整个社会的社会主义精神文明建设。概括起来说，就是推动和促进两个文明建设。这是新闻舆论工作的根本任务。

第五，关于新闻舆论工作的使命。那就是"以科学的理论武装人，以正确的舆论引导人，以高尚的精神塑造人，以优秀的作品鼓舞人"。新闻工作要在这四个方面发挥重要作用，特别在"以正确的舆论引导人"方面，负有重大、光荣的使命。电视作用很大，在舆论导向方面，有着非常大的影响。近几年，整个导向把握比较好，对确保社会稳定及改革的顺利进行，起了非常重要的作用。

第六,关于新闻队伍的建设。江总书记在讲话中要求,新闻工作者要努力提高自己的思想政治素质和业务素质,在理论路线、政策法律纪律、群众观点、科学文化知识、新闻业务、工作作风等六个方面打好根底。概括起来,就是要旗帜鲜明地坚持舆论工作的党性原则。

从广播电视的实际出发,坚持新闻舆论工作的党性原则,要从以下五个方面去努力:一是要坚持党的基本理论和基本路线。舆论导向正确与否,归根到底,取决于是否掌握正确的理论和路线。因此,要把学习掌握邓小平建设有中国特色社会主义理论和坚持党的基本路线,作为广播电视工作者的重要任务。二是要坚持在思想、政治、行动上同以江泽民同志为核心的党中央保持高度一致,要深刻地认识到维护以江泽民同志为核心的党中央的领导,是全党和全国人民的根本利益所在。三是要坚持广播电视工作为全党全国大局服务,也就是紧紧围绕经济建设这个中心,为改革、发展、稳定服务,为两个文明建设服务。四是广播电视宣传,包括所有的节目、栏目,要从全局出发,从党和人民的根本利益出发,对播出节目的内容、形式、时间都要严格把关,并要积极反映人民群众的呼声,在党和政府与人民群众之间架起相互沟通的桥梁。五是加强电视队伍建设,特别要加强各级领导班子建设,使舆论宣传的领导权始终掌握在忠于马克思主义、忠于党、忠于人民的人手里。坚持新闻舆论党性原则,可以从以上这五个方面着手,并在各项工作当中加以落实。

二、当前广播电视战线的形势和任务

讲广播电视战线的形势和任务,离不开我们整个国家的改革开放和经济建设这样一个社会大背景。大家知道,1992 年邓小平同志发表南方谈话和党的十四大召开以后,我们国家的社会主义现代化建设进入了一个新的发展阶段。在这期间,中央召开了两次非常重要的会议,这就是党的十四届四中全会和五中全会。这两次会议分别通过了《中共中央关于建立社会主义市场经济体制若干问题的决定》和《中共中央关于制定国民经济和社会发展"九五"计划和 2010 年远景目标的建议》。今年 3 月召开的全国人大八届四次会议,根据中央的决定和建议,通过了国务院制定的《中华人民共和国国民经济和社会发展"九五"计划和 2010 年远景目标纲要》。在上述这些文件当中,党中央、国务院既对国内外形势进行了深刻分析,又全面地提出了我国未来 15 年经济和社会发展的指导方针、奋斗目标、主要任务和战略布局。现在全党和全国人民正在以江泽民同志为核心的党中央领导下,为完成"九五"计划,实现未来 15 年的宏伟目标而奋斗。我们在学习这两次全会文件的时候，有两点需要引起我们重视：一是党中央提出了经济发展的两个根本转变问题，即从计划经济体制向市场经济体制转变，经济的增长方式从粗放型向集约型转变，这两个根本转变将引起我们社会各个方面的重大变化；二是要坚持物质文明和精神文明共同进步，经济和社会协调发展。党的十四届六中全会即将作出的《中共中央关于加强社会主义精神文明建设若干重要问题的决议》，是我们在新的历史时期加强精神文明建设的一个纲领性文件，它给我们提出了新的任务。

广播电视的宣传工作、事业建设、行业管理，不但离不开上述经济建设和社会发展的大背景，而且必须与之相适应，同时也必须在它的指导和影响下发挥作用，并为之服务。党的十四大以来，我国的广播电视事业取得了巨大的成就，进入了一个新的发展阶段，即广播电视节目从数量的增长转向质量的提高，精品意识大为增强，精品工程开始启动；宣传改革进一步深化，宣传艺术进一步提高，节目的内容更加贴近生活、贴近实际、贴近群众。反映在宣传方面的变化，一方面是坚持正确的舆论导向，另一方面要注意在节目质量上下功夫。特别是近年来，加大了精神文明宣传的力度，推出了一批先进人物、典型人物，产生了很大的社会影响。从孔繁森、徐洪刚到李素丽的宣传，使整个社会氛围发生了很大的变化。前几年，拜金主义、极端个人主义、享乐主义相当泛滥，现在开始有了转变，这是可喜的现象。另外，在事业建设方面，科技含量提高，技术装备和传输手段不断改善，传输质量也有所提高。城市居民可以收看 10 多个，甚至 20 多个频道的电视节目。

总的来看，这几年我国的广播电视事业有了很大的发展，取得了显著的成就，并且保持着良好的发展态势。但是，当前也还存在不少的问题和困难，这主要表现在如下五个方面：1. 宣传的整体水平，特别是舆论引导水平有待提高，广播电视的特点和优势需要更好地发挥；2. 节目制作能力与播出量需求的矛盾，频道增加与节目源不足的矛盾，节目整体质量不高与人民群众日益增长的精神文化生活需求的矛盾还很突出；3. 发展不平衡，农村和老、少、边、穷地区广播电视覆盖率还比较低，中央电视台第一套节目覆盖面还不够理想；4. 广播电视的迅猛发展，也带来了许多新情况和新问题，立法工作跟不上，行业管理还比较薄弱，系统内部和外部关系还需要加强协调；5. 西方传播媒介加紧对我渗透，卫星广播电视空中争夺日趋激烈，我国广播电视宣传工作面临严峻的挑战。对此，我们要高度重视，采取有力措施，开创广播电视工作的新局面。

1996 年是我国实施“九五”计划的第一年，也是实现跨世纪规划的第一年。今后 5 年广播电视发展的总体指导思想和思路是：在以江泽民同志为核心的党中央的领导下，坚持邓小平建设有中国特色社会主义理论和党的基本路线，认真贯彻党的十四届五中、六中全会精神,紧紧围绕“以科学的理论武装人,以正确的舆论引导人,以高尚的精神塑造人,以优秀的作品鼓舞人”这四项任务,始终把“以正确的舆论引导人”的工作放在首位,大力提高节目质量,抓好精品创作,继续推进事业的协调发展,努力加强行业管理和法制建设,全面提高队伍的政治、业务素质,为保证党中央、国务院的决策和部署的贯彻落实,为推进两个文明建设和“九五”计划的实施,提供强有力的舆论支持,创造良好的社会舆论环境。

今后一个时期,我们的主要任务是:1. 努力学习和掌握邓小平建设有中国特色的社会主义理论,并以这一理论指导广播电视的实际工作,更好地为党和全国工作大局服务。特别是广播电视宣传工作要努力提高舆论引导水平,加强舆论引导工作的宏观管理,改进宣传的艺术和手段,增强宣传的效果。2. 提高质量,多出精品,努力满足人民群众不断增长的精神文化生活需求。强化精品意识,把提高质量、多出精品作为广播电视宣传工作的永恒主题。3. 统一规划,突出重点,全力推进事业建设的协调发展。4. 强化行业管理,促进管理工作的科学化、规范化、法制化。要加快立法步伐,加大执法力度,做好《广播电视管理条例》出台后的宣传、实施和总结工作,并且为这个条例尽早上升为法律作准备。5. 加强队伍建设,大力提高队伍的政治、业务素质,特别是要把各级领导干部的岗位培训作为队伍建设的重点。

当前要做好以下三项重点工作:1. 加大精神文明建设的宣传力度,为党的十四届六中全会召开创造团结、稳定、和谐的思想舆论氛围。同时,为党的十四届六中全会精神的贯彻落实,创造良好的社会舆论环境。2. 认真贯彻中央关于新闻广播电视行业治“散”治“滥”的指示,全面开展广播电视设台建网、节目播出等方面的治理工作,确保广播电视事业的健康有序发展。3. 抓住时机,加快广播电视覆盖网,特别是有线电视传输网的建设,提高中央台和省级台一套节目的覆盖率。

三、怎样做好电视台办公室工作

各级电视台的办公室,是电视台的综合职能部门,在整个电视台工作的整体运作过程中,起着举足轻重的作用。现在,中央及省级电视台内部机构的设置和工作职能不尽相同,我们不可能搞一个统一的模式。但是,电视台办公室的工作有它共同的特点以及共同的主体功能。电视台办公室的工作特点是:重——任务繁重;杂——事务繁杂;多——头绪繁多;广——涉及面广;强——时间性强;难——把握度难。这是由办公室的性质、任务决定的。这些问题是回避不了的,办公室工作人员只能知难而进,主动适应,进而因势利导,才能游刃有余。

做好办公室工作,先要努力提高对管理工作重要性的认识,以高度的政治责任感和奉献精神,从事本职工作。电视台是当今最有影响的传媒机构,加强电视台的管理工作,不仅是确保宣传工作所必需的,还是确保自身正常运转不可缺少的手段。因此,我们要从讲政治、政治家办台这样的高度,认识办公室工作的重要性;要从电视台在社会主义物质文明和精神文明建设中的重要地位和作用的高度,认识自己所从事工作的重要意义。办公室是一个综合管理各个方面的机构,涉及宣传、技术、行政、后勤等部门,这就要求从事这方面工作的同志素质要高。另外,办公室工作在幕后,是无名英雄,无名无利可图,这又要求我们讲奉献精神,甘当无名英雄。

当前,电视台的办公室工作要努力提高管理水平,逐步向科学化、规范化、制度化方面发展,最大限度地提高工作效率和质量。要把科学管理的原则、机制引到我们的管理工作中来,建立一种规范的管理方式,实行依法管理,靠规章制度来实行有效的管理。具体来讲,要提高办公室的管理水平,必须强化四种意识,发挥四大功能。

强化四种意识主要是指:1. 喉舌意识。要使我们办公室的全体同志充分认识到,我们从事的是意识形态方面的工作,在很多环节上起着把关的作用,时刻要有宣传喉舌意识。2. 大局意识。电视台是党和政府的喉舌,是人民的喉舌,就要为全党全国工作大局服务。办公室工作,就是要为电视台能更好地为大局服务去发挥自己的作用。换句话说,也就是把我们日常的每一项具体工作,同国家的前途和命运联系起来,同电视台所承担的根本任务(宣传任务)联系起来,同全党全国工作大局联系起来,这样我们就会感到所从事的工作是十分有意义的。3. 系统意识。它包含两层意义:对内部,一个电视台是一个系统,办公室是一个很关键的部门,承担着协调各方面的工作,确保全台工作正常运转的重要任务。同时,从全国来讲,中央、省、市、县四级办电视,从上到下,也是一个系统。要加强系统之间的联系,互相学习、互相借鉴,发挥优势,才能使荧屏更加丰富多彩。4. 服务意识。电视台要为国家大局服务,办公室作为电视台的窗口,工作涉及面广,任务十分繁重。为此,办公室的工作人员一定要牢固树立服务意识,以良好的精神状态,为宣传工作服务,为台领导和职工服务。

在强化四种意识的同时,我们还要注意发挥办公室的四大功能:1. 枢纽功能。办公室是全台的枢纽,处于中枢部位,在各部门当中要起龙头作用。2. 协调功能。办公室工作涉及方方面面,因此要做好台内外的协调工作。3. 传输功能。主要是指信息的传输,也就是通常所说的上情下达,下情上达,要利用信息手段实现各部门相互的沟通。4. 参谋功能。台办公室是台长、党组的参谋部门，是台领导和党组的助手。因此，有责任和义务为领导决策服务，为决策起到好的参谋作用。

各级电视台努力提高人员素质，建设一支政治强、业务精、纪律严、作风正的管理干部队伍，一定要配备好办公室的工作人员，重视队伍建设。办公室承担的任务很重，要求很高，因此对人员素质的要求也应该是很高的。一是政治觉悟高，政治敏锐性强。二是思想素质高。要求思想作风端正，具有敬业精神、良好的道德品质，廉洁奉公，有较强的事业心。三是理论素质好。要求初步掌握基本的马列主义理论和邓小平理论，要掌握党的基本理论、基本路线和党的方针政策，并能够在实际工作当中加以应用。四是不断提升文化素质。吸收到办公室来的年轻人应该具备大专以上学历，知识面比较宽，具有一定的科学文化知识，包括掌握初步的现代管理科学方面的知识。五是能力方面的素质过硬。办公室人应该具有与工作岗位相适应的业务能力、协调管理能力、公文写作能力、社会活动能力，要爱学习、勤思考、多动笔、多求教、善领会、会调研、善综合、会协调。总之，希望通过这次会议，大家能够重视办公室自身队伍建设，争取台领导的重视和支持，通过几年的努力，真正使我们这支管理队伍达到政治强、业务精、纪律严、作风正的要求，把办公室的管理工作提高到一个新的水平，为我们的电视事业发展做出更多的贡献。

（本文系作者 1996 年 10 月 8 日在 1996 年全国省级电视台办公室主任会议上的讲话。原标题是《贯彻落实江总书记重要讲话精神，做好台办公室工作，更好地服务于电视事业的发展》。原载中央电视台《电视研究》专刊）

新中国电视事业的发展和基本经验

作为社会主义文化的重要组成部分,我国的电视事业随着共和国前进的步伐,从零起步,逐步发展,走向辉煌,现已成为当今中国最具影响力的现代化传播媒体,成为亿万人民群众不可缺少的精神食粮和重要信息来源,成为教育和鼓舞全国人民建设有中国特色的社会主义的强大舆论工具和精神动力。

一

我国的电视事业,是在20世纪50年代中期国家完成社会主义改造和实施第一个五年计划期间开始孕育的。在周恩来总理的关怀下,筹建国家电视台被列入文教五年计划:经过3年的积极筹备,我国第一座电视台——北京电视台(中央电视台前身,以下均称中央电视台),于1958年5月1日晚7时开始试验播出,同年9月2日转为正式播出。自此迄今,凡41年,我国电视事业走过了一条不平凡的发展道路。

在初创阶段,继中央电视台建立和播出之后,我国分别在上海、黑龙江、天津、广东、吉林、陕西、辽宁、山西、江苏、浙江、安徽、山东、湖北、四川、云南等地建立了19座省级电视台。虽时遇国民经济严重困难,大部分地方电视台开办不久便被迫停办,但随着国民经济的好转,一些地方电视台又开始重办。这一阶段,第一代电视工作者,在极为艰难的条件下,发扬了自力更生、艰苦创业的精神,克服重重困难,在设备研制和节目制作、播出、发送等各个方面都取得了可喜的进展,为新中国电视事业奠定了基石。

历时10年的"文化大革命",造成了全国性的社会大动乱。初创的电视事业一度陷于瘫痪。20世纪70年代初,由于国内外各种因素的作用,电视建设受到重视,并取得了相当的发展;绝大多数省、自治区建立了电视台和一批电视转播台,开始形成电视传输的初级网络,黑白电视逐步向彩色电视过渡。但是,这一阶段的电视宣传,受到“左”的路线的严重影响,特别是在“四人帮”的直接控制下,电视节目全面退化,电视屏幕百花凋零。

粉碎“四人帮”后,特别是党的十一届三中全会以后,电视事业进入全面振兴、繁荣发展的黄金时期。中央批准的“四级办广播、四级办电视、四级混合覆盖”新政策,极大地调动了地方各级政府办电视的积极性;电视事业的规模和传播范围迅速扩大,电视人口覆盖率大幅度提升。电视宣传从学会“自己走路”到“扬独家之优势,汇百家之精华”,突破了传统的模式,出现了崭新的面貌。

以邓小平同志南方谈话和党的十四大的召开为标志,我国改革开放和现代化建设进入了新的阶段。与之相适应,电视事业也进入了一个新的发展阶段,其主要特点是:电视事业发展的重点,已从数量的增长转向质量的提高,包括节目质量的提高和传播技术的提高;电视领域的改革,已从表层向深层拓展,从宣传向管理延伸,整个电视系统出现了百舸争流的繁荣景象。

二

在党中央、国务院的正确领导和亲切关怀下,我国电视从无到有,从小到大,从黑白到彩色,从对内到对外,从无线到有线,从微波到卫星,不断发展壮大,不断取得新的成就。特别是改革开放的推动,促进了电视事业的大发展,无论是规模、水平还是作用、影响力,都是前所未有的,使我国进入世界电视大国的行列。主要表现在以下几个方面:

(一)电视事业的规模迅速扩大

到目前为止,除港、澳、台地区外,全国共有省辖市以上电视台 374 座,县级广播电视台 1273 座,有线电视台 234 座,电视发射和转播台 39991 座,卫星地面站 177432 座,微波站 2279 个,微波线路 76719 公里。正是这些物质技术基础构成了一个庞大的现代化的中国电视事业基本格局。现在,全国拥有 3 亿台电视机,电视观众达 10 亿人以上,有线电视用户有 8000 多万户,电视人口覆盖率已提升到 89.01%。随着全国各地“村村通广播电视”工程的迅速进展,从根本上解决偏僻边远地区农村群众看电视难的问题已为期不远。对外电视传播也获得较大进展,中央电视台的国际频道节目信号,已通过卫星传送覆盖全球,并正在各大洲逐步落地。

（二）电视节目日益丰富多彩

目前，中央电视台办有9套节目，省级台办有2至3套节目，市级台办有1至2套节目，县级台办有1套节目，全国电视播出节目已达1007套，平均每周播出时间为61656小时。中央电视台平均每天播出147.6小时。电视节目逐步实现栏目化，大大丰富了节目内容。新闻报道实行滚动播出，增加信息量，增加播出次数，提高新闻时效，提高开放程度；开辟评论节目，加强深度报道。以中央电视台的《焦点访谈》《东方时空》《新闻调查》等为代表的一批新闻类深度报道栏目，产生了广泛的社会影响。各台在节目改革中有计划地推陈出新，创办了一批新的新闻、专题、文艺等各类名牌节目栏目，同时对原有节目栏目进行改版或调整，不断充实、更新节目内容，提高节目质量。电视剧创作获得重大突破，从过去年产几十部（集）发展到现在年产8000多部（集）。中国四大古典文学名著《西游记》《红楼梦》《三国演义》《水浒传》等相继以电视连续剧形式搬上屏幕。电视屏幕日益丰富多彩、异彩纷呈。

（三）电视传播手段更加先进

在节目制作和播出方面，我国相继建成了一批较为完整、规范的电视中心设施及其配套的技术设备，制作手段从采用ENG、EFP到数字演播室、数字后期制作系统；播出手段从采用录播、半自动播出方式到计算机自动节目播出系统、数字录像播出系统和数字压缩系统；在节目传输方面，从运用传统的无线发送和微波传送发展到卫星传送和光缆传送，并逐步向数字化过渡，形成了天地一体、纵横交错、覆盖全国的电视传输网络。中央电视台的9套节目和30个省级台的34套节目已经上星。中央电视台从节目制作、出片到节目传输，都采用了当前最先进的设备，特别是采用移动数字卫星新闻采集转播系统和移动数字卫星地面站新技术，有效扩大了新闻采集、实况转播的空间和同步报道的领域，使过去不可能进行的重大新闻事件现场转播成为现实。电视传播手段的逐步现代化，打破了过去地区间的障碍和封闭的传播格局，有效地扩大了节目的覆盖范围，使我国大多数地区的观众都可以收看到30—40套电视节目。

（四）电视产业获得了迅猛发展

在确保电视的党和人民的喉舌性质和主功能的前提下，电视事业正发挥自身优势和第三产业功能，合理配置资源，实现自我积累、自我发展。这主要体现在四个方面:一是电视广告业的发展。从1979年1月上海电视台首播广告起始,电视广告逐步推开,成为电视产业的支柱。像中央电视台和一些省级电视台,电视广告的收入,已成为支撑正常播出和事业发展的最主要经济来源,同时为广播和电影业的发展提供了财力支持。二是电视多功能的开发。以电视频道为基础的加扰服务节目的开发,以电视节目为基础的音像产品的开发,以电视报刊为基础的印刷媒体的开发,以电视发射塔为基础的旅游娱乐业的开发,已逐步构成电视产业的新格局,并向集团化方向发展。三是有线电视的崛起及其多功能开发。有线电视具有多频道、大容量、高质量、可控制的特点,为它的多功能开发提供了条件,而多功能开发又为它的自我发展提供了资金来源。我国的有线电视已迅速成为新的电视媒体,并形成相当可观的资产规模。随着有线电视网络的全国联网和数字化技术的应用,它的多功能开发正展示出广阔的发展前景。四是电视节目市场的逐步形成。台际之间的节目交流,已从传统的按时以物易物,转变为以质论价的市场交易;各台制作的节目,不仅满足了自身播出的需要,还在逐步推向市场,实现社会和经济的双重效益;符合市场经济规律的电视节目交易活动正在有序地开展,一年一度的全国性电视节目展示交易会已逐步走上规范的轨道。电视节目市场的逐步形成,将从根本上解决节目源不足的困扰。

三

回顾我国电视事业发展的历程和辉煌的成就,有许多经验值得总结。其基本经验,归纳起来,大体有以下六条:

(一)电视事业发展要同经济和社会发展相适应

改革开放之前20年,电视事业在曲折中逐步有所发展,但总体上处于长期徘徊状态。除了政治原因之外,无疑是受到当时整个经济和社会发展水平的制约。

改革开放以后,经济和社会的发展,科技的开发和引进,为电视事业的大发展提供了土壤和条件。电视作为列入国家经济和社会发展计划的项目,受到各级党委和政府的重视和支持;同时,电视作为人民群众精神文化生活不可缺少的一部分,受到全社会的重视和支持。在经济和社会条件俱备的情况下,中央批准的“四级办电视”的政策,很快化为各地实际行动,整个电视事业因此而获得大发展。

在中国这样一个幅员辽阔的国家,由于各地的经济和社会发展不平衡,电视的发展也不平衡。国家正通过宏观调控和政策倾斜来支持不发达地区的电视事业,如正在实施的“村村通广播电视”工程,就是从经济和政策两方面,支持不发达地区,特别是“老、少、边、穷”地区,解决人民群众听不到广播、看不到电视的问题。但是,就整体来说,电视事业的发展,必须同当地的经济和社会发展相适应,既不可能过于超前,也绝不应该滞后。

(二)把全心全意为人民服务作为办好电视的根本宗旨

电视作为党的新闻事业和社会主义文化事业的重要组成部分,必须把全心全意为人民服务作为根本宗旨,也就是必须解决为谁办电视或办电视为谁服务的政治方向问题。毛泽东同志曾为人民广播事业题词:“努力办好广播,为全中国人民和全世界人民服务。”这里的“广播”,包含着电视,因此也同样是对电视工作的要求。

41 年来,几代电视工作者都把办好电视、满足人民群众的需要视为自己的崇高使命,作为自己的事业追求:他们正确地认识到人民群众是电视的主人,也是电视事业发展的动力源泉,在党、政府和广大人民群众的支持下,创建和发展了电视事业;他们正确地认识到电视的服务对象是人民群众,从节目的设置和调整,到节目的选题和制作,以人民群众的需求为转移,努力把节目办得丰富多彩、生动活泼、雅俗共赏,把健康、优秀的精神食粮奉献给人民群众;他们正确地认识到电视宣传的主体是人民群众,把反映人民群众创造性劳动的业绩和最关心的事情,作为自己工作的目标和任务。同时,本着对人民群众负责的精神,严把宣传内容质量关,防止不健康内容和质量低劣节目的播出,努力做到使观众“开机有益”。这是电视工作者的职责,也是检验落实电视为人民服务宗旨的标准。

(三)正确认识、理解中国电视的性质任务,注重发挥电视的主功能作用

正确认识、理解电视的性质和任务,是正确把握电视宣传工作的思想基础。1981 年,中共中央明确指出:“广播电视是教育、鼓舞全党、全军和全国各族人民建设社会主义物质文明、精神文明的最强大的现代化工具。”这就是广播电视工作的根本性质和任务,也是新时期指导电视工作者正确认识、理解电视的性质和任务的准则,是对电视工作者的根本要求。在电视工作队伍不断充实、更新的过程中,应十分注意加强电视性质和任务的教育,强化电视工作者的喉舌意识,确保电视宣传的正确方向。

电视具有新闻传播、社会教育、文化娱乐、公共服务等多种功能,办好电视无疑是要最大限度地发挥各种功能的作用,但应当明确,新闻传播是电视的主功能,新

闻传播最能体现电视是党和人民的喉舌的性质和作用。因此,必须始终把主功能放在首位,在此前提下,更好地发挥其他各种功能的作用,把各类节目办好,寓教育于各类节目之中,更好地满足不同层面观众的多样化需求。在发挥各种功能的时候,还要正确处理节目的社会效益与经济效益的关系,坚持社会效益第一,必要时经济效益要无条件地服从社会效益。

(四)坚决贯彻执行党的宣传方针,正确把握舆论导向

电视是现代化的传播媒介,视听兼备,影响巨大。其导向正确,是党和人民之福;导向错误,是党和人民之祸。电视史上已有正反两方面的经验教训。在改革开放新时期,在发展社会主义市场经济的过程中,始终坚持电视宣传的正确舆论导向,显得尤为重要。

我国电视的根本性质和任务,决定了电视宣传必须坚持正确的舆论导向。坚持正确的舆论导向,首先是电视工作者要在思想上、政治上自觉地同党中央保持高度一致,坚定地贯彻执行党的宣传方针,把宣传党的基本理论、基本路线和基本纲领放在首位,团结、教育和鼓舞全党、全军和全国各族人民,为实现党中央提出的建设有中国特色的社会主义宏伟目标而奋斗。其次,要坚持不懈地宣传亿万人民在两个文明建设中的创造精神和优秀典型,宣传社会主义现代化建设的伟大成就和宏伟蓝图,宣传社会主义新中国在改革开放新时期所发生的历史性巨变和崭新风貌,以激励全民族奋发图强,振兴中华。再次,要注意发挥电视的舆论监督作用。电视宣传,特别是批评性报道和评论性节目,以其鲜明的立场观点和富有说服力的事实报道,针砭时弊,揭露矛盾,祛邪扶正,推动社会进步,具有强大威力,深受广大人民群众的喜爱,得到了党和政府的肯定。

(五)坚持电视改革,不断推进电视事业的发展

面对市场经济的冲击,面对同行之间的竞争,面对其他传媒,特别是网络媒体的挑战,电视不改革就没有出路,不改革就不可能在知识经济的新世纪占有一席之地。电视系统多年改革的实践表明,要改革,首先就要转变观念,摒弃一切陈旧的观念,树立竞争观念、市场观念、效益观念、创新观念,从思想上强化改革的意识。其次,电视改革要以宣传改革为重点,以新闻改革为突破口,推动整个电视领域的改革和发展。多年来的新闻改革,已经使电视新闻的地位和影响发生了根本性的变化,同时又极大地带动了其他方面的改革。抓住新闻改革这个龙头,就可能激活全盘、全面推进。最后,在电视宣传改革日益深化的情况下,必须十分重视内部管

理体制的改革。电视宣传改革的深化，大大促进了电视生产力的提高。电视生产力的提高，要求电视生产关系与之相适应。电视系统内部的管理改革，就是电视生产关系的调整。不进行这样的改革，就会阻碍电视宣传改革的深化，乃至影响整个电视事业的发展和电视产业的形成。

（六）掌握电视的规律，发挥电视的优势

电视是继报刊、通讯社、电影、广播之后兴起的传播媒体，具有兼容其他传媒和艺术之长、形声色文并茂、现场感及表现力强、服务对象广泛等突出的特长，同时又有解像力弱、选择性小、保存性差等短处。电视的这些特点的综合作用，形成了它不同于其他传媒的特有规律。只有掌握电视工作特有的规律，才能扬长避短，更好地发挥电视的优势。广大电视工作者在长期的实践和孜孜探求中，逐步掌握并自觉运用电视工作的规律，使电视的优势不断得以发挥。比如：充分发挥现场感强的优势，努力办好新闻性节目，力求以准确、形象、生动、可信取胜；充分发挥视听兼备的优势，加强画面、讲话、文字、音响的综合运用，以节目效果的震撼力取胜；充分发挥电视表现手段丰富的优势，依内容的不同而借鉴和融合其他艺术表现形式，以节目的创新性和吸引力取胜；充分发挥电视系统的优势，加强系统的合作和交流，以系统的组合性和凝聚力取胜；等等。看来，“扬独家之优势，汇百家之精华”是办好电视永恒的课题。

（本文发表于 1999 年 10 月《新闻战线》国庆专辑。原题目是《从零起步　走向辉煌——新中国的电视事业》。收入本书时开头一段有删改）

我国广播影视业的改革发展和面临的挑战

非常感谢中国人民大学新闻学院邀请我来参加这样一个论坛。作为一个30多年一直在广电系统工作的广电人，跟传媒界这么多同事见面，我确实感到很高兴。今天，我想利用这个机会，就广播影视改革发展和面临的挑战问题，提供一些情况，谈谈自己的看法。

改革开放25年来，我国广播影视业获得了巨大的发展，发生了深刻的变化，在规模、质量、水平、效益、影响等各个方面都实现了历史性的跨越。能够取得这样的成就和跨越，其主要因素是四大推动力量：改革开放，市场经济，科技进步，社会需求。这四大推动力量使得广播影视业获得迅猛发展。

25年来，我国广播影视业已经和正在发生着三次大的突破。这是我要谈的第一个问题。第一次大的突破始于20世纪80年代初。这次突破是以政策突破为特征，以第十一次全国广播电视工作会议和中央37号文件的贯彻为标志，以四级办广播、四级办电视、四级混合覆盖方针的实施和新闻改革，以及影视合流等为主要内容。这次的突破大大地调动了各级办广播电视的积极性，大大地解放了广播影视的生产力，全面推进了广播影视的发展和覆盖，极大地扩展了广播影视的规模。

第二次大的突破始于20世纪90年代初。这次突破是以技术突破为特征，以有线电视的崛起和卫星电视的应用为标志，以有线网络建设、有线电视用户发展和卫视节目的开播为主要内容。这次突破拓展了节目内容，提高了收视质量，开拓了电视收费的先河，同时也促进了电视的大发展。

第三次大的突破当前正在发生。这次大的突破是以体制突破为特征，以广播电视体制改革和全面推进广播电视数字化为标志，以体制、机制创新，整个广电系统从模拟向数字化转换，大力发展广电产业为主要内容。这次突破将会使整个广电业在观念、体制、技术、政策、经营管理等各个方面产生重大而深刻的变化。

以上是对我国广播影视改革历史的一个简要回顾和概括。

第二个问题，我想介绍一下目前广播影视行业的总体规模和实力。到2002年年底,我国共有地市级以上广播电台306座,电视台360座,县级广播电视台1300座,其中地市级以上广播电台办有广播节目1933套,平均每天播音2万多小时;办有电视节目2058套,平均每天播出11800小时;全国共有电影制片厂近70家,年生产故事片100部左右,今年能达到140部;有广播影视制作经营机构73家,电视剧制作机构409家,年产电视剧1000多部10000多集;全国建有广播电视发射台、转播台67000多座,卫星地面接收站38.8万多座,微波站2400多座,专用微波线路8万多公里,有线电视干线网30多万公里,宽带有线电视分配网300多万公里,已经形成了一个集有线、无线、卫星等多技术多系统综合覆盖的现代化的世界范围内覆盖人口最多的广电网。全国城乡拥有收音机5亿台,电视机4亿台,有广播听众12亿多人,电视观众12亿多人,广播、电视人口综合覆盖率分别达到93.34%、94.61%,有线电视用户突破1亿户,全国有电影院6000多家,建成区域和跨区域电影放映院线35条。从广播影视节目的生产制作量、整体技术水平和规模以及实际覆盖人口来看,我国已经成为一个广播影视大国。

与广播影视事业发展相伴随,广播影视产业经营也进行了积极的探索和发展,取得了显著的成效。1982年全国广电系统总收入9.8亿元,基本属于财政拨款。到2002年,全国广电系统总收入已经达到510亿元,其中广告收入280多亿元,财政拨款75.8亿元,广播电视系统已经由主要靠财政拨款转为以经营创收为主、财政拨款为辅。到2001年年底,全国广播电视系统总资产达到1180亿元,其中广电总局直属单位资产200亿元。总资产中,货币资金170亿元,固定资产683亿元,对外投资69.7亿元。

以上的物质技术基础构成了当今中国广播影视系统的总体规模和实力。

第三个问题,我想简要说说当前广播影视业面临的新情况、新问题。一方面,25年来广播影视业取得了巨大的发展,发生了深刻的变化,影响力大大增加;另一方面,在推进改革发展的过程中这个行业面临许多新情况、新问题。这些新情况、新问题层出不穷,主要表现在以下六方面:

一是人民群众对广播影视产品的需求在日益增长。这主要由于国家整体经济水平的提高,人民生活状况的改善,恩格尔系数在逐步下降,人民对精神文化产品的需求在大幅度增长。人们精神文化的需求提高到一个空前的水平,也有更多的支付能力和支付意愿用于精神文化产品的消费,迫切要求广播影视传媒提供更多更好的精神产品。

二是市场经济规律对广播影视的影响日益加深。随着市场经济的逐步建立和日益完善,资源配置方式发生重大变化。市场取代行政计划成为资源配置的主要机制和方式，价值规律、供求关系、竞争机制越来越多地发挥作用，这也使广播影视的外在生存环境发生重大变化。客观规律要求广播影视业必须尽快地更深入地融入社会主义市场经济之中，按经济规律办事，而不能长期游离于市场经济体系之外。

三是科学技术进步对广播影视业发展日益重要。20 世纪 80 年代以来，以微电子技术、计算机技术、通信技术为主要内容的信息技术革命异军突起，对社会经济发展影响巨大，对广播影视发展起到了巨大的推动作用。信息技术的广泛应用改变了广播影视业的传统面貌，改善了广播影视的传播效果，加快了广播影视业的更新和升级，数字化、网络化成为当今广播影视科技发展的主潮流。科技的迅速发展迫切要求广播影视业结构方面要有大的转型，要求改变传统的广播影视生产方式、传播方式、入户分配方式等经营管理方式；同时也要求从业人员的素质和知识结构要有大的提升，要求广播影视的发展模式、盈利方式都要有相应的转变。

四是信息传播多样化和传媒竞争对广播影视的挑战日益加剧。目前在信息传播领域，传播手段、传播方式多样化，传播速度不断加快，传播内容极大丰富。这些都大大增加了受众对传媒和其他信息供给的选择权，也使广播影视面临着如何更好地运用多种传播手段来进行传播的新情况。现在除了有传统的媒体以外，新的媒体的出现，如第四媒体互联网、第五媒体手机，这两大媒体的高速发展分流了传统媒体的受众。到 2002 年年底，我国互联网用户数已经达到 5910 万户，上网计算机总数 2083 万台，各类网站 37 万个，2002 年全国网络广告收入约 5 亿元。另外据报道，在近 6000 万的用户当中已经有 4000 万户的游戏玩家，2002 年网络游戏的产业收入达到 9.1 亿元。此外，互联网还对电信业务直接贡献 68 亿元，对 IT 业直接贡献 32.8 亿元，对媒体和出版直接贡献 18 亿元，预计到今年，网络游戏的收入将超过 20 亿元。手机短信息的发送也令微型移动媒体具有传播迅捷、携带方便的优势，发展势头不可小视，2002 年仅手机短信息的收入就达到 300 亿元。各种传媒的高速发展和竞争使广播影视这一媒体面临的挑战日益加剧。

五是全球的传媒竞争使广播影视面临的形势日益严峻。加入 WTO，我国的开放进入新阶段，国外的传媒也在不断地进军中国，抢占中国的市场，对我国的广播影视业形成了很大的挑战。目前，有 6 个境外频道落地广东，对广东的广播影视业造成了很大的冲击。

六是广播影视自身结构的战略性调整要求日益迫切。长期以来，广播影视产业经营单一依靠广告，副营业务基本还是空白，经营思路缺乏创新，行业布局基本按行政区划设置，难以在更大范围内优化配置资源。规模小、效益低、低水平重复建设的问题,在一些地方依然存在。还有像节目结构不合理、技术结构不统一、管理方式不适应等问题都亟须调整。

以上是我国广播影视业目前出现的新情况、新问题。这说明广播影视业正面临着一个大发展的机遇期和战略性的结构调整期。这个时期的主要特点有三点:一是宣传的转换。包括三个内容:第一个是按新闻规律办新闻;第二个是宣传内容如何实现"三贴近";第三个是频道频率专业化,节目栏目多样化、个性化。二是事业的转型。也包括三个内容:第一个是技术的升级,特别是数字化、网络化的应用;第二个是管理的升级,要求实行科学管理、现代化管理和依法管理,以及管理与服务相结合;第三个是队伍的升级,要求对队伍进行全员培训,终身教育,同时要充分认识到人才资源的竞争。三是产业的转轨。包括三个内容:第一个是要与市场经济接轨;第二个是要与社会需求接轨;第三个是要与内外的竞争接轨。

当前广播影视业发展当中面临的许多新矛盾、新问题,集中表现为以下五种障碍:

一是观念性障碍。过去长期以来,人们对广播影视媒体的三重属性缺乏完整全面的认识,这影响了广播影视业的全面发展。

二是体制性障碍。广电系统科技含量非常高,向数字化、网络化转换要求从上到下的贯通,但是现行的行政体制是条块结合、以块为主,特别是有线电视网络是由各地政府投资建起来的,所以现在在推进网络的整合方面遇到重重阻力。

三是政策性障碍。行业管理在依法管理方面缺乏法律法规依据,没有形成广电方面的法律法规体系。产业的发展缺乏应有的产业方面的扶持政策。广电统计历来都是广播电视、电影两个指标,广播电视设多少个台,人口覆盖率达到多少,产业收入是没有的,叫作事业收入,这些都非常不适宜。另外,还存在着管理手段缺失或者说不到位的问题,特别是在集团化改革当中,我们的行政管理机构不知道该怎么管理,甚至出现心理失落的现象。

四是区域性障碍。一方面体现为东部、中部、西部发展的不平衡;另一方面体现为有些地区搞地方保护主义,不准别的节目和产品进入,以保护本地的广播电视节目播出。

五是利益性障碍。在市场经济的条件下,利益主体的多元化,使过去不成问题的现在变成了问题。集团化改革以后,这方面的矛盾非常突出。集团与广电总局、省局、地市县广电机构都不同程度地存在着利益冲突。比如说中央电视台和地方台之间,地方台转播中央电视台的节目,就提出要求中央台给一部分利益分成。省级集团也面临同样的矛盾,地市县台也在无偿地转播省台的节目,也提出利益分成的要求。这个矛盾是过去从来没有的,现在变得非常突出。

总之,当前我国广播影视业的改革发展正在进入一个新的阶段,进入发展机遇期和结构调整期并存的阶段。以上这些问题和矛盾如果得不到切实的解决,无疑会阻碍广播影视业的健康良性发展。由于时间关系,关于产业发展问题,我就省略了。

(本文系作者2003年12月19日在中国人民大学新闻学院举办的“中国传媒发展高层论坛”开幕式上的讲话。收入《论传媒改革与发展》,新华出版社2004年12月第1版)

广电产业发展:机遇与挑战并存

今天在这里获得"传媒经济杯·学院奖",我一方面感到荣幸,一方面感到受之有愧。因为,我既不是传媒经济的专门研究者,也不是传媒经济的实际操作者。我只是一个传媒经济研究的赞同者、促进派和组织者。仅此而已。

利用这个机会,我想就广电产业发展问题,谈点自己的观点和想法。

广电产业是文化产业的核心产业部分,是传媒产业的重要组成部分,也是科技含量最高的文化产业。

近30年改革开放,广电产业从无到有,从小到大,走过了不平凡的历程。在这个过程中,许多专家学者进行了艰辛的理论探索。记得20世纪80年代中,周鸿铎教授率先提出"广播电视也是生产力""广播电视具有经济属性""广播电视可以发展产业"等学术观点时,不被学界业界绝大多数人所接受,甚至受到了非议。我当时在北京广播学院(现中国传媒大学)工作,作为周教授的同事和朋友,是他的坚定支持者,也是这段历史的见证者。理论启发了实践,实践丰富了理论。经过多年的探索,广电产业终于走出了一条光明的路子。2007年年底,广电产业总收入首次突破千亿大关,标志着广电产业发展的历史性跨越。

但是,冷静思考,广电产业发展依然任重道远,机遇与挑战并存。

这里,我想从冷思考的角度,以2007年为例,作点分析,讲点看法:

(一)广电总收入

2007年全年全国广电总收入为1316.40亿元,比上年增长19.77%,扣除财政收入174.5亿(占13.26%),实际创收收入为1129.41亿元。这个数字可视为广义的广电产业总收入。它包括事业单位和企业单位的收入(但后者占比更小)。

(二)比较分析

广电产业发展,自己与自己比,有了很大的成就,使广电系统得以主要依靠自己的收入支撑自身的运行和持续发展。

但是,与整个传媒产业相比,与相关产业部门相比,特别是在国民经济总产值中的比例，差距还是相当大的。例如，它只占整个传媒产业（4811 亿元）的 23.48%。与电信产业相比，差距更大，只及电信产业收入（7280.1 亿元）的 15.51%。在 2007 年 GDP 总量（211923 亿元）中的比例：电信产业占 3.44%；传媒产业占 2.27%；广电产业只占 0.53%。

（三）产业结构

2007 年广电产业总收入中，广告收入 600.56 亿元，占总收入 45.62%；有线网络收入 306.71 亿元，占总收入 23.30%。两项相加，占 68.92%。其他产业总共只有 234.63 亿元，占 17.82%。

这种产业结构，显然很不合理。它带来两大弊端：一是行业过分倚重广告收入，导致唯收视率—广告滥播—节目低俗—片面追求经济效益这样一种恶性循环的怪圈的出现；二是行业过分倚重有线网络收入，导致网络整合步履维艰，网络产业发展陷入进退两难的境地，面临在新一轮三网竞争中的不利地位。

我的结论是：广电产业发展尚处于初级阶段，真正的市场和市场主体正在初创之中；广电产业结构的调整和产业链的打造，应当引起行业重视并作为产业发展的重要环节加以推进；今后广电产业发展的重点应向内容产业、数字电视产业和视听新媒体产业转移，并努力实现大的突破；广电产业依然是朝阳产业，在实现广电整体转型的历史进程中，必将与时俱进、持续发展。

因此，广电产业，还需要专家学者们继续深入研究，继续鼓与呼；广电产业，还有待全行业的从业者继续奋力开拓、破解难题！我和我所主持的广电总局发展研究中心，将与各位同仁一起，为此而继续努力！

（本文系作者 2008 年 9 月 20 日在传媒经济三十年学术峰会暨传媒经济杯·学院奖颁奖典礼上的发言）

制播分离改革的宏观思考

制播分离改革是当前广电系统面临的新课题,究竟应当怎样看待和推进制播分离改革呢?我想从宏观思考的角度谈点自己的看法。

一、实行制播分离改革,才能解放和发展广播电视生产力

大家应该充分认识到,制播分离是广电发展到一定阶段的客观要求。党的十七大以来,中央明确要求广播影视产业在走出去方面与之相适应。要达到相适应,必须通过制播分离改革,调动系统和社会两个方面的积极性,极大地解放和发展内容产品生产服务能力。这是制播分离改革在国家层面的战略意义。

大家还应当充分认识到,制播分离是深化广电体制改革的客观要求,是涉及广电核心业务的重大改革。制播不分的情况下,节目缺乏竞争机制,制作成本高,质量难保证,制作队伍越来越庞大。这些弊端日益突出,成为制约广电内容发展提高的一大障碍。只有实行制播分离改革,才能从根本上克服弊端,消除障碍,解放和发展广播电视生产力,极大地丰富节目内容,提升节目质量,提升社会效益和经济效益。而且从长远看,制播分离改革如果取得成功,也可以为未来实现频率频道的运营积累经验、创造条件、打好基础。我曾经提出关于频率频道分类管理的建议,当然这是稍微长远一点的问题,将来肯定是要做的。

从以上两个层面看出,制播分离改革既具有必然性,也具有现实性,中央一系列相关精神和政策的指导,更是推进制播分离改革的可靠保证。当前正是制播分离改革的难得机遇,我们应当坚定信心。

二、实行制播分离改革,才能引入市场机制,促进自主生产能力的发展

制播分离改革经过 11 年的探索,取得了一定的经验,形成了一定的模式。这些模式有:

（一）全分离模式，即将播出部门与制作部门的机构、职能、人员等完全分开，频道定为播出机构，属事业性质；节目制作部门剥离出来改制为制作公司，属企业性质，承担节目制作、开发、销售和广告代理等业务。频道作为播出机构，可向本台的制作公司也可以向社会制作公司委托制作或市场选购节目。本台公司制作的节目可以向本台各频道提供，也可以向广电系统其他播出机构销售。

（二）专业化分工模式，即根据各专业频道的需求制作和提供节目，通过内部结算方式进行拟市场化交易。

（三）内供与外购外销节目相结合模式，即按照不同频道的性质或不同栏目的特点，采用对内定制、招标节目与对外委托制作、联合制作、招标采购相结合的方式。台办公司制作的节目，除满足台的需求之外，也对外进行节目版权交易。

（四）台内定制招标模式。台内非新闻类节目整合成一个或者几个专业化、规模化的节目制作机构，面向全台各专业频率频道提供节目。提供方式包括定制和选用。

目前多数省级以上广播电视媒体都不同程度地进行了制播分离改革的探索，在分离形式上有程度、广度上的不同，但都有两个共同基本点：一是引入市场竞争机制，激发活力，促进自主生产能力的发展；二是紧紧依托广电媒体的资源等方面的优势，逐步向产业化和构建产业价值链的方向发展。可以认为，这是广电人在市场经济条件下，通过制播分离改革推进广电内容产业发展的积极探索，其经验是十分宝贵的。省级以上广电媒体和广电行政部门应当及时总结交流已有经验，分析研究制播分离改革中存在的问题和困难，寻求攻坚克难的办法和途径，继续稳步地推进制播分离改革。

三、实行制播分离改革，才能克服体制障碍，赢得未来发展

当前制播分离改革正处于攻坚阶段。各地在试点探索中也逐步发现制播分离改革不是单纯的业务改革，而是一个涉及诸多方面的系统工程。在改革过程中，各地已经遇到而且还会遇到一系列问题和困难，需要着力加以解决和克服。目前主要的问题有：

（一）认识问题。一些同志担心制播脱节和播出风险，总认为自制自播保险，让制作公司提供节目存在风险，因而对制播分离改革持观望态度。

（二）市场条件问题。目前整体上看，节目市场尚未形成，节目营销缺乏市场渠道，除了广播影视节展等平台，还没有普遍的节目交易市场渠道，资本市场也尚

未形成，投融资渠道非常有限。

（三）版权保护问题。受法制观念不强和长期无偿享用广电节目的习惯影响，创意节目被克隆和模仿，影视剧被盗播滥播现象仍严重存在，而监管执法又不到位，这对广电内容产业的发展危害很大。

（四）制播双方的权益问题。播出方始终居垄断地位，掌握全部的播出渠道；而制作方作为市场主体，在节目评价、价格、信息和播出渠道上往往受制于播出方，双方的权益在事实上处于不平等状态。

（五）人员安置问题。传统事业体制内的制作人员普遍不愿意转入制作公司，担心收入不稳定和退休后收入降低，而领导干部担心失去原有身份和待遇，担心竞争压力太大。

（六）政策法规保障问题。目前国家行业主管部门对于制播分离改革出台的相关政策仍然缺少，比如对制播双方的关系和责任、权利、义务的审查、评价标准，节目交易和流通的规则，毁约等违规行为的处罚，还没有相关的政策法规规定。

上述问题无疑已成为当前制播分离改革的主要障碍。改革总是会有困难、问题甚至风险，关键在于对待它的态度和信心，谁在改革上捷足先登，谁就赢得未来的发展。只要建立科学有效的机制，就能达到合作双赢。

大家应该认真研究和总结已有的经验，并且通过交流加以推广。同时，我们应该研究发达国家节目制播方面的成功经验，结合自己的实际加以借鉴和创新，宣传指导部门和广电行政部门应该在深入调研的基础上，针对存在的问题，制定制播分离改革的具体指导政策、配套政策和相关法规，指导、鼓励和推动制播分离改革的开展，引导和规范新型制播分离体系和制播秩序的构建。

制播分离改革从实质上来说，是在社会主义市场经济条件下进行广播电视生产关系的调整，其目的在于充分调动系统和社会力量，发展壮大节目内容生产能力，培育节目市场主体，提高规模化、集约化的生产制作水平，促进广播电视产业发展，满足人民群众日益增长的精神文化需求，扩大中国文化的国际影响力。这是制播分离改革的根本方向和目的，我们必须牢牢把握。

四、实行制播分离改革，应该把握好的几项原则

（一）遵循两大规律。既要遵循社会主义市场经济规律，又要遵循社会主义精神文明建设规律。广电节目创作、制作和播出、传播始终应该把社会效益放在第一位，追求社会效益与经济效益的统一，实现两个效益的最大化。

（二）遵守政策底线。这里最关键的有两条：1. 可分离经营的制作节目是指影视剧、动画等节目，不包括新闻、时政节目；2. 广播电视台要牢牢把握频道频率使用权、定位规划权、节目终审权、播出权以及所属企业主要领导干部的任免权、资产控制权等。

（三）坚持实事求是。改革的范围、力度、进度和模式选择，都应从当地和本单位实际出发。中国幅员辽阔，各地情况千差万别，经济社会发展水平差别很大，制播分离改革不能搞一刀切。广电总局明确提出，当前制播分离改革的重点是中央电视台、中央广播电台，以及省级、副省级地区电台、电视台，主要在上述台的影视剧、影视动画、体育、科技、娱乐等节目栏目进行。这也是从实际出发的考虑。当然，对经济发达地区，市场条件较好的地区，制播分离改革的力度可以大一点，步子也可以快一点。

（四）坚持循序渐进。制播分离改革涉及面广、难度大，不可能一蹴而就，只能渐进式地推进。如同有线电视数字化整体转换，先在少数城市探索成功，然后逐步扩大范围，不断向面上推开。现有几种制播分离模式，究竟选择哪一种，应当因地制宜。当然也不局限于已有模式，还可以创新其他的分离模式。在推进过程中，可以先易后难，先台内后社会，也可以先过渡后到位，循序渐进。

综上所述，我们应当这样来理解制播分离改革与整体转型的辩证关系：制播分离改革是实现整体转型这个大系统的重要环节，它可以从一个侧面促进整体转型，即从产品和服务方面适应多样化的需求，有利于业态转型、功能转型和公共服务市场运营体系的构建。而整体转型的推进，可以为制播分离改革创造技术基础和体制条件，有利于制播分离改革的推进。整体转型与制播分离改革，都是我国广播电视进入新的发展阶段的客观要求和必然趋势，或者说是广播电视实现现代化的必由之路，具有重大的现实意义和深远的历史意义。对此我们既要充满信心，更要积极主动推动这一历史进程。

（本文据作者在第五届中国电视南方论坛上的发言整理，原载于湖北日报传媒集团《新闻前哨》2009 年第 12 期）

融合对广电系统意味着什么

大力实施和推进“三网融合”，对于促进国家经济、政治、文化、社会建设具有重要的战略意义。广电系统作为“三网融合”的主体和重要组成部分，在实施和推进“三网融合”及发展融合业务方面，承担着重大责任和使命。

广电系统不仅拥有多种现代传输手段构成的传输网络，还拥有丰富的内容资源、强大的人才队伍、丰富的制作经验和完备的制作机构，在网络传输和内容提供两方面具有战略优势。

今年1月13日，国务院常务会议研究决定加快推进电信网、广播电视网和互联网“三网融合”，提出了推进“三网融合”的阶段性目标和重点工作要求。3月5日，温家宝总理在十一届人大三次会议上作的《政府工作报告》中，把积极推进“三网融合”取得实质性进展和大力发展信息网络产业，列为大力培育战略性新兴产业的重要内容之一。这是一个重大的战略决策，标志着“三网融合”已成为国家发展战略并进入实施阶段。

一、“四个层面”解析“三网融合”的战略意义

“三网融合”，是指现有电信网、广播电视网和互联网在向宽带通信网、数字电视网、下一代互联网的演进过程中，其技术功能趋于一致，业务范围趋于相近，网络互联互通、资源共享、业务相融，形成能共同为用户提供语言、数据和广播电视内容等多种服务的信息网络新格局。三大网络经过多年的建设和发展，现已具备了融合的基本条件，相互融合已成大势所趋。我们必须充分认识到，大力实施和推进“三网融合”，对于促进国家经济、政治、文化、社会建设，都具有重要的战略意义。

从经济层面看，实施和推进“三网融合”，发展信息网络产业，有利于加快转变经济发展方式和调整优化经济结构的战略目标的实现。我国正处于全面建设小康社会的关键期和经济发展的战略机遇期。转变经济发展方式，调整优化经济结构，

扩大国内消费需求，实现经济又好又快的可持续发展，已经成为紧迫的战略任务。电信网、广播电视网和互联网都属于高科技支撑的信息网络产业，在科技创新和社会需求的推动下，都获得了快速的发展，形成了相当的规模，具有极其广阔的发展潜力和市场前景。在融合条件已经具备的情况下，适时地推进"三网融合"和全业务开发，将会产生倍增的效益，既可以扩大内需、培育新的经济增长点，又可以促进经济和社会信息化水平的提升。信息网络产业是科技手段与内容生产的有机结合，其内容产品和服务属低碳服务性产业。因此，国家将其列为六大战略性新兴产业之一。实施和推进"三网融合"，是国家经济社会发展的迫切要求。

从政治层面看，实施和推进"三网融合"，可以拓展、优化传播平台和渠道，为更好地宣传党的路线、方针、政策和社会主义核心价值体系，提供强大的物质技术支撑和保障。"三网融合"，使传统媒体的传播渠道大大拓宽，传播链条得以延伸，传播方式更加多样，传播覆盖面有效扩大，传播影响力大为增强。"三网融合"，也为广电传统媒体与新媒体的融合创造了条件。近年来，广电传统主流媒体开办新媒体，与新媒体联动传播党和国家重大活动与重大突发事件，已在实践中取得很大成功。这种传播平台和传播渠道的拓展和优化，实质上巩固了主流媒体作为党的舆论阵地的地位，具有政治上的战略意义。

从文化层面看，实施和推进"三网融合"，有利于促进文化产业的发展和广电自身现代化水平的提升，不断满足人民群众日益增长的精神文化需求。"三网融合"，可以发挥市场对社会资源配置的基础作用，实现业务相互渗透和资源共享、优势互补，同时形成适度的竞争，大大促进精神文化产品和服务的生产和供给，最大限度地满足人民群众多层次、多样化、个性化的信息需求和精神文化需求。"三网融合"，将会加速推进电信网、广播电视网、互联网的技术升级和向下一代网络演进，为业务深度融合开发和今后的"四网（加物联网）融合"奠定物质技术基础。"三网融合"将有力促进广播电视系统的数字化升级改造、有线电视网络整合、有线电视数字化整体转换，有力促进数字电视、高清电视业务开发和内容生产制作，有力促进视听新媒体的发展和传统广电媒体与视听新媒体的融合发展，从而全面增强广播电视的制作、传输、覆盖、传播能力，推进全国广播电视的现代化进程，使广播电视成为社会主义文化建设的主力军。

从社会层面看，实施和推进"三网融合"，可以为党和政府与人民群众的信息交流互动架设桥梁，有利于构建社会主义和谐社会。"三网"是当代中国规模和覆盖面最大的信息交流平台和基础设施。目前，全国（未包括港、澳、台地区）手机用户达 7.47 亿，有线电视用户达到 1.737 亿（其中数字电视用户达 6175 万），互联网用户达3.84亿,广播电视受众超过12亿。而且,上述用户数量还在持续上升之中。如此庞大的用户群和受众群,对中国社会建设、发展和稳定,有着举足轻重的作用。“三网融合”,可以为党和政府了解民意、改善民生,为人民群众表达民意、建言献策,实行党和政府与人民群众的信息交流互动,提供最先进、最直接、最广泛、最畅通的平台和渠道。党和政府及其工作人员将在这种交流互动中增强公仆意识,提升整体形象和威信;人民群众将在这种交流互动中增强主人公意识,增强对党和政府的信任,从而增强全民族凝聚力、向心力,由此推动社会主义和谐社会的构建。

二、“两个方面”彰显广电系统的战略优势

广电系统作为“三网融合”的主体和重要组成部分,在实施和推进“三网融合”和发展融合业务方面,承担着重大的责任和使命。新中国成立60年来逐步形成和完善的庞大传播系统,不仅拥有多种现代传输手段构成的天地一体的传输网络,还拥有丰厚的内容资源、强大的人才队伍、丰富的制作经验和完备的制作机构,在“三网融合”和业务开发中占有独特的战略优势,可以在网络传输和内容提供两大方面发挥至关重要的作用。

完善的广电网络系统,为全国广电实施“三网融合”奠定了可靠的物质技术基础。我国广电网络是由无线、有线、卫星等多种现代科技手段构成的综合性传输网络。无线传输系统,从20世纪90年代以来进行了大规模的技术设备更新改造和扩建,目前全国广电共拥有发射台、转播台6万多座,发射总功率大大增强;有线网络系统,经过20余年的建设发展,目前全国已拥有有线广播电视传输干线网络总长320万公里,其中国家干线网40.9万公里,省级干线网59.6万公里;卫星网络系统,自1995年开启卫星传输广电节目以来,中央广播电视节目和省级广播电视节目已全面实现卫星传送,目前全国广电系统拥有卫星地球站34座,卫星收转站1738万多座。上述三大传输系统,承担着对内对外传输发送广播电视节目和其他信息数据的业务。到2009年年底,全国广播和电视人口综合覆盖率已分别达到96.31%和97.23%。

新世纪以来,广电系统坚持以科技创新为重点,加快推进广播电视数字化进程,并已取得重大进展。卫星传输网络已率先全部实现数字化传输,直播卫星已经启用,卫星技术的应用范围大大拓展;有线电视网络已在全国163个城市和广西、宁夏、海南三省区全面实现数字化整体转换,北京、天津、青海、贵州、吉林等省区市

数字化转换率已超过50%；地面数字电视工程正在全国100个大中城市实施；我国自主研发的“非线性电视新闻综合网络系统”和“数字高清晰度电视传输接收设备”获得成功并已启用和试播；中央和省级广播电台、电视台已基本实现数字化制作和网络化管理；自主研发的移动多媒体广播电视（CMMB）已形成比较完备的技术标准体系，并已在全国200多个城市开通了信号，在29个省区市建立了业务运营支撑系统。与此同时，我国相继建立和完善了覆盖全国的广播电视安全播出调度指挥系统、广播电视监测系统和视听节目监管系统。国家广电总局与科技部、上海市合作，相继签订了《国家高性能宽带信息网暨中国下一代广播电视网自主创新合作协议书》，启动了上海市下一代广播电视网示范区建设。所有这些，都为全国广电系统实施“三网融合”奠定了可靠的物质技术基础，也表明广电行业自身在网络基础方面的强大优势。

“十二五”期间，广电系统在实施和推进“三网融合”的进程中，将全面加强和推进广播电视传播能力建设。其重点是：加快广电媒体数字化、网络化建设，加强高清电视制播能力建设，构建面向多种播出平台和多种终端用户的内容制播管理系统；加快推进有线电视网络整合、数字化转换和双向化改造，实施由小网向大网、模拟向数字、单向向双向的转变，构建全国统一的数字电视网络；加快地面数字电视发展规划的制定和实施，基本实现全国县级（含）以上城市的地面数字电视覆盖；加快研制数字声音广播技术体制，推动声音广播的数字化及新的服务模式的推送；加快移动多媒体广播电视（CMMB）的网络覆盖、运营体系建设和内容、形态创新，构建全国统一运营、共谋发展的新格局；加快下一代广播电视网（NGB）建设，以有线数字电视网和移动多媒体广播电视网为基础，构建包括NGB传输网络和NGB管理系统在内的、有线无线并用的下一代广播电视网，使之成为具有“三网融合”基本特征的新一代国家信息网络基础设施。到那时，“三网融合”将全面得以实现，其业务和多样化服务将使人们普遍享用，信息网络产业和广播电视产业将获得更大的发展。

丰富的内容资源和强大的节目制作能力，能适应“三网融合”后用户对内容产品和服务的巨大需求。当具备信息网络基础设施之后，内容的提供就成了产业发展的决定性因素，因为用户最终消费的是内容产品和服务。“三网融合”后，市场对内容的需求将会大幅提升，如何满足人们对不同接收终端内容产品和服务的需求，将是信息网络产业和广电产业能否持续发展的关键之所在。

与电信行业或其他相关行业相比，广电系统最大的优势就在于它拥有丰厚的内容资源、强大的人才队伍、丰富的制作经验和完备的制作机构，也就是具有实力雄厚的内容供给能力。几十年来，各级广电媒体，尤其是中央和省级广电媒体，积累了大量的节目资源，仅中央电视台就有上百万小时的节目资源。这种资源经过数字化转换后，可以得到有效开发和运用，成为各种新的节目形态的原材料。目前，全国共有广播电台 251 座、电视台 272 座、县级广播电视台 2087 座、教育电视台 44 座，拥有编制内制播方面的专业人才 16.16 万人，占全部编制内专业技术人员的 50%。从总体上看，这支专业人才队伍，既具有良好的政治业务素质和社会责任感，又具有很强的制作能力和丰富的制作经验，是内容生产制作方面的主力军。以 2008 年为例，全国广电系统共制作各类广播节目 649.4 万小时、各类电视节目 264.19 万小时。现有广播电视节目制作机构 4189 家，其中社会制作机构 3349 家，社会制作机构已成为一支重要的制作力量，尤其是在电视剧和动画片制作方面，已形成不小的生产制作规模。2008 年，全国共生产制作电视剧 502 部 14498 集、动画片 249 部 13.1 万分钟，其中大部分是由社会制作机构生产制作的。只要把广电系统和行业两个方面的积极性调动起来，就可以发挥强大的优势，形成巨大的内容生产制作能力和规模，以适应“三网融合”后对内容产品和服务的巨大需求。

在实施和推进“三网融合”的过程中，广电系统和行业既应注重发挥自己的上述两大战略优势，又应加强同电信、互联网等相关行业部门的通力合作，共同推动融合进程和既定目标的实现，共同推动信息网络产业的大发展，以造福于全国各族人民，促进国家的信息化和现代化建设。

（本文发表于人民日报社《新闻战线》2010 年第 5 期）

发挥广电优势　实现“三大创新”

目前，“三网融合”再度成为传媒界的热门话题。三网的发展和广泛的应用，客观上要求走向融合，以求得可持续的发展，而国家的政策正在推动“三网融合”。

三大网络经过多年的建设探索，现已经具备了基本的融合条件。过去讲“三网融合”，往往有一种片面的理解，以为“三网融合”就是网络的合并。实际上只有两大物理网络，在中国就是电信网和广播电视网，互联网是可以基于通信网也可以基于广电网来进行传播业务的。那么所谓“三网融合”，实际上就是网络上的互联互通和业务上的相互融合。广播电视是“三网融合”的主体，在“三网融合”当中承载着重大的使命和社会责任。一方面由于性质不同和多重性，广电行业在推进和实现“三网融合”的过程中，需要探索和解决一系列难点问题；另一方面要充分认识到自身所具有的有利条件和战略优势，在推进“三网融合”，在开发传媒和信息网络的新业务中发挥主力军的作用。

广播电视就其特性、功能和业务来讲，拥有资源基础能力等方面的战略优势。从资源拥有方面看，广电系统具有三大优势：

一是频谱资源。频谱是广电的战略核心资源，也是广电的特性和性质，特定的历史发展过程使得广电拥有的频谱资源较电信更为丰富。而且这是其他传媒和文化部门不具有的资源。它具有很强的垄断性，是广电核心竞争力的核心资源。在数字和宽带技术广泛应用于“三网”的条件下，它们可以从信息远端直达客户端，这更显示出价值。

二是内容资源。各级广电媒体，尤其是中央和省级媒体，几十年来积累的内容资源是巨大的。除新闻、专题、文艺节目资源外，广电部门还拥有大量的故事电影、新闻纪录电影。这些资源经过数字化转换之后，可以得到有效的开发和利用，成为各种媒体和节目形态的原材料，是宝贵和丰富的战略资源。

三是人才资源。目前全国广电系统拥有专业技术人员 32 万人以上。专业类别包括编辑、记者、播音员、节目主持人、制片人、编导、导播、播控、发送传输等专业。这是“三网融合”中提供内容和技术保障的最重要的人才资源。

从技术条件方面看,广电系统具有两大优势:

一是网络技术基础。广电网络是由无线、有线、卫星等多种技术手段组成的,目前拥有卫星地球站 34 座,卫星接收站 1738 万座。随着广电网络数字化转换,特别是随着国家高性能宽带信息网和示范网建设的推进,广电系统在网络技术方面将形成强大的优势,可以在“三网融合”中与电信基础网络实行强强联合。

二是广电覆盖的基础。由于广电传输网络技术方面的优势,覆盖面和覆盖率居于各种传媒覆盖之首。目前全国广播和电视人口覆盖率已分别达到 96.3% 和 97.23%,广播电视受众达 12 亿以上,有线电视用户已达到 1.73 亿户,其中数字电视用户达到 6175 万户。对外广播拥有 59 种语言向全球播出。对外电视拥有中国长城电视平台,共传播中央、省级电视 23 套节目,拥有海外付费用户 10 万户。这些都是广电在“三网融合”中的基础优势。

从能力建设方面看,广电系统具有三大优势:

一是制作和播出能力。目前全国广电系统拥有广播电台 251 座,电视台 272 座,县级广播电视台 2087 座。全行业共有节目制作机构 4189 家。全系统年制作广播节目 649 万小时,电视节目 260 多万小时,各级广电媒体年播出广播节目 1160 万小时以上,电视节目 1490 万小时以上。全行业年生产制作电视剧 502 部 14000 多集,动画片 13 万分钟左右。可以看出,广电节目制作和播出均有很强的优势。

二是公信力。广电媒体是党和政府的喉舌。传播党和政府的声音及法令、政令,报道新闻,以其真实的内容、正确的导向赢得了广大受众的信任,形成了很强的公信力。又由于广播电视自身的特性和传播方面的特性,所以广播电视的影响力形成正向的合力,进而在各类传播中具有优势地位。

三是控制力。“三网融合”意味着传播网络更加开放,因此必然会带来监管问题。广电媒体更加注重运用法律、行政、科技手段,建立和完善了包括内容和技术方面的监管机构和科技手段,形成了比较完善的监管体系。这是在应对“三网融合”并使之健康运行的发展过程中所必不可少的条件。广电系统已经基本具备这方面的控制能力。

从以上分析中我们可以看到,广电系统在“三网融合”中具有战略优势,但是这些战略优势并不会自然而然地得到发挥。当前“三网融合”的时间表和路线图已由国家制定,广电系统上下是否做好了充分的准备?是否已经考虑好了怎样才能发挥广电自身已有的和潜在的各种优势?这是广电人不可回避的课题。以我之见,广电系统实施和推进“三网融合”要解决好三个创新问题:

一是理念和共识的创新。在信息化时代，在新老传媒竞争激烈的时代，广电人必须开创融合合作的新理念。国家的现代化进程始终与改革开放相伴。新媒体的出现已经打破了传统媒体一统天下的格局。要想始终占据理论阵地和传媒市场，广电人必须走开放、融合、合作的道路，以开放的心态对待融合，以融合的方式实现最大限度的传播，以合作的意愿和举措求得双赢和两个效益的最大化。这就是共识问题。更为重要的是，广电系统应从国家战略的高度来看待"三网融合"问题，应当充分认识到大力实施和推进"三网融合"对促进国家经济、政治、文化、社会建设都具有的重要的战略意义。

从经济层面看，实施和推进"三网融合"，发展信息网络产业，有利于加快转变经济发展方式，调整优化经济结构，扩大国内的消费需求，实现经济可持续和又好又快发展。从政治层面看，可以拓展优化传播平台和传播渠道，为更好地宣传党的路线方针政策和社会主义核心价值体系提供强大的物质技术支撑和保证。从文化层面看，有利于促进文化的发展，从而不断地满足人民群众日益增长的多层次、多样化、个性化的信息需求。从社会层面看，实施和推进"三网融合"可以为党和政府了解民意、改善民生，为人民群众表达民意，提供最直接的渠道，有利于构建社会主义和谐社会。这是一种更高层次的共识。

二是体制机制与政策创新。建立适应"三网融合"的体制机制和新型监管体系，也就是国务院常务会议提出的要求。第一步要探索形成保证"三网融合"规范开展的政策体系和体制机制。第二步要基本形成适度竞争网络格局。这是实施和推进"三网融合"的关键所在，也是难点所在。

由于我国广电具有与国家社会制度和意识形态相适应的特殊性质和作用，在发展过程中，必须坚持社会效益第一的原则。这就决定了它的体制和政策体系方面，与信息产业部门存在着差别和矛盾。比如正确导向和安全播出，始终是广电系统压倒一切的任务和最重要的保障标准，其政策体系也是建立在这个基础之上的。这与信息产业部门以追求经济效益最大化为目标，显然有很大的差异。如何使现行广电体制机制的政策体系与"三网融合"相适应，确实需要认真探索和慎重选择。在推进"三网融合"中，必须牢牢掌握党和政府对广电播出内容和播出平台的主导权和控制力，使"三网融合"后广电在各种新业务的开发中始终坚持正确的发展方向和正确的舆论导向。

三是广电网络建设的创新。就是要继续着力推进有线电视网络整合、数字化转换和双向化改造。由于历史的原因，我国有线电视网络长期处于分散割据状态，而众多的利益主体又成为阻碍网络整合的客观因素。近年来，许多省区市党委和政府加大了行政推动力量，广电行政部门也在探索和实施适合当地情况的推进方式，有线电视网络整合有了较大的进展。其中有13个省区市已经实现或基本实现了本区域范围内的网络整合。有线电视数字化整体转换已在全国229个城市进行。广西、海南、宁夏已经完成了全省区的数字化整体转换。同时，许多地区加快了网络的双向化改造，加强内容和服务的本地化，大力开发高清电视、电子商务等各种新业务，使电视机逐步成为家庭多媒体信息终端。在国家提出“三网融合”阶段性目标的新形势下，广电系统应该尝试加大力度，继续着力推进有线电视网络整合，尽早形成全国全省全网互联互通、统一运行的新格局，着力加快数字化整体转换和双向化改造，提升网络的整体水平，普及开发信息网络的新业务。与此同时，积极推进国家高性能宽带网，即自主创新和示范区的建设，努力构建适应“三网融合”的更加先进的现代广播电视网络，为我国广播影视未来发展拓展新的空间、新的领域、新的阵地和新的市场。

“三网融合”是国家的战略决策，势在必行。广电是“三网融合”的主体，具有资源基础能力方面的战略优势，应当发挥主力军的作用。广电系统发挥自己的战略优势，应当从理念与共识创新、体制机制与政策创新、网络建设与创新入手推进工作。

（本文发表于新闻出版总署《传媒》2010年第5期）

推动广播影视又好又快发展

2010年10月,中共十七届五中全会胜利召开。这次全会听取和讨论了胡锦涛总书记受中央政治局委托作的工作报告;审议通过了《中共中央关于制定国民经济和社会发展第十二个五年规划的建议》(以下简称《建议》);温家宝总理就《建议(讨论稿)》向全会作了说明。这是一次关系我国未来五年乃至更长时期经济社会发展方向和战略部署的重要会议。全会所形成的各个文件特别是《建议》,既是制定国家国民经济和社会发展第十二个五年规划的理论依据和指导,也是今后相当一个时期全党全国各项工作的行动指南。认真学习领会和贯彻落实五中全会精神,坚持以五中全会精神指导和推动广播影视各项工作,既是全面、深入贯彻落实党的十七大精神和科学发展观的必然逻辑,更是当前抓紧制定广播影视"十二五"发展规划,加快推动广播影视又好又快发展的紧迫要求。

一、全面把握十七届五中全会的基本精神

中共十七届五中全会精辟地总结了"十一五"时期经济社会发展的基本经验和成就,深刻分析了"十二五"时期经济社会发展面临的国内外环境和当前存在的主要问题,从适应国内外形势新变化、顺应各族人民过上更好生活新期待出发,提出了制定国民经济和社会发展第十二个五年规划的指导思想、发展目标和主要任务。其主要特点体现在三个方面:一是对国内外形势的正确而清醒的判断,准确地把握发展趋势和机遇,科学地把"十二五"时期定位为全面建设小康社会的关键时期、深化改革开放和加快转变经济发展方式的攻坚时期。二是第一次把科学发展作为未来五年规划的主题,并阐明科学发展的本质要求;明确地把转变经济发展方式作为制定"十二五"规划的主线,提出加快转变经济发展方式是我国经济社会领域的一场深刻变革。一个主题、一条主线,集中了全党的智慧和意志,体现了鲜明的时代特征。三是更加注重保障和改善民生,在指导思想上把它作为加快转变经

济发展方式的根本出发点和落脚点，在工作部署上把它作为经济社会发展的战略任务。这三点，不仅具有重大的现实指导意义，还具有重要的理论创新意义。

《建议》是五中全会的重要文件，集中体现五中全会的精神。《建议》提出了关于“十二五”规划的指导思想、发展目标和主要任务。在指导思想上，强调把科学发展作为主题，要求紧紧扭住发展不放松，牢牢把握重要战略机遇期，更加注重以人为本；强调以加快转变经济发展方式为主线，提高发展的全面性、协调性和可持续性，并提出了五项基本要求。在发展目标上，突出五年规划与阶段性目标的紧密衔接，更加明确调整经济结构和保障改善民生方面的目标，提出了今后五年经济社会发展的五大主要目标。在工作部署上，明确提出了三大方面的主要任务，包括经济建设方面的五项任务，社会事业和改善民生方面的三项任务，深化改革和扩大开放方面的五项任务。这些，构成了《建议》的基本框架，其内涵极为丰富、深远，值得我们反复研读、深刻领会和全面、准确把握，为深入贯彻落实打好基础。

《建议》对广播影视发展五年规划的制定和今后一个时期广播影视各项工作的开展，具有极其重要的指导意义。概括起来，《建议》与广播影视直接相关的内容主要有以下七个方面：一、坚持社会主义先进文化前进方向，弘扬中华文化，建设和谐文化，充分发挥文化引导社会、教育人民、推动发展的功能，建设中华民族共有精神家园，建设社会主义核心价值体系。二、深化文化体制改革，推进文化创新，繁荣发展文化事业和文化产业，解放和发展文化生产力，创新文化和传播方式，创作生产更多更好的精神文化产品，不断满足人民群众日益增长的精神文化需求。三、以农村基层和中西部地区为重点，继续实施文化惠民工程，基本建成公共文化服务体系。四、加强重要新闻媒体建设，重视互联网等新兴媒体建设、运用、管理，把握正确舆论导向，提高传播能力。五、发展新型文化业态，增强多元化供给能力，繁荣文化市场，满足多样化社会需求，推动文化产业成为国民经济支柱性产业。六、积极有序发展新一代信息技术，培育发展战略性新兴产业。加快经济社会各领域信息化，全面提升信息化水平。实现电信网、广播电视网、互联网“三网融合”，构建宽带、融合、安全的下一代国家信息基础设施。七、加强对外宣传和文化交流，创新文化“走出去”模式，增强中华文化国际竞争力和影响力，提升国家文化软实力。这七方面内容，涵盖了广播影视各个方面的工作，广播影视部门如何从这些方面思考和贯彻落实好五中全会精神，在切实做好各项工作的同时，力求实现重点突破，全面推动广播影视又好又快发展，已成为摆在全体广播影视工作者面前的重大课题、战略任务和历史使命。

二、努力贯彻落实十七届五中全会精神

广播影视系统贯彻落实十七届五中全会精神，应从以下四个方面做出努力：

（一）认真学习领会五中全会精神

学习五中全会精神，应着重研读已公开发表的五中全会通过的《中共中央关于制定国民经济和社会发展第十二个五年规划的建议》、温家宝总理《关于制定国民经济和社会发展第十二个五年规划建议的说明》这两个重要文献，深刻领会和把握五中全会的基本内涵和精神实质。同时，应结合学习胡总书记在中央政治局第二十二次（深化文化体制改革研究专题）、第二十五次（在新的历史起点上推动我国经济社会又好又快发展专题）集体学习时的重要讲话，学习中央经济工作会议精神，学习全国“两会”精神和“十二五”规划纲要，学习全国宣传部长会议精神和全国广播影视工作会议精神，加深对五中全会精神的理解，把思想和行动统一到中央的决策部署上来，扎扎实实地推动五中全会精神的贯彻落实，推动国家“十二五”规划的实施。

学习领会五中全会精神，要着重把握以下三个重点：其一，形势与任务。要充分认识“十二五”时期，是全面建设小康社会的关键时期，是深化改革开放、加快转变经济发展方式的攻坚时期，是我国在国内外新形势新变化中继续加快发展的重要战略机遇期。制定和实施“十二五”发展规划，确保这一时期各项战略任务的完成，对推进改革开放和社会主义现代化建设，对坚持和发展中国特色社会主义、实现中华民族伟大复兴，具有极其重大的现实意义。其二，主题与主线。要深刻认识以科学发展为主题，是时代的要求，关系我国改革开放和现代化建设全局；以加快转变经济发展方式为主线，是推动科学发展的必由之路。要用科学发展的眼光、思路、办法解决前进中的问题，创新发展理念和发展模式；要把转变经济发展方式的基本要求落实到经济社会发展的全过程，着力提高发展的全面性、协调性、可持续性。其三，统筹与重点。就是要坚持统筹兼顾、协调发展，同时突出重点，寻求重点突破，即胡总书记所指出的：要抓住和解决牵动全局的主要工作、事关长远的重大问题和关系民生的紧迫问题，抓住制约科学发展的体制障碍和深层次矛盾，加强改革顶层设计和总体规划，全面协调推进经济、政治、文化、社会体制改革创新，切实在一些重要领域和关键环节取得新的突破。

（二）以五中全会精神为指导制定实施广播影视“十二五”发展规划

根据五中全会精神，针对我国广播影视发展中的突出问题，“十二五”广播影视发展规划和广播影视各项工作，应始终坚持科学发展的方向，着力转变粗放的发展方式，更加注重宣传工作和事业发展以人为本，更加注重广播影视的全面、协调、可持续发展，更加注重以统筹兼顾解决好媒体、城乡、区域、层级、对内对外传播等多领域发展不平衡的问题，更加注重质量、效益、水平的提升，更加注重结构调整和资源配置的科学优化，实现广播影视的又好又快发展。同时应紧密结合广播影视的实际，依照《建议》的相关要求，筹谋对策，制定措施，寻求在一些重点领域或重大问题上的重点突破，全面推进广播影视大发展、大繁荣。

今年1月11日，中宣部副部长、国家广电总局局长王太华同志在全国广播影视工作会议上的讲话中，明确指出：“‘十二五’时期，是我国广播影视加快转变、加速转型的战略机遇期，是我国由广播影视大国向强国跨越的关键时期。”他强调：“完成‘十二五’目标任务，必须准确把握中央对广播影视的战略部署和要求，针对广播影视的现实状况，找准工作着力点和用力方向，努力实现‘六个重大转变’。”这六个重大转变是：1.加快以传统媒体为主向传统媒体与新媒体融合发展的转变；2.加快农村广播影视由工程建设向公共服务体系建设的转变；3.加快内容生产由以数量扩张为主向以质量提高为主的转变；4.加快广播电视网由传输覆盖向全功能、全业务转变；5.加快管理由以行政手段为主向综合运用法律、经济、行政、科技等手段的转变；6.加快由以国内发展为主向统筹国内国际发展的转变。太华同志还指出，“十二五”时期，我们必须紧紧围绕“六个重大转变”，加快广播影视现代化建设，加速广播影视战略转型，努力取得建设广播影视强国的实质性突破。从中可以看出，实现广播影视的科学发展和整体转型，已经成为贯穿“十二五”乃至更长时期的战略选择和决策。

目前，广电总局已经初步编制了广播影视“十二五”发展规划，提出未来五年广播影视发展的主要目标是：服务大局能力、服务群众能力显著提升，科学发展水平显著提高，基本建成广覆盖、高效能的现代公共服务体系，基本建成结构优化、竞争力强的现代产业体系，基本建成技术先进、功能强大的现代传播体系，基本建成中国特色、相对完备的科学管理体系。这个规划已报送中宣部、国家发改委审核。总局要求各省市区广电部门也要结合实际，编制和实施本地区广播影视“十二五”发展规划。据我所知，广东、重庆、湖南等省市广电部门已经委托总局发展研究中心为其研究制定“十二五”或中长期广播影视发展规划。这是广电系统贯彻落实五中全会精神、推进广播影视科学发展的一项重大而紧迫的任务。

（三）深入宣传好十七届五中全会精神

按照全国宣传部长会议和全国广播影视工作会议的部署，各级广电部门和广电媒体，要把深入宣传好十七届五中全会和中央经济工作会议精神作为今年宣传工作的重中之重。要精心组织策划，创新宣传报道形式，深入宣传五中全会关于国际国内形势的科学判断，引导全党全社会增强抓住和用好战略机遇期的意识和能力；深入宣传科学发展主题和加快转变经济发展方式主线，引导全党全社会深刻认识科学发展的本质要求和增强转变发展方式的责任感和主动性；深入宣传国家“十二五”经济社会发展的目标任务和重大举措，动员和鼓舞全党全社会为推动经济社会又好又快发展、实施和实现国家“十二五”经济社会发展规划纲要而奋斗。总的来说，就是要通过深入、全面地宣传，把全党和全国各族人民的思想和行动统一到五中全会精神和中央决策部署上来，为贯彻落实五中全会精神和国家“十二五”发展规划纲要提供强有力的舆论支持和精神动力。

（四）着力推进广播影视又好又快发展

贯彻落实十七届五中全会精神，实施“十二五”广播影视发展规划，推进广播影视又好又快发展，重点应在以下五个方面实现重大突破：

其一，加快构建现代广电综合传媒体系。鉴于我国传媒格局和传媒生态正在发生重大变动，必须打破守成观念，抓住“三网融合”的机遇，依托和发挥传统广电媒体的优势资源，大力开发开办新媒体业务，努力建设和完善集成播控平台，推进传统广电媒体与新兴媒体的融合，构建多媒体、全业务、多功能的现代广电综合传媒体系，不断巩固和扩大主流宣传舆论阵地，增强广电的核心竞争力和传播影响力，在对内对外传播竞争中占据有利地位，发挥重要作用。

其二，加快构建广播影视公共服务体系。坚持把发展公益性广电事业作为满足人民群众基本文化需求的主要途径，按照体现公益性、基本性、均等性、便利性的要求，以政府为主导，以公共财政为支撑，以全民为服务对象，以基层和农村为重点，调整资源配置，实行倾斜政策，巩固和扩大广播电视村村通工程、西新工程和农村电影放映工程的成果，着力从财力保障、体制创新、内容供给、人才培训等方面破解难题，建立长效机制，并在此基础上构建覆盖城乡、惠及全民尤其是广大农村居民的广播影视公共服务体系。

其三，加快构建现代科技传播体系。加速推进广播影视数字化、网络化、高清化进程，全面实现制作、播出、传输、集成、接收、发行、放映和存储、使用、管理等各个环节的数字化、网络化，有条件的电视台实现主要频道高清化。加速推进有线电视网络的整合、数字化整转和双向化改造升级，尽快形成全国全程全网运行新体制。积极推动“三网融合”进程，构建适应“三网融合”业务的技术新体系，逐步形成互联互通、资源共享、共同发展的新格局。加快实现地面数字电视和移动多媒体广播电视在各级城市的覆盖。建立和完善卫星直播广播系统。构建和完善适应融合传媒业务的监测、监管和应急技术系统和机制。加快构建下一代广播电视网络，推进广播电视网络向现代化、融合性、多功能、全业务转变。

其四，加快构建广播影视产业体系。要从推动文化产业成为国民经济支柱性产业和培育战略性新兴产业的高度，加快推进广播影视产业发展，努力构建优势明显、特色突出的现代广播影视产业体系，构建统一开放、竞争有序的现代广播影视市场体系。贯彻落实国家《文化产业振兴规划》，调整广电产业结构，重点发展广播影视内容产业、数字电视产业和新媒体产业。努力推动文化与科技融合、艺术与技术融合，全面推进“三网”业务融合，充分发挥传统广电的内容资源、制作经验、专业人才和公信力、覆盖面、影响力等方面的强大优势，大力开发新兴传媒、文化、信息新业态和新业务，着力提高内容创新能力和产品质量水平，加快培育市场主体和大众化文化消费市场。总的来说，构建广播影视产业体系，应当包括科学的产业布局、合理的产业结构、合格的市场主体、规范的市场秩序、有效的市场监管、有力的政策推动、健全的知识产权保护制度等基本构成要素。

其五，加快构建现代广播影视新型体制。应当根据中央关于文化体制改革的指导方针和政策，从适应科学发展、战略转型的新要求和当地的实际出发，不断深化广播影视体制改革，基本构建起包括公共服务、产业经营、政府监管和中介社会服务等四大体系在内的现代广播影视新型体制。今后五年，体制改革的重点应当从以下几个方面推进：按照“增加投入、转换机制、增强活力、改善服务”的方针，继续深化广电媒体内部的劳动、人事和收入分配制度改革，增强内部活力和持续发展动力；积极稳妥推进制播分离改革和频道频率制改革，增强节目创新能力，推进节目栏目品牌化建设，提升核心竞争力；深化广电集团改革，分类整合内部资源，逐步实行事企分开，理顺事业和产业关系，推动公共服务与产业经营相互促进、共同发展；加快有线网络整合和网络公司重组，加快经营性事业单位转企改制，推动已经改制的企业建立现代企业制度，完善法人治理结构，培育自主经营、富有活力的广电产业市场主体；深化行政体制改革，加快政府职能转变步伐，全面实行政企分开、政事分开、管办分离，探索和创新管理方式，特别注重探索新老媒体融合和“三网融合”新情况下实现党管媒体的有效途径，提升管理的科学化水平，努力达到依法管理、科学管理、有效管理，既管好系统，又管好行业和社会。

面对上述新形势、新变化、新要求、新任务，全体广播影视工作者要迎接挑战，奋力拼搏，在改革创新中不断推进我国广播影视的大发展、大繁荣。这其中，也需要我们这些从事广播影视学术理论和决策应用研究的同行们付出应有的努力，为推进广电改革发展和实现“十二五”发展目标提供强有力的智力支持。

在本月12日举行的全国广播影视工作会议上，赵实同志在总结讲话中，明确地把战略研究作为编制规划、破解难题、推进工作、实现科学发展的重要举措并提出要求。她指出：“要加强战略研究，加强重点、难点和关键问题研究，着力攻坚克难，增强前瞻性、预见性，提高规划科学化水平。当前，特别要加强‘三网融合’趋势下广播影视发展战略研究，加强新形势下广播影视体制特别是县乡体制问题研究，加强信息化网络化条件下新媒体新业态发展研究，加强广电网络发展战略包括国家级网络公司组建问题研究，加强社会从业机构发展、从业人员管理问题研究。”我认为，这既是对各级广电管理部门提出的要求，更是对各级广电研究机构包括各级广电协会、学会提出的要求。我们应当高度关注并组织开展这些重大课题的研究，拿出高质量并具可行性的研究成果，发挥好我们应有的作用，并在其中增强和提升我们这些研究机构、组织的实力及影响力。

（本文系作者2011年1月18日在中国广播电视协会2010年学术年会上的发言）

新世纪头10年的广播电视体制改革

从2001年到2010年，这10年的广播电视体制改革，承接20世纪八九十年代广播电视改革探索的历史进程，在中共十六大、十七大精神的指引和推动下，在中央关于文化体制改革决策部署的指导和推动下，积极探索，锐意创新，攻坚克难，奋力开拓，由点到面，从单项向综合，不断推进和深化，取得了较大的突破和新进展，有力地推动和促进了这一时期我国广播电视业的全面、持续、快速发展。同时，这一发展过程中存在和出现的一些问题，有待人们在深化改革中逐步解决。

一、广播电视体制改革的时代背景

自新世纪开始，我国社会主义现代化建设进入了全面建设小康社会的新阶段。在第一个10年，中国共产党相继召开了第十六次全国代表大会和第十七次全国代表大会。十六大提出，在本世纪头20年，要集中力量全面建设惠及十几亿人的更高水平的小康社会；十七大指出，全面建设小康社会是党和国家到2020年的奋斗目标，是全国各族人民的根本利益所在。十六大和十七大对新阶段改革开放和现代化建设作出了战略部署，提出了全面推进经济建设、政治建设、文化建设、社会建设的战略任务，其中包括推动社会主义文化大发展、大繁荣的战略任务。与此同时，十六大、十七大确立了"三个代表"重要思想和科学发展观的战略指导地位，强调"在新的发展阶段继续全面建设小康社会、发展中国特色社会主义，必须坚持以邓小平理论和'三个代表'重要思想为指导，深入贯彻落实科学发展观"，"立足社会主义初级阶段这个最大的实际，全面认识工业化、信息化、城镇化、市场化、国际化深入发展的新形势新任务，深刻把握我国发展面临的新课题新矛盾，更加自觉地走科学发展道路，奋力开拓中国特色社会主义更为广阔的发展前景"。10年来，中国共产党带领全国各族人民努力完成十六大、十七大提出的各项战略任务，战胜各种困难和风险，不断推进经济社会又好又快发展，不断夺取全面建设小康社会的新胜利,取得了举世瞩目的伟大成就,为全面建设更高水平的小康社会打下了坚实的基础。这是新世纪头10年广播电视改革发展的时代背景和历史机遇。

在这样一个大的社会背景下,有四大因素影响和推动了广播电视的变革和发展:一是社会主义市场经济体制的建立和日趋完善,使广播电视的生存、发展环境和条件发生了重大变化,进入了在竞争中谋发展的时代。二是以信息技术、数字技术和网络技术为代表的高科技在世界范围的广泛应用及其引起的变革,使广播电视面貌得以脱胎换骨地改造和升级,进入了数字化传播时代。三是文化体制改革的启动和发展,使广播电视体制机制改革创新得以大大推进,进入了构建新型体制的新阶段。四是人民群众随着物质生活条件的改善所产生的对精神文化产品的巨大需求,使广播电视面临着公共服务和市场服务的双重挑战,进入了一个多元发展、多样需求的时代。这一切,都需要广电人和广电业从思想观念、体制机制、制作传播、节目形态、经营管理等各个方面与之相适应。因此,广播电视体制改革成为这一时期的客观要求和大势所趋。

正由于上述时代背景和四大因素的作用,促使广播电视从新世纪开始进入了一个新的发展阶段,即整体转型和科学发展阶段。

广播电视整体转型的基本内涵和主要特征是:其一,理念的转变。从传统的纯粹广播电视理念向现代的融合传播理念转变,从传统的"传受"理念向现代的"供需"理念转变,从传统的单一公益服务理念向现代的公共服务与市场服务相结合的理念转变。其二,技术的转型。从模拟技术向数字技术转变,20世纪已完成从标准清晰度向高清晰度转变,从单向传播向双向互动转变,从专网传输向"三网融合"转变。其三,业态的转型。以数字化消解不同媒体之间的壁垒,实行多业务融合和开发,更新改造和提升传统业务形态,发展新兴媒体和创新相关业务形态,从传统单媒体向现代多媒体融合转变,逐步形成传统媒体与新兴媒体联动传播和联合发展新业务形态的新的传媒格局。其四,功能的转型。广播电视服务方式从间接服务向直接服务转变,从单一服务向多样化服务转变,从单终端服务向多终端服务转变,传统的听众观众转变为用户,用户可以自主选择和享用广播电视各类产品和服务,实现全民的"各取所需"。其五,体制的转型。通过不断深化广播电视体制改革,传统的行政事业体制向新体制模式转变,即逐步构建起包括广播电视公共服务体系、市场运营体系、政府监管体系、社会服务体系在内的新的体制框架及其运行方式。

党的十七大把科学发展观确立为我国经济社会发展的战略指导思想,要求加快转变经济发展方式,大力推进经济结构战略性调整,促进国民经济又好又快发展。这标志着我国经济社会发展进入了科学发展阶段。同样,我国广播电视在经历20多年的快速发展和规模扩张,实现第一次以政策突破为特征和第二次以技术突破为特征的重大突破之后,从新世纪开始进入了以整体转型和科学发展为特征的第三次重大突破和新的发展阶段,实现广播电视的科学发展成为这个阶段的基本目标。

实现广播电视科学发展的基本要求,主要表现在三个方面:一是坚持以发展为主题,把解放和发展广播电视生产力,最大限度地提供和满足人民群众日益增长的对广播电视产品和服务的需求作为第一要务;二是坚持以人为本,调整和优化内部结构,注意内容、质量、效益的提升,把社会效益放在第一位,为人民群众提供优质产品和服务;三是坚持协调和可持续发展,解决好事业与产业之间、广播与电视之间、内宣与外宣之间、城市与农村之间、发达地区与欠发达地区之间发展的不协调、不平衡问题,寻求优势互补、相互促进、合作共赢、共同发展的路子。

全面建设小康社会,是广播电视体制改革的时代背景和社会环境;实现广播电视整体转型和科学发展,是广播电视体制改革的时代要求。10年间的广播电视体制改革,就是在这样的大背景下逐步向前推进并取得突破性进展的。

这10年的广播电视体制改革,大体可分为三个阶段。第一个阶段,以2000年8月"兰州会议"(即国家广电总局2000年8月中旬在兰州召开的"全国广播影视局长座谈会暨村村通广播电视现场会")为起点,到2003年6月中央部署文化体制改革试点以前的近3年时间,以贯彻落实中办发〔2001〕17号文件、积极推进广播影视集团化改革为标志,开展包括组建广播影视集团,实行多媒体经营,坚持治散治滥,推动市(地)县(市)广播电视播出机构职能转变,加快人事劳动制度改革、实行全员聘任制和劳动合同制等为主要内容的新世纪第一轮体制改革。第二个阶段,以2003年6月中央部署文化体制改革试点为起点,到2005年12月各试点地区和单位基本完成任务的两年半时间,以贯彻落实中办发〔2003〕21号文件和中央召开的全国文化体制改革试点工作会议精神为标志,开展包括深化广电行政管理体制改革、推动两台合并、实施制播分离改革和加快广电产业发展、深化事业单位内部三项制度改革等一系列改革。中办发〔2003〕21号文件确定的文化体制改革综合性试点地区是:上海市、广东省、浙江省、重庆市、深圳市、沈阳市、西安市、丽江市。另确定北京市重点发展文化企业,培育文化市场。该文件还确定20家新闻传媒和出版单位为文化体制改革试点单位,其中广播电视系统有浙江广播电视集团、山东广播电视总台、南京广播电视集团、深圳电视台、厦门电视台等5家单位。第三个阶段,以2005年12月中共中央、国务院《关于深化文化体制改革的若干意见》

(即中发〔2005〕14 号文件)的颁布实施为标志,以 2006 年 3 月中央召开全国文化体制改革工作会议为起点,在总结试点的基础上,改革逐步向面上推开,并向纵深拓展,开展了包括加快构建广播电视公共服务体系、推动广电集团事企分开、加快经营性单位转企改制等各项改革。这个阶段一直持续到 2010 年以后。

总体上看,这一时期的广播电视体制改革成绩斐然,成效显著,同时也出现了某些失误和问题。

二、广播电视集团化改革和行政管理体制改革

(一)广播电视集团化改革

这是新世纪头几年最为热门、影响最大的一项体制性改革。2000 年是启动之年,之后逐渐形成热潮,到 2005 年 6 月随着中国广播影视集团的撤销和限制性政策的出台而渐趋冷却状态和新的调整趋向。我国最早建立广播电视集团的是 1999 年 6 月成立的江苏无锡市广播电视集团。无锡地处江苏东南、沪宁之间,是我国改革开放的先行地区和经济发达地区之一,较早具备体制改革的外部环境和内部条件。据当时广电总局主要负责人《关于无锡市组建广电集团的调查报告》称:从 1998 年 3 月开始,无锡广电局在各县(市)、郊区"三台合一""局台合一"的基础上,研究通过组建集团,实行"多台合一""局台合一",对现行广电管理体制和运行机制进行改革,以优化结构和资源配置,增强事业发展的动力和活力。1999 年 6 月无锡广电集团成立后,从五个方面迈出了较大的改革步伐:集团定性为"国有独资事业单位集团",授权经营市广电局下属各单位的国有资产,实行"综合税费定额缴纳"办法;广电集团与市广电局实行"两块牌子,一套班子"的管理体制,由市政府授权依法行使行政管理职能;集团对市辖江阴、宜兴、锡山三(市)县和郊区广电系统实行垂直管理;集团实行节目制作和频道设置专业化,宣传与经营分离(营),制作与播出分离(营);集团以广告创收为主,根据条件开展多种经营。这一改革,得到了国家广电总局和江苏省广电厅的充分肯定和积极支持,开了广电集团化改革之先河。但鉴于此项改革的艰巨性和敏感性,广电总局要求"少说多做或只做不说,扎实工作,务求实效,积极稳妥地把改革推向深入"。

广电集团化改革被正式提上国家广电总局议事日程,是 2000 年 8 月在兰州召开的全国广播影视局长座谈会暨村村通广播电视现场会上作为工作部署提出来的。刚就任国家广电总局党组书记、局长的徐光春,在 8 月 11 日的全体会上作了

题为《以“三个代表”为指针，以“三个创新”为动力，加快广播影视事业的改革和发展》的长篇报告，明确提出：“要加快体制创新，通过走集团化的道路，尽快形成若干有较强实力的广播影视传媒集团和全国性的广播影视网，真正把事业搞强搞大，才能迎接国内其他媒体的挑战和竞争，才能抵御国外传媒集团的‘侵入’，也才能打出去参与国际竞争。”对广电集团的总体设想，他提出：“先着手组建中央一级和省一级的广播影视集团。这些集团要做到广播、电影、电视三位一体，有线、无线、教育三台联合，省、市、县三级贯通，资源共享、人才共用、优势互补，宣传、创作、经营、技术全面推进，宣传能力大大提高，经济实力大大增强，事业发展大大拓展。”具体目标是：“加快组建广播影视集团的步伐，争取用3年左右时间在全国形成几个比较大的广播影视传媒集团。”这次会议的部署标志着广播影视集团化改革由此拉开了序幕。

经广电总局批准，第一家省级广播影视集团——湖南广播影视集团，于兰州会议之后4个月的2000年12月正式成立挂牌。紧随其后，从2001年1月至8月短短8个月，山东广播电视总台、北京广播影视集团、上海文广集团、江苏广播电视总台（集团）相继成立挂牌。集团化改革渐成气候。

2001年8月24日，中办发〔2001〕17号文件提出，“以结构调整为主线推进改革”，“积极推进集团化建设，把集团做大做强”，“组建若干大型报业集团、出版集团、发行集团、广电集团、电影集团”等重点改革任务；明确“广电集团属于事业性质，可分别由中央、省级和有相当实力的省会城市、计划单列市广电部门负责组建，其他市（地）一级不单独组建集团”；要求广电“集团要以广播电台、电视台、电影制片厂（公司）、互联网站和传输网络公司为主体，广播、电影、电视三位一体，有线、无线两台合并，省、市、县三级贯通”。同年12月，广电总局根据中办发17号文件精神，就积极推进广播电视集团化改革制定和推出了一系列配套政策和实施办法，其中主要有：《关于积极推进广播影视集团化改革的实施细则（试行）》（广发办字〔2001〕1452号），《关于广播影视集团融资的实施细则（试行）》（广发办字〔2001〕1485号），《关于广播影视集团实行多媒体兼营和跨地区经营的实施细则（试行）》（广发办字〔2001〕1485号），《关于实行广播电视节目制作、发行行业准入制度的实施细则（试行）》（广发办字〔2001〕1476号），《关于加快广播影视高新技术应用的实施细则（试行）》（广发办字〔2001〕1474号），《关于深化广播影视企事业单位人事制度改革的实施细则（试行）》（广发办字〔2001〕1480号），《关于加强广播影视法制建设的实施细则（试行）》（广发办字〔2001〕1459号）等22个部门规章或规范性文件。中办发17号文件和国家广电总局上述配套政策措施的出台，对于具体指导和推动广播电视集团化改革起到了重要的催化和促进作用,排除了集团化改革的政策和体制障碍,使得集团化改革迅速向前推进。

从 2001 年 9 月至 2005 年 7 月,经广电总局批准,各地相继有浙江广播电视集团、天津广播电视电影集团、杭州广播电视集团、南京广播电视集团、福建广播影视集团、长沙广播电视集团、宁波广播电视集团、广东南方广播影视传媒集团、厦门广播电视集团、深圳广播电影电视集团、重庆广播电视总台(集团)、甘肃广播电视总台等 12 家省级、副省级和省会城市、计划单列市广播电视集团(总台)宣告成立并挂牌运营。此间,经总局批准并于 2005 年 7 月以后成立挂牌的有山西广播电视总台、湖北广播电视总台和武汉广播电视总台。另外,还有未经广电总局批准,只由当地党委、政府批准成立的有宁夏广播电视总台、浙江省温州市广播电视总台、黑龙江省牡丹江新闻传媒集团和鸡西新闻传媒集团。还有一个县级广电集团——江苏省江阴市广播电视集团(台)。

最值得提到的是,经中央领导批准,2001 年 12 月 6 日,中国广播电影电视集团宣告成立并挂牌。在该集团成立大会上,时任中央宣传部常务副部长的刘云山,受中央政治局委员、书记处书记、中央宣传部部长丁关根委托,并代表中宣部部务会议,到会表示祝贺并发表讲话。他在讲话中着重强调了以下三点:其一,“组建广播影视集团,加快广播影视集团化发展和改革步伐,是适应新形势,深化广播影视体制改革,推动广播影视事业更快更好发展的一项重大举措”。其二,“中国广播影视集团的成立,表明广播影视业的改革迈出了新的步伐,广播影视业的发展进入了新的阶段”。其三,“中国广播影视集团是国家级大型传媒集团,是中央的重要喉舌和工具,是国家重要的宣传思想文化阵地,要在全国广播影视事业的改革发展中起到示范和带动作用”。广电总局和中国广播影视集团主要负责人,在集团成立大会上宣示:“中国广播影视集团的成立,是中国实施以组建传媒‘联合航队’,打造传媒‘航空母舰’为重点的新闻改革的重要举措,翻开了中国广播影视历史新的一页,中国广播影视事业的发展进入新的征程。”

可以说,在 2001 年 8 月以后的相当一段时间内,以贯彻落实中办发 17 号文件和兰州会议精神为契机,广播电视集团化改革达到了一个高潮,成为广播电视体制改革的一个亮点和热点。尤其是中国广播影视集团的成立,成为集团化改革的一个标志性事件,当时的众多媒体在报道中用“中国广播影视的航母起航了”的大幅标题加以渲染,产生了极大的社会影响。

持续多年的广电集团化改革,顺应了我国改革开放和现代化建设新阶段的时代要求,顺应了新科技革命和国内国际传媒激烈竞争的新形势,顺应了社会主义市场经济体制基本建立后广电生存发展外部环境的新变化，激发了广电传媒内部的活力和发展动力，推进了广电传媒内部的结构调整、资源整合、业务拓展和改造升级，推动了广电传媒内部的人事、劳动、分配三项制度改革和体制机制创新，进而促进了事业和产业的共同发展，增强了广电传媒的综合实力、经济实力和传播能力。

在探索和推进广电集团化的过程中，行业一方面破除了原有的体制性障碍，调整了生产关系，构建了新的体制模式和运营方式，一方面又面临新的问题和障碍。其中最关键的就是集团的事业性质和事企混营，必然导致当初电影改革曾经遭遇的“既要公鸡下蛋，又要母鸡打鸣”的窘境。针对集团化改革出现的新问题，2006年1月，当时的广电总局主要负责人，在全国广播影视局长会议的讲话中明确提出：“不再批准成立省（区、市）一级的广电集团和总台。已经批准成立的，要加大改革力度，在理顺关系、精简机构、整合资源、转换机制、提高效能上下功夫。”如何通过深化改革在事企分开、事企归位、理顺关系、转换机制方面有所突破？在深化文化体制改革的大背景下，四川、上海、湖南三省市率先进行了新的探索。2009年7月、8月、9月，广电总局相继批准四川、上海、湖南实施新一轮体制改革方案。

四川、上海、湖南三省市这轮广电体制改革的核心问题就是从广电集团改革入手解决事企不分、事企混营问题。具体做法是：1. 四川省撤销四川广播电视集团，将四川人民广播电台和四川电视台合并为四川广播电视台，保留两台的呼号，实行事业体制，由省委宣传部领导（广电总局批复中没有这一句），并由四川省广电局实行行政管理。2. 上海市撤销上海文广新闻传媒集团，将上海电视台、上海人民广播电台、上海东方电视台、上海东方广播电台合并组建上海广播电视台，保留原有四个台的呼号，实行事业体制，由上海市委宣传部领导，上海市文广局实行行政管理；将政策允许的影视剧、动画、少儿、综艺、体育、生活、科技等类节目制作业务，同可经营性资产合并组建上海东方传媒集团有限责任公司，为上海广播电视台出资成立的控股企业集团公司，隶属于上海广播电视台。3. 湖南省撤销湖南广播影视集团，将湖南人民广播电台、湖南电视台合并组建湖南广播电视台，实行事业体制，由省委宣传部和省广电局领导；省广电局与广播电视台实现职能分开、机构分开、财务分离，局长不兼台长，不相互混岗，局由主要面向直属单位转为面向全社会全行业；湖南广播电视台将所属经营性资产资源整合组建成湖南新广传媒有限责任公司、潇湘电影集团有限责任公司、快乐金鹰投资控股有限公司，并建立现代企业制度。

三省市的上述体制改革，理顺了事企关系和领导关系，实现了事企分开和各自归位，符合中共中央、国务院《关于深化文化体制改革的若干意见》的相关规定，有利于促进广电事业与产业的共同发展,代表着广电传媒体制改革的方向和趋势。虽然这次调整性的深化改革尚在进行之中,而且还会遇到一些新的问题,但这应是广电集团深化体制改革的正确趋向。

从2009年到2011年,这种改革的取向已在省级广播电视播出机构逐步推开,原有的广电集团大部分已改建为广播电视台。至此,全国省级事业性广电集团只剩4家,即浙江广播电视集团、福建广播电视集团、广东南方广播影视集团、上海文广集团;设省级广播电视总台的有3家,即江苏广播电视总台、甘肃广播电视总台、重庆广播电视总台。上海、湖南、四川、辽宁、山东、北京、天津、安徽、山西、陕西、青海、海南、云南、贵州、湖北等15个省、直辖市广播电视播出机构已整合和统称为广播电视台,实行事业体制,其经营性资产资源重组为台属企业集团公司。

(二)广播电视行政管理体制改革

10年间,伴随着国家行政体制改革的深入和文化体制改革的全面展开,广播电视行政管理体制改革也在探索中推进,以构建广播电视公共服务体系、市场运营体系、政府监管体系和中介社会服务体系四位一体的新型广播电视体制框架正在逐步形成之中。

在计划经济时代形成的传统广播电视行政管理体制,实行局管台、局办台或局台合一,政事不分、管办不分。在社会主义市场经济体制基本建立、广电生存和发展的外部环境发生重大变化的条件下,这种体制显得越来越难以适应现状。2001年8月,中办发17号文件对深化新闻出版广播影视业改革的总体要求中提出:要"探索建立新形势下保证党委领导,调控适度、运行有序、促进发展的宏观管理体制。中央和省、自治区、直辖市两级调控,党委统一领导,政府有关部门监督管理,行业管理和属地管理相互配合,主管主办单位职责明确。综合运用法律、经济、行政等手段,对导向、总量、布局、结构、质量和效益实行宏观调控"。2003年7月,中办发21号文件对文化体制改革综合试点地区的文化管理体制改革提出更为明确的要求:"加强和改善党对文化工作的领导,理顺政府与文化企事业单位的关系,实行党委领导、政府管理、行业自律、企事业单位依法运营的体制。""行政主管部门要进一步转变职能,实行政企、政事分开,管办分离,加强宏观管理。强化政策调节、市场监管、社会管理和公共服务等行政职能,完善行政审批制度,把好市场准入关。实行依法管理,加强文化法制建设,完善地方文化法规。"2005年12月,中发14号文件进一步提出:"明确文化行政管理部门职责,理顺文化行政管理部门与所属文化企事业单位的关系,推进政企分开、政资分开、政事分开、政府与市场中介组织分开，强化政策调节、市场监管、社会管理和公共服务职能，实现由办文化为主向管文化为主转变。推进依法行政，改进管理方式，创新管理手段，实现主要以行政手段为主向综合运用法律、经济、行政等手段管理转变。”这些指导性意见和政策，为广播电视行政管理体制改革指明了方向，规定了原则，提供了指导。

广电总局作为国务院主管广播影视的行政部门，依照上述精神，10 年间在转变职能、加强依法监管、改进管理方式、强化公共服务等方面作了许多探索和改革。一是调整职能。在国家行政体制改革过程中，配合中央编制部门，修订总局“三定方案”，减少“办”的职能，增加“管”的职能。将总局总编室改为宣传管理司，社会管理司改建为传媒机构管理司、网络视听节目管理司，法规司从办公厅剥离出来独立设司，计划财务司改为规划财务司，外事司改为国际合作司。这些司局的职能也作了相应的调整，把“办”的职能调整给相关事业单位，同时强化“管”的职能。二是加强法制建设。10 年间，广电总局依照国务院行政审批制度改革的部署，先后五次对现行广播影视法规、部门规章、规范性文件和所有审批项目进行了全面的清理，贯彻《行政许可法》精神，取消和调整了一批审批项目，废止或修订了一批与法律不符或不适应现实发展的部门规章和规范性文件，同时依照有关法律和国家法规，订立了一批有关播出机构规范管理、播出内容管理、广告播放管理、影视制作经营管理、电视剧审查备案、新媒体视听节目服务管理等方面的部门规章和规范性文件，为依法行政提供依据。三是加强和改进监管工作。改变传统单一的监管方式，综合运用法律、行政、经济、科技等手段实施有效监管，依法查处和纠正了违法违规行为，维护了广播电视的运行秩序。逐步建立和健全了广播电视节目收听收看、广播电视传输效果监测、网络视听节目监管和总局信息发布等机构及监管制度，为实施科学监管创造了有利条件。四是加强对村村通工程、西新工程、无线覆盖工程、直播卫星覆盖工程等重点工程的规划、组织和监督工作，大力推进农村广播电视公共服务体系建设和公共服务均等化进程，履行政府的公共服务职能。五是加强宏观政策研究、制定和指导。成立了总局改革办公室和总局发展研究中心，加强对宏观政策和体制改革研究工作。根据中央的大政方针和决策部署，结合全国广播电视的实际，先后制定和出台了有关广播电视体制改革、宣传导向、公共服务、产业发展、队伍建设等方面的政策、规划、方案和指导意见，指导和推动全国广播电视业的健康、快速、持续发展。各省、自治区、直辖市广播电视行政管理部门，也在上述各个方面进行了不懈的探索和改革，取得了不同程度的进展和成效。

在广播电视集团化改革和文化市场综合执法改革的过程中，以“三分开”为重点的广电行政管理改革在省、市、县三级广电部门普遍推行。从 2001 年开始，先后组建了广电集团(总台)的各个省、自治区、直辖市,除个别情况以外,省级广电全都实行政企、政事和管办分开,内部实行人事、财务、资产、机构的完全分离,广电局与广电集团(总台)领导班子成员互不兼职,广电局从既管又办向只管不办、从主要管理直属单位向面向行业和社会管理转变,全面履行政策调节、市场监管、社会管理、公共服务的职能。在中央部署全面开展文化体制改革的新阶段,没有组建广电集团(总台)的各个省、自治区、直辖市的本级广电部门,也都根据中央相关文件和当地的实际情况,采用不同的改革措施,从不同程度上实行"三分开",转变广电行政部门的职能,加强对本地区广电业的规划指导和监管,加强推进本地广电事业和产业的发展。一些省级广电行政部门积极探索"三分开"条件下如何有所为、有所不为的新方式新途径,并取得良好成效。如浙江省广电局主动转变观念和管理方式、施行"进足退够"的思路和做法,使管理和服务重新定位,得到了广电总局的充分肯定并予以推广。到2010年年底,全国各省、自治区、直辖市本级广电行政部门(包括广电与文化行政部门合并的省、直辖市),已基本实现"三分开"和"两转变"的目标。这一改革,总体上比较稳妥,广电行政管理和公共服务建设明显得到了加强和改善。

从2004年开始,被列为文化体制改革试点地区的广东、浙江、重庆等省市,在开展文化体制改革试点过程中,把贯彻落实中办、国办转发中宣部等七部门《关于在文化体制改革综合性试点地区建立文化市场综合执法机构的意见》、推行地级市和县(市)文化、广电、新闻出版三局合并作为体制改革的重要内容。在当地党委宣传部门的强力推动下,这一改革迅速在三省市的地级市和县(市)全面推开。2005年以后,文化体制改革从局部试点探索向全面展开的阶段加快推进,"三局合一"的改革得以从局部地区向各省、自治区、直辖市的广大地区推行。各级广电行政部门也将此项改革中出现的各种突出矛盾和问题频频向上级反映。2009年9月,中宣部、中央编办、文化部、国家广电总局、新闻出版总署联合发出《关于加快推进文化市场综合执法改革工作的意见》,指导和继续推进这项改革。据中宣部有关文件称,截至2009年年底,全国有141个地级市实现了文化、广电、新闻出版三局合并,153个地级市(包括直辖市下设的区)建立了文化市场综合执法机构。与此同时,全国大部分县(市)实行广电局与文化局或其他相关行政部门的合并。至此,自20世纪80年代后逐步建立健全的地级市和县(市)独设广电行政部门的体制,在文化市场综合执法改革中被解体,重组的大文化行政管理部门在实际运行中遇到了许多困难和问题,许多县(市)广电管理职能被弱化或边缘化,严重削弱了农村广播电视覆盖建设的政府推动力量,削弱了县(市)广播电视行政管理工作,造成了相关各个部门之间人为的关系复杂化。这给地方基层广电公共服务体系建设、广电宣传内容监管和安全播出管理等方面增加了相当大的难度和协调成本,带来了新的体制性障碍和管理上的严重不顺。

三、广播电视制播机构改革

新世纪头10年,除了上述集团化改革、行政管理体制改革以外,我国广电行业还进行了包括制播分离、两台合并、市县播出机构职能转变等体制性的制播机构改革。这些改革,对于整合内部资源、调整生产关系、增强节目制作能力、推进事业产业发展等,起到了不同程度的推动作用,取得了一定的成效,但也出现了一些突出问题,有的则没有达到预期的目的。现分述如下:

(一)制播分离改革

传统广播电视媒体长期形成的节目自制自播、自产自销、自给自足的制播合一体制,其主要弊端是投入大、成本高、节目质量和制作专业水平低、选择性差、制作机构臃肿、冗员过多。面对社会主义市场经济环境里竞争成本的压力,面对人民群众对广电精神文化产品的强烈需求,面对数字化改造升级给广电传播通道带来的倍增的机遇,这种封闭式和作坊式的体制已经严重不适应现实要求,不改变现状便难以在传媒激烈竞争中求得发展乃至生存。从这个角度看,制播分离改革势在必行,为规律使然。当当地经济社会发展条件和广电媒体自身实力条件相应具备的时候,适时推进制播分离改革就成为正确的选择。但是,由于制播分离改革涉及媒体核心业务,具有相当的政治敏感度,同时,又涉及外部的版权保护和市场机制,涉及内部传统运营机制的重大调整、专业人员和基层领导岗位人员的身份转换,使得这项改革呈展现出相当复杂的情状。因而,在新世纪头10年里,制播分离改革总是在曲折中蹒跚前行。

20世纪90年代,制播分离概念开始进入广电系统。经济发展较快地区的一些电台、电视台逐渐进行不同形式的制播分离探索。如中央电视台和北京电视台等一些地方电视台建立电视剧制作中心,率先在电视剧制作方面进行内部的制播分离。中央人民广播电台、中国国际广播电台、中央电视台分别在音乐、影视剧、动画、体育等节目制作方面引入竞争机制,探索制播分离形式。与此同时,一批社会节目制作公司制作的娱乐性、专题性节目陆续进入广电媒体,甚至参与某些栏目的节目经营,对广电媒体的制播分离起了促进作用。2000年7月,中央电视台在三年调研和可行性论证的基础上,启动和部署了制播分离改革尝试。但是,这一举动很快被广电总局叫停。原因在于其对"制播分离"有不同的理解和看法。同年 8 月 11 日,广电总局主要负责人在兰州召开的全国广播影视局长座谈会暨村村通广播电视现场会上讲话强调:"广播电视节目制作的社会化、多元化,有利于调动社会各方面的力量,丰富节目源,但这与广播电视节目播出权与制作权的分离是两回事。""广播电视宣传权必须牢牢掌握在党的手里。而宣传权应该包括播出权、制作权、覆盖权,这三权是截然不能分离的,有了这三权才能真正实施宣传权。""我们可以委托一些社会制作机构制作一些新闻性节目以外的节目,也可以有选择地购买节目,但广播电台、电视台自身的制作权决不能让出去,否则,我们的宣传方针就得不到有效贯彻,舆论导向就得不到有效保证,关键时刻要出大问题。"其实,台内制作、台控公司制作、委托社会公司制作、从节目市场购买,这四种节目来源是可以统一起来的。关键在于牢牢掌控频率频道的使用定位规划权、播出权和节目终审权,把好这三关就完全可以规避政治风险。实行制播分离改革并非放弃宣传权,而是要在牢牢掌控上述三权的前提下,革除弊端,适应现实,使广电节目播出更加丰富多彩,最大限度地满足人民群众的精神文化需求。

尽管由于以上原因,制播分离改革一度不再作为广电总局倡导和推行的改革政策,但广电系统内仍然以各种不同的形式继续进行制播分离实践的探索。2002 年,中共十六大明确提出要积极发展文化产业,强调发展文化产业是市场经济条件下繁荣社会主义文化、满足人民群众精神文化需求的重要途径。2003 年,中央组织推动的文化体制改革试点,则把发展公益性文化事业与经营性文化产业作为改革的重要取向。2004 年,广电总局出台《关于促进广播影视产业发展的意见》,明确提出了制播分离改革的思路和途径。2006 年,《国家"十一五"时期文化发展规划纲要》颁布实施,发展文化产业被提升为国家层面的发展战略。2007 年,中共十七大作出推动社会主义文化大发展大繁荣的战略部署,强调"在时代的高起点上推动文化内容形式、体制机制、传播手段创新,解放和发展文化生产力,是繁荣文化的必由之路",提出要"坚持把发展公益性文化事业作为保障人民基本文化权益的主要途径",要"大力发展文化产业,实施重大文化产业项目带动战略,加快文化产业基地和区域性特色文化产业群建设,培育文化产业骨干企业和战略投资者,繁荣文化市场,增强国际竞争力"。在这种大背景下,广播电视制播分离改革再度升温,被列为文化体制改革和广播影视体制改革的重要内容。2009 年 8 月,广电总局制定并印发了《关于认真做好广播电视制播分离改革的意见》(即广发〔2009〕66 号文件),明确具体地提出了制播分离改革的总体要求、改革范围和改革方式,要求积极培育新型市场主体、深化电台电视台内部管理改革、认真落实改革保障政策、切实加强指导和管理。从2002年到2009年,中央关于发展文化产业的战略决策和推动文化体制改革的战略部署,极大地推进了包括制播分离改革在内的整个广播影视体制改革。

这个时期的制播分离改革,呈现出百舸争流的新局面。中央人民广播电台、中央电视台、北京人民广播电台、北京电视台、上海文广新闻传媒集团、江苏广播电台总台、湖南广播影视集团、重庆广播电视总台、天津广播电视电影集团、湖北广播电视总台、贵州电视台等广电媒体,都从本台实际出发,并用不同方式和途径,积极探索和推进制播分离改革,均取得良好的效果。其主要做法大体上有以下三类:一是依托非新闻类的相关频率频道资源和品牌,建立台属台控的节目制作公司或产业发展公司,开展节目制作和相关产业经营业务。公司既为相关频率频道提供优质节目,也为节目市场提供节目交易,乃至提供多媒体业务服务。如中央电视台依托体育频道建立中视体育推广公司,既为频道制作提供《城市之间》《篮球公园》《武林大会》等栏目的节目,又利用各种赛事资源经营相关赛事业务。如上海文广新闻传媒集团,将上海电视台财经频道和东方广播电台财经频率整合为统一的"第一财经",并依托"第一财经"成立第一财经传媒有限公司,联合系统外的报业集团,打造第一财经品牌和产业链,逐步形成了横跨电视、广播、报纸、杂志、网络的多媒体运营平台。又如河北电视台将农民频道确定为综合改革单位,按照"先台内、后社会"的原则和"提高节目质量、节约事业成本、增强核心竞争力"的目标,频道与台实行内部市场化管理、全成本核算、双效益考核,频道组建了节目制作公司,将可分离的节目及广告经营纳入公司运行,实现人员、资产、节目的分离。二是开辟多渠道节目源,形成多元化的节目供给链。即除了本台独立自制节目以外,委托社会制作公司制作、市场交易采购节目,以及与具有资质的外部机构联合、合作制作节目(含影视剧)。如中央电视台和北京、江苏、浙江、安徽等地方电视台,往往采用联合或合作方式制作、播出大型电视连续剧,既丰富了荧屏内容,又减少了投入成本。三是台内的集中供给式的制播分离。如北京人民广播电台打破原有部门分工,建立台内节目制作中心,除新闻类节目以外,各专业频率的其他节目统一由节目制作中心策划、制作、供给和市场销售。上述各种探索性的制播分离改革,在一些广电媒体乃至广电行业产生了良好的示范作用,它在一定范围、一定程度上开始改变传统的"三自"模式的弊端,降低了节目成本,提高了节目质量,丰富了节目内容,同时增强了行业发展活力和节目生产能力,促进了广电内容产业的发展,也锻炼出一支既懂制作又会经营的专业广电队伍。

但是,我们也必须看到,制播分离改革是广电核心业务领域的改革,涉及频率频道的使用管理、内部机构人员的调整、制播双方的规则、版权保护和市场规范等一系列问题,具有相当的难度。在探索改革的过程中,个别地方也出现过某种失控和违规问题。2010 年,广电总局针对这一问题在指导口径上收紧了制播分离的范围,但未正式发文予以限制。制播分离改革总是在曲折中前行。这就需要我们及时总结经验,随时纠正偏差,坚持改革的正确方向,坚持从实际出发,因地制宜,循序渐进,积极而又稳妥地把制播分离改革向前推进。

(二)广播电视媒体整合

媒体整合是这一时期广播电视传媒改革的重要内容。媒体整合,包括广播电台与电视台的整合,传统广播电视媒体与新媒体的融合。在文化体制改革从试点向全面展开的新形势下,根据中央有关文件和中央领导的批示精神,广电总局把推进媒体整合作为广播影视体制改革的重要内容,鼓励和支持主流广电媒体开办新媒体。这种媒体整合,有利于消解广播与电视之间的壁垒,充分利用和优化传统广电媒体的资源优势,建立新型的内部运行机制;有利于加快传统广电媒体与新媒体的融合和建立联动传播新机制,构建现代多媒体传播新体系,巩固和壮大党的舆论文化阵地。

2000 年至 2001 年期间,广电总局根据中央领导指示,统一部署全国各级有线电视台与无线电视台实行合并,整合有线、无线电视资源,拓展电视发展空间。到了 2009 年,省级广播电台与电视台的整合开始启动。截至 2011 年年底,全国已有上海、辽宁、北京、四川、湖南、天津、安徽等 15 个省、自治区、直辖市实行本级广播电台与电视台的整合,组建起省级广播电视台;已有广州、武汉、成都、兰州、济南、沈阳等 15 个省会城市和计划单列市实行广播电台与电视台的整合,组建起本市的广播电视台;已有温州、绵阳、东莞、六安、潍坊等 234 个地级市实行广播电台与电视台的整合,组建起地级市广播电视台;县(市)级已全部实现两台合并,共有县级广播电视台 1985 座。已经实现广播与电视整合的广播电视媒体,如上海、湖南、四川、辽宁、北京、天津、安徽等省级广播电视台,同时将可经营性资产剥离出来组建经营性的传媒公司,依托广播电视媒体资源和品牌,发展广播电视产业。组建于 2009 年 12 月的辽宁广播电视台,将辽宁人民广播电台、辽宁电视台、辽宁教育电视台合并,实行统一呼号、统一新台标、统一机构建制、统一频率频道资源、统一服务管理、统一产业经营和统一规划投资的新体制。关于上述两台或三台合并,业界学界尚有不同看法,成效如何也有待实践检验。

在传统广电媒体开办新媒体方面，中央人民广播电台、中国国际广播电台、中央电视台都走在前列，相继开办了网络广播电视、手机广播电视等新媒体新业务，中国广播网、国际在线影响日益扩大，在央视网基础上扩建的中国网络电视台开办了多种新媒体业务，成为影响力颇大的视频传播新媒体。由此，三大国家级广电媒体均已初步构建起传统广电媒体与新媒体融合发展的多媒体现代传播新格局。地方广电媒体也积极开办新媒体，探索融合发展的新路子。截至 2010 年年底，全国广电系统已有中央三台和安徽广播电视台、黑龙江电视台、辽宁广播电视台、江苏广播电视总台、湖北广播电视总台、深圳广电集团等广电媒体，开办了 10 家网络广播电视台或网络电视台。各级广播电台、电视台共开办了 63 个互联网视听节目服务网站。全国具有传播网络视听节目资质的网站已达 521 家。

（三）市（地）、县（市）广播电视播出机构职能转变

广播电视制播机构改革还包括市（地）、县（市）广播电视播出机构的职能转变。2001 年 12 月，广电总局根据中办发 17 号文件精神，部署并组织实施市（地）、县（市）广播电视播出机构职能转变工作。广电总局印发的《关于市（地）、县（市）广播电视播出机构职能转变工作的实施细则（试行）》规定，这次职能转变主要任务有三项：一是调整市（地）电视台自办节目数量，调整县（市）广播电视台自办频道向播出时段的转变，完成省级和部分市级电视台公共频道的设立；二是完成省、市、县三级广播电视传输覆盖网络的垂直贯通，统一经营、统一管理；三是逐步实行对县（市）及乡镇广播电视的集中管理和建立“以条为主”的垂直管理模式。

这次市（地）、县（市）广播电视播出机构职能转变的实施，有一个大的背景因素。1999 年 10 月 29 日，时任国务院总理朱镕基在宁夏考察工作听取汇报后的讲话中，在肯定村村通广播电视这件事的同时，严肃地指出：“我很明确地讲，除了省级电视台以外，其他的地市县都不要搞自己的电视台。搞了干什么？你就转播中央电视台、自治区电视台的节目，不就够了吗？你能搞的节目，我估计就两样：第一，为那些县长、市长树碑立传，一天到晚报道他们今天到这儿视察、明天到那里剪彩。第二，就播一些香港地区、外国那些又是打又是闹的东西，就转播那些电影，你办这个电视台干什么呢？劳民伤财，特别是对青少年一代起不到什么好的作用。”这个讲话传达到广电系统以后，引起了强烈反响，大多数同志难以理解，在广电总局党组会议讨论如何贯彻朱镕基总理讲话精神时，也有同志表示了不同意见。广电总局主要负责人为贯彻朱镕基总理指示，并想借此推动广电管理体制改革，在 2000 年 2 月 22 日召开的全国广播影视厅局长会议的讲话中，明确提出广播影视体

制改革的四项目标，其中第一、二项目标是："除省会城市和计划单列市外，市（地）及以下各电台、电视台、有线广播电视台逐步转为主要转播中央和省台的节目"；"今后广播影视系统实行中央和省（区、市）两级管理体制，市（地）、县以下实行省（区、市）垂直管理"。这种想法和思路，无疑具有其合理性，但却低估了"四级办"现实的难以撼动及市（地）、县党委、政府的意愿。正是在上述背景下，借助贯彻落实中办发17号文件精神的契机，综合吸收各方的意见，最终出台了《关于市（地）、县（市）广播电视播出机构职能转变工作的实施细则（试行）》这个带有兼容性和较为现实的实施方案。

经过一年的实施，此项改革达到了部分目标，对于规范地市县广电播出机构的管理，促进其改善条件、提高水平，治理播出内容上的低俗问题等方面起到了积极的推动作用。据广电总局社管司2002年统计，经广电总局审核批准，在此次职能转变中，27个省、自治区、直辖市共压缩市（地）、县（市）电视频道达1389个，保留自办频道为291个；16个市（地）教育电视台与所在行政区电视台合并；按要求设立的26个省级电视公共频道全部开播，部分市（地）也开播了电视公共频道，均为县（市）电视节目插播预留了时段。到2010年年底，全国共有县级广播电视台1985座，经批准，有18个可以独立开办电视频道，有145个有自办节目，有1819个在省级公共频道插播节目。这是合法审批的数据。实际上，相当一部分县级广播电视台都办有一套综合性频道节目。各省开办的电视公共频道，由于定位不准、缺乏特色等原因，形不成品牌效应和吸引力，大多处于艰难的维持状态。

2002年和2004年，广电总局会同教育部，先后联合印发了《关于推进市（地）、县（市）教育电视播出机构职能转变工作的意见》（教社政〔2002〕13号）和《印发〈关于市（地）、县（市）教育电视台播出机构职能转变工作的实施细则〉的通知》（广发社字〔2004〕388号）两个文件，就市（地）、县（市）两级教育电视台的调整和职能转变工作作出部署。这两个文件明确规定：市（地）级教育电视台必须具备规定的七项条件，凡达不到规定条件的可与当地同级电视台合并，在同级电视台开办教育频道；县（市）级教育电视台应取消呼号和自办节目频道，经整合组建县"教育信息中心"或"远程教育中心"。此项改革历经数年，终在2006年基本完成。调整的结果，全国共有32家市（地）级教育电视台并入当地同级电视台，有200余家县（市）级教育电视台被撤销。至此，教育电视的体制基本理顺了，教育电视被纳入规范管理的轨道。

四、广播电视内部机制改革和经营性单位转企改制

广播电视内部机制改革，是广播电视体制改革的重要内容。各级广播电台、电视台多年来推行的频道频率制改革和劳动人事、收入分配、社会保障三项制度改革，是内部机制改革的集中体现。这两个方面的改革，源于20世纪90年代，而到了新世纪头10年，特别是中央部署文化体制改革以来的这几年，得以深入、全面地向前推进，并获得了显著的成效。

中央关于文化体制改革的方针政策和工作部署，把文化企事业单位的改革分为公益性文化事业单位改革和经营性文化企业单位改革两大类，对广播电台、电视台的改革，明确规定了必须坚持的政策原则是：一要坚持党管媒体，坚持党管干部，坚持正确的舆论导向，始终保持党和人民的喉舌性质；二要实行国有事业体制，享受扶持政策，深化内部改革，整合内部资源，转换经营机制，加强管理，降低成本，增强活力；三要推进劳动人事、收入分配和社会保障制度改革，全面推行全员聘用制度和岗位管理制度，建立竞争、激励和约束机制，健全岗位目标责任制，促进队伍建设。国家广电总局根据中央的有关精神和政策原则，结合广播电视系统的实际，相继推出了一系列指导性政策和意见，指导和推动各级广播电台、电视台的内部机制改革并不断将改革引向深入。

（一）频道频率制改革

频道和频率是国家赋予广播电台、电视台使用的核心资源，具有高度的垄断性和稀缺性。在社会主义市场经济条件下，在推动社会主义文化大发展的新世纪，如何配置、使用好频道频率资源，最大限度地发挥其社会效益和经济效益，使其所承载的传播内容最大限度地满足人民群众的精神文化需求，愈来愈成为各级广播电台、电视台，特别是拥有频道频率资源较多的国家台和省级台追求的目标。频道频率制改革在此背景下得以长期、不断地推进，尤其在新世纪头10年得到更多广播电台、电视台的重视和推广。

频道频率制改革，就是广播电台、电视台宣传业务部门以频道频率为单位进行内部结构重组，包括频道频率的科学、准确定位和分工，内部组织机构和运行机制的调整，人力、物力、财力的合理配置和保障，以及相关制度的建立和施行。近10年来，国家台和一些省级台（集团）、大城市台，根据各自的实际和需求，采用不同的方式和途径，推行频道频率制改革，取得了显著成效。以下几个案例，可以反映

这一时期频道频率制改革的新进展和新成果。

中央人民广播电台为适应媒体竞争和需求多元化的新形势，从2002年起启动了以“频率专业化、管理频率化”为核心的全面改革。其基本做法是：根据原有8套节目的设置背景及其承担任务的实际，按照内容专业化、对象细分化、服务专业化的要求，确定每个频率的定位、目标受众群和发展方向，对原有8套节目进行重新定位，推出中国之声、经济之声、音乐之声、都市之声、中华之声、神州之声、华夏之声、民族之声等8个专业化频率，并创办第九套节目——文艺之声，形成以专业化广播频率为核心的节目体系。与此同时，改革运行机制，建立以管理频率化为核心的科学管理体系，即以频率为单位进行运作，实行频率总监负责制和目标责任制。频率单位内部按需设岗、按岗定人、竞争上岗、按岗分配。台授予总监在频率单位内部相应的人事、财务和分配权，做到权、责、利相统一。此外，在广电总局支持下，该台实施“503工程”，建立以调频覆盖为主的中央台节目覆盖体系，大大增强了中央台节目的覆盖范围和覆盖效果。中央人民广播电台的此项改革，带来了台内宣传、技术、行政、人事、经营等全方位的深层变化，使节目收听率持续上升，经营创收不断增长，综合实力明显提升。中央人民广播电台的“频率专业化、管理频率化”改革，以其国家台的示范作用，影响、推动和促进了全国广播领域的新一轮改革。

中央电视台从2000年开始，先后在英语频道、西部频道、经济频道和戏曲频道进行频道制管理改革试点；2005年前后，又在体育频道、少儿频道进行频道制改革。新世纪头10年，中央电视台宣传业务一直实行“中心制”与“频道制”并存运行的体制机制。为了应对电视传媒与新媒体日趋激烈的市场竞争，同时解决台内原有业务体制运行层次过多、创新动力不足、竞争乏力、栏目老化等问题，中央电视台于2010年4月启动了新一轮的频道制改革。此次改革的主要内容是：以节目生产为中心，以增强市场竞争力、提升频道品牌价值为目标，重塑频道管理模式，科学确定频道定位，明确管理主体，降低运行成本，增强传播能力，提高节目制作效率，实现社会效益和经济效益最大化。具体做法是：其一，重新规划频道布局和管理模式。在全台现有的第一、二、三、四、五、八、十、十二频道和少儿频道、戏曲频道、音乐频道共11个频道全面推行频道制，取消原有的相关中心和中心与栏目之间的节目部，设立11个独立的单频道管理责任主体，实行频道总监负责制。重构外语类频道，设立外语频道集群管理主体，在台新闻中心统一管理架构下实行频道总监负责制。其二，加强对重点资源的统合利用。建立海外传播发展中心、大型节目制作中心、广告经营管理中心、发展研究中心等四个资源管理中心，对全台重点资源进行整合、利用和管理。其三，调整全台宣传业务系统的组织管理结构。在该系统共建立17个管理主体,各个主体各负其责,协调运行。其四,创新干部选拔任用制度。在全台开展分轮分层次竞争上岗,打破原有台聘和企聘身份界限,发现和启用一批优秀人才。此轮改革全面推进了"中心制"向"频道制"转变,已初见成效,包括理顺了关系,明确了频道责任主体地位,减少了管理层次,提高了频道运行效率,增强了内部资源整合利用能力和应对受众市场变化能力,激发了员工的工作积极性和创新活力,节目质量、收视份额和社会效益、经济效益明显提升。

浙江广播电视集团自2003年被列为全国文化体制改革试点单位以来,不断深化改革,以整合资源为基础,打造优势品牌,激活机制,增强活力,取得了良好的社会效益和经济效益。在推进和深化集团化改革的过程之中,该集团重点实施了四项"整合重组",即频道频率资源整合重组、节目资源整合重组、公共资源整合重组和产业资源整合重组。其中频道频率资源重组包括:对原有浙江电视台、浙江有线电视台、浙江教育电视台进行三台合并,统归集团旗下;撤销原有两台法人实体管理建制,统归法人集团主体;对原有7个广播频率、9个电视频道进行集约化配置和专业化分工,以上星的两个广播电视新闻综合频道频率为主频道频率,其他频道频率均按受众群体不同需求,组合成专业频道频率,实行集团与频道频率两级管理体制。在此基础上,集团通过对各个频道频率的统一标识和包装,打造统一形象;通过频道频率间对部分重大活动的同步转播,强化协同作战能力;通过全方位推进精品工程和品牌战略,增强各个频道频率宣传的针对性和实效性。各个频道频率立足自身定位和受众需求,通过抓重点、抓特点,强化竞争力,构筑各自的传播特色和优势。

(二)三项制度改革

广播电台、电视台内部的三项制度改革,原来指劳动、人事、分配三项制度的改革,后来随着国家相关制度的改革和规范,逐步形成现在的劳动人事、收入分配和社会保障三项制度的改革。其中,劳动人事、收入分配制度改革,早在20世纪90年代已经在一部分广播电台、电视台探索施行,新世纪以来则加大了改革的力度、深度和广度,更加普遍地在各级广播电台、电视台内部推行。特别是中央部署文化体制改革以来的7年间,广电总局依照中央确定的方针政策,单独或会同中组部、国家劳动人事和社会保障部门,制定和出台了一系列具体的政策措施。例如:2001年7月,广电总局推出了《国家广播电影电视总局干部人事制度改革试点工作方案》,对总局机关和直属单位的干部人事制度改革试点工作作出部署,启动了总局机关和直属单位的干部人事制度改革。2002年12月,中组部、中宣部、人事部、广电总局联合推出了《关于深化广播影视事业单位人事制度改革的实施意见》;2003年3月,广电总局党组发出了《关于学习贯彻〈关于深化广播影视事业单位人事制度改革的实施意见〉的意见》。这几个文件对全国广电系统事业单位人事制度改革的目标、方向、重点、措施作了明确规定,提供基本的政策依据。2007年4月,人事部、广电总局联合制定和印发《关于广播影视事业单位岗位设置管理的指导意见》,对以电台、电视台为主体的广电系统事业单位内部的管理岗位、专业技术岗位和工勤技能岗位的设置和管理提出了指导性政策和具体要求。根据上述文件的政策指导和工作部署,全国广电系统事业单位重点是广播电台、电视台的内部三项制度改革得以顺利推进和不断深化。主要进展如下:

一是全面推行全员聘用制度,建立充满生机与活力的用人机制。各级广播电台、电视台等事业单位与本单位职工双方,按国家关于事业单位聘用制的有关规定,签订聘用合同,确立单位与职工之间以合同管理为基础的平等人事关系,明确双方的责任、权利和义务。聘用关系的建立或延续,以职工与岗位的双向需求为基础,以职工履行岗位职责和业绩考核为依据。改革领导干部任用制度,全面推行聘任制,打破身份界限,实行任期目标责任管理制度和竞争上岗制度。建立相应的岗位管理制度,对不同的岗位实行不同的管理办法,将专业技术职务的聘任与岗位聘用相统一。加强岗位聘后管理,完善岗位考核制度,把考核结果作为续聘、解聘、分配、奖惩的主要依据。

二是改革单位内部收入分配办法,建立以岗位工资为主、多种分配方式并存、符合广播影视特点的分配制度。就是通过分配制度改革,逐步实行按岗定酬、按任务定酬、按业绩定酬、岗变薪变的岗位工资制。同时,根据不同工作岗位,建立相应的岗位补贴及管理办法,注重内部收入分配向业务骨干、优秀人才、关键性岗位和艰苦岗位倾斜。允许从单位创收中提取一定经费用于职工分配,制定和实行量化考核和内部收入分配管理办法,逐步形成单位内部多种分配形式的机制。探索将技术、管理及策划、创意等生产要素按贡献参与分配的实现形式,体现尊重知识、劳动和人才的价值。

三是按照《劳动合同法》和相关政策规定,对企聘人员实行社会保障制度。各级广播电台、电视台为适应事业快速发展和改善队伍结构,吸收录用了大批编外专业人员。解决这些人员的社会保障问题,成为三项改革的重要内容。经过多年努力,各级广播电台、电视台根据《劳动合同法》和相关政策规定,普遍对编外人员实行"四险"(医疗、养老、失业、工伤)加"一金"(住房公积金)的社会保险制度,以解除这些人员的后顾之忧,促进人才合理流动。

10 年来,特别是中央部署文化体制改革以来,上述三项制度改革逐步在全国广电系统事业单位,特别是各级广播电台、电视台普遍推行,取得了重要的进展,激发和调动了干部职工的积极性和创造性,从人力资源和队伍建设上保证了广电事业和产业的快速发展。这期间,许多单位创造了好的经验,创新了新的制度和机制。

中央人民广播电台从 2002 年起,与“频率专业化、管理频率化”改革相匹配,全面启动和不断推进人事、分配制度改革,创新并逐步建立人力资源管理新的机制和制度。主要做法是:实行全员聘用制,单位与职工签订聘用合同,按需设岗,按岗定人,竞争上岗,按岗分配,多劳多得;实行副局级以下领导干部竞争上岗,择优、公开选拔领导干部;实行总监负责制和全新的人事、财务管理和收入分配制度,按节目定机构、设岗位、用干部、聘人员;对编外台聘专业人员、合同工实行公司化管理,规范了企聘用工制度,制定和实施编外人员聘用标准和薪酬标准;改革分配制度,建立公平合理的激励约束机制,强化绩效考核,实行按劳分配、按岗取酬。

中国国际广播电台从 2002 年起加大了三项制度改革,出台了定编、定岗、竞争上岗系列人事制度改革举措,进行了职能部门岗位管理改革。具体为:对编外人员实行企聘方式,探索解决工资和保险问题,规范了编外聘用人员管理,维护编外聘用人员的合法权益;对新吸收的应届高校毕业生实行先编外聘再择优录用的办法,选好用好人才;实行非通用语播音、主持岗位津贴制度,实行专业岗位首席聘任制度;制定和实施全台岗位设置和管理办法,实行档案岗位和实际岗位双重岗位管理模式,实行实际岗位绩效工资制和人力成本核算制,实行节目听评考核制度,逐步建立起科学、规范的人事、劳动、分配机制。

中央电视台从 2002 年开始全面推行全员聘用制,稳步推进岗位管理改革,逐步实现由身份管理向岗位管理的转变,积极探索分配制度改革,建立激励机制。具体做法包括:2003 年首次为有突出贡献的 10 名播音员、主持人设立特殊津贴,提高管理岗位职务津贴;重点深化编外人员管理、制片人管理、播音员和主持人管理、资金管理等四项改革,对编外人员全部实现规范化管理,对栏目制片人实行公开选拔、竞争上岗,对新进大学生全部采用企业聘用方式;在干部选拔任用、评优晋级等方面打破台聘企聘界限,实行同等对待,包括从企聘人员中选派驻外记者;2010 年,结合频道制改革,开展了规模大、范围广的以干部竞争上岗为主要内容的人事制度改革。

地方广电媒体同样在三项制度改革方面迈出了很大的步伐。以上海、甘肃、南京广电集团(总台)为例:上海文广新闻传媒集团创新人才生成机制,完整构建融岗位、绩效、薪酬和培训于一体的人才生成创新体系。主要做法是:重构岗位体系,科学设计岗位职责和聘任流程,打通管理岗位和专业技术岗位之间适度转换的晋升通道,实行一般岗位在全员范围内双向选择、竞聘上岗,重要岗位在社会范围公开招聘,核心岗位由员工民主推荐、集团党委讨论决定的制度,从机制上保证集团对人力资源管理效率的提高;重新构建绩效管理体系,规定绩效目标,实行绩效考核目标化、考核量表书面化,将考核结果与个人收入、薪酬调整、岗位调整与培训发展挂钩;创新薪酬体系,实行同岗同责同风险同业绩同薪酬,岗变责变风险变业绩变薪酬变,实行多元化的薪酬模式,减少薪酬中的刚性部分,加大弹性部分,浮动部分按绩效考核结果执行;构建高效的培训体系,实施全员培训发展规划。甘肃广播电影电视总台以创新模式、强化职责、增强活力为着力点,大力推进干部人事制度改革,取得了积极的成效。其主要做法是:加大干部轮岗交流力度,对内设机构 21 个岗位主要负责人进行轮岗交流,对副处级干部在新一轮聘任中进行跨部门交流使用,通过公开竞聘产生内设机构主要负责人;推进责任目标承诺制,中层领导干部实行聘期制,受聘用干部对聘期内的责任目标和任务措施作出承诺、接受考核管理,达不到目标要求的须自己提出辞呈或由组织解聘,旨在为干部能上能下疏通出口;试行"团队竞聘",探索优化组合选班子的新途径;积极推进干部年轻化,规定凡男满 55 周岁,女满 50 周岁的现任处级干部,原则上不再担任领导职务,保留原有待遇,旨在激活内部创新活力。

南京广播电视集团积极推进三项制度改革,创新内部管理制度。在劳动人事制度改革方面,集团以"控制总量、优化结构、优胜劣汰、提高素质"为内容,逐步改变干部人事制度和劳动用工方式,建立健全了动态管理机制。推行全员聘用合同制,中层干部实行竞争上岗,职工实行双向选择。规范聘用程序,妥善安置落聘人员。在深化收入分配制度改革方面,集团按照"效率优先、兼顾公平"的原则,合理设置岗位,以岗定酬,实行收入与业绩、贡献挂钩,逐步建立岗位工资制、业绩考核制、项目分配制、协议薪酬制等多种形式的薪酬分配制度。在深化社会保障制度方面,集团对编制内人员和台聘人员,按照有关政策规定,实行社会养老和失业保险的制度;对部门聘用人员和临时工,实行自由职业者保险由个人自行缴纳,集团按年度给予统一报销的制度。

广电系统的三项制度改革仍在不断深化之中。广电总局根据中央颁布的《2010—2020 年深化干部人事制度改革规划纲要》精神,结合广播影视系统的实际,于 2010 年制定推出了《广电总局关于贯彻落实〈2010—2020 年深化干部人事制度改革规划纲要〉的实施意见》,提出了广电系统今后一个时期干部人事制度改革的总体要求和基本目标,明确了事业单位干部人事制度改革的重点任务,将指导和推动广电系统三项改革继续深入发展。

(三)经营性单位转企改制

推进广播电视经营性单位转企改制,培育合格的广播电视市场主体,既是中央关于文化体制改革确定的方向,也是发展广播电视产业、增强广播电视实力必不可少的环节。2003 年 7 月,中共中央中发 21 号文件明确提出:"经营性文化产业要以改革国有经营性文化单位为重点,培育市场主体,要面向群众、面向市场进行体制机制创新,进行企业改制,实施公司制改造,完善法人治理结构,建立现代企业制度。"2005 年 12 月,中共中央中发 14 号文件根据现有文化事业单位的性质和功能,提出不同的改革要求,明确"一般出版单位""电视剧制作单位""行业组织所属事业编制的影视制作和销售单位",逐步转制为企业。依照上述精神,结合广播电视的实际,广电总局在 2006 年 7 月印发并实施的《广播影视体制改革工作实施方案》中提出:"电台、电视台中的传输网络部分,影视剧节目制作销售单位,广播影视报刊、出版单位和一般广播影视艺术院团,可从事业体制中剥离出来,转制为企业。""转制企业要在清产核资的基础上,合理界定产权归属,明确出资人权利,建立资产经营责任制。"

近年来,在上述政策的指导下,在全国文化体制改革的推动下,全国广电系统加大了经营性单位转企改制的力度和步伐,全面推进了这项改革的进程,并取得了实质性的进展。广播电视系统的经营性单位转企改制,主要有以下五个方面:一是电视剧制作单位转企改制。截至 2010 年年底,全国需要转企改制的 75 家电视剧制作机构,已有中国电视剧制作中心、天津电视剧制作中心、山东电影电视剧制作中心等 70 家实行了转企改制。二是出版、报刊单位转企改制。截至 2010 年年底,已有中国广播电视出版社、中国国际广播电视出版社、中国国际广播音像出版社、安徽音像出版社、甘肃音像出版社和广播电视报社、辽宁唱片发行公司等广播电视出版、音像、报刊社实行了转企改制。三是有线网络运营单位的转企改制。截至 2010 年年底,已经完成或基本完成网络整合的北京、天津、河北、内蒙古、辽宁、吉林、上海、江苏、安徽、江西、山东、河南、湖南、广西、海南、四川、重庆、云南、贵州、陕西、青海、宁夏、新疆等 23 个省、直辖市、自治区的网络公司,正在按照现代企业制度的要求逐步建立健全公司法人治理结构。四是广播电视工程技术、器材服务等经营单位的转企改制。浙江、安徽、贵州、辽宁、山西等省,已对这类服务性的经营单位进行转企改制。以下是两个比较有代表性的转企改制的案例:

一是中央电视台所属经营性单位转企改制。其一,实施动画制作机构转企改制。2006 年年底,青少年节目中心动画部整建制转制为央视动画公司。此举旨在推进由单一为本台播出而生产向播出与多元产业开发并举转变,由单一面向本台播出向多媒体、多渠道整合传播转变,使该公司真正成为动漫产业的市场主体。经多年努力,央视动画公司已逐步形成现代企业法人治理结构,实现了由原来的事业管理变为现代企业管理,由原来的事业生产模式变为企业生产和产业开发模式,成为我国动漫产业领域的一支国家队。其二,实施网络新媒体转企改制。2006 年 4 月,央视国际网络有限公司成立,对网络新媒体平台进行事业单位转企改制。至 2009 年 12 月,中央电视台又在此基础上构建中国网络电视台,现已开办 132 个电视直播频道,以汉语和 5 种少数民族语言、5 种外语播出,经营包括网络电视、门户网站、手机电视、IP 电视、互联网电视、移动电视、户外电视等多种业务,构建起面向三网融合新格局的国家级新媒体集成播控平台。中国网络电视台目前正在积极推进公司的股份制改造,改制工作方案已于 2010 年 9 月获得批准并付诸实施。其三,中国电视剧制作中心转企改制。2009 年年底,中国电视剧制作中心有限责任公司成立,由此开始稳妥推进股份制改造,以逐步建立现代企业制度。公司设立三个制片分公司,分公司在剧目储备、选题、策划、创作、制作等方面拥有相当自主权;实行成本和收益独立核算。中央电视台三个经营性单位的转企改制,有利于培育市场主体,推进广播电视和新媒体产业发展。

二是地方有线网络经营单位的转企改制。崛起于 20 世纪 90 年代初的我国的有线电视,原来属于事业性质企业化管理的体制,继网台分离改革之后,从新世纪起,逐步进入了转企改制和整合重组的新的发展阶段,其中一些已经实现全省范围整合的网络企业,在探索和改革中逐步构建现代企业制度,完善法人治理结构,积极参与“三网融合”新格局下的市场竞争。例如广西壮族自治区,在全面实施和完成自治区区、市、县三级有线电视网络整合的基础上,于 2004 年 7 月成立广西广播电视信息网络股份有限公司,14 个市和 76 个县组建分公司,自此实行全自治区广电网络的统一规划、建设、管理和经营,并在全国率先推进和实现以省级行政区为单位的有线电视数字化整体转换。通过网络整合和转企改制,该公司真正成为独立的企业法人和市场竞争主体,经营管理模式由过去的事业型、分散运作模式转变为现代企业型、集约化运营模式,其规模经济效益和实力大为增强。又如湖南省,于 2004 年 8 月提出整合全省网络、组建省级有线电视网络运营主体的改革思路和实施方案,决定由电广传媒对网络公司实施重组。2007 年 6 月,由电广传媒投资参股的市、州、县网络公司股东共同发起组建的湖南省有线电视网络(集团)股份有限公司正式挂牌运营。此后,其继续吸收其他市、县网络股东,逐步实行全省网络整合和数字化、双向化改造。期间,有 39 个有线电视事业单位完成了企业化改造,建立起法人治理结构。湖南以资本为先导构建网络运营市场主体,以资本为纽带加速网络整合,以资本为动力推进有线电视数字化整体转换,改变了长期以来有线网络条块分割、利益主体分散、网络水平不一和规模效益很差的状况,为全省有线网络和数字电视产业的发展打下了良好的基础。再如北京,成立于 1999 年的北京歌华有线电视网络股份有限公司,为了彻底改变事业单位遗留的弊端,坚持改革、创新、探索,推行"一"字企业文化建设,树立"全员皆服务"的核心价值理念,逐步建立和完善现代企业制度,实现了运营主体从事业单位向现代上市企业的转型,网络结构从传统网络向新一代网络转型,业务类型从单一业务向综合业务转型,为北京有线电视网络的产业化发展探索出新路子,为北京实现城市和家庭信息化目标作出了重要的贡献。

值得一提的是,在转企改制和构建广播电视现代企业制度的进程中,先后涌现了数家国有广电企业进入 A 股上市,登陆资本市场。截至 2010 年年底,已有东方明珠、中视传媒、歌华有线、电广传媒、广电网络、天威视讯、武汉塑料、光华控股、广电信息等 9 家广电控股的上市公司。其中 2001 年以来上市的有 5 家,即陕西的广电网络、深圳的天威视讯、湖北的武汉塑料、广东的光华控股、上海的广电信息。这 5 家,除天威视讯以首次公开募股形式上市外,其他 4 家均以借壳方式上市,即"通过重组一家上市公司,注入自己的资产,并获得该上市公司的控股权,从而达到曲线上市的目的"。其中,开创先河的是当时的陕西省广播电视信息网络有限责任公司(后改名为陕西广电网络传媒股份有限公司),于 2001 年 8 月与上市公司"ST 黄河科"以签署股权转让协议方式持有 50% 的法人股,实现了借壳上市,并于 2002 年 3 月改"ST 黄河科"为"广电网络"。2010 年,先后有湖北省有线电视网络公司以借壳方式进入上市公司"武汉塑料",广东南方传媒集团以增持股份方式进入上市公司"光华控股",上海广电"百视通"以借壳方式进入上市公司"广电信息"。广电企业上市,是广电企业作为真正的市场主体进军资本市场的重要标志。而实现广电企业上市的前提条件是通过转企改制培育合格的市场主体。这是广电产业体制改革的重要部分。

五、广播电视体制改革的主要成效、经验和启示

新世纪广播电视体制改革,经过 10 年的艰辛探索,从总体上讲,取得了新的突

破和显著的成效,走出了一条新的路子,有力推进了这个时期全国广播电视的全面、快速、持续发展,从而为新阶段我国改革开放和现代化建设事业提供了强大的舆论支持和有力的文化支撑,也为新阶段我国社会主义文化大发展、大繁荣谱写了辉煌的一章。

10 年广播电视体制改革取得的成效,概括起来主要体现在以下四个方面:

一是有效地推动了广播电视从业人员的思想解放和观念转变。在体制改革实践中,广播电视工作者,特别是各级领导干部,通过深入学习领会邓小平理论、“三个代表”重要思想、科学发展观和党的十六大、十七大精神以及中央关于文化体制改革的一系列重要文件精神,思想观念经历了又一次全面深刻的洗礼,从对广播电视基本属性、功能、地位、作用的再认识,到竞争、创新、融合、资源、品牌、效益等观念的树立,从构建现代传输传播新体系理念的提出,到实行科学发展、提升国家文化软实力的文化自觉的增强,都表现了这一时期思想观念领域的重大突破和转变。这是 10 年体制改革得以持续深化、事业产业得以持续发展的思想基础和前提条件。这也是一种虽然看不见、摸不着,却对改革发展起着关键性作用的人的因素。这是弥足珍贵的思想与精神财富。

二是有效地推动了广播电视体制转型和机制创新。10 年的体制改革,涉及广电领域各个层级各个方面,传统的计划经济体制下建立起来的广播电视体制机制已经发生重要的变化,政企不分、政事不分、管办不分的体制机制正在向“三分开”转变,传统的广播电视封闭式生产方式和生产关系不同程度得以改进,一个充满活力的内外竞争机制正在生成,以构建公共服务体系、市场运营体系、政府监管体系和社会服务体系为基本框架,建立党委领导、政府管理、行业自律、企事业单位依法运营的广播电视新体制的目标,正在实践和推进之中。

三是有效地推动了广播电视事业与产业的共同发展。10 年间,广播电视事业与产业双轮驱动,协调发展,取得很大的成就。以 2000 年与 2010 年对比,广播与电视覆盖率分别从 92.74% 和 93.65%,提升到 96.78% 和 97.62%;广播与电视节目年制作量分别从 404 万小时和 87.1 万小时,提升到 681.4 万小时和 274.2 万小时;广播与电视节目年播出量分别从 741.5 万小时和 433.5 万小时,提升到 1266 万小时和 1635 万小时;有线电视用户从 8476 万户提升到 1.88 亿户,其中数字电视用户从零开始提升到 8870 万户;广播电视年总收入从 430.98 亿元,提升到 2301.87 亿元。这一组数据体现出,这期间全国广播电视总体上实现了跨越式发展,综合实力大大增强,发展水平也达到了历史的新高。

四是有效地推动了广播电视自身的现代化进程。广播电视是文化和传媒领域里科技含量高、技术装备重的一个部门,它的现代化主要倚重于高科技的应用和各个环节先进技术装备的配置,当今则主要体现在它的数字化、网络化水平上。10年间,在改革开放和科技革命的推动下,广播电视全面数字化已迈出了关键性的一大步。到2010年年底,全国国家级、省级广播电台、电视台,已基本实现广播电视节目制作、播出、存储、使用、管理各个环节的数字化、网络化。部分大中城市广播电台、电视台也逐步实现台内的数字化、网络化运行和管理。卫星传输已全面实现数字化。有线传输数字化率已达到50.75%。地面无线传输已部分实现数字化。高清晰度电视已成功播出并取得良好效果。网络广播电视、移动多媒体广播电视、手机广播电视、IP电视等新媒体成功崛起,传统广播电视媒体与新媒体融合发展并构成现代多媒体联动传播新格局。广播电视现代化不断向前推进。

回顾和总结新世纪头10年广播电视体制改革进程,主要经验和启示是:

(一)广播电视体制改革是推动广播电视发展的强大动力

2003年,广电总局在广播影视改革发展专题调研中发现,广播影视改革发展中面临的许多新问题、新矛盾,集中表现为五种障碍,即观念性障碍、体制性障碍、政策性障碍、区域性障碍和利益性障碍;并且认为,体制性障碍是广播影视业改革发展中最关键性的障碍,严重影响着广播影视事业和产业的发展,必须坚决革除影响广播影视发展的体制弊端。这表明,在新阶段要实现广播电视大发展,必须以改革为动力,通过实施和推进广播电视体制改革来消除体制性障碍,推动广播电视事业和产业大发展。10年改革发展历程已经证明,正是体制改革的突破和体制性障碍的排除,才使广播电视人的活力和创新能力得到激发和释放,广播电视生产力得到解放和发展,进而推动广播电视事业和产业快速发展。体制改革的确是广播电视发展的强大推动力量。

(二)广播电视体制改革是广播电视主动适应时代新要求的自我革新

当今时代,我国广播电视对内作为党和政府的喉舌,作为社会主义文化建设的重要阵地,担负着宣传党的理论路线方针政策,推进改革开放和现代化建设事业,引导社会舆论,促进社会和谐,提供精神文化食粮,建设社会主义文化等方面的重大责任和使命。对外,在世界经济一体化和开放的国际环境下,各种思想和文化激荡交汇,文化与经济、政治相互交融,我国广播电视担负着塑造国家形象、掌握国际话语权和提升国家文化软实力的重任和使命。在这样的时代背景和历史时期,广播电视要肩负起自己的重大责任和使命,主动适应时代的新要求,就必须进行自我革新，从思想观念到体制机制，从生产、经营、管理方式到队伍素质、结构，通过改革创新来锻造自己的机体，革新自己的面貌。体制改革正是达此目标的重要举措。不断推进和深化广播电视体制改革，既是广播电视系统履行职责和使命、应对传媒竞争和各种挑战的客观要求，同时也是重塑自身、全面增强竞争力和综合实力的内在要求。

（三）广播电视体制改革必须与国家总体改革同向而行

党的十六大以来，中央就加快和深化经济体制改革、政治体制改革（包括行政体制改革）、文化体制改革和社会体制改革，制定和推出相应的方针政策，并作出工作部署。广播电视体制改革与上述国家层面的总体改革密切相关，又是文化体制改革的重点领域，因此必须与之同向而行。无论是改革的思路、方向，还是改革的目标、措施，都应当符合国家总体改革的方向、目标和基本原则。比如，行政体制改革和文化体制改革确定的政企、政事、管办和事企分开的原则，是国家总体改革的基本方向，是不可逆的趋向，广播电视行政体制改革和集团化改革必须同向而行，而不能特立独行，否则就难以持久运行或存在。四川、上海、湖南的集团化改革，最终回归事企分开的模式，就是明证。中国广播影视集团和北京广播电视集团成立不久便被迫撤销，则是这方面的深刻教训。现有广电集团宜及时通过深化体制改革，解决好这个体制性问题。

（四）广播电视体制改革应当秉持理性思维与渐进方略

理性思维，就是理智冷静地思考改革的必然性、必要性、可能性和可行性，实事求是地观察、分析、判断事物走向和利弊得失；渐进方略，就是谋改革、订方案、作决策，要遵循事物发展客观规律，遵守重大事项决策要经过调查研究、科学论证、民主决策的程序，充分考虑改革的预期目标、实施步骤、承受程度和成本代价，积极稳妥地向前推进。必须承认，广播电视较之其他文化和传媒部门，既具有其共性的一面，更具有自己特性的一面。从性质上看，广播电视是党和政府的喉舌与大众媒介的结合；从结构上看，广播电视是传播的网状结构与体制的块状结构的结合；从业务上看，广播电视横跨传媒、文化、信息三大领域，独具一格；从要素上看，广播电视无论是物质装备还是队伍构成，科技含量或比重很大；从管理体制上看，广播电视实行条块结合、以块为主的管理体制，与现行政治体制、行政体制和政权架构相一致；从目的性看，广播电视追求的目标，是传播社会效益的最大化，社会效益高于经济利益。广播电视的这些基本特性，决定它的改革，尤其是体制改革具有复杂性和高难度。中国广播影视集团从成立到撤销的教训在于:其一,集团定性为事业性质、企业化管理,缺乏现行法律根据,与现行财政、资产、人事制度相抵触,在市场经济条件下根本无法运行。其二,集团没有实行真正的整合,成员单位均为独立法人单位,人、财、物等资源不能整合和统一配置,集团总部仅是一个行政管理机构,与广电总局重叠,这种顶层体制设计与现代企业集团模式相去甚远。其三,组建集团方案的制定,缺乏调查研究和应有的科学论证,在上级的催促下,决策也很仓促。这就注定了这个集团难以持久的命运。体制改革的探索,难免出现失误,但这个失误的教训值得后人汲取。秉持理性思维与渐进方略对待体制改革,该有多么重要和必要。

[本文为作者2012年8月为《中国广播电视改革发展十年回眸》(中国国际广播出版社,2012年10月第1版)一书所写的第一章《广播电视体制改革》的文稿。收入本书时,总题目作了改写,删去了章节标识]

深刻认识加快农村广播电视发展的紧迫性

胡锦涛同志代表中共十七届中央委员会在党的十八大上所作的题为《坚定不移沿着中国特色社会主义道路前进，为全面建成小康社会而奋斗》的报告，围绕如何建设中国特色社会主义和实现全面建成小康社会的宏伟目标，创造性地提出了一系列新思想、新观点、新要求、新举措、新部署，是一个集中反映全党意志和全国人民意愿的政治宣言，是全面建成小康社会、开创中国特色社会主义新局面的行动纲领。报告内容极其丰富，是党的十八大精神的集中体现，我们广电系统应认真学习、深刻领会，努力贯彻落实到各项工作之中。

本文想从一个视角出发，即在学习、领会十八大精神当中，如何从全面建成小康社会大局高度，深刻认识加快农村广电发展的紧迫性，自觉把农村广电发展作为广电工作的重中之重，切实从政策和实际措施上予以倾斜，从根本上改变农村广电发展滞后问题，为全面建成小康社会提供文化和传媒方面的支撑，谈点个人的粗浅体会。

一、加快农村广电发展是深入贯彻落实科学发展观的内在要求

关于科学发展观的内涵，胡锦涛同志在党的十七大报告中曾作出精辟的归纳，指出："科学发展观，第一要义是发展，核心是以人为本，基本要求是全面协调可持续，根本方法是统筹兼顾。"[①]在党的十八大报告中，胡锦涛同志再次对科学发展观的内涵、地位、作用、意义作了更加深刻的论述，提出"必须把科学发展观贯彻到我国现代化建设全过程、体现到党的建设各方面"，要求"全党必须更加自觉地把推动经济社会发展作为贯彻落实科学发展观的第一要义"，"必须更加自觉地把以人为本作为深入贯彻落实科学发展观的核心立场"，"必须更加自觉地把全面协调可

① 胡锦涛. 高举中国特色社会主义伟大旗帜，为夺取全面建设小康社会新胜利而奋斗——在中国共产党第十七次全国代表大会上的报告[R]. 北京：人民出版社，2007：15.

持续作为深入贯彻落实科学发展观的基本要求”,“必须更加自觉地把统筹兼顾作为深入贯彻落实科学发展观的根本方法”。[①] 这对全党全面贯彻落实科学发展观提出了更高和更加明确的要求。特别是,党的十八大确立了科学发展观的战略指导地位,把科学发展观同邓小平理论、“三个代表”重要思想一道作为党在新的历史时期的根本指导思想,并载入修改后的党的章程。这使坚持和全面贯彻落实科学发展观成为全党的法定职责。

根据上述新的要求和规定,广电系统学习宣传贯彻落实党的十八大精神,最根本的就是要学习宣传贯彻落实好科学发展观,坚持以科学发展观指导和推动广电各项工作。结合广电实际,应牢牢把握以下几点:一要始终坚持以发展为第一要义和工作主题,不断解放和发展广电生产力,特别注重解决农村广电发展总体滞后问题,加快农村广电发展步伐,不断以发展的成果来满足人民群众,特别是农村居民日益增长的信息和精神文化需求;二要始终坚持以人为本原则做好广电工作,在宣传教育鼓舞和公共服务领域更好地为人民服务,特别是要改进和改善广电对农服务工作,为全面提高人的素质提供有力支撑;三要始终坚持全面协调可持续的理念和方针,注重基础设施、人才队伍和基层单位建设,特别要关注和加强农村广电基础设施和人才队伍建设,夯实广电发展的基础,实现广电的全面协调可持续发展;四要始终坚持以统筹兼顾的根本方法,正确认识和处理广电内外的各大关系,特别要注重从全面建成小康社会大局高度统筹并采取实际措施,解决好城乡、地区、层级之间发展不平衡的问题,为全国广电的全面现代化建设开创新的局面。

二、加快农村广电发展是全面建成小康社会的迫切要求

党的十七大报告的主题提出“为夺取全面建设小康社会新胜利而奋斗”,5 年之后,党的十八大报告的主标题提出“全面建成小康社会而奋斗”。“建设”是过程,“建成”是目的。这里的一字之变,体现和表达的是时间表和紧迫性。这告诉我们,再过 8 年,我国要全面建成小康社会,这里的关键词是“全面”和“建成”。十八大报告及其决议已庄严承诺:“确保到二〇二〇年实现全面建成小康社会宏伟目标。”为此,十八大报告还提出 5 个方面的新要求:经济持续健康发展;人民民主不断扩大;文化软实力显著增强;人民生活水平全面提高;资源节约型、环境友好型社

① 胡锦涛.坚定不移沿着中国特色社会主义道路前进,为全面建成小康社会而奋斗——在中国共产党第十八次全国代表大会上的报告[N].人民日报,2012-11-18(2).

会建设取得重大进展。[①] 8 年时间,要实现上述目标,任务是何等艰巨而紧迫啊!

广播影视事业,是全面建成小康社会不可或缺的重要组成部分,是全面建成小康社会的重要宣传文化阵地,是信息和精神文化的提供者、传播者。改革开放以来,特别是党的十六大以来这 10 年,我国广播影视事业获得了跨越式的发展,对我国改革开放和现代化建设发挥了重大的舆论支持与文化支撑作用,为不断满足人民群众的信息和精神文化需求做出了应有的贡献。但是,与十八大提出的新任务、新要求相对照,广播影视事业仍然还有很大差距。其中最大的差距,从总体上看,就是城乡、地区、层级广电发展不平衡的问题十分突出,部分农村广电发展严重滞后。如何在 8 年时间内解决好这个重大问题,已成为广电系统各级领导必须应对的挑战和必须完成的战略任务。

党中央一贯高度重视"三农"问题。改革开放以来,党中央、国务院关于"三农"工作的 1 号文件至少有十几个之多。其中,党的十六大以来,先后出台的重要政策指导文件就有:2003 年 12 月,中共中央、国务院《关于促进农民增加收入若干政策的意见》;2004 年 12 月,中共中央、国务院《关于进一步加强农村工作、提高农业综合生产能力若干政策的意见》;2005 年 11 月,中共中央办公厅、国务院办公厅《关于进一步加强农村文化建设的意见》;2005 年 12 月,中共中央、国务院《关于推进社会主义新农村建设的若干意见》;2006 年 12 月,中共中央、国务院《关于积极发展现代农业、扎实推进社会主义新农村建设的若干意见》;2007 年 2 月,中共中央、国务院《关于切实加强农业基础建设、进一步促进农业发展农民增收的若干意见》;2008 年 10 月,中共十七届三中全会通过《中共中央关于推进农村改革发展若干重大问题的决定》;2008 年 12 月,中共中央、国务院《关于 2009 年促进农业稳定发展农民持续增收的若干意见》;2009 年 12 月,中共中央、国务院《关于加大统筹城乡发展力度、进一步夯实农业农村发展基础的若干意见》。由此可见,重视程度没有哪个领域堪与之相比。党的十七大报告强调,"解决好农业、农村、农民问题,事关全面建设小康社会大局,必须始终作为全党工作的重中之重"[②],党的十八大报告重申"解决好农业农村农民问题是全党工作的重中之重",同时指出"城乡发展一体化是解决'三农'问题的根本途径",要加快完善城乡发展一体化体制机制,着力在城乡规划、基础设施、公共服务等方面推进一体化,促进城乡要素平等交换

① 胡锦涛. 坚定不移沿着中国特色社会主义道路前进,为全面建成小康社会而奋斗——在中国共产党第十八次全国代表大会上的报告[N]. 人民日报,2012-11-18(2).

② 胡锦涛. 高举中国特色社会主义伟大旗帜,为夺取全面建设小康社会新胜利而奋斗——在中国共产党第十七次全国代表大会上的报告[R]. 北京:人民出版社,2007:23.

和公共资源均衡配置，形成以工促农、以城带乡、工农互惠、城乡一体的新型工农、城乡关系”①。可以说，没有农村和农民的小康，就不能说是全面的小康社会；没有农村和农业的现代化，就不能说是全国的现代化。

全面建成小康社会，一方面需要广播影视提供强有力的舆论支持和文化支撑，一方面它的五位一体建设格局就包含着广播影视建设内容。如果广播影视不能从这两个方面适应全面建成小康社会的需要，特别是由于农村广电发展不能适应这种需要，那就会从一个领域、一个行业拖住国家整体发展的后腿。我们应当从全面建成小康社会大局的高度，来认识和提高加快农村广电发展的紧迫性，在学习贯彻党的十八大精神的过程中，深入思考和着力解决这个重中之重问题。

三、加快农村广电发展是推进新型“四化”发展的必然要求

十八大报告在论述加快完善社会主义市场经济体制和加快转变经济发展方式时，创造性地提出新型“四化”发展战略：“坚持走中国特色新型工业化、城镇化、农业现代化道路，推动信息化和工业化高度融合、工业化和城镇化良性互动，城镇化和农业现代化相互协调，促进工业化、信息化、城镇化、农业现代化同步发展。”②在这个新型“四化”中，直接与“三农”相关的是城镇化和农业现代化。农村劳动力的大规模转移，农村人口就近向城镇聚集，农业生产和农产品加工从传统方式向现代化方式转变，城镇化快速发展使广大农村居民逐步告别农耕时代生活方式向现代生活方式转变。这是中国改革开放以来农村面貌发生历史性巨变的主要体现，而且这种变化的大趋势还在继续着。广播影视在这种历史巨变的进程中，发挥着政策宣传、舆论引导、精神鼓舞和信息提供、文化传播服务的作用，充当着宣传者、服务者和推动者的角色，同时也以其作用和影响从一个侧面体现着农村居民生活方式的转变。

按照新型“四化”发展战略要求，广播影视在全面建成小康社会和社会主义新农村建设中，应当更主动、更充分、更全面地发挥上述作用，作出应有贡献。而要达此目的，当前要认真学习、深刻领会党的十八大精神，用十八大精神武装头脑、统一思想，提高对农村广电发展战略意义的认识，自觉把发展作为第一要务。在此基础

① 胡锦涛.坚定不移沿着中国特色社会主义道路前进，为全面建成小康社会而奋斗——在中国共产党第十八次全国代表大会上的报告[N].人民日报，2012-11-18(3).

② 胡锦涛.坚定不移沿着中国特色社会主义道路前进，为全面建成小康社会而奋斗——在中国共产党第十八次全国代表大会上的报告[N].人民日报，2012-11-18(2).

上，要结合农村广电实际贯彻落实好十八大精神。要从宣传工作、事业发展、队伍建设和政策倾斜等各个方面切实加强农村广电工作，加快农村广电发展的步伐。其重点是：以重点工程建设为龙头，创新发展方式，加大投入力度，加快改造升级，全面推进农村广电基础设施建设，全面提升农村广电现代化水平；以构建农村广电公共服务体系为目标，创新体制机制，整合公共资源，建设以县级广电机构为中心、乡镇广电服务站为基础的垂直管理、上下贯通的新体制，建立和完善投入机制和长效运营机制，全面提高广电服务水平；以服务广大农村居民为重点，贯彻"三贴近"原则，创新宣传工作，提高节目质量，加强专业人才培养培训，提升专业化水平，在确保转播好规定的国家台、省级台节目的前提下，努力办好有本地特色的各类节目，为广大农村居民提供更好更多的信息、文化、娱乐等方面的内容服务。各级广电部门应从全面建成小康社会大局高度，以学习贯彻落实党的十八大精神为契机，从以上三个大的方面全面加强和加快推进农村广电发展进程，使全面小康和新型"四化"的目标能如期在广大农村地区实现。

四、加快农村广电发展是推进文化强国建设的基本要求

在我国这样一个幅员广阔、历史悠久、区域经济社会发展不平衡和多民族的国家建设社会主义文化强国，既具有很大的优势，又具有很大的难度。特别是在长期以来经济和教育发展滞后的广大农村地区，文化物质基础条件十分薄弱，人口文化素质和受教育程度普通较低，文化发展受到严重制约。"全面建设小康社会，最根本最繁重的任务在农村。"①也正因为如此，在全面建成小康社会的进程中，尤其应该把加快农村广电发展作为广电系统全部工作的重中之重。

2005 年 11 月，中共中央办公厅、国务院办公厅专门发出《关于进一步加强农村文化建设的意见》，进一步明确农村文化建设的指导思想，要求"坚持'多予少取放活'，加大政府投入，调整资源配置，深化体制改革，加强文化基础设施建设，构建公共文化服务体系，实现和保障农民群众的基本文化权益"②。同时，《意见》提出了农村文化建设阶段性目标和包括广播影视在内的具体发展任务。同年 12 月，中共中央、国务院发出《关于推进社会主义新农村建设的若干意见》，强调要加快发

① 关于推进社会主义新农村建设的若干意见[G]//推进社会主义新农村建设文件汇编. 北京：中国法制出版社，2006：2.

② 关于进一步加强农村文化建设的意见[G]//推进社会主义新农村建设文件汇编. 北京：中国法制出版社，2006：23.

展农村社会事业，繁荣农村文化事业，要求“各级财政要增加对农村文化发展的投入，加强县文化馆、图书馆和乡镇文化站、村文化室等公共文化设施建设，继续实施广播电视‘村村通’和农村电影放映工程，发展文化信息资源共享工程农村基层服务点，构建农村公共文化服务体系”[①]。随着这两个文件确定的各项政策措施的实施，包括广播影视在内的农村文化建设得以有效地向前推进，为农村地区小康社会建设打下了良好的文化事业基础。但是，我们面临的农村文化发展任务依然十分艰巨。

在我国进入全面建成小康社会的决定性阶段之始，党的十八大鲜明地提出了“扎实推进社会主义文化强国建设”的战略目标和基本任务，并把它作为建设中国特色社会主义“五位一体”总布局的重要组成部分。其基本任务是：加强社会主义核心价值体系建设；全面提高公民道德素质；丰富人民精神文化生活；增强文化整体实力和竞争力。[②] 这四大任务的前两项，广播影视承担着宣传、引导、鼓舞和强大舆论支持、文化支撑的重任；后两项，广播影视承担着提供信息和精神文化产品服务、构建公共服务体系、发展事业产业、增强传播力影响力的重任。而在承担责任、完成上述任务中，“最艰巨最繁重的任务在农村”。广电系统上下对此应有足够的认识和重视，应当把发展的重点放在农村。

推进社会主义文化强国建设，是建设和发展中国特色社会主义的必然要求，是全面建成小康社会的必由之路。在全面建成小康社会的未来8年决战阶段，各级党委、政府和广电部门，应当把农村广电发展任务列为文化强国建设的重点攻关取向，从政策引导、财力倾斜、资源配置、体制创新、队伍建设等各个方面予以重点支持，制定和实施各项符合国情、注重基层、夯实基础、切实可行的措施，大力推进农村广电各项建设，全面提升农村广电现代化水平，充分发挥农村广电在推动农村全面建成小康社会进程中的应有作用，同时保证广播影视在社会主义文化强国建设中提供强有力的文化支撑。这是学习贯彻落实党的十八大精神的根本目的和题中应有之义。

（本文发表于《中国广播电视学刊》2012年第12期。原题目是《从全面建成小康社会大局高度深刻认识加快农村广电发展的紧迫性——学习胡锦涛同志十八大报告的一点体会》）

---

① 关于推进社会主义新农村建设的若干意见[G]//推进社会主义新农村建设文件汇编. 北京：中国法制出版社，2006：14.

② 胡锦涛. 坚定不移沿着中国特色社会主义道路前进，为全面建成小康社会而奋斗——在中国共产党第十八次全国代表大会上的报告[N]. 人民日报，2012-11-18(3).

论中国广播电视发展战略走向

中国实行改革开放36年来，特别是新世纪推进文化体制改革以来，中国的广播电视事业获得了持久的、巨大的、跨越式的发展，整体面貌发生了历史性的变化，现代化进程全面推进，综合实力大为增强，主要表现在以下几个方面：

一是广播电视数字化升级改造全面推进。现国家、省（自治区、直辖市）和省辖市三级的广播电视制作、播出、传输、接收和管理等各个环节总体上已基本实现数字化、网络化，全国广播电视整体进入了数字化时代，传统广播电视传媒正在向现代广播电视传媒转变，传统广播电视媒体与新媒体的融合发展已经跨出了重要一步。

二是以无线、有线、卫星和互联网为主要技术手段的现代广播电视传输覆盖网已经形成。以"村村通"工程为标志的农村广播电视公共服务基础设施建设取得了重大进展。现有线电视用户达到22893.8万户，其中数字电视用户达到17159.69万户，广播电视综合人口覆盖率已分别达到97%以上。

三是广播电视节目制作、播出能力大为增强。现广播与电视节目年制作总量已分别达到739万小时和340万小时，节目年播出总量分别达到1380万小时和1700万小时。

四是广播电视经济实力不断增强。现广播电视年总收入已达3700多亿元，其中广告收入1387亿元，网络收入755亿元，资产总额达6300多亿元。

进入21世纪以来，中国广播电视进入了一个以整体转型为标志的新的发展时期。当前，以内容与终端竞争、传统广播电视与新媒体融合发展为特征的发展环境和发展态势，已成大势所趋。

两年前召开的中共十八大为我国全面建成小康社会描绘了蓝图，提出了总目标和总任务。中共十八届三中全会及其通过的《中共中央关于深化改革若干重大问题的决议》，提出了全面深化改革的总目标和各项任务。其中一项战略性目标和任务，就是深化文化体制改革，加快完善文化管理体制和文化生产经营体制，建立健全现代公共文化服务体系、现代文化市场体系,推动社会主义文化大发展、大繁荣,提高国家文化软实力,推进社会主义文化强国建设。广播电视的未来发展,必须基于国家发展的总目标、总任务和基本要求,必须作为社会主义文化强国建设的重要部分,制定发展战略,引领发展走向。

总结改革开放30多年来广播电视发展实践,基于国家发展战略和全面深化改革方针,我以为,广播电视当前和未来的发展战略走向是:

其一,构建现代传媒新体系,走多媒体融合发展之路。这是指要以传统广播电视媒体为基础,改造升级已有的基础设施和制作播出手段,整合频率频道资源、节目资源和专业人才资源等核心资源,并充分发挥其作用,融合开办各种为我所用的新媒体业务,开发创新各种节目形态,全面实行传统媒体与新媒体的互为依托和联动传播,构建现代化传媒新体系,走多媒体融合发展之路,全面增强传播实力和竞争力,实现播出内容和效果的最大化,最大限度地满足人民群众日益增长的精神文化需求,最大限度地占领受众市场。

其二,构建现代传播技术新体系,走数字化、网络化、智能化发展之路。广播电视是科技发展的产物。现代广播电视的每一次跨越性发展,无不产生或依赖于科技的突破和运用。从某种程度上讲,科技是广播电视发展的决定性因素。在当今大文化领域,广播电视是科技含量最大、科技水准最高的部门。广播电视未来的发展战略走向之一,就是要构建现代传播技术新体系,即在包括制作播出系统、传输发送系统、安全播出及监管系统、集成和接受终端系统、行业管理系统等方面全面实现数字化、网络化、智能化,并在全国广电网络整合和数字化、双向化改造升级的基础上,建立全国性的互联互通平台,开发各种跨域型新兴业务,实现真正的技术和业务上的“三网融合”,消除不同媒介和各种传播方式上的技术壁垒,形成无缝衔接、无所不在、对内对外和天地空间一体的现代化大传播技术体系。

其三,构建现代农村广播电视公共服务新体系,走城乡一体化发展之路。从总体上讲,农村广播电视发展依然是整个广播电视发展的短板,广播电视的“三农”问题十分突出,解决这个问题应当被列为广播电视发展的重中之重。要在多年实施“广播电视村村通”工程的基础上,转向加快构建农村广播电视公共服务体系上来。构建这个新体系,必须加大投入,全面改造农村广电基础设施,提高质量水平;必须建立投入机制和长效运营机制,建立以县为中心、以乡镇为基础的垂直管理体制;必须解决节目源和人才保障问题。这是一个系统工程,应纳入社会主义新农村建设和当地城乡一体化建设规划之中。我们应通过若干年努力,逐步构建起农村广播电视公共服务体系,缩小城乡差别,使亿万农村居民普遍享受高质量、多样化的广播电视内容及其相关服务。

其四，构建现代广播电视新体制，走“四位一体”发展之路。所谓“四位一体”，就是由广播电视公共服务体系、广播电视产业市场体系、广播电视政府监管体系、广播电视中介与社会服务体系这四大体系构成的现代新型广播电视体制。这种体制构想，体现市场经济条件下政企、政事、管办分开原则，明确规范四大主体的不同职责职能，有利于促进发展、加强监管、理顺关系、各司其职，充分发挥各自作用。这完全符合国家治理体系和治理能力现代化建设的要求。中央有关部门和政府主管部门，应当根据十八届三中全会《决定》精神，从推进国家治理体系和治理能力现代化的战略高度，总结文化体制改革以来广电体制改革的经验教训，做好广播电视体制改革的顶层设计，在全面深化改革的进程中，推进和深化广播电视体制改革，构建“四位一体”的现代化新型广播电视体制。

可以说，上述四大战略走向，是广播电视适应和服务全面建成小康社会，实现中华民族伟大复兴中国梦目标的客观要求，也是建设社会主义文化强国和推进广播电视自身现代化的必然选择。

（本文发表于《中国广播电视学刊》2015 年第 1 期）

关于媒体融合发展问题

新世纪以来,以互联网为代表的新媒体异军突起、快速发展,打破了传统媒体一统天下的格局,并开创和推动了传统媒体与新媒体融合发展的新局面。特别是2014年中央出台《推动传统媒体和新兴媒体融合发展的指导意见》,进一步推进了传统媒体与新兴媒体在内容、渠道、平台、终端和经营、管理等各个方面的深度融合。

媒体融合是大势所趋。广电系统要主动应对挑战,抓住机遇,整合资源,发挥优势,打造具有强大竞争力的新型主流媒体。

下面讲五个问题:

一、新媒体带来的变化和挑战

传统广播和电视,分别有109年和79年的历史。从历史上看,从无线电广播到有线广播、调频广播、卫星广播、数字立体声广播、网络广播,从机械扫描电视到黑白电视、彩色电视、卫星电视、数字电视、网络电视、高清电视,无不是由科技发展而产生和主导的。新世纪以来,数字技术、网络技术、信息技术的全面应用,极大地推动了广播电视数字化发展和现代化进程。同时,以互联网为代表的新媒体的迅速发展和应用,极大地冲击着包括广播电视在内的传统媒体。

什么是新媒体?目前众说纷纭,莫衷一是,尚无统一定义。我比较倾向于联合国教科文组织的定义:新媒体是“以数字技术为基础,以网络为载体进行信息传播的媒介”。目前,人们把以下这些归类于新媒体:数字报纸、数字杂志、数字广播、数字电视、互联网电视、科技博客、手机媒体、IPTV、移动电视、博客(有人称之为新一代的报纸)、播客(有人称之为新一代广播)、微信、网络广播电视、移动网络、网络视听服务等。新媒体被称为传统媒体之后的“第四媒体”。

与传统媒体相比,新媒体有什么样的突出特点?主要是:交互、即时,移动、便捷，海量、全覆盖，虚拟化、个性化，人人可以拥有、人人可以使用，它无所不在、如影随形。有人把媒体发展分为三个阶段，即农业时代的精英媒体，工业时代的大众媒体，信息时代的个人媒体。这似有一定道理。

新媒体的出现和崛起，给我们带来了什么？它改变了人们的生产生活方式，它打破了传统媒体一统天下的格局，它使人人拥有了网上的话语权，它导致了广播电视收听收视人群的流失，它使得一些传统媒体从业人员流向新媒体……于是出现了传统媒体举步维艰，出现了从业人员的职业倦怠。不光中国碰到这种情况，连不可一世的美国有线电视新闻网（CNN）和美国之音（VOA），也遭遇了这种境况。

因此，这引起了中央的高度重视，引起了传媒业界的高度关注。为应对这种情况，我国便提出了媒体融合这个大课题。

对于中国来说，推动媒体融合发展具有重大的战略意义。其一，这是顺应时代发展大势、巩固壮大宣传思想文化阵地的必然选择；其二，这是增强国际话语权、维护国家意识形态安全的战略举措；其三，这是深化文化体制改革、促进文化产业发展的重要任务。

二、中央高度重视传统媒体与新兴媒体融合发展

2008 年 6 月 20 日，胡锦涛总书记在人民日报社视察工作时明确指示："互联网已经成为思想文化信息的聚散地和社会舆论的放大器，我们要充分认识以互联网为代表的新兴媒体的社会影响力，高度重视互联网的建设、运用、管理，努力使互联网成为传播社会主义先进文化的前沿阵地、提供公共文化服务的有效平台、促进人们精神生活健康发展的广阔空间。"

2010 年 1 月 13 日，温家宝总理主持召开国务院常务会议，批准实施推进"三网融合"的总体方案和试点方案，提出了推进"三网融合"的阶段性目标和工作要求。同年 3 月 5 日，温总理在《政府工作报告》中，把积极推进"三网融合"取得实质性进展和大力发展信息网络产业，列为大力培育战略性新兴产业的重要内容之一。

2012 年 11 月 8 日，胡锦涛总书记在中共十八大报告中，把"信息化水平大幅提升""文化软实力显著增强"列为全面建成小康社会目标的新要求，把"信息化"列为新型"四化"之一，提出"建设下一代信息基础设施，发展现代信息技术产业体系，健全信息安全保障体系，推进信息网络技术广泛应用"和"促进文化和科技融合，发展新型文化业态，提高文化产业规模化、集约化、专业化水平"，以及"构建和发展现代传播体系，提高传播能力"等战略性任务。

2013 年 11 月 12 日，中共十八届三中全会通过的《中共中央关于全面深化改革若干重大问题的决定》指出，要“整合新闻媒体资源，推动传统媒体和新兴媒体融合发展”，“健全网络突发事件处置机制，形成正面引导和依法管理相结合的网络舆论工作格局”。提出“坚持积极利用、科学发展、依法管理、确保安全的方针，加大依法管理网络力度，加快完善互联网管理领导体制，确保国家网络和信息安全”的重大任务。

2013 年 12 月 30 日，习近平总书记在主持中央政治局集体学习时强调：“提高国家文化软实力，要努力提高国际话语权。要加强国际传播能力建设，精心构建对外话语体系，发挥好新兴媒体作用，增强对外话语的创造力、感召力、公信力，讲好中国故事，传播好中国声音，阐释好中国特色。”

2014 年 9 月 19 日，中央办公厅、国务院办公厅以中办发 48 号文件印发《关于推动传统媒体和新兴媒体融合发展的指导意见》，提出推动媒体融合发展的战略意义、原则要求、工作目标和进度安排，强调要拓展新技术、新应用，加强创新内容生产和信息服务，要重组媒体组织结构，健全、完善体制机制，构建具有多样传播形态、多元传播渠道、多种平台终端，特色更加鲜明、覆盖更加广泛、传播更加快捷的现代、立体传播新体系。这个《意见》共有 25 条，是全面推进传统媒体和新兴媒体融合发展的指导性、政策性文件，也是一项具有重大战略意义的工作部署。

2014 年 10 月 23 日，中共十八届四中全会通过的《中共中央关于全面推进依法治国若干重大问题的决定》提出：“加强互联网领域立法，完善网络信息服务、网络安全保护、网络社会管理等方面的法律法规，依法规范网络行为”，“推进政务公开信息化，加强互联网政务信息数据服务平台和便民服务平台建设”。

2015 年 3 月 5 日，李克强总理在第十二届全国人民代表大会第三次会议所作《政府工作报告》中指出，要“全面推进‘三网’融合，加快建设光纤网络，大幅提升宽带网络速率，发展物流快递，把以互联网为载体、线上线下互动的新兴消费搞得红红火火”；要“发展文学艺术、新闻出版、广播影视、档案等事业”，“促进传统媒体与新兴媒体融合发展”。

2015 年 8 月 25 日，国务院办公厅以国办发〔2015〕65 号文件，发出《关于印发〈三网融合推广方案〉的通知》，要求各地区、各有关部门要在总结试点经验的基础上，加快在全国全面推进“三网融合”，推动信息网络基础设施互联互通和资源共享，有利于促进消费升级、产业转型和民生改善。《方案》提出了全面推广阶段“三网融合”的工作目标、主要任务和保障措施。

上述精神表明，中央高度重视传统媒体与新兴媒体融合发展问题，也是推动媒体融合的强有力的指导方针和强大动力。

国家新闻出版广电总局贯彻落实党的十八大精神，于2013年1月4日以广发1号文件出台了《关于促进主流媒体发展网络广播电视台的意见》，提出了包括指导思想、基本原则、总体目标的总体要求和包括七项举措的重点任务及保障措施。其总体目标提出，经过三至五年努力，形成一批导向正确、内容丰富、业态新颖、技术先进、影响广泛、综合实力强的网络广播电视台，确立网络广播电视台在新媒体传播格局中的主流地位。

三、传统广电媒体与新兴媒体的规模和基础条件

（一）传统广电媒体

截至2013年年底，全国共设广播电视播出机构2568个，其中，广播电台153座，电视台166座，教育电视台42座，广播电视台2207座（县级广播电视台1996座）。

上述播出机构共开办4199套节目，其中：广播节目2863套（不含国际台65种语言对外广播节目），电视节目1336套。

2014年，共制作广播节目764.73万小时，电视节目327.74万小时；共播出广播节目1405.83万小时，电视节目1747.61万小时。

（二）有线电视网络和用户

截至2014年年底，全国有线广播电视网络传输干线总长为415.34万公里。拥有有线广播电视用户23458.23万户，入户率为54.4%。其中，数字电视用户19143.21万户，占有线广播电视用户的74.95%；付费数字电视用户4505.41万户，双向化覆盖近9500万户，开通双向业务用户超过2850万户。

（三）广播电视收入

2014年，全国广播电视总收入为4226.27亿元，其中，财政收入487.98亿元，占11.55%；广告收入1464.49亿元，占34.65%；网络收入827.21亿元，占19.57%；其他收入1446.59亿元，占34.23%。

（四）视听新媒体

截至2015年2月，全国共有604家单位获准开办互联网视听节目服务。其中，广播影视系统的广播电视播出机构138家，广播影视其他单位86家，广播电视

以外的其他传统媒体单位104家,其他国有单位86家,民营单位190家。民营单位占近三分之一。

截至2014年12月,全国共有29家中央和省级广播电视媒体获准开办了网络广播电视台,24家地市级广播电视媒体获批开办了城市联合网络电视台;6家广电机构获批开办了手机电视集成服务,24家相关机构获批开办了手机电视内容服务;7家广电机构获批建设、管理和运营互联网电视集成平台,14家广电机构获批提供互联网电视内容服务。

(五)互联网基础资源和规模

截至2014年12月,我国共有互联网网站总数335万个,域名总数2060万个,网页1899亿个,网民总数64875万人(6.49亿人),互联网普及率为47.9%。

互联网接入设备使用情况分别为:台式电脑70.8%,笔记本电脑43.2%,手机85.8%,平板电脑34.8%,电视15.6%。(网络电视融合传统电视与网络于一身,其共享性、智能性和可控性迎合现代家庭娱乐需求,逐渐成为一种新型家庭娱乐模式)。

网络视频用户规模达4.33亿,用户使用率为66.7%。手机和电脑(包括台式和笔记本)成为收看网络视频的一、二位终端设备,使用率分别占71.9%和71.2%。2013年,网络视频的市场规模达128.1亿元。

四、媒体融合的新进展和新特点

(一)网络融合发展:改造升级、互联互通

网络是信息传播的高速公路。在我国,面向社会的物理网络,一是通信网络,一是广电网络。三网融合,是指通信网、广电网、互联网的互联互通,打破相互间的技术瓶颈和体制障碍。而要达到这个目的,必须进行已有网络的改造升级。这不是三网合一。

自从2010年1月国务院批准实施推进三网融合的总体方案和试点方案以来,电信企业和广电部门都在加快各自网络的改造升级,并在此基础上逐步推进网络融合发展。据报道,多年来,三大电信运营商投入数千亿巨资,进行网络光纤化的扩容改造,特别对3G和4G进行宽带网络、移动网络重点投资,以扩大用户流量,推出各种新业务、新产品。2013年,继中国移动率先开建4G网络之后,中国电信展开了全国性的4G网络建设。以广东电信为例,继2002年率先应用ADSL,传输

接入宽带从56K拨号提速到1M之后,2011年又率先启用“宽带中国·光网城市”工程,3年里投资150多亿,推进骨干网络和主要城市地区的全面光纤化改造,持续开展光网宽带普及工程,已经具备全省推出100M宽带的基础。通过100M宽带,用户可以流畅收看各类互动电视,可以用各种高宽带、高流量的智能终端上网、视频通话,享受智能家居、云分享、云游戏等多种信息产品服务。这将带来家庭生活的信息化、数字化、智能化,使生活更加便利、丰富。

为适应三网融合新要求,全国广播电视系统不断加大广播电视网络的数字化发展和双向化改造。目前,有线电视数字化水平明显提升,数字电视用户已达1.72亿户,占全部有线电视用户的74.95%;双向化覆盖近9500万户,开通双向业务用户超过2850万户。高清电视、3D电视成为数字电视用户的标准配置。地面数字电视加快推进,已有300多个城市完成地面数字电视发射验收并进入应用阶段。卫星电视已实现全面数字化,户户通用户达1309万户,村村通用户达1909万户。另外,广播电视制播系统(包括录制、播出、存储、管理)数字化大有进展,其中中央三台已全面实现数字化,省级、地市级和县级广播电视台制播数字化率分别超过90%、70%、50%。这些都为广播电视积极参与和实现三网融合奠定了物质技术基础,提供了必备的条件。

在此基础上,2014年12月31日,国家新闻出版广电总局和工信部同步向符合条件的电信企业和广电企业发放了双向进入业务许可。这标志着国家确定的三网融合第二阶段双向准入工作进入了实质性实施阶段,三网互联互通成为事实。

(二)业务融合发展:整合资源,跨界传播

业务融合即传播业务融合,是三网融合和媒体融合的核心。而整合资源、跨界传播是近年来传统媒体与新兴媒体融合发展的主要特点。

传统广电媒体发挥自己所拥有的节目资源、社会公信力、制作队伍和实力等方面的优势,加强同商业门户网站等的业务合作,充分利用网络新媒体的特点和优势,开发微博、微信、客户端等业务,实现跨界传播,拓展了传播阵地,扩大了传播范围,增强了传播效果和影响力。如中央电视台自2012年以来,以央视新闻为品牌,与新浪、搜狐等门户网站合作,开办了新浪微博、央视新闻官方微信公共账号和搜狐客户端、独立客户端,其中微博主打“首发”,微信突出“互动”,客户端则发挥“视频”之长,为用户提供新闻直播、知识新闻点播、新闻现场独家视频、电视新闻导读等多种产品。三者各展其长,互为呼应。中央电台、国际台和部分地方电台、电视台,增强互联网思维,均以不同方式主动同门户网站等各类新媒体建立合作关系,

一方面借力新媒体技术和传播特点优势,整合内外资源,实行跨界传播,拓展了传播新领域,壮大了主流舆论新阵地;另一方面,也为新媒体提供内容支撑,为广大移动用户提供视音频产品服务。这种业务融合,达到了合作共赢目的。

许多视听新媒体机构则通过版权合作、购买等多种方式,大量引进版权内容,丰富节目资源,增强内容对用户的吸引力,扩大影响力。如中央电台的央广手机台,与250余家版权机构合作,为用户提供了丰富的内容。一些传统广电媒体充分利用自身节目资源和公信力的优势,向新媒体推出大量自制的民生、文化、教育等题材的专题、纪录片方面节目,满足新媒体的内容需求。搜狐、爱奇艺、优酷、乐视等商业网站,一方面发挥各自在娱乐领域的已有优势,加大内容自制力度,提高自制能力和节目质量,不断推出原创自制的新栏目、网络剧、专题节目或网台联动节目,受到网友热捧;另一方面,与许多境内外影视节目制作机构进行版权合作,获取大量优秀节目版权,包括独家播放权。这种合作,既为视听新媒体带来了丰富的节目源,也推进了传统媒体与新媒体的业务融合发展。

(三)媒体融合发展:打造新平台,构建全媒体

这里所说的媒体融合,是指具体的小概念的媒体与媒体之间的融合发展,即具体的某个传统媒体与新媒体的融合发展。这是大概念媒体融合的主要形式之一。它包含三个层面的融合发展:

一是具有较强综合实力的国家级、省级广播电视台,依托自己的雄厚资源和独特优势,开办网络广播电视台,开展多种新媒体业务,逐步形成全媒体新格局。目前已有29家国家级和省级广播电视台获批开办了网络广播电视台,如中央电视台的中国网络电视台、中央人民广播电台的央广广播电视网络台、中国国际广播电台的中国国际广播电视网络台、中国教育电视台的中国教育网络电视台、北京广播电视台的北京网络广播电视台、江苏广播电视台的江苏网络广播电视台等。另有24家实力较强的地市级广播电视台经批准参与共同开办了城市联合网络电视台。由此,国家级、省级、地市级三级网络广播电视台或网络电视台的媒体融合新格局初步形成。

二是根据国务院批准的三网融合实施方案确定的布局,国家主管部门批准中央三台和上海广播电视台、辽宁广播电视台、杭州市广播电视台等6家广播电视播出机构开办手机电视集成平台,提供手机电视集成服务;批准广电系统和其他系统24家机构开办手机电视内容服务业务;批准中国网络电视台、中央电台、国际台、广东南方广播影视集团、湖南广播电视台、上海广播电视台、浙江电视台和杭州市

广播电视台等7家广电媒体(联合)建设、管理和运营互联网电视集成平台,提供互联网电视集成服务;批准中国网络电视台、中央电台、国际台和上海、北京、浙江、广东、湖南、江苏、湖北、山东、云南省(市)广播电视台等14家广电播出机构提供互联网电视内容服务。

三是各级广播电视台和其他广电机构,依据自身的实力、优势和条件,分别开发开办或合作开办手机广播、手机电视、IP电视、互联网电视、移动互联网音视频等平台,开展相应的业务服务。近年来,移动互联网音频业务快速发展,用户和市场规模也取得较快增长。

(四)终端融合发展:多功能、智能化,一体多屏

随着信息、网络、数字技术的不断发展,特别是数字化的推进和云计算、大数据技术的发展应用,无论是传统媒体还是新兴媒体的视听接收终端,如数字电视机、平板电脑、台式电脑、智能手机、互联网机顶盒、游戏主机、可穿戴式电子设备等,越来越多样化,越来越智能化,其多功能性、融合性和操作简易性也越来越强。

五、媒体融合发展中的主要问题和障碍

(一)体制问题

台网两张皮,事业办企业,是老子与儿子的关系。台办网络新媒体一方面受制于台,自主经营不足;一方面依靠垄断资源,市场竞争意识和竞争力不强。如同国企,行政化较重,运营不透明。

一台一网,人员、经费、待遇等方面的运营方式、管理制度均不相同,事实上难以融为一体。

(二)投融资问题

台办网络新媒体大多不能上市,筹不到资金。台是事业单位,资产不能抵押。台办新媒体贷款靠什么抵押?不如商业网站好融资。

(三)盈利模式问题

现传统广电媒体开办的网络新媒体的盈利模式,主要靠广告。广告份额有限,竞争激烈,绝对数每年都有增长,但增幅已经下降。

(四)融合度问题

传统广电媒体与网络新媒体究竟怎样融合,尚在探索之中。现在基本上还是

物理反应,还不是化学反应。如果各家都被办成一个模式的"全媒体",那就失去了自己的特色了。

(五)人才队伍问题

目前最缺的是复合型人才,即有很强的互联网意识,且熟悉传统媒体的创意和技术人才,以及对传媒与市场都熟悉的经营管理人才。但眼下反而出现了台内人才外流的现象。

(六)思想认识和实际问题

新媒体的前景不明朗,资金投向新媒体有实际风险。传统媒体压力很大,投入新媒体怕打水漂。干部任期制与见效周期长客观上存在矛盾。

以上几点都影响媒体融合的发展。

六、媒体融合发展趋势

1. 新媒体传播将向移动化、社交化、视频化、互动性方向发展,接收和使用将愈益多屏幕、多终端。

2. 媒体组织流程重构再造将加快推进,媒体融合发展的新模式将在探索中产生。

3. 云计算和大数据技术的应用,将大大提升媒体的数据信息收集、存储、管理、分析和运用能力,内容提供服务将更加精准化、个性化。

4. 新的盈利模式将在探索中形成。融媒体将逐步改变单一依赖广告的局面,实行版权、游戏、广告、金融、电子商务等多样化的盈利模式。版权模式有望成为新的主要盈利模式。

5. 传播秩序逐步规范。传播法制规则逐步形成,行业管理向科学化、法治化方向发展,行业自律将进一步加强。

我们相信,按照中央提出的"积极推进、科学发展、规范管理、确保导向"的要求,经过不懈努力奋斗,一定能"打造一批形态多样、手段先进、具有竞争力的新型主流媒体,建成几家拥有强大实力和传播力、公信力、影响力的新型传媒集团,形成立体多样、融合发展的现代传播体系,努力达到世界一流水平"。

(本文系作者2015年5月6日在中国传媒大学南广学院研讨会和9月23日在国家新闻出版广电总局机关服务局理论学习中心组所作专题报告的提纲)

当前广电媒体融合发展面临的主要问题

中国传媒大学是中国传媒经济研究的发源地。早在20世纪80年代初期和中期，市场经济、文化产业还没有被人所认可，更没有成为国家政策的时候，周鸿铎教授就率先提出了“广播电视具有经济属性”“广播电视也是生产力”的惊人观点，在校内引起了激烈的争论。当时我在北京广播学院担任党委常委、宣传部长，是他为数不多的坚定支持者之一。可喜的是，随着改革开放的不断深入，市场经济、文化产业终于被写入党的代表大会的报告，并成为国家重大政策和经济体制改革的重要目标。在此形势下，中国传媒大学以周鸿铎教授领衔的一支传媒经济研究教学队伍，一直致力于传媒经济研究工作，取得了卓著的研究成果，为推动中国传媒大学传媒经济研究，特别是广播电视产业发展，做出了特殊的重要贡献。我希望，现在的中国传媒大学经管学部、文化发展研究院和传媒经济研究所，能够在学校领导和传媒界的支持下继续发挥传统优势和领军作用，在新时代继续为促进传媒经济发展、媒体融合和创新发展方面提供更大的智力支持和理论贡献！

2003年12月19日，我在中国人民大学新闻传播学院举办的学术论坛上，第一次提出了改革开放以来我国广播电视三次重大突破的观点。即第一次重大突破，发生于20世纪80年代，以政策突破为特征，其标志是第十一次全国广播电视工作会议的召开和中共中央〔1983〕37号文件的颁布实施。这次重大突破，极大地调动了全国各级党委、政府和广电部门兴办广播电视的积极性，大大解放了广播电视生产力，全面推进了广播电视的发展和覆盖，迅速扩展了广播电视的规模。第二次重大突破，发生于20世纪90年代，以技术突破为特征，以有线电视崛起和卫星电视传播应用为标志，大大拓展了广播电视传播渠道和频道资源，全面提升了广播电视传输接收质量，有效扩大了传播覆盖范围，开辟了有线电视网络产业和第二财源，为新世纪广播电视的大发展创造了技术和物质条件。这两次重大突破，大体各持续10年左右，曾经形成高速增长期。第三次重大突破，始于21世纪初，以整体转型为特征，以数字化、网络化、体制改革创新、传统媒体与新媒体融合发展、公共服务与市场服务体系构建为标志。这是一次空前的变革,几乎涉及广电一切领域的自身革新和升级转型,是广播电视实现现代化的一个根本性嬗变。

我曾经预测,这个整体转型,大约需要 20 年时间,即从新世纪初起至 2020 年国家实现全面建成小康社会之时。现在看来,这个过程可能还要更长一些,因为其复杂性和艰巨性超出了人们的预料。

这次年会的主题是“大数据与媒体融合”。其实,这是两个含义不同的概念。大数据,是手段,是工具,是桥梁。而媒体融合,其含义要深广得多,它是一种发展态势,是一种政策导向,是媒体结构的重大变革,是新时代媒体改革发展的一个重要目标。

在现阶段,媒体融合是媒体转型的核心内容和关键因素。以广电媒体来说,媒体融合不是局部的改革或创新,而是关系到包括观念理念、思维思路、媒体结构、业务流程、内容形态、传播方式、资源配置、盈利模式、管理方式、分配制度、队伍素质,乃至整个体制机制系统的全局性的改革创新。

党的十八大以来,中央高度重视媒体融合发展问题。习近平总书记就加快媒体融合多次作过重要指示。中央办公厅专门发出《关于推动传统媒体和新兴媒体融合发展的指导意见》。国家“十三五”发展规划明确提出,要“以先进技术为支撑、内容建设为根本,推动传统媒体和新兴媒体在内容、渠道、平台、经营、管理等方面深度融合,建设‘内容 + 平台 + 终端’的新型传播体系”。国家新闻出版广电总局根据上述精神和广电实际,亦于 2016 年 7 月印发了《关于进一步加快广播电视媒体与新兴媒体融合发展的意见》,提出力争两年内在局部区域取得突破性进展,形成几种基本模式,并在“十三五”后期取得全局性进展的要求。客观地说,全国广电系统的许多广电媒体,这些年来一直在进行着艰辛的探索,取得了可喜的进展,积累了宝贵的经验。中广联学术委在深入调研的基础上,从 2015 年起,注重发现典型、总结经验、研究案例,相继编辑出版年度《广播电视改革与创新》系列图书,介绍和推广各级各地广电媒体融合和创新发展的最新经验和理论探讨成果,这些书很值得一读。

纵观近年来的广电媒体融合进程,我以为主要在以下几个方面获得了可喜进展或取得成效:一是再造采编播流程,构建融媒体的采编播体系。包括运用大数据和云技术,建立“中央厨房”和“云平台”,建立统一调度指挥机制和“融合云”制作分发系统,建立新媒体或融媒体中心,实行全媒体、一体化报道传播,明显增强了传播力和影响力。二是探索创新节目形态,打造优质融媒体节目。依托广电传媒的资源优势,积极运用互联网思维,加大制作投入和社会合作,创新艺术表达方式,着力打造原创、优质、适合多媒体传播的节目内容,扩大有效传播和增强社会影响力。三是推进网络广播电视台改造升级,扩大移动互动传播效应。着力建设具有强大直播点播功能,能够提供海量内容资源、多屏互动和便捷服务的超级客户端,不断开发具有本地特色的客户端产品,并使之适应分众化的需求。加强网络广播电视、移动互联网应用和社交媒体平台建设,实现已有媒体品牌的新媒体化,逐步形成一批有影响、有特色、分众化、个性化的微博、微信、客户端,进一步集聚受众,扩大了传播效应。

由于媒体融合尚在探索之中,又限于各级广电媒体的各自条件、实力不同,各种探索的模式总是同本地本台的实际相关联的。归纳起来,目前融合的主要模式有:混合兼容模式;台内新媒体平台模式;台属对外合作新媒体模式;"中央厨房"和统一调度分发模式。由此可见,目前尚未形成一种普适的、统一的融合模式。

据我了解的情况看,广电媒体全面实现深度融合发展,面临的困难和障碍还相当大,离中央提出的目标要求还有很长的路要走。主要的困难和突出的问题是:

(一)体制问题。目前,"一台两制"普遍存在,即传统媒体部分,实行事业体制;新媒体部分,实行企业体制。这两种体制,使得传统媒体与新媒体很难有平等的地位,很难真正实现深度的融合和一体化的发展,有形的、无形的障碍还很多。

(二)投入问题。传统媒体创收单一,对广告创收依赖性极大。近几年来,全国各级广电媒体,普遍面临广告收入下滑之势,维持生存和支撑发展,已经压力山大、忧心忡忡。以2016年为例,全国广播广告总收入145.83亿元,与上年同期相比,负增长6.77%;电视广告总收入1004.87亿元,与上年同期相比,负增长5.66%。发展新媒体,改造传统媒体,实行媒体融合,需要巨资投入。资金从哪里来?传统媒体事业体制,不能从市场融资;新媒体普遍规模小、实力弱,无法从市场融资。而且,新媒体尚无有效盈利模式,能达收支平衡已属不易,更遑论大投入有大回报。这个矛盾,目前还是一个无解的难题。

(三)制作差异和队伍结构问题。传统电视节目制作同新媒体音视频制作,存在很大差异,不可套用。新媒体音视频制作,自有它的独特性。传统电视节目制作专业人员,一般只擅长制作传统电视节目,而不擅长制作新媒体音视频节目。让传统电视节目制作专业人员,同时制作新媒体音视频节目,是有困难的,甚至是痛苦的。对于年龄偏大者尤甚。最近我们在苏州台调研,看了一个5分钟的短视频《红白羊肉情缘》,进行了热烈讨论。这是该台与"二更"公司合作制作的新媒体视频节目,播出后引起强烈社会反响,竟有2000多万点击量。为什么?它与传统电视专题有何不同?我的总结是:1.城市生活和美食背后的情感,契合了老龄化社会的需求——小节目、大主题;2. 时间、容量只有 5 分钟,非常便于观众观看;3. 播出互动,即时反馈;4. 报道迅速成为“网红”,社会影响迅速发酵并具延续性。由此可见,现实发展对专业队伍的素质结构提出了新的要求。无疑,现有电视专业队伍已难以适应媒体融合的新要求。

习近平总书记在党的十九大报告中指出:“中国特色社会主义进入新时代,我国社会主要矛盾已经转化为人民日益增长的美好生活需要和不平衡不充分的发展之间的矛盾。”“这已经成为满足人民日益增长的美好生活需要的主要制约因素。”我们党对新时代社会主要矛盾的新判断,是我们思考和推进广电发展改革,特别是媒体融合发展的根本依据,也是根本要求。我希望这次传媒经济年会,能站在这样的高度,来思考和回答媒体融合面临的问题,为全面推进媒体融合发展,提出独到见解、可行思路、政策建议或理论观点,为中国传媒决策者和广大从业者提供宝贵的智力支持和智慧贡献。

(本文系作者 2017 年 11 月 25 日在中国传媒大学举办的第六届中国传媒经济年会上的主要发言内容)

传媒融合创新发展为传媒经济研究提供了新机遇

很高兴应邀前来母校参加中国传媒经济四十年高峰论坛暨第七届中国传媒经济年会。值此纪念中国改革开放四十周年之际，中国传媒大学举办传媒经济四十年高峰论坛，回顾传媒经济发展历程，总结传媒经济理论与实践研究成果，探讨新时代传媒经济创新发展之道，具有十分重要的现实意义。

40 年来，中国传媒经济的发展和理论体系的构建，始终伴随着国家改革开放的历史进程，始终伴随着社会主义市场经济和传媒业的改革发展而发展，不断前行。回想改革开放初期，在当时的北京广播学院，周鸿铎教授结合政治经济学教学，依托自己先后在对外文化、党报媒体和广电高校工作经历的优势，率先开展传媒经济理论研究，率先开设广播电视经济管理课程，率先提出广播电视经济学概念和理论观点，撰写出版了我国第一部《广播电视经济学》专著。尽管当时他的理论观点在校内外不被大多数人认同，甚至引起争议、受到批评，但他依然执着地坚持探索和研究，表现出了一个学者独立思考的精神。在学校几届领导的支持下，他从单枪匹马到带出了一个团队，创立了传媒经济研究所，开设了传媒经济博士点，培养了一批传媒经济领域的人才，出版了系列传媒经济著作，为我国传媒经济理论体系的构建和传媒经济人才的培养作出了开创性的重大贡献，成为中国传媒经济研究领域的代表性领军人物。作为曾经在北京广播学院长期工作的同事，我是以周教授为代表的中传传媒经济研究和发展历程的见证者，因此以为有必要借此作一些历史的回顾。

40 年来，广播电视作为传媒领域的重要方面军，在党的领导和指引下，在国家改革开放大潮的推动下，经历了 20 世纪 80 年代以贯彻中央 37 号文件精神，实施“四级办广播、四级办电视、四级混合覆盖”和推进广播电视宣传改革的方针政策为标志的第一次重大突破；经历了 90 年代以有线电视、卫星广播电视开发应用和广播电视全面数字化为标志的第二次重大突破；新世纪以来又经历了持续至今的以体制改革、产业发展、媒体融合、转型升级为标志的第三次重大突破。与此同时，广播电视产业和经济也获得空前的发展。这一切使得广播电视传播规模和影响力大大扩展，传播实力和现代化水平大大提升，整体面貌发生了历史性的巨变。

自从以互联网、移动互联网为代表的新兴媒体逐步兴起以来，我国的传媒领域便悄然开始了一场大变革。大数据、云计算、人工智能等当今世界高科技在互联网、移动互联网的广泛应用，使新兴媒体如虎添翼，迅速崛起，势不可挡。一方面，它对传统媒体形成了巨大的冲击和挑战，造成传统媒体包括广播电视媒体受众和人才的流失，广告收入连年下滑，一些媒体甚至出现了生存危机。另一方面，它也倒逼传统媒体加速自身的更新改造，加速传统媒体与新兴媒体的融合发展。这场传媒大变革从根本上重构了中国传媒的大格局。刚刚出版的《中国传媒经济发展报告(2018)》和始于2006年广电总局发展研究中心出版的历年《中国广播影视发展报告》，以及业界学界专家学者编写出版的全国数十部涵盖传媒方方面面的蓝皮书，忠实地记载了中国传媒和传媒经济40年大变革、大发展的历史轨迹和辉煌成就。这是改革开放时期中国传媒的宝贵财富。

当前，传统媒体与新兴媒体融合发展方兴未艾。各级各地的主流媒体在中央有关文件精神和习总书记有关指示的指引下，紧密结合自身和当地的实际，围绕构建融合一体的现代传媒体系，“八仙过海，各显神通”，在理念思路、内容形式、业务形态、人才培养、体制机制等诸方面进行艰辛的探索和创新实践，创造出了不凡的业绩，涌现出了一批先进典型，正在书写新时代传媒融合发展、创新发展的新篇章。无疑，这将为传媒经济的持续发展和深度研究提供极好的机遇和不竭的源泉。

今天，中国传媒大学举办传媒经济论坛和年会，为传媒经济研究搭建了一个很好的学术交流平台。我相信与会的专家学者、业界精英和高校师生，将围绕当前媒体融合和传媒经济发展主题，进行一场内容丰富精彩的学术交流和成果分享，将为新时代中国传媒经济的发展继续贡献自己的思想、才华和智慧。

借此机会，我想就当前县级融媒体中心建设谈几点个人的看法。县级广电为何成为当前媒体融合的重点？这似乎令人有点意外。但只要了解它的前世今生，大家便会明白这其实是顺理成章的事情。我在这里简要谈谈个人的观点。

首先，我想讲一下我对县级广电的关注和认识。我是1968年进入广电系统的，到现在整整50年。我对县级广电的关注是从当年在福建省广播事业局工作时开始的。当时在中国，中央人民广播电台的影响力是很大的。在地方，农村广播网影响也非常之大，是占领农村舆论阵地最重要的工具。当时广播电视统计数据有一项重要指标，就是广播喇叭入户率和有线广播线路的杆/公里数，这两项是统计数据里头必有的。但现在已经没有了,那些事已经成为历史。1975 年我在广播学院新闻系上学,1976 年到辽宁本溪台实习一个多月,参与写了一篇调查报告,是有关本溪台开门办广播的经验。这篇调查报告被中央广播事业局编入《广播工作简报》,报送毛主席和在京中央政治局委员,并印发各省市自治区广播局。这在当时的新闻系也是有影响的一件事。另外,我还参加了本溪市本溪县草河掌公社农村广播发展的调研,独立撰写了一个 5000 多字的调查报告《广播喇叭威力大——本溪县草河掌公社办广播的调查》。这就是我关注调研县市基层广电的开始。后来在广院留校工作期间,我仍继续关注县级广电的发展,1993 年曾在学报发表《改革新浪潮,正在广播电视领域悄然涌动》的文章,热烈支持各级广电部门,包括湖南花垣县广电局新一轮改革和发展广电产业的新举措。

我在广院待了 21 年,1996 年调到广电部办公厅工作,经常有机会接触和了解县级广电的发展状况。我曾多次随同时任部长孙家正同志到地方进行实地调研。家正同志是我们广电系统迄今为止最关注县级广电发展的部长。我们的调研通常都到最基层,因而我也开始从工作职责上来关注这件事。到了 2003 年,我在组建广电总局发展研究中心之后,就把县级广电发展问题研究纳入了我日常工作的范围。我带领我的团队跑遍了全国东南西北许多地方,对县级广电进行了大量的调研。

在这几十年的工作中,我对县级广电形成了几个基本的观点。第一个观点:县级广电是中国广播电视事业的基础。这是我始终坚持的一个观点。1998 年,广电部召开全国广播电视工作会议暨全国广播电视先进县表彰大会时,我为时任总理李鹏同志起草的致会议的贺信中,把"县级广电是中国广播电视事业的基础"写了进去。我们把李鹏总理亲笔署名的贺信印发给每一位与会代表,给代表们以极大的鼓励。这次会议大大推动了县级广电的发展。第二个观点:县级台是县级党委和政府的喉舌,是不可或缺的宣传工具。第三个观点:县级台的发展应该走本地化的发展之路。这是我对县级广电的三个最基本的观点。

其次,我想简明讲一下县级广电机构的演变。新中国成立以后,县级广电机构在几十年当中发生了多次的变迁。在 20 世纪 50 年代初,全国各个县逐步建立起了收音站,收听中央人民广播电台的节目,把新闻记录下来,再油印成传单去散发,这是最初阶段。到了 50 年代中期,收音站就演变成了有线广播站,通称"某某县广播站"。到六七十年代,农村有线广播获得很大发展,形成了农村广播网。80 年代初,广电部召开了具有历史意义的第十一次全国广播电视工作会议,首次提出"四级办广播、四级办电视、四级混合覆盖"的方针。随后,中共中央以中发 37 号文件批转了广播电视部党组《关于广播电视工作的汇报提纲》，批准实施“四级办”方针。这是迄今为止中共中央对广播电视工作发出的唯一的一个专门文件，这是一个重大的决策和重大政策的出台。这个政策首次规范了县级广电机构的统一设置：一是县级可以成立广播电视局，统一建设发展和管理县级广播电视事业；二是县级可以成立广播电视台，从有线广播站变成了无线广播电台，后来又发展成为县级广播电视台。到现在，有一些县在融合发展中开始把它转型建成县的融媒体中心。这几十年县级广电大致经历了这样一个演变的过程，其中80年代“四级办台”方针的实施，无疑促进了县级广电的大发展大繁荣。

但是，在县级广电大发展的进程中，也出现了一些新的问题。总体上由于县级台力量非常有限，制作能力很低，因此在播出上出现了滥播、乱播和低俗的内容，包括医药广告、盗播节目等问题。如我故乡的县电视台，当时专门派人长住在上海的旅馆里，把上海电视台的节目录下来，然后把录像带寄回去播出。这种情况现在当然是盗版，但当时没有相关规定。我曾提醒县电视台，这样做不行，后来县电视台就同上海电视台签了协议，支付了一些费用，算是双方合作。到了1996年前后，中办发文对县级台进行治理整顿。当时我正在广电部办公厅工作，接触了这个事情。我认为治理整顿是必要的，逐步规范播出更是必要的。但是，这个治理整顿也带来一些负面效果，比如有的采取一刀切，不准县级台自办节目了。再后来，当时的一位高层领导在宁夏视察广电工作时，在讲话中，明确提出“除了省级电视台以外，其他的地市县都不要搞自己的电视台”。广电总局党组在讨论贯彻这个讲话的时候，我作为党组会列席人员发表了不同的意见。我主要讲了县为什么要办台，有什么理由，如果把县级台撤销了会带来什么样的后果。时任总局党组副书记的吉炳轩同志说：“我看黄勇同志的意见是正确的。”后来，总局以变通的办法来处理这件事，总体上县级台被保留了下来。围绕着县级台办和不办，这中间经历了很多曲折。

最后，我想讲一下为什么县级广电会成为当前媒体融合的重点和亮点。我认为主要有三大因素：

第一个因素，是政治需求。其一，从理论上讲，我们中国政权的架构有五级：中央，省（直辖市、自治区），省辖市，县，乡镇，即五级政权架构。根据1983年中央37号文件精神，从中央、省（直辖市、自治区）、省辖市到县这四级是可以办广播电视台的。广播电视是党和政府的喉舌，历来有关广播电视的文件里都有这句话来表述它的性质。既然是这样，我们县级的党委算不算一级党委？这是毫无疑问的。那么为什么上面三级都可以，就这一级不可以呢？这就在理论上站不住。所以我觉得回归我们理论上的喉舌论，县级党委、政府应该是可以办台的。从法治角度讲，国务院颁布施行的《广播电视管理条例》明确规定："广播电台、电视台由县、不设区的市以上人民政府广播电视行政部门设立……"这表明，国家法规赋予了县级办台的合法权利。

其二，县级党委地位的提升，特别是习近平同志担任总书记以来对县级党政建设的高度重视。习总书记当过县委书记，深知县级党委的重要性。我们更可以从习总书记在中央党校县委书记培训班的讲话中深刻感受到县级这一级党委的重要性。我认为县级党委是把中央的路线方针政策贯彻到基层、广泛联系基层老百姓的最直接的一级党委。所以在组织上、干部政策上有一条规定，县委书记由省委任免；县委书记资历老的、有能力的、干出政绩的可以确定为副厅级。再有，中央党校把县委书记扩大为培训对象。我是 1991 年入中央党校进修部第 16 期学习的，那时我是北京广播学院党委副书记，属副司局级干部。但是后来只有正司局级以上干部才能到进修部培训，同时却增加了县委书记的培训，可见中央现在对县委书记的重视程度。

其三，实际工作的需要。县委、县政府要把中央的精神和工作部署贯彻到基层，通过什么方式？一是通过会议传达到基层干部；另一个就是通过媒体宣传，让所有老百姓都知道。所以，媒体是宣传中央精神和把工作部署落实到基层的一个非常重要的工具和手段。过去我们的政策是不允许县设立广播电视台，除了个别特批的特殊情况，绝大多数县不允许办报纸。20 世纪 80 年代开始允许县办广播电视台，但仍不允许办自己的报纸。所以有的县就采取办一张没有登记号、没有许可证的"内部报纸"，由政府出钱来印发到基层的办法。宣传党的路线方针政策，动员群众，宣传群众，组织群众，媒体是非常重要的工具，有最基本的需求。而且，从政治上考虑，我认为这应该是一种迫切而必要的需求。

第二个因素，是发展机遇。现在推进媒体融合，为什么组织机构上的融合会从县级突破？为什么机构越大越不容易融合呢？这牵涉到机构的合并和调整等问题，大有大的难处。以前县级媒体，只有广播电视台是合法的，因为国家《广播电视管理条例》规定，县级可以设立广播电视台，但是办报就不合法。原来的县委报道组通常隶属于县委办公室。县级媒体融合可以以县广播电视台为核心，这样使整个中心从非合法的、非许可的，变成合法的、许可的。新媒体这一块，县级一般都开办了党委、政府网站。网站、报道组、广播电视台融合一体，使原来分散的资源集中整合起来，建立县级融媒体中心，这就成了可能。此外，过去县级台一个迫切的愿望，就是追求传播边界的扩大。因为传统的广播电视频率频道是指配的，发射范围非常有限,新媒体大大地突破了这个边界,到互联网和移动互联网时代就没有了边界,全世界都可以知道这个县宣传什么内容。所以,这使当地具有很大的动力来发展县级融媒体。我觉得这也是经济社会发展到一定阶段给县级媒体发展提供的一个难得的机遇和发展空间。

第三个因素,是船小好调头。因为县级媒体毕竟机构小,人员少,实力有限。因此在组织机构的合并上比较容易,队伍的重组也比较容易。所以在推进媒体融合发展中,一些县级媒体机构融合的进程反而比较快。比如浙江长兴县融媒体中心,它也是中广联学术委员会推荐的媒体融合的一个典型,它作为一个县级融媒体中心,融合后释放了很大的能量,不但开拓了传播渠道,丰富了传播内容,而且创收能力大增,一年能够有 2 亿多的创收,令人刮目相看。

以上所说这三个因素,应当是现在县级广电能成为媒体融合发展中被人们关注的重点和亮点的主要原因。

(本文系作者 2018 年 12 月 8 日在中国传媒经济四十年高峰论坛暨第七届中国传媒经济年会上的致辞。本文原载于《中国传媒经济发展报告(2019)》,社会科学文献出版社 2019 年 8 月第 1 版)

三　广播电视节目与采编业务研究

人物通讯采访漫谈

1978年4月，我在西安采写的人物通讯《艳红的青春》，报道了西安市外国语学校学生毕艳红在同癌病顽强斗争中，追求进步、发奋学习的事迹。该通讯在陕西人民广播电台播出后，在当地群众，特别是在广大青少年中，引起了强烈的反响，收到了比预想更好的效果。西安市教育局和共青团西安市委因势利导，作出了关于开展向毕艳红学习的决定，号召全市青少年向毕艳红学习。为配合这一典型宣传，我又相继编发了毕艳红日记、听众来信选播，报道了市教育局和团市委的相关会议消息，使这一典型宣传形成了一个高潮。

这里，我想结合这个典型宣传，谈谈对人物通讯采访的体会和看法，以求教于业界同行。

一、采访要从实际出发，看准典型就要抓住不放

新闻作品（包括通讯）的基本要求，就是要凭事实说话，这是它区别于文艺作品的主要标志。离开了事实的新闻、凭空捏造的新闻，那就是骗人的新闻。骗人的新闻是站不住脚的，是要被人民唾弃的。过去林彪、江青反革命集团搞的新闻，就是骗人的新闻，结果激起天怒人怨。作为人民的记者，无产阶级的记者，我们就要对人民负责，对无产阶级事业负责，就要坚决反对、彻底废止这类恶劣的假新闻。

经验教训告诉我们，搞采访，写报道，必须忠实于客观事实，按照实际事物去报道。这是唯物论，就叫实事求是。

但是,这样说,是不是凡属事实概可报道呢?当然不是。生活是丰富多彩的,社会上的事物是纷繁复杂的,各条战线、各个方面的情况也是千变万化的,这些都是事实,但怎么可能面面俱到地去报道它呢?我们的任务,就是从实际出发,在海洋般的事物中去发现并报道那些既有现实意义又有指导性的典型。在新时期里,我们就是要报道那些与实现四个现代化息息相关的各类典型,以此来教育、推动、激励人们为完成新时期的总任务而奋斗。

那么,一个记者,怎样抓这样的典型呢?我以为,一是要有敏锐性,二是要有决心。所谓敏锐性,就是善于观察,善于发现,善于判断。典型往往不是一开始就那么明显地摆在你的面前,你没有一定的敏锐性,就会见宝不识宝,甚至把金子当石子。所谓决心,就是一旦认准典型,就要当机立断,抓住不放,一抓到底,而不要被原来的框框束缚住,不怕推倒重来。

我在采写《艳红的青春》时,就经历了这么一个过程。刚到西安外国语学校采访时,我并不知道毕艳红其人,更不知道她的事迹。原先计划是要采写学雷锋、做好事方面的稿子。学校领导、有关教师介绍了这方面的情况,学生也向我提供了一些材料。看来是非写不可了。但我没有匆忙动笔,还想到学生中去增加一些感性认识。听课期间,偶然从一份学生的发言稿中发现一个情况:有个名叫毕艳红的女学生,身患晚期结肠癌。面对死亡的威胁,她却毫不畏惧,以顽强的毅力同疾病作斗争,抓紧一切时间继续学习外语,学习科学文化知识。她提出:"要为百分之零点五活的希望而斗争,争取为祖国实现四个现代化贡献自己的青春。"这使我感动不已,我认为这是一个有报道价值的典型。我当时是这样考虑的:一个十八岁的女学生,有这样的人生观,这对青少年乃至对成年人无疑具有教育意义;她明知身患"不治之症",仍发奋学习科学文化知识,这比一般健康人刻苦学习更难能可贵,这种精神不正是当前广大青少年所需要的吗?我想,如果能把这点写出来,肯定会在听众中引起共鸣,收到较好的效果。

典型是看准了,但原计划的工作已搞得差不多了,是按原计划不变,还是甩开原计划另起炉灶抓典型?这曾经使我犹豫不决。考虑再三,我还是下决心另起炉灶,从头做起。采访不是为了应付差事,也不是为采访而采访。既然发现了典型,就应从实际出发,不必守住框框不放。另起炉灶,从头采访,要增加很大的工作量,会增添许多"麻烦",但是,当记者就要能吃苦,不能怕麻烦,怕吃苦、怕麻烦,是当不好记者的,也是搞不好采访的。克服了这些,决心就有了,典型也容易抓到手了。从《艳红的青春》写成直至播出后的反映来看,这个典型抓对了,抓准了。由此可见,采访不从实际出发不行,记者本身没有一定的敏锐性不行,没有决心也不行。

二、采访要深入,从广度和深度上下功夫

采访的过程,应是调查研究的过程。要想采写一篇有实际内容的新闻作品,非下苦功夫调查研究不可。毛泽东同志曾经说过:“做宣传工作的人,对于自己的宣传对象没有调查,没有研究,没有分析,乱讲一顿,是万万不行的。”(《反对党八股》)这应当是我们采访工作的座右铭。

采访要深入,是个老生常谈的问题了,也是每个记者都懂得的道理。但是,在林彪、江青反革命集团把持舆论工具时期,谎言代替了事实,假报道、“客里空”充斥着报纸、广播、刊物。这样一来,长期培养起来的新闻工作的好传统、好作风被践踏了。粉碎林彪、江青反革命集团以后,这个好传统、好作风又逐渐得到了恢复。但是,还不能说流毒就完全肃清了,影响就完全消除了。比如说吧,有的同志(自然包括我自己在内)嘴上也说采访要深入,但一到实际采访工作时,就不那么重视了,往往是“走马看花”,“蜻蜓点水”,或是干脆依赖在招待所、在办公室里听一两个人汇报了事。这种浮泛的采访作风,实在要不得,我们应该提倡并实行深入细致的采访作风。如何深入细致?具体地说,凡是与采访对象有直接联系的人和事,只要有可能,都应当亲临实地调查,弄清来龙去脉,掌握第一手材料。这是就广度而言。从深度来说,就是要千方百计把那些最能反映思想本质和事物本质的东西挖掘出来。

按照这个要求,我在采访毕艳红的事迹时,采用了两步走的方法:第一步,校内采访,请与采访对象有直接关系又比较了解情况的教师、班主任、学生座谈,从中了解情况,同时查阅采访对象的日记、学习笔记、思想汇报材料、入团申请书和志愿书、信件等。经过这几道“工序”,心里有了底,脑子里也有了轮廓。这时要写似乎也未尝不可,但我觉得工作并没有做完,不能浅尝辄止,还应深入一步。于是紧接着第二步,多次到毕艳红当时病危住院的医院,请医护人员介绍毕艳红的病情、治疗过程和在院表现,并到病房里同她本人直接交谈。除此外,还深入采访对象家庭,通过她的父母了解情况。只是到了这个时候,我才感到材料比较充实,心里比较踏实,觉得确有东西可写了,结果初稿一气呵成。俗话说,磨刀不误砍柴工,采访也是这个道理。尽管调查研究占去了整个采写时间的四分之三,但由于占有材料较多,选择余地大,写起来反而更快,文章也比较有内容了。反之,采访不深入,图省事,捞到一点东西就想写,写不出来就凭自己的“合理想象”去凑合,那就违背了认识事物的规律,违背了新闻采访工作的原则。

只有深入采访，才能大量占有材料。同样，只有深入采访，才能捕捉到细节。这里举个例子：有次作补充采访时，毕艳红的母亲同我随便交谈中偶尔提到女儿做她思想工作时说的话，我觉得挺感人，就把这个情节详细询问了一番，之后在初稿上补充了这样一段叙述和议论："孩子是父母的心头肉，病在孩子身上，疼在父母心里。艳红这孩子，聪明伶俐，好学上进，更加惹父母疼爱。妈妈看到女儿病成这个样子，多心疼哪！几次，妈妈在女儿面前哭了。艳红却深沉地对妈妈说：'妈妈，你是个党员，还这样哭哭啼啼，你思想后退了。'妈妈想这娃说得对呀！我应该向她学习。"这一补充，既展示了母女之间的骨肉深情，也多少体现了毕艳红的思想境界。如果不深入采访，不随时留意，像这样的细节很可能就会放过去。

深入采访，还能发现个性化语言。一篇新闻作品，尤其是人物通讯或事件通讯，个性化语言运用得恰当，可以起到展示人物内心世界的作用，可以增加形象感，可以深化主题，从而增加感染力。《艳红的青春》里采用的"为百分之零点五活的希望而斗争"这句话，我最初是在学生发言稿上见到的，后来又在毕艳红的入团志愿书上见到，在同她接触中，也几次听她讲过。反复比较，我觉得这句话很有个性特点，它符合一个倔强的青年女学生的性格，它饱含了在身患"不治之症"这样特定条件下产生的积极的真实思想。事实证明，这句话给听众留下了深刻的印象，许多听众来信都提到这一点，有的说听了以后感动得掉泪，还有的写诗赞颂她这种敢于向死亡挑战的革命精神。

三、采访要满怀感情，做到"心入其境"

做调查研究也好，搞采访也好，"没有满腔的热忱，没有眼睛向下的决心，没有求知的渴望，没有放下臭架子、甘当小学生的精神，是一定不能做，也一定做不好的"（毛泽东：《〈农村调查〉的序言和跋》）。凡搞过采访工作的同志可能都有这样的感受：你到一个地方采访，摆出一副记者的架子，自以为是，指手画脚，人家就不买你的账，更不会同你谈心里话。这样，你就无从认识、了解采访对象，无法得到大量的材料，也就谈不上挖掘具体生动的东西。

我在采访毕艳红的过程中，比较注意这个问题，因而工作开展得比较顺利，在较短的时间里完成了人物通讯采写任务。我第一次见毕艳红，她的病情已经相当严重，病员一览牌上一直挂着"病危"标示牌，死亡随时在威胁着她，但她始终充满革命乐观主义精神，不屈不挠地同疾病作斗争。我亲眼看到，她常常弯曲双腿，顶住腹部，忍受剧烈的疼痛，坚持学习。她曾经对我说："如果我能够活下去的话，一定要为四个现代化贡献力量，哪怕是做点力所能及的工作，所以现在得抓紧学习，不能落下。”这一切，深深地感动了我，使我强烈感到：不把她的事迹报道出去，就是一种失职！

既然受感动，那就得“动”起来。怎么“动”？就是怀着深厚的感情去采访，不但身临其境，而且要“心入其境”。“心入其境”，就是记者同采访对象思想感情上的一致。这样你才能真正认识、真正了解采访对象。我头一回采访毕艳红，旁人介绍我是电台来的记者，她显得拘谨了，总说：“我做得很不够，没什么可谈的。”我想这不外有两个原因：一是初次见面，难免感到陌生，不好意思说；二是我大概还有点记者架子。这两个问题不解决，就无法从思想感情上一致起来。于是我着力从这两方面加以改进。我经常到病房看望她，关心她的病情，诚恳地同她交谈；遇到她傍晚打吊针，需要临时安装灯光，我就主动帮忙；得知她治疗中急需一种中药，我就千方百计帮助购买。所有这些看起来都是记者的“分外事”，但正是从这一件件小事中取得了采访对象及其家长的信任。后来几次采访，她谈得很自然，甚至对别人不愿说的话也乐意对我说。她父母更是什么话都愿意跟我说，什么事都主动找我商量。

就在这一次次接触中，采访双方逐步加深了相互间的信任，建立了深厚的感情，从而使我比较系统地了解了采访对象的成长过程、一贯表现、性格特征等情况，不知不觉地在脑子里贮藏了大量无形的素材。这对我深刻认识毕艳红，为采写《艳红的青春》这篇通讯以及后来的几次连续报道，打下了比较厚实的基础，创造了必要的条件，开辟了顺利的路径。我从中得出一个结论：只要你深入采访，心怀感情，“心入其境”，就能得到你所需要的一切素材；只有你本身受感动，才能写出感动人的新闻作品。

（撰于1978年7月，收入本书时个别字句稍有修改）

附:通讯《艳红的青春》

艳红的青春

——记毕艳红同学顽强同癌症作斗争的事迹

今天三月九日,在西安市外国语学校召开的学习雷锋经验交流大会上,高二(3)班的同学,怀着激动的心情,向大会汇报了毕艳红同学同癌症作斗争的事迹。这件事,立刻在人们心中产生了强烈的共鸣。

一个普通的学生,为什么会引起这么多人的关注?那就让我们来介绍一下她的事迹吧。

"为百分之零点五活的希望而斗争"

毕艳红,工人的女儿,西安市外国语学校学生,今年十八岁。一九七三年春天,这个天真烂漫的姑娘,怀着喜悦的心情,跨入了西安外语学校。宽阔的校园,活跃的气氛,学习外语的朗朗声,使她感到特别新鲜。她,像初绽的蓓蕾,期待着吮吸更多的养分。她憧憬未来,盼望着早日为祖国作出贡献。

万万没有想到,仅仅过了三年,可恶的癌细胞偷偷地侵入她健康的肌体。一九七六年十一月,她因为严重贫血被送进解放军某医院治疗。到了一九七七年五月,病情恶化,再次被送进医院。经检查,确诊为结肠癌。五月三十日,医院给她动了大手术。锋利的手术刀剖开她的腹部,只见乙状结肠有一个拳头大的癌肿块,并有很多像花生、大豆和米粒大的癌肿,撒满了整个腹腔。癌细胞已经扩散了。

消息传到大荔农场,在那里学军的外语学校的同学们,简直不敢相信,一个个呆呆地站住了,一张张闪着青春光华的脸庞,瞬息间罩上了一层阴云。同艳红朝夕相处的女伴们,眼泪像断了线的珠子。为了表示心意,师生们马上凑了四十六元钱,委托一位老师带给艳红的父母。学军结束,同学们返校经过医院时,赶紧下车,连走带跑,直奔医院。同学们把部队农场发给的罐头、水果,统统送给艳红。革命的情谊,阶级的友爱,像一团烈火,在毕艳红的心头燃烧。

手术以后,毕艳红对自己的病越发感到纳闷,可谁也不愿告诉她真实病情。不久,她爸爸带她去咸阳看中医。到了火车站,她趁爸爸去买车票的时候,偷偷打开挎包，寻找病历。这一切，全被爸爸看见了。病历在爸爸身上呢。艳红啊，好女儿，你怎能理解爸爸的心情！

一九七七年十月十七日，毕艳红偶然得知自己患了肠癌。癌症，多么可怕的字眼！它曾无情地夺走了多少宝贵的生命啊！虽说毕艳红思想有所准备，可现在一经证实，霎时就像被雷电击中一样，浑身麻木，不知所措，心里有一股说不出的滋味。稍稍镇静后，她支撑着衰弱的身子，用苍白的双手轻轻地打开心爱的日记本，痴痴地望着敬爱的周总理的遗像，又看看自己写下的誓言，一股巨大的精神力量涌上心头，脑子豁然开朗了。

医生开始给她做化疗，每天静脉滴注抗癌药四到六个小时。用这种药是非常疼的，但毕艳红在八十七天的连续治疗中，没叫过一声疼。

今年二月，春节刚过。毕艳红病情急剧恶化，第四次被送进了医院。癌细胞加速吞噬着她的肌体，难以忍受的疼痛不停地折磨着她。肠道梗阻了，整个腹腔到处鼓起一个个硬块，胃部严重受压，大便也不通了，并出现血尿和黄疸。五十多天来，一口饭不能吃，一口水不能喝，完全靠输葡萄糖和间断输血维持着生命。可是，毕艳红这个倔强的姑娘，还想到血来得不容易，一再要求不要输血，减少输葡萄糖。医生劝她，她坚强地说："我能吃得下去，能喝得下去！"说罢，要来开水就喝。可是，被癌肿块严重压迫着的胃肠，已经无法容纳和通过任何食物了，喝下去的水很快就吐了出来，甚至胆汁也呕吐出来。毕艳红处于病危之中。

学校的领导、老师和同学们，闻讯后纷纷赶来探望。

孩子是父母的心头肉，病在孩子身上，疼在父母心里。艳红这孩子，聪明伶俐，好学上进，更加惹父母所爱。妈妈看到女儿病成这个样子，多心疼哪！几次，妈妈在女儿面前哭了。艳红深沉地对妈妈说："妈妈，你是个党员，还这样哭哭啼啼，你思想后退了。"妈妈想："这娃说得对呀！我应该向她学习。"

晚期癌症，疼痛难忍。多少病人，经不起这样的折磨，呻吟，叫喊，不断地要求打止痛针。毕艳红知道，止痛针很缺而又有很多手术后的人需要用，所以她从来不要求打这种针。疼得厉害，就紧紧抱住双腿，顶住腹部，不吭一声，装作没事一样。医生要给她打止痛针，她说："我这点疼，忍得住。针，还是给更需要的病人打吧！"

毕艳红就是以这样顽强的毅力，向死亡挑战。她说："我的生活刚刚开始，工作还没有开始，我的理想还没有实现，还没有为党为人民作贡献，我要为百分之零点五活的希望而斗争。"

雪莲的性格是以坚韧不拔、勇敢顽强而著称。毕艳红的青春意志，就像雪莲那样坚韧；毕艳红的精神花朵，就像雪莲的花瓣那样艳红！

“以优异的成绩迎接新年的第一个黎明”

一九七八年元旦来到了。在迎来又一个明媚的春天的时候，毕艳红，这个有志气、有抱负的女青年，心潮翻滚，激情满怀。她多么想早日恢复健康，用自己的知识和双手，为描绘祖国美丽的未来贡献自己的一份力量啊！她，重病中写下了新年誓言：

元旦社论——
党发出进攻的冲锋号，
更加激发我们满腔热情。
面对党的命令，
精神抖擞的青年一代，
将毫无畏惧地勇敢前进。
我们，
要多写几篇战斗的檄文，
来表达我们迎接新战役的激动心情。
我们，
要多做几道题，
以优异成绩迎接新年的第一个黎明。

高亢的语调，高尚的情操，充分表现了这个在毛泽东思想哺育下成长起来的年轻人的精神风貌。

毕艳红在谈到自己的学习欲望时说：“要为实现四个现代化作出贡献，就得刻苦学习。现在不学习，今后国家需要，拿不出真本领，就白白浪费了青春。”在重病缠身的一年多时间里，她以不挠的毅力，一直坚持学习，先后重读了《毛泽东选集》一至四卷，后来又开始学习第五卷。为了不中断专业学习，她让爸爸借来电唱机，买来唱片，在家里坚持学俄语。到了医院，她就带上课本，早晨起来朗读、练音。她还托同学们带来复习题和考试题，在病床上做作业。

病情日益加重，使得毕艳红不得不暂时离开学校。但是她总觉得要学的东西太多了，夜里做梦都想着重返学校学习。去年五月的一天，她带着妈妈给她买的中药和一个药锅来到了学校，准备一边学习，一边治病。第二天正赶上期中考试，她拖着极度虚弱的身子，坚持参加考试。考完外语，身体实在支持不住了。老师要派同学送她回家,她怕耽误同学的学习,坚决不肯,一个人回去了。今年放寒假的前两天,毕艳红悄悄来到学校,找老师、找同学,问班里的情况,问同学们学习怎样,很少谈自己的病情。她原来的班主任邵老师把她拉到自己家里,深沉而又带有鼓励地对她说:“你们很快就要毕业了,你的病比较重,看来是不适宜做其他工作了,是不是可以考虑以后做点力所能及的工作,比如当个小学教员。”毕艳红若有所思地回答道:“我也是这样想的。能当个小学教员,像现在老师那样,做辛勤的园丁,为教育下一代贡献力量,哪怕能工作一年两年也心甘情愿。”后来,邵老师给她捎去了著名小说《钢铁是怎样炼成的》《鲁迅小说选讲》等书籍。艳红的姐姐、同学,医院的同志也给借来许多书。她以惊人的毅力,忍着巨大的疼痛,读完了一本又一本书,而且用她那软弱无力的手,把书中的一些警句摘记下来,从中汲取精神食粮。

五届人大胜利召开的消息,华主席《政府工作报告》的发表,像和煦的春风,温暖着毕艳红的周身;像清新的甘露,滋润着毕艳红的心田。她很快找来报纸,认认真真地学习华主席的重要报告。她想:华主席报告多鼓舞人心哪!实现四个现代化,是毛主席和周总理的遗愿,青年一代担负着重大的责任。我还想亲身参加这场伟大的战斗啊!

病房的床头柜上,放着一部崭新的半导体收音机。这是毕艳红的姐姐为了满足她学习的欲望,特地给她买的。她每天都收听中央人民广播电台的节目,关心国内外大事,学习英雄模范人物的先进事迹。陈大新、陈篪、王冠扬、吴吉昌等英雄模范人物的高大形象,都深深印在她的脑子里,成为她战病魔、促学习的榜样。

毕艳红长期住院,不顾癌症的折磨,不怕死亡的威胁,珍惜分分秒秒的时间,如饥似渴地学习、学习、再学习……

“要从思想上入团”

一九七八年三月一日,是毕艳红终生难忘的一天。

这天下午,毕艳红班上的三个团支部委员,根据学校党组织的指示,受团组织的委托,前来医院通知她,准备吸收她加入中国共产主义青年团。这时,卧在病床上的毕艳红激动地半晌说不出话来,苍白的脸上闪射出兴奋的光芒。她百感交集,思绪万千:“敬爱的党啊,亲爱的团组织,在我同疾病搏斗的关键时刻,您给了我温暖,给了我力量……”组织委员王欣荣同学,郑重地把入团志愿书递到她的面前,她刚刚伸手想接,又不好意思地缩了回去。她迟疑地带着羞愧的哽咽声问了一句:“我,够条件吗?”“团支部已经讨论过了,认为你具备了团员条件。”王欣荣说着,再次把志愿书递到她的面前。毕艳红伸出颤抖的手接过入团志愿书,久久地看着,看着……这位在病魔面前没有屈服过、在亲人面前没有掉过泪的倔强的女青年，再也抑制不住心头的激情，热泪夺眶而出。此情此景，感动着所有在场的人。三个团支委，心中激起层层浪花，他们为自己的组织增添了一位这样坚强的战友感到骄傲。

入团，在革命青年的一生中是一个光荣的新起点。毕艳红深知这个光荣称号的含义和分量。她在入团志愿书上写道："我为我没能够为党和人民作出贡献而惭愧。我想，我的死虽然不比泰山重，但我决不让它比鸿毛轻。死，有什么可怕的？但是我要活，我要为百分之零点五活的希望去努力，坚持下去，坚持下去就是胜利，坚持为党为人民多做些事情。只有这样，我才能对得起党、团组织、老师和同学们给我的这样的荣誉。"

毕艳红很早就渴望成为一名光荣的共青团员。一九七五年三月七日，她正式向团组织递交了入团申请书。从此，她决心以一个共青团员的标准严格要求自己。她常对人说："我还不具备条件，但我要努力创造条件。入团，首先要从思想上入团。"多年来，党组织关怀她，团组织培养她，老师们帮助她，使她像一棵白杨，在阳光雨露下挺拔向上。

"看鹰看飞翔，看人看行动。"

毕艳红时刻不忘改造世界观，坚持从一件件小事做起。学校组织支农积肥，艳红和同学们到一条行人较多的大路上拾马粪。这时有人说："学外语的还拾粪。"毕艳红不怕嘲笑，更理直气壮地说："越是学外语的，就越要注意改造世界观。"

毕艳红爱好文艺，同学们选她当班里的文艺干事。组织上每次交给她负责排演的文艺节目，她总是认真负责，不怕困难，想方设法去完成，像燕子一样来回奔忙，但从没叫过一声苦。

"四人帮"在教育战线掀起所谓反"师道尊严"的恶浪时，有的同学受影响，动不动就想打人，同老师对着干。毕艳红旗帜鲜明，坚决同这些不良倾向作斗争。

同学们说，毕艳红对同志有火一样的热情。学农期间，她看到男同学住的地方很挤，就与同室女同学商量，马上把她们的房间腾出来给男同学住，自己跑到一个女社员家去住。几次住院，她总是利用一切机会为其他病人服务。读报纸，打扫病房，端水送饭，倒便盆，样样都干。就在病重的日子里，她还忍着剧痛，艰难地行走着，帮助护理人员做点力所能及的工作。人们说她不像病号，倒像一个"护士"。一同住院的病友，医护人员，无不交口称赞。

"在生活上，要向水平最低的同志看齐。"毕艳红常常用雷锋这句名言来告诫自己，时时注意保持艰苦朴素的本色。她从不讲究吃穿，衣服破了补一补，裤子短了接一接。她曾对同学说:不能把精力放在吃穿上。在病危的时刻,她还惦念着要她父母从简处理她的后事。一天晚上,她喘息着对守护在身旁的姐姐说:“姐姐,我……快不行了,你千万别让妈妈爸爸难受,让他们把精力放在工作上……他们受党培养多年了,不能讲迷信,不能铺张浪费。我死了……不要再做衣服……”

毕艳红,你不愧是毛泽东思想武装起来的优秀青年,不愧是广大青少年学习的榜样。

根据毕艳红的一贯表现和毕艳红所在团支部通过的决议,共青团西安市外国语学校委员会于三月七日决定:批准毕艳红加入中国共产主义青年团。

现在,共青团员毕艳红正以青春的毅力,继续同病魔进行顽强的斗争。她的事迹已在校内外广为传颂,她的可贵精神正激励同学们为祖国而发奋学习。

(此通讯1978年4月8日在陕西人民广播电台播出,4月10日、17日两次重播)

一个节目引出的思想、思考和思路

新疆人民广播电台陶雯等采制的《你好,罗布荒漠》节目,取材于新疆中旅社组织的"首次百名中国人徒步穿越罗布荒漠"探险旅游活动。以罗布泊为中心的罗布荒漠,向来被人们称为"死亡之海""生命禁区",我国科学家彭加木当年就是在这里失踪的,我国第一次核试验成功的蘑菇云也是在这里升起的。在这样一个神秘而艰危的荒漠,以独特的方式组织200名来自各地的旅游者进行旅游探险活动,这本身就是一个极富新闻价值的事件,它获得成功之时便被人们誉为"中国旅游界前所未有的壮举"而引起轰动。选取这一事件采制《你好,罗布荒漠》进行报道,无疑表现了作者敏锐的眼力和智慧的选择。

除了引人瞩目的题材之外,节目信息含量之多,内容之丰富多彩,都让人回味无穷。在这短短的33分30秒的节目里,有对罗布荒漠古老历史的追溯,有对罗布荒漠传奇故事的叙说,有对此次旅游探险全程探险旅游者的艰险和苦乐交融的生动描述,亦有对这次活动所引发的一系列问题的理性思考。因而,它给予听众的不仅是知识、信息、趣事,还是一种思想、思考、思路。这是节目的新颖之处,也是作者的匠心所在。无怪乎听众称"享受了一次美好的沙漠之旅"。

所谓"思想",是指这个节目所具有的思想性。这表现在作者通过节目内容的安排,体现出积极、健康的思想导向。比如,用周经理与记者的对话,从两个队员看沙漠落日而掉队的事例,引出"脱离群众的危害"的道理。又如,周经理在"沙漠地带"话题中讲到,一个身体单薄的广东人,途中生病,却坚拒中途退出,乞求经理说:"如果我现在这个时候半途而废,走不完罗布泊,对我后半生的路,我都没有信心走下去。"经理被感动了,决定让医生陪护他穿越罗布泊。结果,这个广东人以超常的毅力走完全程,经理感慨地说:"这让我们真正感到'理想'的力量。"节目中类似的事例,无不闪现着思想的火花。

所谓"思考",那便是节目中贯穿的主旋律:人生价值。经过近20年的改革开放,特别是在市场经济的大潮中,面对各种诱惑和考验,许多人都在重新审视人生和思考人生价值问题。新疆中旅社捕捉住这个热点，以荒漠为自然原始的启蒙，为一批生活在现代繁华都市里的经商者营造“敞开心扉”的“最佳场合”，使他们在这种特殊的环境中思考和体验人生。节目中采录的几位探险旅游者的心里话，是对这种人生思考和体验的最好诠释，这里不妨引用几个片段：“在工作时，我们总是想怎么赚钱，过什么好生活，但沙漠里有什么钱都没有用，没有人会卖东西给你。”“没去过，你不会感受到在里面8天，你永远在都市里享受不到的那种宁静，你就不能体会到当时你自己怎么战胜自己。”“躺在大漠中望着碧蓝碧蓝的天空，看着星星，可以有很多想法，你在都市里为许多细小的事情而跟人争论确实不值得。活着应该帮助别人，其实你帮助别人也是在帮助自己。”“这次花钱买罪受的活动，我认为是对我人生的一笔投资，这种投资会在未来给我的人生产生最大的回报！”“通过这次旅游，我找回了自信，把最美的东西挖掘出来，让人类和人类靠得更近一些。”听过这些切身感悟之言，不足以引起人们的深沉思索和强烈共鸣吗？特别是节目主持人在结束语中的两段简练而充满激情的议论，又恰到好处地揭示了节目的主题：“征服自己的懦弱、胆怯、慵懒和无为，有的时候，就需要征服自然，超越体能极限，在磨砺、忍耐、痛苦、孤独中反省、警示自己：用最佳的精神状态投入崭新的生活！”“今天，当我们中间的一些人，历经艰辛从荒漠里走出来，您是不是也意识到：他们创造了自己的人生奇迹，弘扬了人类旺盛的生命力，体现了民族精神！”

所谓“思路”，就是节目通过活动组织者之口，提出了一个落后地区发展的思路。节目采用主持人、听众和这次活动组织者的三人问答，提出这样的观点：现代人已不满足传统的旅游方式，具有时代特点的特种旅游方式已被实践所肯定，具有广阔的发展前景；新疆具备丰富的旅游资源优势，应当以特种旅游方式带动新疆旅游业的发展，以开发这块尚未引人注目的西部宝地。可以说，一个节目引出一个大思路，它无疑给新疆的经济社会发展提供了一个新思路。而这样的新思路，又无疑具有潜在的巨大的社会价值和经济价值。

以上所列思想、思考、思路三说，我以为是这个节目的核心和特点，也是它的成功之处。此外，作为一个广播板块节目，它融直播访谈、录音报道、消息播报、热线参与、主持人播讲和评论等各种手段和方式于一体，很好地体现了板块节目的特征。从头听来，语言生动，音乐优美，音响典型，组合新颖，给人以新鲜、亲切、真实、感奋的效果。稍感遗憾的是，这个节目是在探险旅游活动结束之后采制的，自然无法采录探险旅游的当场情景，如能派记者随行，来一次探险采访，记录下当时当地人与自然的真情实景，岂不更加生动美妙？这权当“事后诸葛亮”之言。

（本文载于《社教佳作赏析》，中国国际广播出版社1998年12月出版）

附:广播专题节目《你好,罗布荒漠!》整理稿

你好,罗布荒漠!

(《生活大世界》前奏,音乐渐起、压混)

主持人:听众朋友,您好,欢迎收听新疆人民广播电台午间直播板块节目《生活大世界》,我是主持人林桢。

我是主持人文浩。

今天是10月23号,星期四。

听众朋友,从今年9月开始,200多位来自深圳、广州、珠海、北京、上海等地的旅行者经过一个多月的努力,分两批顺利穿越罗布荒漠,完成了他们生命历程中最难忘的一次跨越,由新疆中国旅行社组织的我国首次"百名中国人徒步穿越罗布荒漠"探险旅游活动今天正式画上了一个句号。国家旅游局副局长孙刚高度评价这次活动说:"能够把罗布荒漠这个'死亡之海'展现在旅游者面前的,是前无古人的事。"为了庆祝这次活动的圆满成功,我们今天安排了特别节目《你好,罗布荒漠》。

在这次特别节目里,我们先为您介绍一下罗布荒漠;之后呢,我们邀请这次活动的组织者、策划者之一,新疆中国旅行社特种旅游部经理周新伟来直播室参与今天的节目。

说起罗布荒漠呀,听众朋友们可能不大熟悉。其实呀,罗布荒漠是指包括罗布泊在内的一大片荒漠。它的南部是库木塔格沙漠,北部是风蚀土堆群——雅丹地貌,加起来面积有10万平方公里,相当于一个浙江省。

罗布泊曾经是世界上著名的湖泊之一,它像一颗珍珠镶嵌在塔里木盆地东部。《汉书·西域传》中写道:"去玉门、阳关三百余里,广袤三百里。其水亭居,冬夏不增减。"

(出音乐、压混)

据说,当时的罗布泊芦苇茂密,盐分较高,附近楼兰、姑师等小国的臣民靠它来解决鱼盐烧柴的问题,张骞出使西域时就有记载。现在,人们在楼兰古国遗址上找到大量的陶缸片、断裂的石磨盘、木桶等,就可以想象当时的繁荣景象。

罗布泊是古丝绸之路南道和中道的必经之路,是汉魏晋、前凉时连接内地与西

域、东方与西方的主要纽带，地理位置相当重要。

岁月沧桑，烟波浩渺的罗布泊早已干涸，风沙弥漫，荒漠侵袭，再也听不到摇曳的驼铃串起的古老歌谣。

罗布泊消失的原因，一度成为世界瞩目的焦点：有人认为它是在荒漠上“走来走去”的游移湖，有人举例说明是战乱等人为因素造成罗布泊干涸，直到20世纪末的今天，人们仍然在不断探索，希望揭开这个谜底。

著名的意大利旅游家马可·波罗曾经到罗布荒漠探险，因为旅途艰难不得不中途退出，他在游记里胆战心惊地写道：“沿途尽是沙山沙谷，无食可觅，禽兽绝迹。”近代探险家斯文·赫定、奥皇尔·斯坦因、普尔热瓦尔斯基等也曾经想深入罗布荒漠，最终还是没有成功。他们无奈地称罗布荒漠为极度荒凉的“生命禁区”。

1980年，我国科学家彭加木留下一张字条“我到东边去找水”，从此杳无音信；去年，年轻体壮的探险家余纯顺又不幸遇难，永远地把梦想抛在这片沙漠上。

谁敢徒步穿越目前我国最大的这片无人定居的荒漠，把自己的名字写在罗布荒漠的胸膛上？罗布荒漠在等待，它像一个饱经风霜的老人，让人仰慕，更渴望被人了解！

（音乐渐隐）

听众朋友，现在，我们邀请的嘉宾已经来到直播室，我们请他做自我介绍。

周：各位听众，大家好，我是新疆中国旅行社特种旅游部经理周新伟，同时也是这次“百名中国人徒步穿越罗布荒漠”探险旅行团的团长，谢谢大家！

主持人：周经理，很高兴您放下行囊就来到我们的直播室，有一个问题我特别关心，您作为这次活动的策划者、组织者之一，为什么会对罗布荒漠“情有独钟”呢？

周：我的确是对沙漠“情有独钟”，我生在新疆，长在新疆，是个地地道道的新疆人，以前也打起行装，沿沙漠边缘走过几回，体会很多。我自己是从事旅游工作的，有很多机会接触到国内外游客。和他们的交流中，我感受最深的是：我们没有很好地把新疆最好的东西呈现给他们。游客们常去的南山、天池、吐鲁番，被我们人为地造了些亭台楼阁、小桥流水，越来越失去了新疆特色。其实，在我们新疆160万平方公里的土地上，还有粗犷原始的大沙漠，有碧草连天的大草原、飞沙走石的大戈壁，所有这些大山大川大盆地！这种“大”就是独一无二！就是优于别人的资源，“97中国旅游年”就把“戈壁荒漠”列为新疆唯一的“金牌旅游项目”向海内外推出。同时罗布荒漠孕育着非常厚实的文化底蕴和源远流长的历史，因此成为我们的首选线路。

主持人：听众朋友，“首次百名中国人徒步穿越罗布荒漠”探险旅游全程1500

公里。旅游者从敦煌出发,看完莫高窟、鸣沙山、月牙泉,穿过玉门关,骑骆驼经疏勒河干河床,进入罗布荒漠。最艰苦的旅程就是从这里开始,8天行程520公里,其中徒步行走140公里。越过三垄沙、阿其克谷地,就是茫茫荒漠,队伍在彭加木失踪的地方举行祭奠仪式。“沙漠为床,帐篷为营”,所有来自天南海北的旅游者都要体验“早穿棉袄午穿纱,晚上围着火炉吃西瓜”的边塞生活。每天限时用餐,限量用水,烈日下走得口干舌燥,“沙漠苦旅”的味道怎么样,欢迎您继续收听《生活大世界》特别节目《你好,罗布荒漠》。

罗布荒漠蕴藏着很多富有传奇色彩的惊险故事,特别是科学家失踪、探险家遇难等等,那么在这里,我想问问周经理,让普通人在茫茫荒漠上独行,你们有没有考虑到它的危险性?

周:这个风险我们也考虑过。因为任何一个探险活动都有风险在里面。我们首先在季节上选择9月、10月,秋高气爽的时候,沙漠的气候能使普通人适应。在这里面徒步走就不会中暑。而彭加木、余纯顺出事都是在6月份。当时地表温度达70到80度,空气温度达40多度,很容易使人心力衰竭,发生意外。我们这个活动叫探险旅游,是利用一种旅游形式来探险。当我们坐在家里看到电视机里的探险家、漂流者、登山者成为“英雄”,每个人都或多或少地有所崇拜,产生一种冲动和梦想,希望自己也能亲身经历一番。但是在现实生活中,并不是说我们每个人都具备这样的条件和能力。这就需要我们从事这种工作的人把这些“梦想者”“追梦者”组织起来,让普通人能参与探险游活动。虽然说我们的保障工作做得比较充分,但危险性依然存在。走的时候,队员们都是拉开距离前进,我们再三给他们强调,只要和大家在一起就不会有危险,脱离群众就会有危险。

主持人:我听说有两名队员为了看沙漠落日掉了队,工作人员找了几个小时才把他们找到。看来脱离群众的危害在沙漠里表现得最清楚了。

周:您说得对。我们强调的是让探险旅游走近老百姓,并不是说非要大家到最后半死不活地回来。我国规模最大的荒漠探险旅游活动就是让普通人做“敢想不敢做”的事。刚开始,我们遇到了许多反对的意见,说中国人接受不了这个事,吃不了苦。还有人说,有钱不去到国外吃喝享乐,没人会跟我们去到沙漠自讨苦吃。许多人说我们是傻子、神经病,我们这样设计是狂想,不现实的。但是我们毕竟有这样一批热爱沙漠、热爱大自然、渴望回归、体验一种“精神之旅”的人。当时《羊城晚报》登载了这个消息不久,就有许多人报名,而且引起社会反响。最后,参加报名的,年龄最大的有将近70岁的老人,也有16岁左右的高中生。所有这些人,男男女女、老老少少,都成功地穿越了罗布荒漠。

主持人：现在我们的导播示意，有一位听众打进热线，让我们来接一下。喂，这位听众，您好！（你好，我想让那个周经理多谈一些他们在沙漠里发生的事。）好的，下面就让我们的话题进入“沙漠地带”。

周：故事太多了。在我带团的过程中，其中有一件事让我感触比较深。我们的一位团员，一个身体比较单薄的广东人，走了两天就病了。当时根据医生诊断，我们想让他坐车返回敦煌去住院治疗。给他做工作，他死活不答应，甚至带着一种乞求，还说要给我们下跪，求我们，让我们千万不能把他扔下。他说：“如果我现在这个时候半途而废，走不完罗布泊，对我后半生的路，我都没有信心走下去。”听了他这样说，我的确被感动了。最后，我决定冒着风险实现他的愿望，当时就答应他，让医生陪护他穿越罗布泊。一路上他走走停停，用超过常人的刚强和耐力走到终点，同时也让我们真正看到“理想”的力量！

主持人：我想，这位旅行者坚强的毅力不仅感染了同行的伙伴，也使他有机会重新认识了自己！

周：对，我的很多团员告诉我，他们不单单认为这是一次探险、旅游、猎奇、增强体魄的机会，更重要的是，寻找新的人生“坐标”，审视自我，超越自我，换一种全新的方式为自己“充电”！

主持人：这也就是这次探险旅游活动中最动人的“主旋律”！

周：如果说这个故事是“主旋律”的话，那年轻人一些“小插曲”就是这次活动的花絮！他们走进沙漠时各是各，等走出沙漠时，却成双成对，在关怀帮助中诞生了爱情！罗布荒漠成了他们爱情的见证人！

主持人：可惜的是，这些横穿罗布荒漠的勇士已经在今天早晨乘坐飞机离开乌鲁木齐，我们没有机会将他们请到直播室来。不过在他们动身前，我们的记者陶雯、金磊对他们作了采访。采访录音中有一段“沙漠婚礼”的故事，说的是珠海市的一对新人原本打算去西欧旅行结婚，后来他们改变了主意，踏上了西行的路。下面就让我们听一听记者陶雯采访这对新人的录音。

（出对话）：为什么选择到新疆罗布泊呢？／因为我生活在大城市里，什么苦都没有吃过，就是说创业时才吃了一点苦。本来结婚应该是一件很好的事，享受一下才行呢。觉得欧洲是好，罗布泊又不一样。能不能够在罗布泊吃一点苦，感受一下，大家以后的生活各方面能够多点了解。我觉得不去欧洲，去罗布泊举行婚礼。商量过，告诉我们的父母，他们也很支持，好，年轻人应吃点苦，大家互相了解一下，在苦中作乐，把这段爱情留在沙漠里。去时我告诉我未婚妻，我说同我去，要吃沙子，吃下去会变金子来的。／在沙漠里她也病过，不过很坚强，一路上她也照顾我不少，不是我照顾她。/那就是提前感受了一下妻子的爱。/对（笑）。/有一天去雅丹时，差不多走了10个小时，大家牵着手，多点了解爱情，什么苦都在沙漠里尝到了。/考验了一下未来的主妇，还可以吧？/不是可以，是真正好！（笑）很开心，一般的婚礼都是家里人操办的，我们不同，我这个婚礼全部是我们团的人办的，他们帮我们抬轿子，轿子也是他们自己想出来的。唱歌，跳舞，编歌。/她穿上维吾尔族服装漂亮吗？/比城市里的婚纱还漂亮。我穿的是一个维吾尔族的衬衣，戴小花帽。/她们很多女孩说很漂亮，站在红地毯上自编自跳，很开心。（录音止）

（婚庆音乐，扬起数秒，压混）

听众朋友，从记者的报道中我们还了解到，婚礼进行当中，萍水相逢的团员们还把最珍贵的礼物送给了这对幸福的新人，各位听众，您猜猜看，会是什么？

是一桶洁净的水！在沙漠里，“滴水贵如油”，团员们每人每天省下半瓶矿泉水，再渴也舍不得喝，纯净的水融合在一起，不需要任何语言的修饰！

望着这桶盛满深情厚谊的水，小何和小钟想了很多。他们为自己未来的小宝宝起好了名字——如果是男孩就叫“罗布泊”，如果是女孩就叫“敦煌”。

但愿他们的孩子能知道，1997年，在中国西部罗布荒漠上，他们的父母和一桶水、一段歌谣的故事。

（婚庆音乐再扬起，压混）

听众朋友，您现在收听的是新疆人民广播电台午间直播板块节目《生活大世界》，今天我们为您安排的是特别节目《你好，罗布荒漠》。

（出录音）：我们每天说别落东西，他们说什么也没落，只落了感情，沿路我们抛撒了感情，留下了感情在罗布泊，感觉非常棒。每天只懂得走路、走路、搭帐篷、吹气垫。所以我们编的几句抬轿歌词是“走沙漠，抬新娘，打跑老虎来了狼，搭帐篷，吹气垫，欢欢喜喜入洞房”。（录音止）

周经理，刚才我们播放的录音中，您能听得出介绍编歌经验的是谁吗？

周：我听出来了，是我的同行——珠海中旅的领队张亚萍。

主持人：没错，看来，周经理对自己的团员和搭档了如指掌。

周：这主要是因为我跟大家朝夕相处，感情投机，也有了感情基础。因为所有的队员来自五湖四海，在日常生活中，他们敢想、敢做，平时工作当中竞争也很激烈，高效益、快节奏，很多年轻人像上了发条的闹钟在不停地转，承受了很多的负担和压力。所以，我们的“徒步穿越荒漠”在他们中间激起很大反响。这和他们承受的社会背景有很大关系。

主持人：对，你说得很有道理。每个人经历不同，体会不同，对于穿越荒漠的理解也就有所侧重。我们的记者采访了几位走过罗布荒漠的青年朋友,下面请听几段采访录音。

(出录音):在工作时,我们总是想怎么赚钱,过什么好生活或怎么样,但沙漠里有什么钱都没用,没有人会卖东西给你,也没有商店。而且团结精神,互相帮助的精神体现出来。/没去过,你不会感受到在里面8天,你永远在都市里享受不到的那种宁静。我告诉你,这是我们最深刻的体验,没有繁喧,没有竞争,没有压力,把自己完全解脱出来的那种感觉是最难得的。/不真正走一下,你就不能体会到当时你自己怎么战胜自己。想喝水、酷热,在这种恶劣的条件下,特别到中午,酷热,想坐下,休息。我担心每一次蹲下就站不起来。在这种状况下,你自己去控制自己,应该说把自己体内的耐力、忍力都挖掘出来,就凭这种精神走到营地。/这次通过探险,大家互相协作,团结友爱,齐心协力,就是说有一种力量支持我们,哪怕在我们最渴最累最饿的时候,想到了团结,想到了集体,想到了纪律。/可以说新疆这次做了一件大好事,让我们南方人可以到荒漠里去看看。人与人之间的关系就真正纯感情似的,非常纯洁,我们都非常感动。/在大都市里待惯了,人会像螺丝生锈,心里也会生锈。晚上躺在大漠中望着碧蓝碧蓝的天空,看着星星,可以有很多想法,你在都市里为许多细小的事情而跟人争论确实不值得。活着应该帮助别人,其实你帮助别人也是在帮助自己,感觉心灵受到洗涤,更加纯净。(录音止)

(音乐渐起、压混)

听众朋友,“百名中国人徒步穿越罗布荒漠”探险旅游团的成员们有工程师、会计、餐厅老板、证券商、公司经理等。按他们的话说,以前是陌生人,走出荒漠,大家彼此成了亲人。

上海、珠海等旅行团还达成了一条不成文的规定:以后每隔一两个月,所有旅行团的朋友们都要欢聚一堂,谁也不能因为工作忙、挣钱忙、家里忙而推托。

罗布荒漠里结成的友谊在繁华喧闹的都市里找到了一种新的延续方式,我想这大概是新疆中旅的策划者们当初没有预料到的。

周:可以说是出乎意料,让素不相识的普通人走在茫茫荒漠上,大家一定会有交流。但究竟彼此会怎样看待对方,是不是非常渴望人与人心灵的碰撞,我们还没有特别大的把握,因为在我们之前,没有人以探险旅游的方式把“大队人马”拉进大荒漠,我们是开拓者!通过这次旅游,我们强烈感受到:现代人不是不在乎别人,而是他们在心里把这份需求隐藏得很深。沙漠,作为自然最原始的启蒙,为他们营造了“敞开心扉”的最佳场合!在这里我应该说,感谢自然!感谢罗布荒漠!

主持人:听众朋友,欢迎继续收听《生活大世界》特别节目《你好,罗布荒漠》。

“百名中国人徒步穿越罗布荒漠”探险旅游活动创造了我国旅游界的几个“第一”,引起了社会的广泛关注,下面请听一组信息。

我国第一个以“旅游团”为题材的首日封于近日发行。内容是“徒步穿越罗布荒漠”,正面是中国旅游年和“沙漠绿化”邮票各一枚,封面为一片荒漠,左下角套印着两个大脚印及途经线路,脚印由几个“丝绸之路”的景点构成,比喻探险者正沿着古“丝绸之路”勇敢前行,

今年9月,广东中国旅行社为广东每位参加“百名中国人徒步穿越罗布荒漠”探险旅游团的游客购买投保额达40万元的个人意外保险,整个广东旅游团总投保额达6400万元,从而创下全国旅游者“个人意外保险额”最高及团体投保总额最高两个“全国之最”。

“百名中国人徒步穿越罗布荒漠”探险旅游团目前正式申报“非专业探险人士参数最多穿越荒漠”的吉尼斯世界之最。

《广州日报》报道:广东省副省长卢钟鹤在为广东参加“百名中国人徒步穿越罗布荒漠”探险旅游活动的团员送行时说,全省青年要以这次“徒步穿越荒漠”为突破口,发扬“艰苦创业”的广东精神,再创广东经济的第二次飞跃。

据权威人士介绍,参加“百名中国人徒步穿越罗布荒漠”探险旅游团的团员们将以不同的方式记载这难忘的“人生之旅”。一位来自北京的团员将为他的个人摄影集充实新的内容,即将出版的摄影集将参加明年的法兰克福书展;广东的团员将自发组织摄影展;珠海一家报纸将连续刊登团员们的“沙漠日记”。

好,下面让我们再回到刚才的话题。

今天在我们的直播室就座的嘉宾是“百名中国人徒步穿越罗布荒漠”探险旅游团的团长周新伟。

周:我想,通过这次直播,大家也认识了我,了解了我的团员们“徒步穿越荒漠”的所思所想,昨天下午,在探险旅游团刚刚回到乌鲁木齐时,一位因家里有急事,不得不提前回北京的队员,给我们留下一封信,信中说:“这次花钱买罪受的活动,表面看起来是一笔不小的开支,但我认为这是对我人生的一笔投资,这种投资会在未来给我的人生产生最大的回报!”

主持人:据我们所知,有这种体会的人很多。比如一位上海团员,叫万鸿鹏,他主要是做异地股票买卖的。天天和股票打交道,很刺激,也很辛苦,他就曾经认真地对我们的记者说过这样一段话:

(出录音):平时我在上海,你说朋友也很多,有时想想很矛盾,很孤独,没有人跟你谈金钱以外的事情。通过这次旅游,我找回了自信,把最美的东西挖掘出来,

把人类和人类靠得更接近一些。以后,在做生意时,大家先做朋友,再做生意。(录音止)

还有一位叫刘常科,是上海交大昂立科技开发公司的总经理,手下是一大帮搞科研的专业人员,他说他每天最关心的是产品的高科技含量、促销及利润。在沙漠中行进时,他想起了员工们一张张可爱的脸,他说:

(出录音):这次走罗布泊对我思想触动很大,会影响我的经营理念,未来我对公司的经营方式、管理方式应该更好地去协调、去处理。我觉得应以人为本,管理一个企业,只有员工理解你的理念,劲往一处使,公司才有发展。这次我回去和员工的关系会处理得比以前更好!(录音止)

看来,穿越罗布荒漠,大家获益匪浅。

周:是的,在旷无人烟的沙漠尽头,人们从大自然中感悟最深的是人与人的关系,这大概也是现代人与前人的不同,换句话说,也是时代赋予的突出特点。

主持人:我们的导播示意,有听众打进电话,现在让我们接通。喂,您好。(主持人,我是乌鲁木齐恒达贸易公司的王榕,我想问一个问题就是,这些旅游者,自己花钱找罪受,找苦吃,您认为,值不值得?)

我想,刚才我们介绍的情况已回答了王榕听众的问题,也许,在选择荒漠探险旅游时,各人有各人的想法,目的也有所不同,但当他们步履蹒跚、满身疲惫地走出荒漠时,他们带回的不仅仅是一路风尘。

周:你说得非常好。我是专门从事旅游工作的,大家都知道,今年是中国旅游年,它的首次成功举办也给我们一个启示:新疆的旅游如何牢牢抓住资源优势,以特种旅游带动新疆旅游的发展,让世界的目光再次聚焦这块中西部宝地!

主持人:对,这种特种旅游在新疆富有独特的魅力,我国旅游业曾做过的一项调查表明,在全国58种旅游类型中,新疆占了49种。有专家这样预言,新疆是中国旅游产业更新换代的基地,着眼于挖掘特种旅游具有广阔的发展前景!

周:荒漠探险旅游之所以受宠,也表明:现代人已不再满足传统的观光、度假、休闲、购物等常规旅游方式,主动参与、亲身体验与众不同的新景致正在被旅游市场所肯定,我想我们的这一次大胆实践本身就证明了这一点!

(歌曲《走到一起来》歌声起)

主持人:听众朋友,200多名探险旅游者带着不同的梦想走到一起来,将平凡人的足迹留在罗布荒漠,他们的壮行,为我们提供了有益的启示!

征服自己的懦弱、胆怯、慵懒和无为,有的时候,就需要征服自然,超越体能极限,在磨砺、忍耐、痛苦、孤独中反省、警示自己:用最佳的精神状态投入崭新的生活!

一般来说，一个民族精力饱满、蓬勃向上时，总以取得新的地理发现，用新的方式到达前人所没有达到的程度为精神强大的标志。仔细想想，我国登山队第一次登上“世界之巅”，中国女排在世界比赛中取得三连冠是这样；柯受良单车飞越黄河壶口瀑布，阿迪里快速通过三峡上空的钢索也是这样，他们征服的是前人未曾征服过的艰险，振奋的是整个民族的精神。今天，当我们中间的一些人，历经艰辛从荒漠里走出来，您是不是也意识到：他们创造了自己的人生奇迹，张扬了人类旺盛的生命力，体现了民族的精神！

好，听众朋友，今天的节目就进行到这里！最后，主持人林桢、文浩代表直播嘉宾周新伟，节目主创陶雯，责任编辑赵飞、金磊，录音制作吴伦，感谢您的收听！

（该节目1997年10月23日于新疆人民广播电台首播。整理稿作者：新疆电台陶雯、赵飞、金磊）

令人心醉的名人访谈

张家声是一位著名的表演艺术家，也是一位出色的朗诵艺术家。对于稍有年纪的听众，大抵无人不知。然而，人们知晓张家声，多是出自他的话剧的形象、演播的作品或解说的影视片，比如扮演话剧《北京人》中江泰的形象，广播长篇小说《钢铁是怎样炼成的》的演播，电影故事片《大决战》的旁白等等，这些都给人们留下了极为深刻的印象。然而，他本人的艺术追求，却是鲜为人知的。北京台的《访张家声》节目，使人们对这位艺术家的了解和认识加深，起到了"由表及里"的作用。而这位曾主持过节目的主持人，在与北京台主持人萱北的访谈过程中所谈的话题，所表达的艺术观，又是听众所关心的问题。听众评说："萱北主持的《访张家声》最让我心醉。"的确，这是一个令人心醉的上乘之作。

访谈节目，顾名思义，只有访与谈，即主宾间的对谈，弄不好往往容易枯燥。可是，我们听过《访张家声》这个节目，却没有丝毫单调之感，主宾娓娓道来，一桩桩现实故事，一次次艺术创作，一个个鲜活人物，一句句锦言妙语，声情并茂，沁人心脾，像是一首诗，像是一段歌，给人以激励，给人以启迪。

说它给人以激励，给人以启迪，是因为整个访谈内容蕴含着一个突出的主题——怎样做事，怎样做人。且看节目告诉人们如何"做事"：张家声为《山东大秧歌》配解说，坚持要事先认真看剧本，他说："如果这个剧本只有一个字，你也要拿来，我看一看""我不理解作品，我没有权利和资格去演播它的风格，它的节奏，它的真正内涵"；张家声给故事片《大决战》做旁白，300 来字，9 个人审查，足足用了两个半小时，坚持从"近半个世纪过去了"这第一句台词的含义来准确理解，把握思想感情和语言节奏；张家声演播《钢铁是怎样炼成的》，着力用心、用声音去塑造保尔的形象，揭示英雄人物的本质，感染了无数的听众，特别是给了那些因各种原因而轻生的人以生存的勇气和力量。张家声说，你要主持 1 个小时的节目，就得有 10 个小时乃至 100 个小时的素材准备。这就是访谈节目告诉人们的张家声如何"做事"——对于艺术事业的极端认真的态度和准则。

再看节目告诉人们如何“做人”:作为一个闻名遐迩的艺术家,张家声不但有高超的艺才,而且十分注重艺德。他以强烈的社会责任感从事艺术创作,对待每一个作品,每一次活动,都力求从为人民服务的高度去考虑。他演播的《故土》,使盲人听众“仿佛看到了一个五彩缤纷的世界”,当他看到盲人听众用盲文写来的信中说“是您张老师,给了我们眼睛”的时候,他“非常激动,非常激动”。他主持的那场大连文艺晚会,第一个出场的年轻女高音,因姿态傲慢出了洋相,张家声以自己的智慧和高招急中补台,理顺了数千观众的强烈情绪。

访谈节目在叙述一个个生动的故事之后,主持人话锋一转,要张家声向听众谈谈成功的秘诀。于是,引出了张家声的四点体会——明确的方向,科学的方法,不懈地努力,抓住机遇;于是,引出了主持人耐人寻味的结束语——“人的生命是短暂的,每个人都想在短暂的人生道路上走出一条成功的路。今天您听了我们的节目作何感想呢?我想,要做一个成功者首先应该是一个用功的人,一个有心的人,一个认真的人,一个勤奋的人!”

所有这些,都是在主宾自然流畅的对谈中传达给听众的信息和感觉。不难看出,一个得心应手,一个厚积薄发;一个提问适度,评议有力度,一个回答有高度,分析有深度。两者配合默契,珠联璧合,以极好的合作互动共同完成了一次令人心醉的访谈。

最后我想提及的是,这个节目是作为板块节目选评的。严格说,它不属于板块节目,因为它只有主宾访谈的方式,与其说是板块节目,不如称之访谈节目。

(本文载于《社教佳作赏析》,中国国际广播出版社 1998 年 12 月出版)

附:广播专题节目《访张家声》整理稿

访张家声

萱:听众朋友,今天我们的《国安综艺·名人访谈》节目请来的是中央实验话剧院国家级有突出贡献的话剧表演艺术家张家声先生。

张:萱北你好,听众朋友们好。

萱:哎,张先生,有的听众还以为您是电台或者电视台的节目主持人呢!

张:那是因为广播电视的覆盖面比话剧舞台要大。

萱:是的。听众朋友,张先生是位多才多艺的艺术家,涉猎的艺术门类很广,在全国呢也多次获奖。就比方说像"全国话剧演员金狮奖"吧。哎,张先生,话剧的金狮奖和电视剧的金鹰奖都是国家级的奖项,它们好像很相似是不是?

张:但很不相同。这个金鹰奖呵,是评演员在一部片子中创作的形象,而金狮奖呢,往往是评一个演员几年的作品。比如我是在1992年获得的金狮奖。那么从1988年到1992年我一共演出了4部话剧。

萱:哪4部啊?

张:一部是莎士比亚的喜剧,叫《温莎的风流娘儿们》。我演胖骑士福斯塔夫。

萱:噢,我知道,这是莎翁笔下的一个喜剧人物。

张:对!

萱:哎,好像当时咱们国家是第一次上演这部戏吧?

张:对!当时是中国第一次搞莎士比亚戏剧节,我们中央实验话剧院上演了这部戏。在武汉呢,也同时上演了这部戏。在这之前,这部戏确实是没有上演过。那么第二部戏呢,是曹禺先生的《北京人》。我演江泰!

萱:噢,江泰!江泰是个口若悬河的悲喜人物,好像特别不好演是吧?

张:是的,是的,是的。那么第三部戏呢,是欧阳予倩的《桃花扇》。我演杨文聪。

萱:这个人物也很有难度。好像一时还说不清楚他是好人还是坏人。

张:是。但他是一个活生生的人!还有一部戏呢,是英国名著,叫《探长来访》。我演顾尔探长。

萱:由此可见话剧金狮奖的分量是非常重的啊!

张:也可以这么说。

萱:听众朋友,几十年来,张家声先生成功地演播了大量的文学作品,像长篇小说《钢铁是怎样炼成的》《超越自我》《复活》等等,从而荣获了“全国最受听众喜爱的优秀演播艺术家”的称号。至于张先生解说的大量的影视专题片呢,就更是家喻户晓了,比如说像《大决战》《21 世纪不是梦》等等。张先生还发表过《浅论语言个性化》《说解说》等多篇论文。显然,张家声先生是位颇有实力和影响的多才多艺的艺术家,是一位成功者。

张:哎——萱北,成功者可不敢当,充其量我是位用功者。因为比我出色的,有成就的,不管是同辈人还是老辈人,包括比我年轻的一些艺术家,他们都有突出的成就。我算不上。但我还比较用功就是了。

萱:不过张先生,您对事业的认真那是有口皆碑的。

张:那是因为我笨。

萱:那怎么讲?

张:(这个)笨啊,就得对事业、对人认真一些。比如说有一个例子,几年前呐,山东某个电视台的一个编导,当时(我)不认识他,给我来电话说:“张老师,我请您录一部片子,叫《山东大秧歌》,电视专题片。”他准备录英文、中文和日文(三个版本),到国际上参加比赛。我说:“你什么时候要录啊?”他说:“明天上午就得录。”第二天是个礼拜天,他说下午得回去。我说:“可以,请你今天 12 点半到 1 点务必把剧本给我送来。”下边我们有一段对话。因为他是山东的一个同志,我说(学山东话):“你务必 12 点半到 1 点把剧本给我送来。”他说:“哟! 你还看剧本吗?”我说:“我不看剧本怎么给你播呀?”“哎呀,”他说,“有的老师从来不看剧本,到时就播!”“哟,”我说“你不知道,我跟他有很大的区别。全世界都知道,他比我聪明,我比他笨。”如果这个剧本只有一个字,你也得拿来,我看一看。为什么半小时的专题片,只有一个字来表现呢? 显然是很深刻,内涵很丰富。我更得了解。如果我不理解作品,我没有权利和资格去演播它的风格,它的节奏,它的真正的内涵。因为内容往往不在表面上。

您再比如啊,在 1992 年的时候呢,八一厂请我去做《大决战》的旁白,这是个很光荣的任务啦。那么在第一天录的时候啊,这一张纸 300 字,我录了两个半钟头没被通过。

萱:这怎么可能呢?

张:是,确实没有通过。而且 9 位同志在审查,从总导演到录音师,到场记,9

个人审查。一直说力度不够，力度不够。录一遍不行，我过来再录一遍。就长调。刚才是哆，现在是咪、发、唆，一直到拉。我嗓子开始痒痒了，两个半小时过去了。应该说这一张纸，顺利的话，两分钟就过去了。不顺利的话，10分钟也足够了。但是两个半小时，当时一直说力度不够。我说，能不能按我的理解录一遍？他说可以呀，可以呀！我就出来了。我出来的时候，录音师就追出来了。这录音师30多岁，非常精明，说："张老师，我从小就听您的广播，我确实服您。但是今天您录得力度确实不够。"我说："你们这个力度——"现在力度用得很泛滥，"指的什么呀？"他说："就是打仗呀！捋胳膊挽袖子。比如说您读到蒋介石的时候，您再咬牙切齿一些，您读到毛主席的时候，您再辉煌一些。"

我一听，我明白他们的意思了。但是我没有这样去做。我就比较热情地、比较松弛地、流畅地在那儿叙述这个故事。我把调子都降下来了，严格地讲还不是我最理想的那个最低的调子。回来了，又到这个房间了。大家都看总导演。导演说："哎，老张，这遍我觉得挺好。很有股味道，虽然你并没有喊，挺有股味道。"这样呢，就通过了。通过事后呢，我们有一段谈话，和有关同志的一段谈话。我为什么希望这样录，不希望喊，因为这是一个战斗的片子。我就问他们，我说："这是战斗片子，用什么来战斗？"他说："用枪炮子弹呐！"我说："对呀！枪炮子弹用什么做的？""钢铁呀"。"对呀！你用钢铁做的枪炮子弹，您知我这个声带用什么做的吗？用肉做的。我比不过你呀！"尤其八一厂的这个效果搞得非常精彩，全世界都有名，确实搞得好！那我这肉嗓子怎么能跟它比呢？莫不如我轻轻地在这儿叙述，讲这个故事，你就是枪炮大作，形成一个巨大的反差。我认为这也是一种节奏，从整体上来讲。我这是第一点。

第二点，我就问这个朋友，我说："你们这个戏一共有多少演员，多少角色呵？"他说："哟，那可太多了，有名有姓的嘛，也有几十个。那么加上战士呀，老百姓呀，那是几十万几百万啊。"我说几十万，几百万，几千万，他们都是1947年、1948年、1949年的感情，这部片子中只有一位，他是1992年的思想感情。他说："谁呀？嗯，不可能呵！"他说："我们是三大战役呀，就表现1947年、1948年、1949年，怎么有一个人会是1992年的感情呢？"我说："有。"他说："谁呀？"我说："张家声。"因为我做旁白嘛。"噢？怎么会呢？"这个小伙子不理解。我说："你看，我的台词，第一句台词就决定了我是1992年。"第一句台词是什么呢？"近半个世纪过去了。"既然是1992年的思想感情，1992年有1992年的社会背景。那么战争已经过去了，我们来回顾这段历史，我不是站在一个所谓旁白的立场，或是解说的立场上，你们那个电影怎么称呼我不管它，作为我来讲，我是创造一个人物，创造一个军事老人，他既了解蒋介石，也了解毛泽东，他深透地了解三大战役。我来叙述这个故事，那些个演员就在我的叙述下来表现那些场面、那些事件、那些人物。我是以这样一种感觉，去做所谓旁白或解说的。这大概也是我跟他们的一个不同吧！

萱北，我告诉你，如果我不认真看剧本，人家剧本写的“近半个世纪过去了”，如果我不认真地看的话呢，我的感觉就不是现在的感觉。

萱：就找不到这个位置，找不到这个点。所以听了您这两个例子，我觉得呢，就是作为一个艺术大家都这样认真，那作为我们每一个人来讲，对于事业的认真，对于你自己投入的这份工作的认真，那就是非常重要的了。

不过张先生，我想这个认真它也是表现了对事业的热爱了，那我想问您，您的创作动力从何而来呢？

张：创作动力应该说从生活而来，从听众和观众而来。因为既搞广播又搞影视，还搞我的本专业，就是话剧。

萱：那您能具体给我们说说吗？

张：嗯，这具体例子很多的。你就拿这个演播来讲啊，我演播过差不多 41 年了。我从上中央戏剧学院，1956 年就开始做广播剧呀等等。那么每一次演播之后呢往往收到很多的信。粉碎“四人帮”以后呢，中央人民广播电台呢，播了一部《钢铁是怎样炼成的》，那是粉碎“四人帮”以后的第一部长书，而且是外国作品。请我去演播。那是 1977 年。播出后呢，我收到了上千封信。其中有差不多 23 封信，我记得都是一些轻生的人，想自杀。有的是胃癌，有的是失恋，有的是父母还没落实政策，你想 1977 年嘛，有的是没考上大学，有的生活很拮据，等等吧，都想自杀。他们分头来信说，听了《钢铁是怎样炼成的》之后呢，保尔给了他们很大的鼓舞，非常感谢我张家声，说我演播得真好，给他们力量。他们感觉那种想轻生的思想、想自杀的思想是很卑微的，要向保尔学习。

当时我看了这些信之后呢，我泪流满面。因为在演播的时候啊，我没有想到会叫别人不去自杀，只是我用心地去塑造保尔等这些个形象。我觉得这种成功呢，首先是作品，是作品中的英雄人物感染了他们。但是我实事求是地说，毕竟是我的声音塑造的。我们是所谓二度创作，用声音塑造的。我如果塑造的不是那个人物的本质，没有把保尔等形象塑造起来，恐怕没有这么大的感染力。没有这么大的感染力也就对他不起作用了，或许他就走入歧途。

那件事呢，给我教育很大。我本来去电台做演播，一个很单纯的思想，就是我是话剧演员，我必须要提高我的语言的能力。从那以后呢，我就感觉（到）一种责任。当然后来还接到许多许多的信。比如说念《故土》的时候吧，接到一个盲人工厂的信,也使我非常感动。我记得有这么一段。这封信是用盲文扎的,后来请中央广播电台给我翻译过来了。信上说:"我们是一群盲人,本来什么也看不见,听了你演播的《故土》之后,我们仿佛看到了一个五彩缤纷的世界。是您张老师,给了我们眼睛。"我看了以后呢,非常激动,非常激动。因此再播作品的时候呢,他们的形象总是出现,在激励我。

萱:前几年呀,我在《天津日报》上看到过一篇写您的文章,那篇文章的题目叫《扭转乾坤的主持人张家声》。那写的呢是非常感人,而且给做主持人的朋友啊,也有不少的启迪。您能在今天,借这个机会,给我们更多的朋友讲讲那件事情吗?

张:它这题目太大了。好像说的没有这么严重。是有这么一个经历。那年是1990年,在大连,体育馆有一场晚会。那场晚会呢,嗯——很有水平,因为请了一些日本的艺术家,请了来自我国台湾省的歌星,还有北京和东北的一些艺术家,年轻的演员。那台表演水平很高,那天是电视直播。

我们上午在体育馆准备的时候呢,有一个演员没有到,而她呢恰恰是第一个节目。她大概去玩儿去了,一个女高音。我们都准备结束了。她来了。我告诉她,我说到什么地方你上场。我说,嗯——某某某,之所以获了这么多奖,在全军和全国,大概和她是大连人不无关系。其实我是巧妙地介绍她获了些奖,而且告诉大家呢,她是你们大连人,是你们老乡。我觉得人们都讲乡情的。结果这位演员说——很年轻的,这位演员30来岁——(学大连话):"说这干啥,说这干啥,我获奖和大连有什么关系呀?不要说这,不要说这,你就说我,我唱歌就是了。"

萱:看来她还不愿意说自己是大连人。

张:不愿说是大连人,比较傲慢。旁边那个台湾的朋友表示惊讶,怎么可以这么没礼貌呢?我也没言语。"好,"我说,"给你报完,你上就是了。"好,晚上演出开始了,晚上是瓢泼大雨,观众呢6000多(人),其中有600多(人)是外宾。因为是通过晚会呢,要搞服装节。

那么20块钱一张票,冒着大雨,观众来了。她是第一个节目。她唱两首歌,第一首是会歌、主题歌,还可以。第二首歌呢,她报完题目以后呢,起的音乐不是她唱的那首歌。

萱:噢,音乐放错了。

张:放错了。这观众呢,就开始起哄,起哄就喊,就拍倒好儿。她从体育馆中央那个台上穿着高跟鞋,哒哒下来,走到接近观众席的那个地方,就找这个带子。越紧张是越找不着,越找不着观众越起哄。哗——乱了。我这时就非常紧张,因为这是第一个节目,这么多的外宾。他们的副市长在主席台那儿坐着,叫别人带个信儿来,请主持人务必把这事压下去。这个同志就说:“张老师你务必想个办法。”他说:“前两年啊,我们这有一件事,就是来演出呢,也是拍倒好儿。那个演员跟观众产生了矛盾,最后没有演下去。今天要来这么一手儿,可就麻烦了。这么多外宾,我们市长又忙,怎么办?又是电视直播。”

我也没有这个经验呐,萱北呀。我起来说:“你允许我想一想。”这个时候,她就怎么也找不着(带子)。观众就哗——就哄!后来找到了,找到了以后呢,她就从体育馆那边上往台上走,边走边说:“观众朋友们,咱们是老乡,我是大连人!我是大连人!”当时我心里想,晚了!如果前边我报幕说她之所以获这么多奖,和她是大连人不无关系,观众借着她是大连人的话呢,出于乡情不至于这么起哄。(观众)更起哄了:“丢人的呗!什么大连人!”“丢人!上来就这样!”说了很多。她在这种倒好儿声中唱完了这歌下来了,她下来我上去。我上去以后掌声就更激烈了。不是对着我来的,还是不饶她!

这个时候我站着不动,掌声就鼓鼓鼓鼓。我大喊一声,稍微停了一下,我赶紧用最低的声音,我喊什么?不是喊呐,我讲“观众朋友们”,大声疾呼一下。它突然停了。它停了,我用最低的最轻的声音,嘴和话筒贴得特别近,我说:“观众朋友们!”有这么一点点的悲壮之感,煞有介事。“观众朋友们!”他们不知发生了什么事,顿时停顿了。我说:“我叫张家声,在中央实验话剧院工作。我到我们国家许多地方主持节目或是演出,今天第一次来到大连,大连观众给我的印象,无论是欣赏水平、欣赏能力、欣赏情趣,乃至于欣赏礼貌,堪称我国一流的。”“哗——”就鼓掌啊,就顺过气来了。我紧接着说:“请允许我代表中外艺术家,向在座的朋友们,并通过你们,向大连市的父老乡亲……”哎,萱北,这个摄像机都对着我,是直播,“向大连市的父老乡亲致以亲切的问候和深深的敬意!”又是热烈的掌声。下面呢,我就继续报下边的节目,这件事就算过去了。后来他们市里的领导和主办的同志们对我好像是挺感谢的。实际上,对主持人来讲呢,这是一种适应。

萱:(紧接)就是考验人的临场反应、应变能力。

张:是的,考验一种应变。那么就是包括你们主持啊,或者我去主持,主持晚会啊。我有一个观点,萱北你看对不对,因为你常主持,有经验,主持非常好。我觉得坐在这个话筒前,你要主持一个节目,我心里得有10个钟头乃至100个钟头的话,你才有资格坐在这儿。如果你就三句话主持1个钟头,那你就太冒险了,而且是不应该的。因为我确实感觉我不机灵,我笨,所以在主持节目之前我要准备很多很多的素材。其实很多素材都没有用上,但是对我来讲,我很托底,我不紧张。嗯——扭转乾坤谈不上,但是当时有一种气氛没有闹起来。

萱:而且这也是一种,就是说平时的积累,是一种厚积薄发。你只有在平时积累了非常多的经验和你做一个有心人之后,你才能够这样,说临危不惧当然有点过分了,就是说你在这样的场面当中,可以从容地应付过去。这其实是特别考验一个主持人的。

张:平时的积累确实很重要。

萱:您在处理语言的时候啊,断句的方法确实与众不同,独具韵味,那这方面您能谈谈吗?

张:我有我的艺术追求,可以简单地谈一下。一句话来说呢,就是我希望塑造比较鲜明的独具个性的形象。我从总体来讲,从人物出发,从人物的个性出发,从环境出发,从内涵出发。那么,标点呢,很重要,非常重要,但对我来讲,仅仅是个参考。我觉得这些个标点呐,有的时候还不能够反映我想反映的人物的具体的有个性的那种语言色彩,或者是形体色彩。我举这么个例子啊,嗯——在我从中央戏剧学院毕业以后,我到了中央实验话剧院,就参加一部很著名的话剧,就是欧阳予倩改编的《桃花扇》。在《桃花扇》里面我演杨文聪啦。嗯——有这么一段戏,就是李香君被逼嫁,我就逼着她嫁给那个田仰,一个糟老头子,一个官僚,嫁给他,李香君当然不从。那场戏叫《逼嫁》。逼着她嫁,她坚决不嫁,就一头撞到墙上,就把头撞破了。她手里拿着扇子,这个血呢,就滴到扇子上了,扇子就掉到地下了。宫女们把她搀走了。搀走了以后,这时候台上只有杨文聪一个人,就是我。我看到扇子,又看到血,说了一段台词,那么就在那个桌子上拿起笔来,就画了一个桃花,这就叫桃花扇。

刚画完呢,李香君就出来了。头上缠着布啊,破了。我见着她以后呢,导演先处理了一个停顿,完了我有三句词,就是"你现在怎么样,将来怎么样,你能够怎么样"。这三句词内涵非常丰富。刚才你说了,说不清这个杨文聪是好人还是坏人。但他确实是一个非常丰富的、一时说不太清楚的这么一个文人。

萱:就是性格有多重性,非常复杂的一个人物。

张:哎!这几句词我是怎么说的呢?大概是这样说的,那个香君呢,就坐在那儿,几个宫女在旁边也不敢言语,我轻轻地走到她旁边,我用很安慰的感觉开始说,后来有些变化:"香君,你现在怎么样?将来怎么样?你能够怎么样?"说完了以后,我轻轻地转身就走了。这时观众鸦雀无声,他们都理解了。戏发展到这儿,这是我的心态和香君的心态。

萱:虽然这三个都是"怎么样",但是这三个"怎么样"您的处理是截然不同的,充分地表现出了语言的魅力和它的内在的这种内涵,真是听起来让人觉得特别有回味的余地。

张:对！不能为处理而处理,必须从人物出发!

萱:那我现在想我们收音机前的很多听众朋友也都在成功的道路上攀登,那么他们也肯定是想要达到自己那个理想的目标啦。那您能不能跟我们的听众谈谈您认为有成功的秘诀吗?

张:那么说到秘诀的话,谈不上,但是我有这么几点体会:一个是,作为一个艺术家,他必须有明确的方向。你必须明确你是为广大的听众、观众服务的,这一点非常明确,不是为别的服务的!我之所以喜欢《人民万岁》这首诗,原因之一就是我在呼唤那些呼唤人民万岁的人!我觉得艺术家也应该呼唤人民万岁!不是过多地呼别的什么万岁!要记住你是为听众、为观众服务的!就是方向要明确。

第二,方法要科学。创作是一门科学,不是你用傻力气傻用功就能够塑造好形象、主持好晚会的,不是的!要不然要戏剧学干吗!它就教给你创作方法嘛,当然还教给你创作思想。它更重要的是给你方法嘛!必须掌握科学的方法。

第三条,就是不懈地努力。你方向非常明确,你的方法也非常科学,但是你不用功,有这种演员呐!到时再说,到时再看,因为我知道我自己不聪明,所以我就比较用功,所以我体会要不懈地努力。

第四条,也不可轻视机遇。要抓住机遇,甚至寻找机遇,当然有人就是等机遇,不准备自己的条件,我说机遇来了对你来讲也没有用。其实机遇很多的,你有了条件的话,机遇就有用了。我想就这四点。

萱:就是明确的方向,科学的方法,不懈地努力,抓住机遇。

张:是这样。

萱:那我想您是非常出色的朗诵家,而且您配了很多片子。当然今天让您给我们讲一个长的不可能,您能不能今天给我们朗诵个作品呢?

张:萱北尽将军啊!好,可以!我1992年在中央电视台和中宣部录了个节目,电视片,大型的电视片,叫《十年潮》。词是张胜友同志写的,写得非常好。那播了多少次了,是纪念改革开放10周年的。实际上,也是在那个片子里头,大量地阐述建设具有中国特色的社会主义的理论思想以及数据,大篇幅地歌颂了小平同志,因为小平同志是改革开放的总设计师。那么,在今天这特殊的时刻,我念一首短诗,叫《托起一个新的太阳》,也是我对小平同志的一种缅怀吧!

我们耕耘土地,
收获一个理想。

我们扬起风帆，
去追赶明天的希望！
哦！五千年寻梦，
十亿人奋发，
一路兼程，几度风霜。
没有长歌浩叹，
没有徘徊悲怆，
用黄河的血液，长城的脊梁，
托起一个新的太阳！

萱：谢谢，谢谢张先生。

张：不用谢。

萱：听众朋友，人的生命是短暂的，每个人都想在短暂的人生道路上走出一条成功的路。那么今天您听了我们的节目作何感想呢？我想，要做一个成功者，首先应该是一个用功的人，一个有心的人，一个认真的人，一个勤奋的人！好，谢谢张先生。

张：谢谢萱北，谢谢听众朋友们。

（本节目1997年2月23日于北京人民广播电台首播。整理稿作者：孙萱北）

“电视问政”：百姓和政府的共同需求

在正式致辞之前，我先作一点说明，表达一下感怀。

我要说明的是，今天本来是中广联副会长、学术委主任杨波同志来致辞的，因他夫人身体有恙，无法前来，故委托我来代表他致辞。我昨天上午 10 时接到通知，11 时便出发赶来了。

为什么要表达一下感怀？这是因为，我是浙江温州人，是丽水人的邻居。49 年前，我走上从军报国之路，随百辆军车浩荡行进，风烟滚滚，第一次路过丽水，在这里吃上了军供站送来的热饭热汤。39 年前，我在北京学习、工作，之后约 20 年里，不知多少次从北京返乡探亲必经丽水，必在丽水歇脚、用餐，然后沿瓯江东行，看白帆点点，赏青山绿水。有一次，我还在这里当了一回“雷锋”——帮助一个素不相识、来自广西的路过大娘购买了车票，把她带回温州并寻找到其亲人。丽水，她是我人生之旅的一个不可忘怀的驿站。

自从温州航空开通之后，我再也没来过丽水了。20 余年后故地重游，这里已经发生了历史巨变。久违了，丽水！

丽水是瓯江的源流所在，她西接金华，东邻温州，一条江河，一条公路，一条铁路，把三个城市连成了一串珍珠。有意思的是，就单个城市的名称而言，丽水就是秀丽的瓯江之水啊！如果把三个城市名称的各一个字连起来读，可以叫金丽温，也可以叫温丽金，她们代表的是：金色的年华，秀丽的风貌，温婉的气质。这是多么美妙动人的地方啊！所以，我深深地热爱这美丽的山水之城！这就是我要表达的情怀。

下面，我正式致辞。

在刚刚欢度过新中国六十五华诞之际，我们从北京来到如同她的名字一样美丽多娇的浙江丽水，参加“电视问政”节目高峰论坛。由浙江省广播电视学会、浙江传媒学院和中广联学术委员会联合举办的这次论坛，将以丽水市广播电视台创办“电视问政”节目成功案例为切入点，共同探讨“电视问政”节目的理论与业务问题，共同交流和分享“电视问政”节目的新理论、新思路、新经验，以期不断提升“电视问政”节目的质量和水平，充分发挥“电视问政”节目的作用和效能。这是一个很好的广播电视学术业务研讨交流平台，也是一件促进广播电视节目创新和事业发展的大好事。对此，我代表中广联学术委员会和杨波同志，表示热烈的祝贺！

在新媒体迅速崛起，传统广播电视媒体面临激烈竞争挑战的今天，“电视问政”节目的兴起已成为传统广播电视媒体节目创新和再创业的亮点之一。“电视问政”节目不仅创新了传统的节目形态和传播方式，更为民众参政议政、开展正确舆论监督和参与公共事务提供了可操作性的新模式，它契合了改革开放、依法治国的时代要求，契合了构建国家现代治理体系新形势下百姓与政府的共同需求。因此，这也是国家新闻出版广电总局近年来积极推广的节目形态之一。着力办好此类节目，不断提高节目质量和水平，将对推动国家和社会治理现代化，实现依法治国和全面建成小康社会总目标，发挥更好的作用，有着重大的意义。

我们欣喜地看到，“电视问政”节目在浙江得到高度的重视和积极的推进，全省大多省辖市都开办了这类节目，并且取得很好的效果。这次浙江省广电学会邀请我们中广联学术委共同举办这个论坛，我们把它作为“理论走基层”系列活动内容之一，乐于共同主办和积极参与。这次论坛，内容丰富，形式多样，既有各路专家学者深度论析和建言献策，又有丽水广播电视台“电视问政”节目经验做法的展示和考察，还有率先创办“电视问政”节目的武汉、兰州电视台的同事专程前来传经送宝。我相信，这将有助于我们拓展节目创新理念和思路，有利于继续推动和深化电视节目创新，使“电视问政”节目越办越好，在促进当地政府治理能力建设、民生问题解决和和谐社会构建等方面更好地发挥积极的作用。

这次论坛在丽水市举办，得到了省新闻出版广电局、省广播电视学会和丽水市委、市政府以及市委宣传部领导的重视和支持，得到武汉、兰州电视台的积极响应和支持，丽水市广播电视台的领导和同志们做了大量的准备工作。在此，我表示衷心感谢！

预祝“电视问政”节目高峰论坛圆满成功！

（本文系作者2014年10月14日在“电视问政”节目高峰论坛上的致辞）

四 广播电视基础理论与史学研究

关于新闻价值两个问题的浅见

看过徐牧同志的《新闻价值小议》(载于中央台《编播业务》1981 年第 3 期),对于新闻价值的探讨,我得到有益的启发,同时也觉得其中某些观点值得商榷。下面我想就两个问题谈点肤浅的看法,不一定言之成理,愿就教于徐牧同志和热心于新闻理论研究的同志。

一、决定新闻价值的因素是多方面的,而不是单方面的

先从新闻的定义和新闻的因素谈起。陆定一同志在《我们对于新闻学的基本观点》一文中提出:"新闻的定义,就是新近发生的事实的报道。"这个定义是简洁、准确、科学的,已为人们普遍承认。根据这一定义,新闻应具备三个基本因素:一是事实,就是人类在与自然斗争中和在社会斗争中发生的事实;二是时间,必须是最近、最新、"现在"发生的,而不是长久的、过时的事情;三是表现形式,即通过报纸、通讯社、广播电台等新闻手段加以报道和传播。这就明确地告诉人们:事实只有通过新闻手段,才能成其为新闻,事实本身的价值才有可能转化为新闻价值。

徐文在谈到什么是决定新闻价值的主要因素时,把人们在这方面的不同意见归纳为三种:第一种意见认为,凡属受读者、听众欢迎的、能引起强烈反响的就是有价值的。即新闻价值存在于读者、听众之中。第二种意见认为,新闻价值存在于新闻的要素内,或说等于新闻要素。第三种意见认为,新闻价值主要取决于构成新闻的事实、内容本身。徐牧同志明确表示倾向于第三种意见,认为:"决定新闻价值的

因素只能是事实本身。”

我认为,仅仅简单地以这三种意见中的任何一种作为新闻价值的决定因素,都是不全面的。新闻价值是由多方面因素构成的,而不是单方面因素决定的。

那么,新闻价值由哪些因素构成呢?

(一)事实与真实。事实是物质的、有形的东西,属于第一性的因素,是新闻的本源和基础。客观存在的事实,一般具有它本身的价值,但也不是所有事实都有价值。我们只是选择那些重要的有价值的事实作为新闻的基础。而且,事实必须是完全真实的,一是一,二是二,来不得半点夸张或拔高。事实真实可靠,才能取得读者、听众和观众的信任,新闻价值才能建立在牢固的群众基础之上。事实在新闻价值中的作用是怎样的呢?如果把事实比作一块石头,石头投入池中,水花飞溅,波纹四荡,那么,这水花和波纹便是新闻价值。石头的分量越重,水花和波纹就越大。当然,还与水的深浅、投掷力的轻重、距离的长短等都有关系。毋庸置疑,石头的分量是起首要作用的。这就是说,事实的分量或事实本身的价值,对新闻价值的形成起了内在的首要的作用,但不是唯一的作用。

(二)时间与空间。新闻价值作为客观事实和主观手段结合的产物,已转化为精神产品的价值,属于观念形态范畴。但是,它的存在在相当程度上是以时间和空间为表现形式的,比如,某一新闻在报刊、电台或电视台报道以后,人们在评论它的价值的时候,总离不开它所报道的事实在什么地方、什么时间、什么情况下发生的,它在多长时间、多大范围产生了什么样的影响,等等。从另一个角度说,新闻是最容易损耗的产品,时间性极强。过时的“新闻”或人人皆知的“旧闻”,不管它如何真实可靠,也是不可能产生应有的新闻价值的,甚至完全失去新闻价值。时间与效果是息息相关的。在一定意义上说,时间是新闻价值的生命。就空间而论,新闻传播距离的远近、范围的大小、传播工具功能的差异、地理上的接近性不同等,都表示着新闻价值相应的大小高低。例如,同一内容的新闻,在省辖市广播电台与在省台播出,在省台播出与在中央台播出,由于距离、范围、功能不同,其影响所及和效果,后者显然要比前者大,新闻价值也就不一样。又如,同一内容的新闻,传播到不同地区,由于所报道的内容同各地区的情况的接近程度不同,群众的关心程度不同,其新闻价值显然也是不一样的。

(三)政治性与艺术性。大凡较高价值的新闻,除了事实本身真实可靠、事实价值较大,报道得及时、迅速以外,往往同具有较强的政治性和艺术性分不开。所谓政治性,就是:立场、观点是否鲜明,是否符合党的路线、方针、政策,是否适应人民群众的利益、愿望、要求,能否揭示事物的本质和规律,指导作用和针对性如何等。所谓艺术性,就是:表达是否准确、简洁,文辞是否生动、优美,以及新闻手段的运用是否恰当等。政治性是方向、是灵魂,艺术性是技巧、是方法。我们的新闻,如果能做到政治性和艺术性的完美统一,肯定会大大增强新闻价值。人们所熟悉的《我三十万大军南渡长江》这一新闻,便是政治性和艺术性完美统一的典范。它全文不过二百字,却把宏伟壮观的历史性事件活生生地展现在人们面前。它的突出特点就在于:观点鲜明,文字精练,表达准确,语言生动。它的新闻价值是极高的,这已为实践和历史所证明。而我们现在有些新闻,特别是外事新闻和会议新闻,总是那么几句话套来套去,毫无特点,有的甚至只要把时间、人名一换,几乎可以常年"通用"。这样的新闻,有多少人爱看?热心的读者也不过浏览一下标题而已,它的价值不能不受到损减。当然,也有写得好的,但不多见。这至少说明,政治性和艺术性的因素在新闻价值中是占有一席之地的,是起着重要的作用的。

(四)效能与效果。效能,是指事实本身所蕴藏着的有利作用。这种作用得到应有的发挥,会提高新闻的价值。效果,就是通常说的社会效果。换言之,就是新闻传播后在广大群众中产生的影响和作用,就是群众对新闻的评价和反应。效能与效果大小,同新闻价值大小是成正比例的,它们是新闻价值的重要决定因素。这里举个例子:1978 年 11 月 15 日,新华社发表了《天安门事件完全是革命行动》的新闻,顿时轰动了全国,乃至引起全世界的注目。这是一条公认的具有很高新闻价值的新闻。它的价值不仅包含事实本身的意义,还表现在突破了"两个凡是"这一重大政治"禁区"上面,表现在指导和推动全国范围揭批林彪、江青反革命集团斗争的作用上面,表现在广大人民群众的强烈共鸣和高度评价上面。这三个"表现"都是在中共北京市委在当时举行的常委扩大会上宣布为天安门事件平反这一事实通过新闻手段传播之后出现的。就是说,三个"表现"都属于效能与效果因素。如果把社会效果排除在外,那它还有多少新闻价值呢?有,也只是事实本身的价值,而不叫新闻价值。所以,绝不可否定或排除社会效果在新闻价值中的重要决定因素的地位。

我认为,新闻价值大致由以上四方面因素构成。当然,就某一具体的新闻来说,其价值因素不可能平分秋色,也可能这个因素比重大点,那个因素比重小点,也可能那个因素比重大点,这个因素比重小点。不同的新闻具有不同的新闻价值,不同的新闻价值具有不同的价值因素比例。这种不平衡性是正常的、绝对的。但是,四个方面的因素都对新闻价值的形成起着各自的作用,其中(一)(二)(四)三个方面因素起着决定的作用,而头一个因素又是诸决定因素中的首要因素。这就是笔者同徐文观点的区别所在。

徐文把社会效果等方面因素排除于新闻价值的决定因素之外,仅仅以事实本身为决定新闻价值的因素,显然是只看到客观存在的一面,忽视了主观能动的一面;只注意内在的作用,忽视了外在的因素。因此,他的"决定新闻价值的因素只能是事实本身"的观点,我认为是失之偏颇的。当然,我也不同意某些文章把事实价值排除在新闻价值之外的观点。

二、事实价值是第一性的,新闻阶值是第二性的

徐牧同志在文章中对"什么是新闻价值"作了四种表述:(一)新闻能够满足社会某种需要的效用;(二)新闻能够给予社会的影响的某种功能;(三)新闻对社会实践所能产生的影响和所能起的积极作用;(四)新闻在人民群众中所起的"组织、鼓舞、激励、批判、推动"作用。

且不说以上表述是否完整,也不说徐文对新闻价值定义的表述同对新闻价值决定因素的观点是否自相矛盾,仅就这四种表述的含义而言,可以推断:新闻价值是某一事实经过新闻手段的传播并产生社会效果之后才得以实现的。这应当被认为是正确的。

但是,徐文又说:"新闻价值是客观存在的,它主要是由构成新闻的事实本身所决定的。新闻价值是选择和衡量新闻的依据。""一条重要新闻,在传播之前即已存在'价值'。传播是实现'价值'的手段,传播的后果是'价值'实现的具体表现。新闻价值的'存在'在前,新闻价值的'表现'在后。"(着重号系笔者所加)

这等于说,新闻价值可以先于新闻而"客观存在"。这就同他对新闻价值定义的表述大相径庭了。

徐文在这个问题上混淆了两个不同的概念,即事实价值同新闻价值的区别,由此导致了事实与新闻、新闻与新闻价值、事实价值与新闻价值之间关系的颠倒。

何谓事实价值?就是现存的事实本身所包含的价值。它不依附于主观条件而独立存在。用新闻学语言来说,事实价值就是指新闻要素中那些事实的固有价值。

至于新闻价值的定义,众说纷纭,莫衷一是,至今也没有定论。依我看,似可作这样简要的表述:新闻价值,就是事实及时转变为新闻之后,事实价值与社会效果的总和。

再从字面上看,"新闻价值"这四个字,谁都清楚,它是由"新闻"和"价值"两个词构成的词组,以表明它是新闻的价值,而不是别的价值。

很明显,新闻价值的前提是新闻,而新闻的基础是事实。没有事实,就没有新

闻,没有新闻,也就无所谓新闻价值。事实是第一性的,新闻是第二性的;事实价值是第一性的,新闻价值是第二性的。

新闻价值作为一个整体,在形成这样一个完整的概念之前,即在事实尚未通过新闻手段传播之前,只是事实和事实价值是“客观存在”的,这时候并不构成新闻价值。在事实通过新闻手段传播即“表现”之后,各种因素聚合在一块之后,才可能形成即“存在”新闻价值。这就是客观事实在内部因素和外部因素的作用下,在短时间内产生一种观念形态——新闻价值的过程.

我们可以从这个转化过程得出结论:事实在前,新闻在后;事实价值在前,新闻价值在后;新闻在前,新闻价值在后;新闻价值“表现”在前,新闻价值“存在”在后。

因此,说事实或事实价值是“客观存在”的,是无可非议的;说“新闻价值是客观存在的”,未免牵强。说“新闻价值是选择和衡量新闻的依据”,“选择”就意味着新闻价值在新闻之前,从而颠倒了二者的先后关系,我们只能说“新闻价值是评价和衡量新闻质量的依据或标尺”。说“新闻价值的‘存在’在前,新闻价值的‘表现’在后”,则违反了新闻价值的产生和形成的固有规律,因为,作为第二性的新闻价值,只有通过一定形式“表现”之后,才能证明它的“存在”。

为了进一步说明事实与新闻、事实价值与新闻价值的关系,不妨作个比喻:事实好比原材料,经过记者、编辑的加工处理,成了产品即新闻。事实价值好比原材料的价值,新闻价值好比产品的价值,不言而喻,产品价值总是比原材料价值高。而且,新闻作为一种特殊形式的精神产品,其特殊价值和独特作用,是一般物质产品所望尘莫及的。新闻的特殊价值和独特作用,就在于“忠实地报告我们革命工作的事实”(毛泽东:《“政治周报”发刊理由》),用事实来回答敌人的攻击,用事实来宣传党的路线、方针、政策,用事实来感化和影响广大人民群众,以促进和推动我们的社会主义事业胜利前进。理所当然,我们的新闻所需要的事实,“是经过分析、挑选、综合起来的事实,去掉了次要的不完全能够说明问题的材料,采用了精练的、最带典型的、有说服力的、能体现党的政策思想的事实”(吴冷西:《对新闻写作的八条要求》)。只有采用这样的事实构成的新闻,才具有特殊的价值和独特的作用。

上述内容告诉我们,事实与新闻、事实价值与新闻价值是紧密联系、不可分割的,同时又是互有区别、不可替代的。它们之间既不能画等号,更不能颠倒关系。

这样说来,是否意味着事实在成为新闻之前就无从判断新闻价值呢?不是的。我们可以事实为基础,以事实价值大小为依据,以党的政策思想为指南,以人民的利益、要求、愿望为出发点,经过自己的观察、了解、思考、判断,迅速作出选择。一旦选定后,就“将丰富的感觉材料加以去粗取精、去伪存真、由此及彼、由表及里的改造制作工夫”（毛泽东：《实践论》），进而写出高质量的新闻作品。

可是，这里又产生一个问题：记者在采访时，通常总是以有没有新闻价值或新闻价值大小来作为选择和取舍事实的标准的，这岂不是同前面说的“事实在前、新闻在后，新闻在前、新闻价值在后”发生矛盾了吗？不，它并不矛盾。因为，在采访阶段所说的“新闻价值”，实际上是记者在一定的新闻工作实践基础上自然形成的判断力的代名词，是“预测性新闻价值”。能否达到预测价值，还有待将事实通过新闻手段传播后方能得到验证，也可能达到，也可能达不到，也可能超过。预测准确与否，判断正确与否，那就取决于记者本身的政治业务水平和观察判断能力了。但必须指出的是，绝不可以把这种“预测性新闻价值”同前面谈到的已经实现了的实在性的新闻价值混为一谈，更不能由此得出“新闻价值在采访时就已客观存在”的结论。

（本文发表于北京广播学院新闻研究所《新闻广播电视研究》1981 年 7 月 30 日第 2 期）

新闻定义时新概念试探

新闻定义是对新闻本质特征的科学抽象,也是对新闻这一特定概念的内涵和外延的确切说明。时新概念则是对新闻时间性要求的抽象概括,是新闻定义不可缺少的组成部分。

那么,新闻的本质特征是什么? 我们可从三个方面来看,一是它的真实性。事实是新闻的本源和基础,没有事实就没有新闻。新闻内容必须完全真实,不允许虚构,也不允许夸张。这是它与一切文学作品的根本区别,是新闻基本的本质特征。二是它的时新性。新闻,顾名思义是鲜为人知的事情。它的价值很大程度上取决于时新性如何。从事实发生或变动到形成新闻之间的时间差,同时效、新闻价值恰成反比。这是新闻的显著本质特征。三是它的公开性。新闻不是内部消息,也不同于密码通信,一切内容都是公开的。它通过无线电波或其他媒介广泛而又迅速地传播,不受疆域、民族、阶级、身份等自然、社会条件的限制,全国和全世界所有的人都可以阅读、收听和收看。这是新闻的又一鲜明本质特征。

一般来说,凡能概括或说明上述本质特征的新闻定义,就是科学的定义。

据《新闻学再探》介绍,见诸文字的新闻定义,迄今已有近百种之多。这里不妨录引数则:

"新闻者,乃多数阅者所注意之最近事实也。"——徐宝璜〔中国〕

"新闻是新近发生的事实的报道。"——陆定一〔中国〕

"新闻,就是广大群众欲知、应知而未知的重要事实。"——范长江〔中国〕

"新闻是最近发生的、能引人兴味的事实。"——白来耶〔美国〕

"新闻就是把最新的现实的现象在最短的时间内,连续介绍给最广泛的公众。"——道比德特〔民主德国〕

"新闻是根据自己的使命对具有现实性的事实的报道和批判,是最短距离的有规律的连续出现来进行广泛传播的经济范畴内的东西。"——小野秀雄〔日本〕

以上各种新闻定义,表述各有差异,侧重点也不尽相同,但大多概括或包含了新闻本质特征的基本要素。

著名新闻学家和新闻教育家徐宝璜最早给新闻下了定义。尽管这一定义现在看来不免具有历史的局限性,却仍不失它的理论价值。然而,长期以来真正为新闻学界乃至社会所公认的,则是陆定一同志在20世纪40年代提出的“新闻是新近发生的事实的报道”这一著名的定义。

如此说来,对新闻定义是否还有探讨之必要呢?

任何科学概念,总是随着人们社会实践的发展和认识的飞跃而不断更新、不断完善、不断升华的。这就是理论的生命力所在。

属于新闻基础理论范畴的新闻定义,应当而且必然随着新闻实践的变化而变化。当今,从世界范围看,科学技术的日新月异和传播手段的不断改善,大大缩短了时间空间距离,世界上任何地方出现的新闻事实或事件,都有可能立即得到传播。新闻的高度的时新性,已成为各国新闻机构和新闻工作者努力追求的目标。另一方面,随着社会生活节奏的加快和信息渠道的多样化,读者、听众和观众对新闻时新性的要求愈来愈高。在这样一个电子和信息时代里,从前意义上的“新闻”,今天已经不能作为新闻看待了。新闻记录电影被电视新闻所取代,就是明证。这是不以人们的意志为转移的社会发展的客观规律。

党的十一届三中全会以来,新闻时新性和时效性普遍提高,时新性很强的新闻,通过各级各类新闻传播媒介大量涌现,特别是许多世人瞩目的重大事件,及时得到了报道和传播。典型事例如:新华社1979年8月6日播发的《战后谅山》的新闻,1981年7月19日播发的《我国最大水利工程经受特大洪水考验》的新闻;中央人民广播电台1981年1月4日关于葛洲坝水利枢纽第一期工程大江截流胜利合龙的报道,1983年9月22日关于朱建华打破男子跳高世界纪录的报道等。相关新闻所报道的都是刚刚发生或正在变动的事情,在国内外产生了广泛的影响。这种以“真”“新”“快”夺人眼球且时新性强的新闻,是信息时代名副其实的新闻。

新闻实践的新进展,向我们提出了新闻定义如何表述更准确、更符合现在实际的问题。因此,探讨新闻定义的时新概念,不仅具有理论价值,还具有现实意义。

上述情况表明,我国现在通行的新闻定义,其时新概念已不合适,即不能准确反映事实与新闻之间愈来愈小的时间差的实际。

本文开头所引用的各种新闻定义,均以“最近”“新近”“最新”“最短”一类副词为时新的概念。显然,它们都不是确定的时新概念,有相当的弹性。几天前可以说“最近”“新近”,十几天前也可以说“最近”“新近”,甚至于个把月前、几个月前发生的事也可被称作“最近”“新近”的事。过去一个时期,“最近”几乎成了某些旧闻冒充新闻的时间代名词,时新性极差的“新闻”不断在报纸、广播、电视中出现,引起读者、听众和观众的困惑和反感。

既然“最近发生”或“新近发生”一类时新概念已不能准确反映实际,就有必要以新的时新概念来代替。我认为,用“刚刚发生或正在变动”的概念,似乎更为精当。这样,新闻定义完整的表述就是:新闻是刚刚发生或正在变动的事实的报道。这一表述作为一般的新闻定义,既博采了众家之长,又弥补了原有定义的不足,即变不确定的时新概念为确定的时新概念,缩短了新闻应有的时新性与现代化传播手段之间人为的距离,使新闻定义更切合变化了的实际。

(本文发表于北京广播学院新闻研究所《新闻广播电视研究》1985 年第 4 期)

关于修订《当代中国广播电视学》的意见和建议

根据中国广电联合会2014年7月25日征求意见函的要求,我重阅了《当代中国广播电视学》的基本内容和结构,认为学术委员会和张振华同志提出并决定对此书进行修订很有必要,也很适时。我的意见和建议如下:

一、书名应名副其实

重在把握三点:当代的时空;中国广播电视的范畴;“学”的表述形式(即侧重于学理性概述)。总的就是应突出原理性、规律性、规则性、制度性、规范性和持久性、战略性,避免过于微观的、实例的、动态多变的描述。属于实践性较强的内容(如改革创新举措),应在总结以往经验的基础上,进行理论的概括或阐述,提炼出具有规律性或稳定性的原理、规则。

二、全书结构应作相应调整

现在的结构总体上比较传统,与已经发生的变化不那么适应,同以往此类专著比较相似,建议有较大的调整。

(一)现第一章的题目与内容不对应,没有回答“基本属性”问题。建议第一章题目改为“中国广播电视的基本属性和功能”,下分“基本属性”和“主要功能”两节。对“基本属性”和“主要功能”的概括,建议吸收多年来专家学者的学术成果,体现时代的特征。

(二)现第二章的前五节题目套用国家五大建设,显得有些牵强。建议只写与广电发展关系紧密的相关领域,突出重点,不面面俱到。

第三章的“传媒生态”,实际上也是第二章时代环境在传媒领域的表现,没有必要单列一章。建议现第二、三章合并为第三章,题目改为:“中国广播电视的时代和生态环境”。

(三)建议增写新的第二章,将现第一章的部分内容纳入其中,概括并增添为“特色”一节。同时,增写“构成”一节,从若干方面概括我国广播电视事业的构成,同样体现自己的独特性和全局性。

(四)现第四章的题目与所属二至五节的题目并不吻合。此章无疑讲理念上的嬗变,而二至四节却从“功能”“环境”“向度”“视域”角度列题。建议将“章”的题目改为:“中国广播电视的理念创新和嬗变”,以下五节改为四节,题目分别为:从“宣传”到“传播”,从“教化”到“服务”,从“单向”到“互动”,从“受众”到“用户”。现第三节的“从信息封闭到信息公开”,并非广电的理念转变,而是政府的理念转变。信息一经广电传播,从来都是公开的。这条去掉为好。

(五)现第五章“中国广播电视节目形态与生产”,涵盖面太窄,不能反映当代整个传播流程的状况。建议作较大调整,仍称第五章,“章”的题目改为“中国广播电视传播流程再造和构建”。下设五节,题目分别为:节目形态和制作流程再造;节目播出和管理流程再造;节目传输多元流程再造;节目评估体系构建;受众与用户调查和服务体系构建。加大科技在上述方面的分量。

现第九章“中国广播电视的受众研究”,其内容和分量不足以单独成章,与其他各章不在一个层次。建议撤去此章,将相关内容移入新的第五章,列第五节。

(六)现第六章“中国广播电视的产业经营”,题目太窄,“经营”只是产业发展和产业体系的一个部门,涵盖不了其他部门和整个体系。建议题目改为:“中国广播电视的产业发展和体系构建”。下设五节:产业理念和内涵;市场主体;运营模式;产业政策;产业发展与公共服务。

(七)现第七章“中国广播电视的体制管理”,这里的“体制管理”概念含义不清,没有任何依据,不适用。建议改为:“中国广播电视体制改革和创新”。下设四节:传统广播电视体制的基本特征和利弊;广播电视媒体体制机制改革和创新(包括集团化改革的探索和深化,制播分离改革的探索和推进,频道制改革与节目创新,劳动、人事、分配制度改革,传统广播电视与新媒体的融合发展等);广播电视行政管理体制改革(包括:治理理念的转变,机构与职能的调整,管理方式的创新);广播电视法制建设与法治道路。

现第八章“中国广播电视的法治建设”,不作专章,相关内容列入新的第七章第四节。理由是:我国传媒领域至今没有一部国家专门法律,立法严重滞后,原因很复杂,不是广电部门自己能解决的。依法管理,先要解决立法问题。法制建设还是放在体制改革里讲为好。在尚无一部专门法的条件下，讲"广播电视法律制度体系"，那是会闹笑话的。

（八）现第十章"中国广播电视的队伍建设"，加"人才"二字，以突出人才兴业理念。下设四节：确立人才兴业理念；人才素质的新要求；人才的来源和培养方式；复合型创新人才的培养和使用。这样，可以突出重点，避免一般化写法。

（九）建议增加一章，列为第九章，题为："中国广播电视的发展战略和走向"。下设五节：国家现代化建设进程与广播电视发展走向；构建现代传媒新体系，走融合发展之路；构建现代传播技术新体系，走数字化、网络化、智能化发展之路；构建现代广播电视公共服务新体系，走城乡一体化发展之路；构建现代广播电视新体制，走"四位一体"发展之路（"四位一体"指：广播电视公共服务体系、广播电视产业市场体系、广播电视政府监管体系、广播电视社会组织和中介服务体系）。这是从战略层面对广播电视发展全局的预期和展望，有利于明确发展方向，增强发展信心，也可以增强本书的前瞻性和学术价值。

三、写作上的统一和规范问题

（一）文体应统一为议论文文体。不必写过程、写历史。如体制部分，不必追溯历史过程。全书风格应一致。

（二）概念的运用应规范。尚有某些概念不够规范、通用。如"中国广播电视事业体制建设的发展"，这里涉及"事业""体制""建设""发展"四个概念，这四个概念放在一些使用，使它的含义变得十分复杂，是很不规范的组合。又如，第七章的题目"中国广播电视的体制管理"，用了"体制管理"这个概念，这同样也是不规范的概念，其实用"中国广播电视体制"即可，既规范，又含义清楚。再如，"法治建设"，"法治"是依法治理的含义，加"建设"，是动词的重叠，不通，也不规范。

（三）对政策性很强的提法和评价应慎重，要以现行的中央政策文件为依据，表述应准确无误。如269—271页关于"事业单位、企业管理"的表述和评价，自相矛盾，且不妥当。中央文件明确规定，电台、电视台是重要思想文化阵地，实行国有事业体制。书中所述的"媒体逐渐成为市场主体""媒体将形成无数个市场主体主动适应和参与市场竞争，由市场决定其发展的走向"，这不符中央政策规定，也不适用于广播电视媒体。

（四）书中对原文引用他人著述的内容，一般在本页加注是必要的，但对概括性引用他人著述内容或观点的，也应注明出处，这是对他人著作权的尊重。另外，应在全书正文之后，列出参考书目。

以上意见和建议，以及附后本人提出的全书结构调整方案，供修订时参考。

（本文写于2014年8月20日，并提交中国广电联合会）

一部具有现实意义与历史价值的广播电视史著

——《中国广播电视改革发展十年回眸(2001年—2010年)》是怎样写成的

2012年10月,一部《中国广播电视改革发展十年回眸(2001年—2010年)》(以下简称《十年回眸》)的广播电视史学著作,由中国国际广播电视出版社出版面世。这是中国广播电视协会批准立项并提供经费、由协会学术委员会组织实施并完成的广播电视重大理论研究项目。从确定立项到成果出版,历时两年十个月,其中撰写工作历时一年零三个月,全书约40余万字。

这是首部比较全面系统地研究和梳理新世纪头一个十年广播电视改革发展历史进程、总结这一时期的经验教训的史著。该书出版后,受到了广电业界、学界的普遍认可和较高评价,已被评为广播电视学术著作特等奖。

作为学术委员会执行副主任和本书的副主编,我按照学术委员会主任会议的决定,负责提出本书编写方案,起草架构大纲,承担第一章《广播电视体制改革》的研究撰写,参与三轮审稿和其中两章的较大调整修改。总的是协助主编刘习良同志参与了全程工作。

借今天的学术会议,我想就这部史著的相关问题作些介绍,并谈谈自己的粗浅体会,以就教于各位广电史学专家。

一、本书主要特点

《十年回眸》主要有四个特点:

其一,最近的历史。本书所涉时段、内容、史实,无疑属于当代广播电视史范畴。但这是最近的一段广电当代史,即新世纪的第一个十年,其时限起止是2001年至2010年。也就是说,书中所涉这十年的史实,都是我们刚刚经历过的、见证过的史实。写这么近的事,有利的一面是,记忆比较清楚,研究资料比较易于收集,史实比较容易弄清楚;不利的一面是,有些事情尚无定论或争议较大、看法不一,历史检验尚嫌不够,况且相关决策者、领导者基本都还健在或还在位,写作或评价上会受些局限。当代人写当代史,向来是个难题。我们这些当代广电人写当代最近的广电史,也是一种尝试吧。

其二,系统的总结。从本书的章节设计到所涉的内容,可以看出,本书力求比较全面地反映这十年广播电视改革发展的基本情况,比较清晰地梳理这十年广播电视改革发展的基本脉络,比较系统地总结这十年广播电视改革发展的基本经验。前两条,在各章节都有比较充分的体现,后者则在绪论、第一章和第二章第四、五节中有比较深入的论述。

其三,权威的解读。本书虽是协会学术机构组织完成,但它具有较高的权威性。这是因为,整个研究和编写工作,始终坚持以邓小平理论、"三个代表"重要思想和科学发展观为指导,认真贯彻和体现党的十六大、十七大精神;始终坚持实事求是、客观公正、忠实记录的原则,以事实为依据,用事实说话,所有使用数据均采自国家统计局和总局规划财务司等相关司局统计资料,以及广电蓝皮书和广电年鉴,力求从整体上准确反映广电发展现实。还因为,研究和撰稿人,由三部分人员组成:学者型的老广电工作者和领导干部;现任相关司局和国家台的司局级、处级干部;专门研究机构的专业研究人员。他们或掌握大政方针和广电全局,或参与相关业务管理和政策制定,或对广电相关领域有较深的研究和较高的造诣。因此,本书对当今广电改革发展的论述和解读,具有较强的权威性。

其四,镜鉴的意义。以史为鉴,这是古往今来写史修史的重要意义所在。新世纪我国广电的改革发展和整体转型,仍处在进行时。本书的意义在于,把前十年我国广电的重要进程与成就、成功经验和失误的教训,尽可能地加以论述。这对今后广播电视深化改革、持续发展,对各级广电人,特别是各级广电领导者,无疑是一面镜子,可起镜鉴作用。

二、做法和体会

(一)基本做法

1. 正确定位、定原则。我们一开始就把本书定位为当代中国广播电视史书,以记录新世纪前十年我国(不含港澳台地区)广播电视发展史实为基本内容,重点梳理、总结、反映这十年广播电视改革发展的重要进展、成就、变化、影响以及经验教训;要求研究和撰写工作本着实事求是、客观公正、忠实记录的原则,以叙事为主、评论为辅，突出重点、以点带面，力求真实、准确、鲜明、精练，以概述为文稿总体风格，用第三人称写法，评论要客观、辨证、理性，用语要恰如其分，观点要经得起历史检验。

2. 科学设计架构大纲。本书从全局性、系统性、科学性、专业性考虑，设计其基本架构为：1 个绪论，10 章共 33 节，再加 1 个附录大事记。10 章的题目分别为：广播电视体制改革，广播电视宣传工作，广播电视对外宣传与传播，广播电视公共服务建设，广播电视产业发展，广播电视科技发展与应用，广播电视视听新媒体发展，广播电视行政管理，广播电视队伍建设，广播电视政策理论研究与评奖工作。这 10 章内容，基本上涵盖了广播电视的整体改革发展状况。书名定为《中国广播电视改革发展十年回眸》。这样设计，应该说比较符合广播电视的内在特点和研究撰稿的“四性”要求。

3. 选好研究与撰稿人员。我们当时考虑，成立一个课题组，组织一支有实力的研究写作队伍，并把研究和撰写紧密结合起来。选择上述人员应具备的条件是：对所承担的任务部分，应有全面的了解和把握，在相关领域具有较为深入的研究并已取得一定成果，具备较强的研究与写作能力。最后实际承担全书研究写作任务的人员共有 27 人，其中中广协会 7 人，中央三台 3 人，总局机关 7 人，发展研究中心 9 人，传媒大学 1 人。其中任中广协会学术委员会委员的有 6 人。应当说，他们基本具备上述条件，其中一部分更是相关领域的资深专家和领军人物。

4. 解决好难点问题。本书在编写和审稿中遇到的主要问题有：①时间起始问题。21 世纪究竟从何时算起？据当时媒体报道，一说应从 2000 年 1 月 1 日算起，一说应从 2001 年 1 月 1 日算起，还有兼容两说的意见。本书时限原定为 2000 年—2009 年，后经反复研究，一致认为应根据权威颁历机构紫金山天文台的权威发布为准，改为 2001 年—2010 年。②评价问题。尤其对体制改革问题，如何评价没有依据，并且争议较大。本书本着实事求是的原则，以实际效果作判断，只论事，不涉人。如绪论和第一章均予正面回答，不回避失误。③写作风格问题。有的初稿不符合“概述”写法，风格不一致。这些稿子经修改，尽量往“概述”靠近，或作顺序上的调整，或删除部分内容，求得大体上的一致。上述问题，均在习良同志多次主持会议慎重讨论基础上予以解决。

（二）主要体会

1. 必须恪守实事求是的原则。正如刘习良同志所总结的三条：立足国情，联系实际；敢说实话，敢讲实情；独立思考，勇于创新，知过必改。这是《十年回眸》研究撰写工作力求恪守的基本原则。

2. 应当突出重点。广电十年,内容极其丰富,矛盾也错综复杂。写广电史应突出重点,以点带面,避免事无巨细、面面俱到、不分轻重;要抓住发展这个主线,反映进展这个主流,不可一叶障目,只见树木、不见森林。

3. 不回避问题。所谓问题,包括发展中遇到的问题,改革中出现的问题,特别是决策中出现的失误问题。对这方面重大的问题,不应回避,而应面对,不仅提出问题,还要分析其原因和危害或不利。可以直接点明,也可以正面总结来提出教训,但基本上应是对事不对人,宜粗不宜细。

4. 选定最合适的研究撰稿人至关重要。一个项目也好,一本史著也好,必须是由具备相应条件的人来承担。只有这个环节做好了,才能确保任务的完成和成果的水平、质量。这是最重要的保障。否则会事倍功半,甚至劳而无获、半途而废。

5. 切实把好审稿关。包括从史实、政治、政策、数据、风格、文字诸方面把好关。本书由主编和三位副主编先后进行了三轮审稿,并分工修改相关部分内容,由编辑部核对全部数据,最后由李丹会长主持终审。编写史书,应当秉持严谨认真态度。

《十年回眸》就是这样研究写成的。

(本文系作者 2014 年 10 月 18 日在“广播电视史学:机遇与挑战”学术研讨会上的主旨发言)

第二辑

广播影视规划和研究机构建设与思考

广播电视规划院和广播影视发展改革研究中心是怎样组建起来的

我们这次工作会议是在保持共产党员先进性教育进入整改提高阶段、我院发展和建设处于关键时期召开的一次重要的会议。会议的指导思想和主要任务是：以邓小平理论和"三个代表"重要思想为指导，全面贯彻党的十六大和十六届三中、四中全会精神，学习贯彻科学发展观，落实先进性教育整改措施，总结交流建院以来的工作，研究部署当前和今后一个时期的工作任务，讨论规划院"十一五"发展规划纲要和规划院工作规则，统一思想、凝聚力量、求真务实、开拓创新，全面推进我院的建设和发展。

现在，我代表院党政领导班子作工作报告。

一、建院以来的工作回顾

根据总局党组的决定，广播电视规划院的筹建工作从2003年9月开始启动，2004年4月规划院正式成立，并于2004年6月组建了发展改革研究中心。一年多来，我们在总局党组特别是赵实、海涛同志的直接领导和指导下，在总局办公厅、人教司、计财司、科技司等部门和直属机关党委的支持帮助下，院党政领导班子带领全院职工坚持以邓小平理论和"三个代表"重要思想为指导，认真贯彻党的十六大和十六届三中、四中全会精神，全面落实总局对规划院工作的一系列指示，克服重重困难，排除各种阻力，求真务实，艰苦创业，扎实工作，稳步推进，不仅把规划院和发改研究中心的机构和队伍组建起来，而且有效地开展业务工作、推进内部建设，较好地完成了各项任务，取得了突破性的进展和阶段性的成果。

(一)完成筹建工作，推进内部建设

从2003年9月到2004年4月这一阶段，我们着力抓了两个方面的工作：一是

调查研究，做好前期的一些基础性准备工作；二是促进广科院科技体制改革，实现两院的人、财、物的划转。我们密切配合和协助人教司研究修改总局关于《广播科学研究院科技体制改革实施意见》，并积极主动地推动这个《意见》的实施。经过与广科院领导多次研究协商，达成了两院人员、经费、设备、用房划转的协议，并逐一予以落实。在此基础上，组建了规划院第一届党政领导班子。2004 年 4 月 23 日规划院召开了第一次全体职工大会，宣告规划院正式成立。海涛同志到会发表重要讲话，代表总局党组和光春、赵实同志，对规划院的成立表示祝贺，阐述了组建规划院的重要性、必要性和紧迫性，要求规划院在广电发展改革中充分发挥作用，并对规划院的建设和发展提出了指导性意见。根据海涛同志的讲话精神和“三定”方案，我院确立了为总局服务、为系统和行业服务的宗旨和方向。

从 2004 年 4 月起到现在，我们坚持一手抓业务工作，一手抓内部建设，两个方面都取得了较大的进展和成效。在推进内部建设方面，主要有以下几项工作：

1. 制定和实施规划院“三定”方案。这个方案是在认真研究讨论（包括召开全院中层以上干部和业务骨干研讨会，分别与人教司、科技司沟通、商讨，院领导班子多次研究讨论）的基础上形成的，经人教司审核并报总局党组批准后即着手实施。据此方案，规划院内部机构和结构进行了重大调整。科技研究部分，对原有研究机构进行了重大调整，按广电专业分工设立了三个新的研究所，调整了信息所的职能。发改研究部分，按政策战略、产业经济和国际广播影视三个方向设立了三个研究所。院职能部门也进行了重大的调整，合并了行政党务和人事部门，设立了科研管理和事业发展部门，保留财务部门。目前，人员、资产均已按新的机构配备、划转，各项业务工作已按新的分工到位。

2. 组建发展改革研究中心。在总局领导和人教司、计财司的支持下，规划院确定了中心领导干部，落实了办公用房和开办经费，完成了中心第一批研究人员的招聘工作，随即开始了课题研究工作。与此同时，迅速装修了中心的办公用房，配备了办公设备，保证了中心研究工作的开展。目前第二批招聘研究人员的工作已基本完成，原战略所研究人员已归建发改研究中心。最近按总局党组决定将接收总局直属机关党委的 1 名干部。这样，发改研究中心研究人员将达到 15 人（其中博士后、博士 7 人，硕士 6 人；高级职称 5 人），初步建立起一支具有高学历层次和较强研究能力的研究队伍。

3. 推进人事制度改革。制定和实施关于人员聘用和内部退休方面的规章制度。从 2004 年 12 月开始，全院实行中层领导干部竞聘上岗制和全员竞岗聘用制。到 2005 年 5 月底，全院已完成全员上岗竞聘工作。共有 11 名干部通过竞聘走上了中层领导岗位,54 名职工通过竞岗被聘用到各个岗位。这使每一位职工更加珍惜自己的岗位,更能发挥自己的作用。与此同时,共安排 8 名干部职工办理内退,为吸收新生力量、改变队伍结构创造了条件。

4. 实行财务统一管理。规划院成立后,我们即按照计财司的部署,取消了三级财务,实行全院财务的集中统一管理,规范了财务管理制度。

5. 加强行政后勤的统一管理。精简了各所行政后勤人员,充实了院综合办的力量。大幅度调整了院机关和科技各所办公用房,购置和更新了办公家具,改善了工作条件,提供了物质保障。我们还研究解决了部分职工的待遇问题。

(二)树立服务宗旨,规划院积极开展各项业务工作

本着为总局服务、为广电系统和行业服务的宗旨,规划院积极开展和完成各项业务工作。一年多来,主要完成了以下五个方面的任务:

1. 开辟广电发展改革研究新领域。发展改革研究中心第一批人员到岗后,从 2004 年 6 月 2 日起,立即集中全力组织开展了“广播影视管理体制改革研究课题”的研究工作。课题组深入 10 个省、自治区、直辖市的 40 多个地市县、乡镇广电机构进行实地调研,走访中央、国务院 18 个有关部门,召开数十个各种座谈会、研讨会。课题组经过半年紧张的工作,终于完成了 10 万多字的《广播影视管理体制改革研究报告》,为中心的研究工作打响了第一炮。紧接着,发改研究中心又相继组织开展多项课题研究工作。其中已经完成了重大课题成果《关于增强我国广播电视国内覆盖效果和国际舆论战能力研究报告》《纪录片发展研究报告》和《关于促进纪录片发展的若干意见》。《关于增强我国广播电视国内覆盖效果和国际舆论战能力研究报告》是根据中共中央政治局常委李长春同志和中央政治局委员、中宣部部长刘云山同志的批示而组织开展的研究课题。该《研究报告》上报后,李长春同志立即作了三点重要批示,国务委员陈至立同志也作了批示。《纪录片发展研究报告》也已上报中央、国务院领导。在进行上述三个课题的研究过程中,相关课题组始终得到总局各位领导的高度重视,他们作了许多批示,给予及时的指导和支持。

此外,关于《广播影视集团化改革研究》课题的研究工作正在继续进行,将为广播影视集团化改革寻求思路与对策。按照总局党组的要求,该课题组在今年 2 月至 4 月,参与了中国广播影视集团问题的调研工作,提出了对策、建议。关于《中国广播影视发展报告》(蓝皮书)的编写,课题组已作了一些基础性的准备工作,提出了一个初步的方案。

在做好研究工作的同时，规划院还通过编发《广电发展改革研究》内刊（已编发5期），为总局党组和有关司局提供最新研究成果和参考材料，主动为广电发展改革决策服务。中心领导和研究人员还积极参与有关广电的各种学术业务交流研讨活动，以不同方式介绍中国广播影视发展改革情况和规划院、发展改革研究中心所承担的任务，就广电发展改革一系列重大问题发表自己的见解和学术观点，引起了广泛的关注，有效地扩大了规划院和发展改革研究中心在国内外的影响。

2. 完成了频率规划方面的三个研究项目。包括历时四年的《粤港边界地区地面数字电视频率协调项目》，以及《WRC－2000 中国卫星广播规划修改、实施申报及其国际协调项目（第二阶段）》《中俄边境地区广播电视频率规划协调项目（第一阶段）》。

3. 完成了广电标准方面的16个研究项目。包括《HFC网络数据传输系统技术规范（第一、二部分）》《HFC网络设备管理系统规范》《有线电视用户服务标准》《广播电视音像资料编目规范第1部分：电视资料》等重要行业标准；其他标准研究项目均取得较快进展。根据国标委的要求，进行了国家标准和国家标准计划项目的评估清理工作，对2万多项国家标准进行了逐项清理，对总计184项广播电视国家标准进行了认领，对145项国家标准和27项计划项目进行了清理和评价。

4. 完成了检测方面的5项重要任务和一批常规检测任务。包括国家第二次有线数字电视传输系统方案测试、“2004雅典火炬北京传送”OFDM移动电视转播现场测试等5项重要标准或重大活动的电视测试任务，以及800多项常规性的广电设备入网检测任务。

5. 完成了期刊编辑出版等任务。一年来共编辑出版《广播与电视技术》和《电视字幕特技与动画》24期，为宣传技术政策和推动新技术交流发挥了积极作用。成功地举办了规划院参展中国国际广电博览会的活动和两刊周年刊庆活动，完成了人教司委托的全国广电系统播音员、主持人、编辑、记者等14.8万余名专业人员的资格审核工作任务。

（三）推进党的建设，加强思想政治工作

1. 及时建立健全党团基层组织。我院机构调整、中层干部聘用、全员双向选择定岗定位后，按新的机构设置，及时调整和健全了党支部。现在我院共有党员86人，党支部9个，其中在职职工党员54人，设7个党支部；离休、退休人员党员32人，各设1个党支部。最近成立了共青团规划院总支委员会，健全了团的组织。基层党团组织的健全和加强，为有效开展党团工作和思想政治工作，更好地发挥党团员的先锋模范作用,确保各项任务的完成提供了有力的组织保障。

2. 认真组织开展保持共产党员先进性教育活动。根据总局的总体部署,我院自今年1月28日召开动员大会启动全面深入开展保持共产党员先进性教育活动。目前,已按计划完成了“学习动员”“分析评议”两个阶段的各项任务,从5月16日开始顺利转入“整改提高”阶段。我院86名党员全部参加了这一教育活动。在先进性教育活动中,我们把学习实践“三个代表”重要思想作为主线贯穿始终,把不断提高党员的思想认识和调动党员的积极性贯穿始终,把抓落实、求实效、促进各项工作贯穿始终。在深入学习、提高认识的基础上,每个党员都对照共产党员先进性的基本要求和具体要求,认真进行自我剖析,找出不足,定出整改措施。院领导成员参加了所在党支部的组织生活会,院领导班子召开了专题民主生活会,对征求到的44条意见认真进行分析,提出了整改措施。院领导班子专题民主生活会的情况向院中层干部和支委以上干部作了通报。

先进性教育活动促进了内部建设和各项工作的进展。在机构调整中做到了人心不散、工作不乱,以学习促科研,学习工作两不误、两促进。

3. 结合实际,加强思想政治工作和精神文明建设。一年多来,院临时党委和各党支部紧密结合规划院筹建、机构调整、全员竞聘上岗等实际情况,通过各种方式,认真做好职工的思想政治工作,提高职工对建立规划院、机构调整和人事制度改革等各项举措的重大意义的认识,要求每一个党员把党的最高理想同现阶段的共同理想、个人理想结合起来,在为党和国家的广播影视事业奋斗中实现人生的最高价值。由于思想政治工作到位,我院的筹建工作、机构调整和人事制度改革得以平稳顺利推进。

在推进我院筹建和内部建设过程中,各级党组织和行政领导都十分重视精神文明建设工作。我院积极组织职工参加总局举办的运动会、歌咏比赛等活动,较好地完成了总局布置的捐衣捐款和义务献血等任务。为增强职工的凝聚力和向心力,院里在不同范围组织开展了团拜会、联欢会、篮球比赛、郊游摄影、瞻仰烈士陵园等一系列有意义的活动。院领导在春节和五一节到来的时候,走访慰问了部分老党员、老干部、老专家,对有困难的老党员还送去慰问金,把党的温暖和关怀带给老同志。院领导和职能部门高度重视对职工的安全教育,把综合治理落实到日常各项工作中去,确保了职工的安全。2004年我院被总局分别评为义务献血、综合治理和精神文明先进单位。

（四）主要经验和不足

规划院和发改研究中心能够克服各种困难组建起来、向前发展并取得一定的成绩，总结的经验主要有以下几条：

1. 坚定贯彻落实国家有关深化科技体制改革的精神和总局党组的有关决定，主动争取总局领导和有关司局的理解支持，是推进我院筹建工作和各项建设的基本保障。

2. 坚定为总局服务、为广电系统和行业服务的宗旨，坚持求真务实、扎实工作，正确处理改革、发展、稳定的关系，是确保我院各项工作和建设顺利推进的关键所在。

3. 紧紧依靠广大职工，充分调动广大职工的积极性和主动性，不断增强内部凝聚力，是推进我院内部改革和建设的强大动力。

4. 加强领导班子建设，坚持以事业为重、以大局为重要求自己和教育干部，发挥各级领导干部的作用，是推进内部改革建设、完成各项业务工作任务的重要保证。

回顾和检查我们的工作，仍然存在一些不足，主要是：在起步阶段，主要领导有求稳怕乱思想，"三定"方案的实施进程比较缓慢，与职工期望有差距；在推进内部改革和建设的过程中，有时未能及时统一思想、果断决策，一度影响了职工的情绪和工作的开展；规划院领导工作不够深入，联系群众不够广泛，干群之间和不同部门之间缺乏交流和沟通。这些不足，有的在先进性教育活动中已加以改进，有的有待于在今后的工作中着力整改。

二、当前和今后的工作任务

今年是规划院建设和发展十分关键的一年。我们要根据总局 2005 年广播影视工作的总体部署，牢牢把握为总局服务、为广电系统和行业服务的宗旨和方向，在机遇和挑战并存的现实条件下，不断在业务领域开拓进取，有所作为，多出成果，出好成果；不遗余力地推进内部改革建设，夯实发展基础，实行规范运作，实现可持续发展。任务繁重，时间紧迫。我们要以坚韧不拔、锐意进取精神，求真务实、埋头苦干作风，一步步向前推进，争取全面完成好各项任务，确立规划院在总局和行业内的地位和声誉。

（一）业务研究工作的主要任务

发改研究方面的主要任务是：

1. 配合总局重点工作部署，组织开展“构建农村广播影视公共服务体系研究”项目和“有线电视数字化推进对策研究”项目的研究工作，尽快拿出研究报告，为推进农村广播影视公共服务体系的建立和推进有线电视数字化发展提供决策依据。

2. 完成总局党组交办的任务，尽快完成《关于促进纪录片发展的若干意见》的修改，迅速组织开展关于“少儿频道（节目）建设发展研究”课题，并拿出研究报告。

3. 继续做好“广播影视集团改革与发展”课题研究工作，跟踪最新情况，调整研究重点，争取在适当的时机拿出研究报告。启动与实施“国外（6 国）广播电视体制研究”课题工作，为国内广电管理体制改革提供借鉴和参考。

4. 组织实施《中国广播影视发展报告（2006 年）》项目。组建得力的研究工作队伍，在已有工作基础上，加快工作进度，打造好第一部蓝皮书的品牌。

5. 启动“广播影视发展基本理论研究”课题研究工作，争取 3 年内完成任务。着手编制五年课题研究规划，建立研究项目库，确定 2006 年度的研究项目。

6. 加强研究工作基础建设，搭建对内对外交流的桥梁。办好《广电发展改革研究》内刊，加强选题策划，改进编辑工作，提高整体质量，扩大内部影响。筹办《广播影视发展改革要参》和《国外广播影视动态》。建立健全资料库和课题工作信息网络。组建专家咨询组织并开展工作。创造条件组建省级（包括副省级城市）以上广播影视行政部门和广电媒体相关研究机构参与的全国广播影视系统发展改革研究联合体。

科技研究方面的主要任务是：

1. 确保总局和国家科研项目的顺利进行。配合总局做好《广播影视科技发展“十一五”计划和 2020 年中长期规划》的编制工作；开展“全国地面数字电视广播覆盖网规划研究项目（部分）”“WRC—2000 中国卫星广播规划修改、实施申报及其国际协调项目（第三阶段）”“广播卫星网络申报与协调专项（第一阶段）”“中俄边境地区广播电视频率协调研究（第二阶段）”“广播影视科技发展‘十五’计划执行情况调查与分析”“广播影视产业竞争环境监测与分析”等项目的研究。启动“电视多声道伴音编码技术应用研究”“数字广播影视新技术发展动态分析”“中短波广播数字化技术应用研究”“高清晰度电视广播视频压缩新技术应用研究”等项目的研究；开展科技部“新媒体技术标准体系研究”以及“广电电磁辐射与电磁环境污染研究”项目的研究。

2. 进行广电行业重要标准的研究制定工作。开展地面数字电视广播系列标准、高清晰度电视标准、农村广播影视公共服务体系标准、调频同步广播覆盖网技术规范的研究和制定；加快广播电视电磁兼容相关标准的研究和制定。“十一五”期间，基本完成广播电视模拟向数字转换时期数字电视标准的制定。

3. 继续做好广播电视产品质量检测和前瞻性项目研究工作，进一步完善广播电视计量检测手段。抓紧总局基建项目“广电电磁辐射和防护标准测试系统”的建设，积极争取国家“3C”的测试资质，为创造我院新的增长点打好基础。

4. 加强广电信息研究。加快总局基建项目“广播影视信息平台”的建设，完善信息平台系统，建立专项数据库和信息资源共享系统，开展信息收集、加工、处理和发布，进行高新技术信息跟踪、竞争环境分析等专题研究。进一步办好两个期刊，提高质量，扩大影响，增强效益。

5. 积极开展新技术研究。把握广播电视最新技术发展方向，开展新一代信源编码、无线/卫星移动多媒体、媒体内容保护与管理、下一代网络等项目的研究；协调在研项目和前瞻性研究项目的关系，确保规划院科研能力的可持续发展。

（二）内部建设的主要任务

1. 切实做好保持共产党员先进性教育活动“整改提高”阶段的工作，抓紧落实各项整改措施，巩固教育成果，建立党员教育和管理的长效机制。

2. 研究规划院自身的发展战略，制定和实施《规划院“十一五”发展规划》；加强基础建设，开拓新业务，增强持续发展能力。各部门各研究所要根据院“十一五”发展规划要求，考虑制订和落实本部门的工作计划和发展规划。

3. 建立和完善规划院工作规则和科研、财务、人事管理以及行政后勤等各个方面的规章制度，逐步实行规范化、制度化的管理和运行，提高工作效率和管理水平。各部门各研究所要认真执行院里统一的规章制度，并结合本部门的实际加以细化，使之得到有效落实。

4. 加强队伍建设，培养造就一支精干的、结构合理的、高水平的专业研究工作队伍和具有现代管理理念、知识和才能的管理工作队伍。注意吸收高层次、高素质人才，充实专业研究队伍。制订和落实学习培训计划，加强对现有人员特别是青年业务骨干的培训和能力提升。深化人事制度改革，建立充满活力的选人、用人、育人机制，制定新的分配制度和激励机制。

5. 筹备和建立正式党委，推进党的思想、组织和作风建设。建立健全院所两级中心组学习、考核制度和民主生活会制度。举办党支部书记培训班，建立和完善党支部目标管理责任制。举办要求入党的积极分子培训班，做好组织发展工作。加强党风廉政教育。组建院工会组织。发挥基层党支部和工会、共青团组织的作用，做好思想政治工作，推进精神文明建设，丰富职工精神文化生活，不断增强我院的凝聚力和战斗力。进一步做好离退休干部工作，注意发挥离退休老专家的作用。

三、要求和希望

做好当前和今后一个时期的各项工作，完成好今年的各项任务，为实现我院“十一五”发展规划目标打好基础，是我们全院干部职工共同的责任和使命。全院干部职工应该清醒地认识到，在全面建设小康社会的历史进程中，在社会主义市场经济的条件下，党、国家和人民对广电事业不断提出新的要求，广播影视发展改革的新形势对我院的研究工作不断提出新的任务，信息研究和信息服务领域的竞争态势不断给我们带来新的挑战，我们面临的任务还很艰巨。我们必须坚持以邓小平理论和“三个代表”重要思想为指导，按照科学发展观和建设和谐社会的要求，紧密结合广播影视发展改革的实际，准确把握国际国内广播影视发展态势，以“服务总局、服务系统行业”为宗旨，以增强科研实力、提高研究水平、多出研究成果为主要任务，全面促进自身建设和可持续发展，进一步增强核心竞争力，在为广电总局和全国广播影视系统行业提供决策技术支撑和公益服务、促进我国广播影视发展改革方面发挥更大的作用。

为更好地完成我院所担负的任务，推进我院的建设和发展，现提出以下要求和希望：

（一）统一思想，凝聚力量。这是完成好各项任务的重要前提。全院干部职工要把思想统一到落实科学发展观上来，统一到抓住机遇、加快建设和发展上来，统一到全院工作的总体部署上来。为此，我们要认真学习贯彻胡锦涛总书记提出的科学发展观，深入理解科学发展观的深刻内涵，增强紧迫感和责任感，紧紧围绕我院的核心业务和重点工作，心往一处想，劲往一处使，凝聚力量，形成合力，保证完成好总局交给我院的各项任务。

（二）与时俱进，开拓创新。在改革开放的新形势下，我们面临许多新情况、新问题、新挑战，要适应新形势，完成新任务，开创新局面，就必须解放思想，转变观念，与时俱进，开拓创新，把更新观念、创新思路贯穿于工作的始终，积极地、主动地、创造性地开展各方面的工作。要让全院职工都认识到：我们的基本业务是规划院存在的基础和理由,没有基本业务就没有这个机构。从事研究业务工作的同志要努力开拓创新,勇于承担项目,拓展新的领域,为总局和行业提供高质量的成果和服务;各职能部门要牢固树立服务意识,革除旧观念,改进工作方式,提高工作水平,全心全意为全院研究业务工作服务、为领导开展工作服务、为全体职工服务。

(三)求真务实,敬业奉献。各级领导干部务必以高度负责的精神和求真务实的态度对待各自负责的工作,以身作则,廉洁奉公,恪尽职守,埋头苦干。同时,要充分调动广大职工的积极性、主动性和创造性,确保各项工作任务的圆满完成。广大职工要树立敬业爱岗、乐于奉献的精神,正确对待和处理部门利益、个人利益,把党和国家的事业放在第一位,以科学的态度和求真务实的作风从事科学研究工作。全体党员,要在各自的岗位上发挥先锋模范作用,团结和带领周围的群众,争创一流的工作业绩。

(四)团结一致,同心协力。要在全院大力倡导团结一致干事业、同心协力谋发展的优良风尚,坚决反对自由主义等涣散团结的不良作风,珍惜和维护来之不易的团结、稳定局面。要充分发挥党支部的战斗堡垒作用和工会、团组织的桥梁纽带作用,巩固和发扬先进性教育的成果,加大思想政治工作的力度,通过组织形式多样、健康有益的活动,加强全院各部门之间的了解和沟通,增强单位内部的凝聚力,营造团结、合作、进取的良好氛围,构建和谐的规划院集体。

同志们,经过全院干部职工的共同努力,我院的改革、建设、发展已经迈出了重要的一步,2005 年将是展现我院自身价值的关键之年,也是我院建设和发展关键的一年。我们的任务非常艰巨,责任十分重大,前景也无限美好。我们要用自己的智慧和双手,在规划院这张白纸上描绘出最新最美的图画,谱写绚丽多彩的篇章。让我们在总局党组的领导下,坚定信心,迎难而上,开拓进取,扎实工作,继续推进规划院的建设和发展,全面开创规划院各项工作的新局面,为实现规划院"十一五"发展目标而努力奋斗!

(本文系作者 2005 年 6 月 8 日在国家广电总局规划院工作会议上的报告,原题为《求真务实、开拓创新,全面推进规划院的建设和发展》。作者时任广电总局规划院院长、临时党委书记、广电总局广播影视发展改革研究中心主任)

努力开创规划院工作新局面

2006年是国家和广电总局“十一五”规划开局之年，也是我院进入全面发展创新阶段的起步之年。我院这次工作会议的主要任务是：全面深入贯彻落实科学发展观和党的十六大、十六届五中全会精神，认真学习领会《中共中央关于制定国民经济和社会发展第十一个五年规划的建议》《中共中央、国务院关于深化文化体制改革的若干意见》和《中共中央、国务院关于实施科技规划纲要增强自主创新能力的决定》，总结2005年我院的工作，分析广播影视发展和文化体制改革的新形势对我院的新要求，研究我院今后的发展方向和思路，确定和部署2006年的主要工作，团结和动员全院干部职工为完成新的任务而奋斗。

一、2005年工作的回顾

2005年是我院成立后创业和建设关键的一年，也是展现自身价值的第一年。一年来，在广电总局党组的正确领导和主管领导的直接指导下，在总局有关司局和兄弟单位的大力支持下，全院职工坚持以邓小平理论和“三个代表”重要思想为指导，全面落实科学发展观，认真贯彻党的十六大和十六届三中、四中、五中全会精神，扎实开展保持共产党员先进性教育活动，围绕总局的工作部署，努力为总局提供决策服务、为广电行业提供科技支持服务，较好地完成了各项业务工作任务，有力地推进了规划院的建设和发展，发挥了规划院在广播影视发展改革和科技创新方面的重要作用，初步确立了规划院在广播影视事业中的地位。

（一）紧紧围绕总局的工作部署，扎扎实实完成各项科研任务

一年来，我院紧紧围绕总局的工作部署开展各项科研工作，广大专业人员在政策研究和科技研究等业务工作方面都取得了较大的进展和阶段性的成果。

1. 政策研究的进展和成果

发展改革研究中心根据总局领导的批示和广电发展改革的需要，积极开展研究工作，2005 年共完成了 7 个研究项目，有 9 个研究项目仍在进行之中，有的已取得阶段性成果。已经完成的研究项目成果有：《增强广播电视国内覆盖效果和国际舆论战能力研究报告》、《少儿频道建设发展研究报告》、《纪录片发展研究报告》及其《关于促进纪录片发展的若干意见》、《农村电影调研报告》、《村村通广播电视"十一五"建设规划》、《中广集团改革调研报告》和《广电总局机关后勤体制改革方案》。目前正在抓紧研究或即将完成、或已取得阶段性成果的研究项目有："以科学发展观指导和促进广播影视发展的研究"、"构建农村广播影视公共服务体系的研究"、"有线电视数字化推进对策研究"、"广播影视集团改革与发展研究"、《2006 年中国广播影视发展年度报告》(蓝皮书)、"加强网络广播电视管理，积极占领网络广播电视新阵地研究"等。这些研究项目事关广播影视发展改革一系列重大问题，得到了总局党组的充分肯定，有的研究报告还得到中央政治局常委李长春同志的重要批示和国务委员陈至立同志的好评。这些研究成果，有的已经被采纳或被付诸实施，有的填补了广电领域的空白，已经或将会产生良好的效果和较大的影响。申报项目"广播影视产业自主创新实现路径及政策机制"已通过国家软科学课题研究评审，被列为国家软科学重点指令项目。此外，我们还派出干部参加中央宣传思想工作领导小组秘书组的调研工作，完成了专题调研报告《当前如何通过文化体制改革生产更多更好的文化产品，满足人民群众日益增长的精神文化需求》，得到中央宣传思想工作领导小组秘书组的肯定。

发展改革研究中心撰写编印内部刊物《广电发展改革研究》8 期，《国外广播影视动态》12 期，《研究动态》11 期。上述业务内刊以其较强的内容敏锐性、针对性和信息密集性、时效性，获得总局领导和有关司局的肯定。中心组织开展了内部业务培训，以提高研究水平。中心领导和研究人员积极参与国内外和广电系统内的各种学术交流和研讨活动，对我国广播影视发展改革一系列重大问题发表自己的见解和学术观点，引起广泛的关注，有效地扩大了规划院和发展改革研究中心在国内外的影响。

2. 科技研究的进展和成果

2005 年是我院承担的科技研究项目全面展开的一年，我院较好地完成了以下任务：

完成了总局下达的"中俄边境地区广播电视频率规划协调项目"(第二阶段)、

“WRC—2000 中国卫星广播规划修改、实施申报及其国际协调”(第三阶段)、“广播影视竞争环境分析”(第一阶段)等 3 个科研项目。承担并正在开展总局下达的“高清晰度电视广播视频压缩技术客观评估研究”“电视多声道伴音编码技术评估与应用研究”“数字广播影视新技术发展动态报告”“广播影视科技发展‘十五’计划执行情况调查”“中短波数字广播发展战略研究(子课题 1)”“中短波数字广播频率与覆盖规划(子课题 3)”“广播影视信息平台建设”“全国地面数字电视过渡时期频率规划研究专项”“广播影视科技发展‘十一五’规划编制”等 13 个科研项目。

承担并已组织开展“广播电视电磁辐射与电磁环境污染研究”“新媒体技术标准体系研究”“媒体资料管理及交换标准研究”“无线广播电视频率资源挖掘与充分利用研究”等 4 个国家级科研项目。

还承担了大量的广电国家标准和行业标准的制定与研究工作。其中完成了《有线电视机线员国家职业标准》《演播室串行数字信号抖动技术参数与测量方法》等 2 个国家标准,《广播影视网络专有 IP 地址规划》《标准清晰度数字电视编码器、解码器技术要求和测量方法》等 2 个行业标准。此外还有《广播电视音像资料存储文件格式》《有线数字电视系统技术要求和测量方法》《数字电视播出测试图》《数字电视复用器技术要求和测量方法》《有线电视电缆连接器技术要求和测量方法》《非线性编辑系统技术要求和测量方法》《有线数字电视用户管理系统功能要求与接口规范》等 16 个在研项目,有的已接近完成,有的已取得阶段性成果。

上述各个研究项目的完成,为广播影视科技发展和创新提供了有力的技术支撑。

3. 广播电视检测业务和实验室建设的进展和成果

2005 年,我院共完成了 20 多个重大广播电视检测项目和大量的常规性入网检测任务。其中包括十运会网络节目制播系统的测试、青岛有线数字电视整体平移工程验收测试、我国地面数字电视联合芯片接收机性能测试、杭州有线数字电视整体平移工程验收测试、天津电视台数字电视制播一体平台测试、深圳电视台内容生产与管理全流程综合业务网络系统测试、广东电视台硬盘网络播出系统、中视网络公司节目生产和播出系统等重大检测项目。

对全院的实验室建设进行整合,重新规范质量管理体制。顺利通过中国实验室国家认可委员会的复评审和总局入网认定检测实验室的年度审查,使国家实验室的建设进入第二个深入发展的新阶段,入网认定检测能力得到进一步巩固。广播电视电磁兼容实验室的筹建工作已基本完成场地选址、租用谈判、基建设备招标、土建规划等工作。

4. 其他业务工作的进展和成果

我院与香港电视广播有限公司(TVB 电视台)签订了“香港地面数字电视网络覆盖规划”技术咨询服务合同,将为 TVB 电视台提供为期 3 年的地面数字电视规划咨询业务。这是我院首次面向境外提供的具有开创性的技术咨询服务业务。

我们进一步改进《广播与电视技术》和《电视字幕特技与动画》编辑工作,期刊内容有了较大的改进,发行量稳步提升。协助总局人教司完成了全国广电系统播音员、主持人和编辑、记者资格认定审查和考试工作,以及总局 7 个系列高级职称评审的组织工作和材料初审工作。

我院首次组织召开了院技术交流会,对 30 余项院重点科技项目以及重大测试项目进行了研讨及项目研究经验交流,增进了各所之间的业务合作。

(二) 认真组织开展先进性教育活动,全面推进内部各项建设

根据党中央的决定和总局党组的总体部署,我院自 2005 年 1 月至 7 月,集中组织开展了“保持共产党员先进性教育活动”。全院 9 个党支部共 86 名党员(包括离退休党支部和离退休人员)全部参加了先进性教育活动。全院按照“高度重视、精心组织,严格操作、确保质量”的原则,深入进行了思想发动,认真组织了理论学习,广泛开展了征求意见和谈心活动,在自我剖析和开展批评与自我批评的基础上,研究制定了《广播电视规划院党员先进性具体体现》和整改措施,并在抓落实上下功夫。在总局先进性教育领导小组的领导和督导组的指导下,院先进性教育领导小组精心组织,各党支部认真实施,广大党员积极参与,较好地完成了先进性教育活动各个阶段的规定任务,基本达到了“提高党员素质、加强基层组织、服务人民群众、促进各项工作”的目标要求。

先进性教育活动激发了广大党员和职工的工作热情,促进了内部各项建设。经过各部门各研究所的共同努力,我院顺利推进了干部人事制度改革,实行全员岗位聘用制度和中层干部竞聘上岗制度,调整了队伍结构,全部配齐了中层干部;根据总局的决定,设置了视听新媒体研究所;招聘了 11 名高学历层次的专业人员,充实了专业研究队伍;调整了工资结构和分配办法,开展了津贴补贴清理工作,改进了财务管理,清理了项目资金,统一了财务软件和核算单位;扩大并调整了办公用房,购置了办公家具和设备,改善了工作条件和环境;制定和健全了 10 项规章制

度，各项管理工作逐步走向科学化、规范化轨道。2005 年 6 月，我院召开了院工作会议，总结交流了建院以来的工作情况，分析了面临的形势，讨论制订了我院“十一五发展规划”，确立了今后一个时期我院的工作重点和主要任务，为我院的全面持续发展奠定了坚实的基础。

我院继续推进了党的思想建设、组织建设和作风建设。按调整后的机构及时调整和健全了党支部。围绕党支部建设目标开展了党支部工作达标检查和开展创建“学习型党组织”活动。组织全院党员学习贯彻党的十六届五中全会精神。组织处以上干部学习《中共中央、国务院关于深化文化体制改革的若干意见》。组织全体党员参加总局直属机关纪委组织的《实施纲要》和《学习纲要》知识竞答活动。

规划院紧紧围绕中心任务的完成，积极组织开展丰富多彩、健康有益的活动。先后组织全院职工参观革命圣地井冈山；参观抗日战争纪念馆；瞻仰李大钊烈士陵园，重温入党誓词；观看《郑培民》等弘扬主旋律的优秀影片；组织拓展训练，培养职工的团队精神、开拓创新精神和挑战自我的勇气；积极参加总局举办的消防、治安等知识培训；组织向贫困灾区捐款 6360 元，捐衣被 1395 件，为希望工程捐桌、椅、柜 27 套。我院通过组织这些活动，激励广大党员、干部职工发扬革命传统和艰苦奋斗的精神，激发了大家学习先进、敬业奉献、积极投身各项工作的热情，达到了凝聚队伍的目的。

我们重视离退休工作，积极组织离退休党员和干部职工开展政治学习和各项活动，及时向他们传达中央和总局的有关精神，通报规划院的工作进展情况。院领导利用节假日走访慰问老党员、老干部、老专家，关心他们的生活，把党的温暖和组织的关怀带给老同志。

为配合总局对老 302 小区的拆迁改造工作，院主管领导和有关干部多次走访我院拆迁户职工家庭，耐心细致地讲解政策和要求，关心职工的切身利益，主动同有关部门联系协调，妥善解决拆迁户职工的合理要求，按期完成迁出任务。

在 2005 年的工作中，涌现出很多勤奋工作、敬业奉献的先进个人。经过年终民主测评和院长办公会研究，确定李凯凡、杨明品、邓向冬、李熠星、辛衍城、赵成奎、陈秀敏、崔俊生、聂明杰、朱云怡、黎阳、赵兴玉等 12 位同志为优秀等次，其中李凯凡、崔俊生、辛衍城 3 位同志晋升工资一级。希望以上同志戒骄戒躁，做出优异的成绩。全院职工要学习先进，奋发进取，为规划院的建设和广播影视事业的发展作出更大的贡献。

回顾和总结规划院一年来的工作，深感我院能够顺利从初创阶段步入全面发展和建设阶段，离不开总局领导的关心和支持，离不开总局有关司局和兄弟单位的帮助，离不开全院干部职工的共同努力和辛勤工作。我们深深体会到：坚持为总局服务、为广电系统和行业服务，紧紧围绕总局工作部署和广电发展改革大局确定科研项目和抓好科研工作，是我院立院的根本宗旨，也是我院全部工作的价值所在，必须牢牢确立“两个服务”意识；坚持推进自身建设，增强科研能力，在科研上敢打硬仗、有所作为，是我院立院和发展的基础，必须牢牢树立“一个中心”的意识；坚持抓好党的建设，切实做好思想政治工作，增强内部团结合作和集体凝聚力，调动职工的积极性，倡导敬业奉献精神，是我院立院的基本保证，必须牢牢树立“两手抓”意识。

回顾和检查我们的工作，其中仍存在一些不足和差距。主要是：学习制度不够完善，理论学习坚持不够，新业务、新知识的学习没能很好地开展；制度建设和执行力度不够，个别预定的工作没能及时完成，工作效率有待提高；干部之间、干群之间和部门之间的沟通机制尚未建立，领导干部联系群众制度坚持得不够好，有的工作协调配合不够紧密，内部还存在某种自由主义现象。这些都有待我们在今后的工作中着力解决。

二、2006 年工作思路和主要工作任务

2006 年是我院承担繁重任务的一年，也是推进发展创新的一年。全院干部职工要认清形势，统一思想，明确思路，找准定位，开好局、起好步，努力做好各项工作。

今年的工作要以邓小平理论和“三个代表”重要思想为指导，认真贯彻党的十六大和十六届三中、四中、五中全会精神，按照科学发展观和构建和谐社会的要求，紧紧围绕广电总局工作部署和“十一五”规划目标，以“服务总局、服务行业”为根本，以改革创新为动力，确保完成各项科研任务，全面促进自身建设和可持续发展，进一步增强核心竞争力，努力开创规划院工作新局面。

（一）工作思路

1. 规划院工作面临的新形势

科学技术是广播影视发展的强大动力。当代高新科技特别是数字技术、网络技术的快速发展和广泛应用，必将使广播影视从内容生产到表现形式，从结构形态到功能作用，从生产方式、服务方式到管理体制、运行模式等各个方面都发生深刻的变化，带来巨大的变革和难得的发展机遇。同时，这也给广播影视带来了严峻的

挑战,使广播影视既面临国外同类强势媒体的竞争,又面临国内相关行业的竞争。国际上,世界各国特别是西方发达国家纷纷抢占科技制高点,抓紧数字技术和标准的研发,加快推进广播影视数字化,并凭借其资金和技术优势与我们争夺阵地、争夺受众。在国内,作为国家信息产业重要组成部分的电信业已实现了模拟向数字转换,具备了提供视音频业务的网络基础和技术条件,具备了把信息和娱乐服务作为创新增值业务的条件,如在技术上已经实现电话线入户开展电视业务、移动通信开展手机电视业务、互联网运营广播电视业务等。同时,各种新型数字媒体业务还在不断出现,信息行业的其他相关产业也处于快速发展期。

需求是发展的动力源泉。随着我国经济社会的快速发展,人民群众的生活质量在不断提高,人们对文化娱乐、社会教育、新闻资讯、生活信息等方面的消费需求将越来越大,要求将越来越高。通信与媒体技术的融合,使手机和互联网成为新兴的数字化媒体,并且不断提供新业务,满足人们个性化的新需求。近年来,各地以信息化、本地化、个性化服务推动有线电视数字化取得明显成效。但从总体上看,目前我国广播影视能够提供的服务很难满足人民群众日益增长的精神文化和资讯信息的新需求。大力推进广播影视数字化、全面开发广播影视新业务,既是广播影视自身由传统媒体向现代媒体转变的必由之路,又是广播影视部门不断满足人民群众日益增长的精神文化和资讯信息新需求的迫切要求。

随着社会主义市场经济体制的建立和不断完善,社会主义市场经济的不断发展,广播影视赖以生存和发展的经济基础、体制环境、社会条件正在发生深刻的变化。广播影视必须实现从适应计划经济体制向适应社会主义市场经济体制的转变。在社会主义市场经济条件下,广播影视既要坚持党性原则,坚持政治和意识形态属性,强化喉舌功能和舆论工具的作用,又要适应社会主义市场经济的要求,积极深化体制改革、推动机制创新,促进广播影视生产力的解放和发展,大力抓好公益性事业建设,加快经营性产业的发展,切实增强自身的发展活力、核心竞争力和国内外的影响力。全面推进广播影视的发展改革,需要相关部门提供强有力的政策支持和科技支撑。规划院在这方面承担着重大的任务和责任。

面临新形势,我们要敢于应对挑战,善于抓住机遇,在"两个服务"方面有所作为,在政策研究与科技创新方面发挥应有的作用,同时加快规划院自身的发展和创新。

2. 发挥我院在政策研究和科技创新方面的作用

根据总局"十一五规划"和2006年工作部署,为发挥规划院在政策研究和科技

创新方面的作用,我院提出如下工作思路:

(1)服务。围绕中心,服务大局,积极参与总局重点工程、重点项目,努力开展政策研究,做好相关规划和技术标准的研究制定,加强广播电视质量技术检测工作,提供可靠的技术支持,提供科学的决策建议,特别在涉及广播影视发展改革的重大问题上,发挥好理论和科学技术的先导和引领作用,从政策和技术层面提出决策性意见,推动广播影视实现跨越式发展。

(2)创新。贯彻中共中央、国务院《关于实施科技规划纲要增强自主创新能力的决定》及总局"十一五规划",创新思路、创新机制,调动部门和职工的工作积极性、主动性,倡导创造性工作,为规划院的持续发展提供强有力的支撑和保障。要重视关键技术、核心技术以及重要技术标准的跟踪研究,全面增强自主创新能力,抢占广播影视科技的制高点。

(3)发展。规划院作为新建单位,面临着来自行业内外方方面面的竞争压力,必须根据新形势不断发展事业,增强核心竞争力,积极拓展政策、规划、标准、检测、信息等方面的业务领域,促进可持续发展。

(4)建设。注重规划院内部建设,提升规划院总体实力。加强业务建设、队伍建设、制度建设和党的建设。业务建设方面,着重加强实验室建设,改善科研条件,扩展检测能力,促进信息研究和信息服务;队伍建设方面,加强不同人员的专业培训、岗位培训和知识更新,充实专业研究队伍,努力培养造就一支精干的、结构合理的、高水平的专业研究工作队伍和具有现代管理理念、知识和才能的管理工作队伍;制度建设方面,要在已有基础上,建立和完善各项工作制度,创造良好的工作氛围和秩序,逐步实行科学化、规范化的管理和运行,提高工作效率和管理水平;党的建设方面,要按照武装头脑、指导实践、推动工作的要求,坚持党要管党、从严治党的方针,围绕加强党的执政能力和先进性建设,巩固和扩大先进性教育活动成果,把党员干部的思想和行动统一到中央的精神上来,不断推进党的思想建设、组织建设、作风建设,为我院各项工作任务的完成提供坚强的思想政治和组织保证。

(二)主要工作任务

1. 业务研究方面的主要任务

政策研究方面的主要任务:

(1)围绕总局的工作部署,继续抓紧完成"以科学发展观统领广播影视工作、促进广播影视发展的研究""构建农村广播影视公共服务体系研究""有线电视数字化推进对策研究”“广播影视集团改革与发展研究”“加强网络广播电视管理，积极占领网络广播电视新阵地研究”等课题，在已有工作基础上，尽快拿出研究报告。抓紧做好《2006中国广播影视发展报告》的审核、修改、定稿工作，力争按计划在2006年3月正式出版发行。

(2)今年要启动并组织力量开展“广播影视发展改革基本理论研究”“广播影视产业自主创新实现路径及政策机制研究”“国外广播影视体制研究”等新项目，力求取得阶段性成果。要积极承担和完成好中央领导和总局领导交办的各项研究任务，直接为决策机关提供科学依据和决策咨询服务。积极筹建全国广播影视发展改革研究协作体，建立研究领域信息交流和业务合作机制，为开展广播影视政策研究创造良好条件。

科技研究方面的主要任务：

(3)围绕总局工作重点，加紧进行重点项目的研究。继续开展总局下达的“电视多声道伴音编码技术评估与应用研究”“高清晰度电视广播视频编码压缩技术评估研究”“数字广播影视新技术发展动态报告”“全国地面数字电视过渡时期频率规划研究专项”等13个项目的研究工作；组织开展科技部下达的“广播电视电磁辐射与电磁环境污染研究”“新媒体技术标准体系研究”“媒体资料管理及交换标准研究”“无线广播电视频率资源挖掘与充分利用研究”等4个项目的研究工作；组织开展《有线电视广播系统电磁兼容技术要求及测量方法》《有线数字电视用户管理系统功能要求与接口规范》等16个行业标准项目的研究和制订工作。

(4)适应行业需求，完善实验室建设。完成“广播电视系统电磁辐射和防护标准测试系统”(电磁兼容和安全实验室)的建设，为今后的业务拓展提供新的更广阔的发展空间。在保证入网认定检测的业务量的同时，做好国家实验室检测能力扩项的申报和准备工作。

(5)抓紧建设广播电视信息平台，提升信息研究与服务能力，为行业提供及时、准确的广播电视科技信息；继续做好广播影视竞争环境监测与分析项目；加强和扩大《广播与电视技术》《电视字幕特技与动画》杂志的出版与经营，更好地发挥信息传播载体的作用。

2. 队伍建设方面的主要任务

(1)加强领导班子建设。要按照总局要求，努力把院所领导班子建设成为“政治坚定、求真务实、开拓创新、勤政廉洁、团结协作”的集体。要通过各种途径加强领导班子的思想政治建设、组织建设和作风建设。各级领导干部要严于律己、忠于职守、敬业奉献、开拓创新,树立良好的工作作风,为全院职工作出表率。院所领导干部要主动更新管理和业务知识,以适应新形势对领导干部提出的新要求,要改进和完善领导干部目标考核办法,通过民主测评、民意调查、实绩分析、个别谈话等多种方法和手段,深入了解领导干部的德才表现,不断提高领导干部的政治业务素质。

(2)加强人才队伍建设。深化人事制度改革,积极探索建立体现科学的发展观、人才观和正确政绩观的人才考核评审标准和办法,逐步建立和完善有利于发现人才、使用人才的制度。要采取多种方式加强对专业人员的业务培训,提高他们的学习、实践和创新能力。要充分发挥已有各方面人才的积极性和创造性,吸引高素质专业人才来为我院服务,积极为人才的成长创造条件。倡导求真务实、开拓创新、团结协作、敬业奉献的精神,努力形成宽松和谐、健康向上的创新氛围。

加强培训工作力度,分层次做好培训工作。要对中层干部进行有针对性的培训,尤其是对新提拔的中层干部,在政治、业务和如何当好带头人等方面进行培训,提高其整体素质、管理能力和工作效率。通过开办业务知识讲座等方式,对现有职工进行知识更新,改善知识结构,使他们掌握新技术、新知识和新技能。对新入院的职工,要进行广播影视基本知识、基本情况和基本规律的教育培训,使他们尽快熟悉业务、做好工作。对管理人员要开展现代知识培训,提高他们的管理业务水平和素质,逐步实现管理的科学化、规范化。

3.党的建设的主要任务

(1)加强党的思想建设。继续深入学习贯彻邓小平理论和“三个代表”重要思想,深入学习贯彻党的十六大和十六届三中、四中、五中全会精神,重点学习贯彻科学发展观,学习领会构建社会主义和谐社会、加强党的执政能力建设和先进性建设等一系列战略思想,学习贯彻中共中央、国务院《关于深化文化体制改革的若干意见》和《关于实施科技规划纲要增强自主创新能力的决定》,学习贯彻《政府工作报告》和国家经济社会发展“十一五”规划纲要等重要文件,把党员、干部职工的思想和行动统一到党中央、国务院的精神和战略部署上来,增强学习实践“三个代表”重要思想和贯彻落实科学发展观的自觉性、坚定性。

坚持理论学习制度,健全院所两级领导班子理论学习中心组学习制度。以领导班子中心组学习为龙头,以处以上领导干部为重点,采取自学、集中培训、讲党课、学习考察等多种形式,引导党员干部在真学、真懂、真信、真用上下功夫。

根据总局部署,认真开展学习贯彻党章活动。组织党员认真学习、深刻领会胡锦涛总书记在中央纪委第六次全会上的重要讲话精神，充分认识学习党章、遵守党章、贯彻党章、维护党章的重要意义。举办党务干部、支部书记和支部委员、入党积极分子培训班，分别进行党章、党的基础知识和党的工作方法等内容的学习培训，切实把党章的要求落实到党的思想、作风、制度建设和各项工作之中。

(2)加强党的组织建设。在适当的时候召开全院党员大会，选举产生我院第一届正式党委。进一步落实《广电总局党支部目标管理工作细则》和《广电总局党支部达标检查办法》，促进党支部目标管理的落实，坚持并创新"三会一课"制度，认真组织好一年一次的领导班子民主生活会和民主评议党员工作。重视党的组织发展工作，加大对积极分子的培养和教育力度，有计划地发展党员。

(3)抓好党风廉政建设。认真贯彻中央纪委第六次全会和全国广播影视系统纪检监察工作会议精神，抓好总局贯彻落实《实施纲要》具体意见的实施，进一步加大预防腐败的力度，深入开展党风廉政教育，促进领导干部廉洁自律。

(4)组织开展各项群众性教育活动。紧紧围绕全党全国工作大局，采取多种形式，组织开展形势政策、革命传统和爱国主义教育，开展纪念建党85周年和长征胜利70周年的活动。坚持以党的建设带动和促进群众组织建设，建立健全各级工会组织。支持工会、共青团组织开展各项有益的活动，发挥工会、共青团组织的作用。围绕我院中心工作，继续开展有特色、有特点、健康有益的精神文明创建活动，力求在团结鼓劲、凝聚人心、激发奉献上取得新成效。

(5)继续做好离退休工作。适时组织开展学习、座谈、休养、参观等各项活动，为离退休干部职工多办好事、实事，使他们老有所养、老有所为，安度晚年。

(6)加强内部思想和信息沟通。采取不同形式和方法，加强内部各部门之间的思想沟通和信息交流，使上下左右交流沟通的渠道畅通，促进相互理解、相互信任、相互配合，增强内部的凝聚力和战斗力。

新的一年我们面临新的形势、新的任务，使命光荣，责任重大。让我们以邓小平理论和"三个代表"重要思想为指导，按照科学发展观和构建和谐社会的要求，以高度的政治责任感、良好的精神状态和扎实的工作作风，全面推进我院发展创新，更好地为总局和广电行业服务，创造无愧于时代的业绩，为我国广播影视事业的发展作出新的贡献！

(本文系作者2006年2月27日在国家广电总局广播电视规划院所作的年度工作报告)

坚持“二为”方向　坚持两个追求

我们发展改革研究中心召开的这次会议，既要进行业务的交流，也要进行思想的交流，既要进行信息的交流，也要进行感情的交流。通过交流，大家相互之间增进了解，了解别人的工作情况，了解别人的工作经验，这对每一个人都是很有帮助的。发展改革研究中心在成立后的短短两年中，在工作中积累了一些经验，这种经验对发展改革研究中心的长远发展具有重要意义。

一、发展改革研究中心两年工作的回顾

国家广电总局发展改革研究中心成立于2004年6月。成立以来的这两年可以用四个词来概括中心的工作：艰苦创业、稳步推进、求真务实、卓有成效。中心紧紧围绕总局的工作部署，扎扎实实完成各项课题研究，在广播电影电视政策研究方面取得了较大的进展和丰硕的成果。在研究业务工作取得实效的同时，中心也不断推进内部各项建设，实行了全员岗位聘用制度，完成了中层干部竞聘上岗制度，组织开展内部业务培训。短短两年，中心的工作得到了总局领导的肯定，同时也得到了总局各司局、总局各兄弟单位和地方广电单位的认同。中心的作用在不断地发挥，影响力在不断地增强。

总局副局长张海涛同志代表总局党组在2006年规划院工作会议上，对中心工作给予充分的肯定：“在成立短短一年多的时间内，总局党组、机关各个方面，都感受到了规划院在决策服务方面的作用，在发展改革政策研究、信息咨询、技术创新等各个方面的作用，规划院真正起到了决策咨询、冷思考的作用，围绕中心、服务大局的作用。规划院以服务广播影视发展改革为中心，在发展改革政策研究方面，提供了很多有价值的调研报告，得到中央领导和总局党组领导的肯定，而且对推动我们的工作发挥了积极的作用，在围绕中心、服务大局方面发挥了重要作用。成立短短一年多的时间，被总局党组所认可，被总局各司局所认可，很不简单，应该说很了

不起,大家应该有信心。”

(一)扎实开展各项课题研究,初步确立中心的地位

这两年来,中心紧紧围绕总局的工作部署,服务大局,贴近实际,积极开展研究工作,已经完成和正在进行的课题,有23项之多。其中已完成13个研究项目,有7个研究项目仍在进行之中,有3个新项目即将启动。

已经完成的13项课题:第一项“广播影视管理体制改革”课题,是全面研究广播影视管理体制的课题,奠定了发展改革研究中心的地位和影响,是中心的奠基之作;第二项“增强广播电视国内覆盖效果和国际舆论战能力研究报告”课题,在较短时间内拿出成果,得到中央政治局常委李长春同志和国务委员陈至立同志的重要批示;第三项“纪录片发展研究报告”课题也得到陈至立同志的好评;第四项“少儿频道建设发展研究报告”课题,得到中宣部副部长、国家广电总局局长王太华同志的重要批示,认为是很有说服力的报告,对总局的决策产生影响;第五项是“村村通广播电视‘十一五’建设规划”;第六项是“中广集团改革调研报告”;第七项“广电总局机关后勤体制改革方案”课题百分之百被总局党组采纳并付诸实施;第八项“农村电影调研报告”课题,得到国家广电总局副局长赵实同志的表扬;第九项“当前如何通过文化体制改革生产更多更好的文化产品,满足人民群众日益增长的精神文化需求”课题,得到中央宣传思想工作领导小组秘书组的肯定;第十项“以科学发展观指导和促进广播影视发展的研究”已经完成,正准备上报;第十一项《2006年中国广播影视发展报告》(广电蓝皮书),4月公开出版后在业界引起很大的反响;第十二项“广播影视在新疆意识形态反分裂斗争中的作用”课题初稿已经提交;第十三项“发达国家广播影视媒体管理体制和管理手段”课题,已经完成并报送中宣部。

目前正在抓紧研究的7项课题进展情况是:“广播影视集团改革与发展研究”课题难度很大,正在进行;“有线电视数字化推进对策研究”课题,已经形成初稿;“加强网络广播电视管理,积极占领网络广播电视新阵地研究”课题,已经取得阶段性成果;“构建农村广播影视公共服务体系研究”课题,初稿已经形成;“县对乡镇广播电视垂直管理研究”和“发达国家广播影视体制比较研究”课题,都有所进展;“广播影视产业自主创新实现路径及政策机制研究”课题,已经通过国家软科学课题研究评审,被列为国家软科学重点指令项目,也正在进行。

即将启动的3项课题是:“广播影视发展改革基本理论”“2007年中国广播影视发展报告”和“广播影视发展战略和发展对策研究”。这3项都是大课题,都需

要集中全中心的力量来开展研究。

中心在初创阶段，短短两年的时间里完成了 23 项课题，这足以说明我们的工作是卓有成效的，同时这些研究成果也确立了中心的地位，树立了中心的形象。

(二) 队伍建设取得进展

两年来，中心经过 3 次公开招聘，共聘用了 23 名高学历层次的专业人员，专业研究队伍初步形成。中心队伍结构趋于合理，专业结构也逐步健全。在我们的研究队伍中出现两个多：博士多、年轻人多。全中心 26 名研究人员，其中博士 14 人，硕士 10 人，本科 2 人。现有研究人员中具有高级职称的占 47%。研究人员所学专业涵盖哲学、文学、经济学、传播学、新闻学、法学、教育学、管理学、艺术学和电子学等学科。

经过两年的工作实践磨炼，每位研究人员都在工作中得到了提高。中心培养了一支能吃苦、能战斗、有实力的队伍，培养了一支思想作风过硬、工作能力较强、素质较高的专业队伍。我们倡导敬业奉献精神，倡导全身心投入工作，高标准完成任务，中心内部树立了良好的工作作风。总局对发展改革研究中心的人才培养也很重视，为解决研究人员的职称问题，为我们单独设了研究系列。随着中心的发展，我们的队伍结构会逐步优化。

(三) 环境建设成果初显

在硬件环境建设上，中心开辟了新的会议场所，购置了办公家具和办公设备，为每一位研究人员都配置了台式电脑和笔记本电脑，逐步改善了工作条件和环境。各项管理工作也逐步走向科学化、规范化轨道。好的工作条件和环境最重要的还是要有一个好的工作氛围。中心自成立初始就立足于培养研究人员良好的精神状态，高度敬业的精神状态，开拓创新、努力进取的精神状态；构建一个和谐的集体，营造一种积极健康向上的一心干事业的氛围。

这两年，中心的作用、地位和影响力都不断提升。中心的长远目标是成为总局的思想库和智囊团，这还需要积累。现在，我们已经迈出了可喜的一步，今后的任务将会更艰巨。

回顾和检查我们的工作，会发现我们仍存在一些不足和差距。主要是：中心在整体研究实力和水平上不足，离思想库和智囊团的要求还有较大差距；研究成果在质量上不是很平衡，还有待提高；有些同志对广电整体情况还在熟悉过程中，研究工作的潜力还没有完全发挥出来，有些同志了解广电的节目制作等具体业务，但对广电宏观情况和问题不是很了解；我们的研究成果在严谨方面、在深度方面还有差距，有些还不能有自己的创见；中心的工作环境还有待改善；思想建设方面还有待加强。

二、今后工作方向和工作要求

"冷静看待过去，倾力铸造未来"。成绩只能表明过去，今后的道路更长更远，使命更艰巨，任务更繁重。

（一）明确定位，坚持"二为"方向。"二为"即为总局决策服务、为广播影视发展改革服务。总局发展改革研究中心是研究机构，是政策研究机构，是广播影视政策研究机构。这就决定了我们这个研究机构，不同于高校，不同于社科院，不同于广播电台电视台的业务研究机构，也不同于中广协会的研究机构。我们是政策研究机构，是要为总局领导决策提供依据和咨询，承担的是政策研究室的任务，要围绕总局的工作部署，开展我们的工作，研究总局领导关注的、行业所关注的和正在进行的广播影视发展改革中的重大问题和重要工作。中心的定位，我们所有的同志都要非常清楚，特别是新来的同志要非常清楚。

政策研究工作是我们的安身立命之本。在工作中处理好学理性研究和政策研究的关系，不要把它们对立起来，我们鼓励大家进行理论上的探索，业余时间进行学理性研究，但要保证中心工作的完成；处理好工作范围的工作和个人爱好的关系，决不抹杀个人的爱好，但要把主要精力投入到完成中心工作上来。研究人员要把单位的前途和个人的前途联系起来，让个人来适应机构，而不是机构适应个人。把我们的理论和水平转化为思想、观点和对策，要通过理论和实践的结合，不断地积累和思考，形成自己的观点，为总局和广电发展改革提供智力支持。我们的研究人员还要善于集成，善于集中大家的智慧。我们的研究课题中很多观点就来自于实践，是通过调研得来的。我们现在出的这么多成果都是集体智慧的结晶，有的甚至是整个行业的智慧结晶。

（二）爱岗敬业，坚持"两个追求"。两个追求即追求"科学、理性、求实、可行"和追求"中国国情、中央精神、时代要求、广电实际"。爱岗敬业就是热爱我们的岗位、热爱我们的单位、热爱我们的事业，表现在工作中就是要坚持两个追求。

我们的研究成果要讲究科学性，要理性思考。如"少儿频道建设研究"课题就是对热运行的冷思考而取得的成绩。求实是一定要深入实际、实事求是、了解实际情况，而且我们还要敢于反映实际，这需要勇气。我们不是出于个人的原因，而是出于对党和国家的事业、对广电事业的忠诚，是为了事业不受损失，是出于对事业负责任的原因,同时按组织程序反映情况,这会得到领导的理解的。可行性是我们提出的对策建议,要具有可操作性。

我们研究问题要从中国国情出发,这是中国共产党的历史经验,也是我们做政策研究工作的基础;我们要建立制度,及时了解中央精神,中央精神是我们研究政策的依据;我们还要紧密结合时代要求和广电实际进行研究。只有将这四者相结合,我们的研究才会有价值,才是符合要求的。同时,这两个追求也有利于我们自己形成对规律性的认识,形成工作上自觉遵守的规则。

(三)锐意进取,坚持"三同精神"。所谓"三同",即"思想与时代同进,工作与时代同步,学习与时代同求"。概括而言是要与时俱进、开拓创新。研究人员决不能满足已有的知识和理论,满足已有的能力,要不断了解时代变化、不断了解广电变化及趋势,使我们的工作学习顺应时代的要求。我们要注重积累、注重更新,追求新的进步;充实知识、理论、经验,了解新的实践;提高思想理论水平、提高工作能力、提高工作质量、提高服务水平,在"三同"过程中不断自我完善,实现人生的价值。人生有奉献才有价值,有价值才有意义。

(四)同心同德,坚持"三重原则"。"三重"即"事业为重、大局为重、集体为重"。我们应将所从事的事业与我们的人生价值紧密联系起来,与理想目标联系起来,与为国家做贡献联系起来。把我们做的工作与国家的大事业、党的大事业、广电的大事业联系起来,这样我们工作就有意义,就会自觉自愿地去工作,不会斤斤计较于个人得失,以事业为重,有思想境界追求。

以大局为重,要处理好个人和集体之间的关系,维护好集体的团结和统一,同时讲政治、讲纪律、讲团结。广电具有喉舌性质,要讲政治;我们从事的是政策研究工作,要讲纪律;我们的工作人员来自五湖四海,要讲团结。

以集体为重,中心内部要营造民主、平等、和谐、进步的氛围,构建和谐集体。个体的差异是客观存在的,处理差异时要本着求同存异的态度,同时我们也要看到差异性也构成了丰富性,要看到别人的长处,不要以自己所长比别人所短,要学人所长容人之短。中心的同志也有明显的弱点,要在互相帮助中不断克服自己的弱点,发挥自己的长处。中心内部要形成互帮互学、公平竞争的氛围。这会有利于出研究成果,这其实是跟业务工作紧密相关的,一个单位如果没有好的工作氛围,要出成果是很难的。

以上都是我的心里话,愿与大家共勉。

(本文系作者2006年5月25日在国家广电总局发展改革研究中心全体人员会议上的讲话)

转轨　敬业　进取　成才

首先我代表规划院领导班子和全院职工,欢迎13位同志加入我们的队伍。你们是从500多位报名人员中,通过层层选拔脱颖而出的,今天能够坐到这里来之不易,希望你们珍惜这个工作机会。为了帮助大家更多了解情况,更快进入工作角色,我想给大家讲以下四个问题,并提一些要求。

一、关于广播影视的发展历史

我们从事一项工作,必须了解它的发展历史。各位的学科背景比较丰富,也掌握了很多专业知识,但是你们绝大多数没有接触过广电,所以先要了解广电的历史,知道广电是怎么来的,如何发展到今天。只有了解了过去,才能懂得现在,展望未来。

广播、电视和电影都是科技的产物。在人类历史进程中,随着生产力的解放,科技的发展,三大媒介才逐步诞生。诞生最早的是电影,它产生于1895年的法国,是由卢米埃尔两兄弟发明的,距今已有111年。当然,在这之前,很多科学家都在摄影机械、摄影技术方面做了探索,为电影的诞生奠定了技术基础。10年之后,也就是1905年,电影传入中国。去年我们刚刚庆祝了中国电影诞生100周年。当年在北京前门地区的丰泰照相馆,任景丰与京剧艺术大师谭鑫培合作,拍摄了中国第一部电影《定军山》。这是洋为中用的典型结合,国人运用欧洲的电影技术,结合我国的戏曲艺术,催发了我国电影的诞生。电影在我国经过100多年的发展,从技术、艺术、产业各个方面都发生了巨大的变化,2005年我国共生产故事片260部,全国电影主业收入达到48亿元。中国共产党直接领导下的电影事业诞生于1938年,成立了延安电影团,当年10月拍摄了第一部纪录片《延安与八路军》。

第二个诞生的是广播。1906年,美国科学家第一次成功地通过无线电传送人的声音和音乐,标志着广播的诞生,距今已有100年的历史。4年后,美国西屋电气公司在匹兹堡开办的 KDKA 电台开播，这是世界上第一座正式的广播电台，标志着广播事业的诞生，距今有 96 年的历史。1922 年，广播传入中国。美国人奥斯邦在上海开办了第一座无线电广播电台。1926 年，中国人自己在哈尔滨开办了广播电台，至今已有 80 年。中国共产党领导下的人民广播事业创建于 1940 年 12 月 30 日，诞生的标志是延安新华广播电台的开播。在这之前，周恩来从苏联疗伤回来，带回国际组织赠送的发射机。当时电台主要由两部分构成，一部分是编播部门，就是新华社的口播部，很多老一辈的广播电视工作者都是口播部的工作人员。另一部分是技术部门，设在军委三局。发电机、发射机房、播出机房等就设在延安王皮湾的两个窑洞中。延安新华广播电台是现在的中央人民广播电台和中国国际广播电台的前身。

电视的诞生相对较晚。通过无线电传播电视图像的成功是在 1926 年的英国。1936 年英国广播公司第一次转播成功，建立了电视台，标志着电视事业的诞生。电视进入中国比较晚，1958 年 5 月 1 日，新中国成立后的第一座电视台——北京电视台开始试播，它标志着中国电视业的诞生，也就是现在中央电视台的前身。之后我国陆续建立了上海电视台等地方电视台。电视在我国真正取得大的发展是在 1983 年中央 37 号文件贯彻实施之后，关于这点我下面还会再讲。

新中国成立后，我国设立了中央广播事业管理处，1954 年改为广播事业局，1982 年升格为广播电视部，1986 年将电影管理并入，成为广播电影电视部。1998 年机构改革，改为广电总局。这是我国广播电影电视管理机构的沿革。目前广电总局共有 30 多个直属单位，2 万多人。全国广电系统共有 57 万从业人员。

新中国成立以来，尤其是改革开放以后，广播电视事业得到极大的发展，产生了三次重大突破。

第一次大的突破始于 20 世纪 80 年代初期，以政策突破为特征，以“第十一次全国广播电视工作会议”和中央批准调整发展方针为标志，以实施“四级办”的方针为主要内容。“四级办”方针和中央 37 号文件的贯彻实施极大地调动了各级党委、政府和广电机构兴办广播电视的积极性，大大解放了广播电视生产力。

第二次大的突破始于 20 世纪 90 年代初，以技术突破为特征，以有线电视和卫星电视新技术的运用为标志，以有线电视台建立、有线网络建设、有线电视用户发展和卫星电视频道开播为主要内容。

第三次大的突破始于新世纪之初，广播电视的发展进入整体转型期。数字化的发展，特别是有线电视数字化的发展；体制改革，包括集团的建立；产业的发展。这三个方面都提上党和国家议事日程。数字化、体制改革、产业发展三大因素结合在一起共同构成了整体转型的新的历史时期，表现出从模拟技术向数字技术转换，从计划事业型体制向事业产业型体制转型，从传统媒体向现代媒体转移三大特征。随着这次转型的深入发展，未来广播电视将会发生根本性变化。

我们现在正处于这个重大的变革时期。在这个重大的变革时期加入广电队伍，对你们的人生来讲应该是一次重大的机遇。但能否作出大的贡献，关键还是在你们自己。

二、当前广播影视发展改革的主要任务

当前我国广播影视的发展改革面临诸多重要任务，今天在这里我着重为大家介绍几项。

一是继续推进重点工程建设。公共服务是广电的主体，广播影视具有政治、经济、科技、文化等基本属性。从媒体本身的性质来看，广播影视是党和政府的喉舌，也是人民的喉舌。广播影视是社会主义重要的文化阵地，被纳入社会主义先进文化建设之中。我们的根本任务，第一是通过加强党和国家的路线方针政策的宣传和传播，动员亿万人民为实现社会主义现代化目标而共同努力，为构建和谐社会提供强有力的舆论引导、智力支持和文化支撑；第二，最大限度地满足人民群众的精神文化需求，使全国人民都能享受到广播影视的精神文化产品，享受到现代文明和各类服务。

当前我们正在进行的重点任务是继续推进公共服务方面的一系列重大工程的建设和完成。主要包括如下方面：

广播电视"村村通"工程。"村村通"工程主要解决全国广大农村、农民听广播、看电视的问题。目前广播电视的综合覆盖率已经达到94%以上，但是偏远农村、边远地区还有部分群众听不到广播、看不到电视，或者效果不好，或者收视质量不高，只能看2—3套节目等。"村村通"工程启动8年以来，已经解决了9000万农民听广播、看电视的问题。但目前还有4000多万人听不到广播，看不到电视。对于已经通的村庄，还存在着天天通、长期通的问题。

农村电影放映工程，也称"2131工程"。该工程的主要目标是在21世纪初能够使每一个农村地区的农民每一个月看到一部电影。要实现这个目标，任务还非常艰巨。

西新工程。该工程2000年启动，初期主要目的是解决新疆、西藏收听广播、收看电视困难的问题，同时压制国（境）外广播电视的渗透。长期以来，新疆、西藏周

边有大量敌台外台对其进行渗透，妄图从意识形态领域突破，煽动分裂。意识形态领域的斗争从来没有停止过，以美国为首的西方敌对国家从没放弃过运用意识形态手段来分裂中国的企图。历史经验证明，通过广播的渗透来进行分裂是最有效的。例如美国之音、自由欧洲电台对苏联的渗透，对一个强大的国家被瓦解分裂产生了重要影响。

自由欧洲电台的历史任务完成后被撤销，自由非洲电台马上建立，对准中国等国家。我们经过调研认为，在新疆意识形态领域反分裂斗争的任务还很艰巨。后来，西新工程的范围不断扩大。我们要在全中国的空中、彻底改变广播电视敌强我弱的状况。

"走出去"工程。该工程主要目的是加快我国广播电视在国外落地，把我们的广播影视产品更多地输送到国外市场。目前，我们在国际上的声音还很弱，西方国家长期以来对我们实行封锁，致使很多国家对我们不了解。例如，美国人对中国人的印象还停留在清代。随着国家实力的增强，我们在"走出去"方面的实力明显增强。中央 9 套、西法频道的收视在扩大，我们在有的国家建立了发射台、转播台或租用时段转播，这些都是很有成效的举措。去年国际台的国外听众来信首次突破 200 万封。另外，我们的电影也在实施"走出去"，在国际上的影响大大增强。我们的广播电视信号通过卫星传输已经覆盖全球，但是落地少，没有进入西方主流社会，所以必须通过种种手段来推动我们的广播电视节目走向世界。

二是大力推进有线电视数字化。目前，青岛、深圳、杭州等城市在城区已经完成整体转换。在广西，县级以上的城市都在启动数字化，全区的数字电视用户将突破 100 万户。广西是第一个以省区为单位推进数字化工作的省份，防城港市已经实现市、县两级的整体转换。数字化包括两个含义。一是广播电台电视台播出机构的数字化，现已基本实现；二是有线电视数字化，现在全国各地都在探索实现的模式，难度很大。初步估计，到现在全国有 500—600 万户的数字电视用户，而有线电视用户有 1.26 亿，所以有线数字化还需要相当的时间。有线电视数字化，是改变中国电视面貌的重大问题，是整个系统的重大任务之一。总局提出了"三步走"的战略，全系统要按照这个战略一步步向前推进。

三是深化改革。体制改革要进一步深化，其核心是要整合资源、转换机制、增强广播影视核心竞争力。集团化改革属于深化改革的重要内容，全国有多个集团，要在整合资源、调整结构、转换机制、增强核心竞争力等方面多做文章。在宣传创作方面，主要是不断改进节目的内容和形式，提高节目的质量，多出精品，打造品牌，使我们的广播电视节目，取得更好的社会效益，同时取得相应的经济效益。当前，媒介之间的竞争已经进入非常激烈的程度。选择权在受众手中，收视率成为竞争的重要指标。特别是卫视之间的竞争更加激烈。省级台的台长们日思夜想的就是如何提高收视率，如何打造特色，打造品牌，通过品牌形成竞争优势。

四是推进产业发展。与自身相比，广电的产业有了一定发展，广告和有线电视收入是产业最主要的收入支柱。去年广电收入为800多亿，其中广告和有线电视收入之和达到500多亿。其他收入来源为节目交易、新媒体、电影等。与国外、国内其他行业横向比较，广电的收入规模还较小。比如，电信年收入达到了6000多个亿，广电与之相比，差距巨大。传媒产业3000多个亿，出版1000多亿，广电居于第二位。按广电所掌握的资源和优势来说，不应该处于第二的地位。与国外相比差距就更大，默多克新闻集团一年的收入就达到2000多亿人民币，我们全国广电的收入还不如它一个传媒集团收入的一半。

广电是文化产业的核心部门，应该有更大的作为。内容产业的发展、数字电视的发展、新媒体的发展都能为广电的发展带来新的机遇。广电产业大有可为。

最后是其他方面的问题。

其他方面的问题也很多，主要是加强行业管理，逐步构建比较完备的四大体系，即公共服务体系、市场运营体系、政府监管体系和中介服务体系。

加强行业管理面临许多重大问题，我们的政策研究很多问题都在此。例如法律事务所，研究任务很重，广电在法律方面相当滞后，没有专门的法律，只有三个国家级法规，要构建广电法律法规体系，需要几个层面的共同努力。在加快技术改造和网络整合这一方面，需要投入巨资解决覆盖问题，同时需要加快科技创新，加大政府投入，也要提供各种相应的技术手段、技术标准、技术规范等。在加强队伍建设方面，要加强政治素质培养，培养经营管理人才和短缺业务方面的人才，从整体上提高队伍的素质。

三、规划院的情况介绍

国家广电总局是国家主管广播电影电视系统和行业的管理机构。总局除了对全行业全系统进行管理以外，还直接管理着一批直属单位，如中央三台、无线局、中影集团公司等。

规划院是总局直属机构，成立于2004年4月份，是一个新的单位，但是技术这部分是原来广科院划过来的，科技方面中心所、无线所、有线所、信息所等4个所主要承担广播电视技术规范研究、标准研究、信息研究、计量检测工作。文科方面，政策所、产业所、国际所、新媒体所 4 个研究所，通常对外也称发展改革研究中心，是政策研究机构。

规划院是个文理兼容的研究机构，今年又新设立法律事务所，主要从事法律法规方面的研究，挂靠在规划院。对外来讲，规划院共有 9 个研究所。下面我着重介绍一下发展改革研究中心的情况。

中心建立于 2004 年 6 月，新媒体所 2005 年建立。相继完成和正在进行的项目有 23 个，16 个已经完成，3 个新的课题今年启动。已经完成的项目包括广播影视管理体制研究、关于增强广播电视国内覆盖效果和国际舆论战能力的研究、农村广播影视公共服务、以科学发展观指导广播影视发展、11 国广播影视管理体制、纪录片发展研究、少儿频道建设等。完成的项目相继报到总局和中央领导同志。

中心的实力在不断增强，影响力在不断扩大。我们的目标是要成为广电总局的智囊团、思想库，发挥智库作用，为决策提供智力支持。因此，我们处于十分重要的地位，我们的研究工作如何，研究质量如何，会影响到总局政策的制定。两年多来，大家努力完成了几个质量较高的课题，得到总局领导的肯定。在研究人员方面，中心先后招聘了 3 批，共 23 人，大部分人员是博士、博士后，学历层次很高、很密集。

在研究工作的方针和原则方面，我们明确提出了两个追求：追求科学、理性、求实、可行；追求中国国情、中央精神、时代要求、广电实际四者相结合。我们的研究和高校、社科院的研究不同，与地方台的研究也不同。高校主要是进行学理性研究，各地方台主要是进行业务研究，而我们进行的是政策、决策方面的应用性研究，因此在我们的研究中要求把握和领会中央精神，把握和领会总局党组、领导机关的工作部署和意图，了解和把握全国广电发展改革实际的情况。我们的研究成果要提供给决策机关作为制定决策的依据，事关重大，这是我们这个机构的特点。我们需要充分利用自己所掌握的理论、知识，必须对广电有全面深入的了解，对中央精神、总局工作部署有及时的把握和领会，这样才能胜任本职工作。

四、几点要求

下面我要对你们新来的同志提几点工作上的要求。

第一要转轨。

你们都是来自高校，只有少部分同志有过工作经历，都面临转轨。身份上，从学生转变为研究人员；任务上，从学习转变为工作；专业上，从所学专业转变到广电领域。

你们都是从事学理性研究的，你们可以继续保持自己的特长，但是我们的工作岗位不是学理性研究，与写学术文章不同，我们的研究报告要求简练，抓住重点，提出的对策建议要有针对性，要超越职能部门，甚至要超越主管领导，要站在决策层看待问题，提出相应的观点。你们的学历只提供了一个文化理论基础，要拿出成果还需要努力，从思维方式上实现转变。

实现转轨有一定难度，要培养兴趣，适应单位的性质和任务，希望每一个同志都能够主动适应。

第二要敬业。

广播影视工作政治性很强，责任重大，特别是第一线的播出部门，如果出现问题就是重大事故。要热爱这个事业，从现在开始就要培养感情，培养敬业精神。

要敬业还要有本领，要胜任这个岗位，必须要有胜任的本领。现在你们要释放，把理论知识转换成工作能力。有工作经历的同志相对入门容易一些，没有工作经历的同志要不断在实际工作中多接触广电工作实际和业务，提高思考、研究能力和水平。

要正确处理好家庭与事业、个人与集体的关系。一个人要有所追求，实现自己的人生价值，必须把事业摆在第一位。人活着就是为国家民族做贡献，这就是人的价值。只有得到社会的公认、国家的承认才是有价值的。要把我们的工作成果转换成对国家有贡献的东西。在处理与集体的关系中，我们要维护集体的和谐，善于尊重别人，克服文人相轻的毛病，善于学习别人的长处，善于处理日常工作中的磕磕碰碰。要守纪律，我们是个集体，是国家的一个细胞、组织，需要严格的纪律做保证，遵守工作纪律，遵守党纪国法，遵守劳动纪律，做到召之即来，来之即战，战之能胜。

第三要进取。

人要有进取心，不断地追求自己的进步，包括政治上的进步，业务上的提高，研究中的创新等等。不断向前进，不要满足于已有的工作成绩和已有成果，而是将其作为人生新的起点，永无止境。

我们生产的是精神产品，知识含量、智慧含量是很高的，如果不下大功夫刻苦努力是达不到要求的。

第四要成才。

单位领导、职能部门都会为大家成才创造有利条件，但是内因是根本性决定因素,个人的努力对于自身的成才具有决定性的作用。能否成才主要取决于自己是否努力提高自己。我希望每一个同志都成才,成为广电领域某一个方面的专家和人才。

我们的实地调研机会很多,会请国家部委相关研究机构共同参加一系列研讨活动,还有一些出国机会等,这些都为大家提供了很好的条件,但是这些都是外部条件,要成才还要靠大家自身努力。我们给大家提供了良好的干事业的平台,有干不完的事情,希望大家都能立足于岗位成才,在这个环境中成为行业中拔尖的人才,坚持从每一件小事做起,小事做不好,大事也干不好。

最后,再次欢迎大家,希望大家共同工作,共同进步。需要探讨的,我们随时欢迎。希望大家有所作为,凭借我们的研究成果取得系统对我们的认可,真正使我们中心成为总局和全行业的智囊团和思想库。

(本文系作者2006年7月17日在国家广电总局规划院、发展改革研究中心新职工入职教育培训会上的讲话)

如何做合格的党员领导干部

发给大家的学习材料中有《党章》第一章和第六章，我想就第六章第三十四条谈谈自己的三点体会。

一、合格的标准和实践的意义

《党章》第三十四条明确规定：党的各级领导干部，必须模范地履行《党章》第三条规定的党员的八项义务，同时必须具备六项基本条件。

我们党的领导干部首先是党员，要具备党员的基本条件，要履行党员的八项义务。在《党章》第一章第八条就规定了党员的八项义务，党员领导干部，首先要模范地履行这八项义务。同时，又要具备领导干部的六项基本条件。在党的干部这一条中，对我们党员领导干部，规定必须具备六项基本条件。我认为我们所说的"合格"的领导干部，合格的"格"就是这六项基本条件。是否具备或达到这些基本条件，就是衡量我们每个党员领导干部是否合格的唯一标准。

我们知道，《党章》是党的总章程，是我们党内最高的法规，集中代表了全党的根本利益和意志，是规范党内政治生活、规范党员和党员领导干部的行为的基本准则。胡锦涛总书记在中纪委第六次全会上强调指出：总结我们党自身建设包括党风廉政建设和反腐败工作的实践经验，可以得出一个重要结论，就是要始终把学习《党章》、遵守《党章》、贯彻《党章》、维护《党章》作为全党的一项重大任务抓紧抓好。只有把《党章》学习好、贯彻好、维护好，才能确保我们党始终沿着正确的方向前进，始终凝聚起全党同志的意志和力量为实现党的理想和目标而共同奋斗。

在这里，胡总书记把学习《党章》的重大意义，特别是在新的历史条件下，在全面建设有中国特色的社会主义事业的进程中贯彻《党章》、维护《党章》的重大意义，深刻地进行了阐述。

我们现在的《党章》是十六大修改通过的党章，这是一部符合我们党和国家现阶段基本任务的很完备的总章程。所以,我们要按照总书记的要求,始终把学习《党章》、遵守《党章》、贯彻《党章》、维护《党章》作为一项重大任务来完成,并将其视为每一个党员领导干部必须履行的职责和义务。

今天我们重新学习《党章》有关"党员"和"党的干部"的相关规定,就是要进一步贯彻、维护好《党章》,做合格的党员,做合格的党员领导干部,在各自的岗位上,为推进党和国家的事业,履行一个共产党员、一个党员领导干部应该履行的职责和义务。我觉得这是我们重新学习《党章》的意义所在。

二、深刻领会六项基本条件的丰富内涵

重新学习《党章》,我们要深刻领会六项基本条件的内涵。这六项基本条件虽然很简练,文字很短,但内涵非常丰富,它从各个不同的方面对我们党员领导干部在思想上、政治上、工作上、作风上,都提出了明确而具体的要求。其内涵主要表现在以下几个方面。

第一项基本条件是:党员领导干部要具有履行职责所需要的马克思列宁主义、毛泽东思想、邓小平理论的水平,认真实践"三个代表"重要思想,努力用马克思主义的立场、观点、方法分析和解决实际问题,坚持讲学习、讲政治、讲正气,经得起各种风浪的考验。

这一项的要点是什么?用一句话来表述,其核心内涵就是:理论素养和运用能力。它包括以下几层意思:

要掌握马克思主义基本理论。我们党是以马克思主义理论武装起来的党,马克思列宁主义、毛泽东思想、邓小平理论、"三个代表"重要思想是我们党的思想理论基础。在这一点上,我们是不能动摇的。特别是我们处在意识形态部门,必须坚持以马克思主义为指导,这是不可动摇的。所以我们要能掌握这一基本理论。

要用基本理论去分析和解决实际问题。我们不可能要求每一个同志都成为马克思主义理论家,只有少数人能够成为马克思主义理论家,但是我们作为一个党员、一个党员领导干部,必须掌握马克思主义的基本原理,这是应该的,也是可能的。而且,我们不仅要掌握它,还要运用它。如果只是学到了这些基本理论,不会运用,也不行。毛泽东同志在延安整风时期就曾说过:"对于马克思主义的理论,要能够精通它,应用它,精通的目的全在于应用。"这就告诉我们,学习马克思主义理论的目的,在于运用这一理论去解决中国革命和建设过程中所面临的实际问题。

在我们党的历史上,有一些在国外学习过马克思主义的人,他们虽然学习了革

命理论,但是不会在中国运用。比如王明、博古,他们都在国外学过马克思主义,但是不懂得中国的实际,无法与中国实际相结合,于是他们遭受到失败。70 年前中央红军为什么要进行长征？因为在王明、博古“左”倾教条主义的指导下,第五次反“围剿”遭到了失败,中央机构和中央红军被迫撤出中央革命根据地。像李德这样一个外国人,跑到中国来指导革命实践,他对中国国情根本不了解,由他来指挥红军作战,怎么可能取得胜利？毛主席恰恰是能够把马克思主义理论运用于中国革命实际的典范,他以马克思主义的基本原理研究和分析中国社会的性质、中国的国情、中国的现实,创造性地继承和发展了马克思主义,并指导中国革命取得了伟大的胜利。我们学习《毛泽东选集》,可以看到《毛泽东选集》第一卷开篇就是《中国社会各阶级的分析》。毛主席出身于农村,他深知对处在半殖民地、半封建社会的中国,农村土地问题是革命最根本的问题。他对农村问题有着极其深刻的了解和研究,能够把马克思主义的基本原理与中国革命的实际相结合,鲜明地提出和阐述了谁是我们的敌人,谁是我们的朋友,革命的对象是谁,革命的目标是什么,革命的道路应该怎么走,形成了一整套指导革命的理论、路线、方针、政策,指导革命从胜利走向胜利。在新的历史时期,以邓小平同志为核心的第二代中央领导集体,坚持以马克思主义为指导,紧密结合中国的现实,提出走有中国特色的社会主义道路的一整套理论、路线、方针、政策,创立了邓小平理论,从理论和实践上回答了什么是社会主义和怎样建设社会主义的基本问题,指导我们党和国家的现代化建设并取得巨大的成功,使整个国家的面貌发生翻天覆地的变化。以江泽民同志为核心的第三代中央领导集体,总结了现代化建设新阶段的新经验,提出怎样建设党和建设一个什么样的党的重大历史课题,形成了“三个代表”重要思想,这被列为党的指导思想的组成部分。以胡锦涛同志为总书记的新一代中央领导集体,把马克思主义的基本理论紧密结合中国实际,就是紧密结合新世纪全面建设小康社会的实际和经济社会发展面临国内外新形势的实际,提出科学发展观,非常有针对性。现在,党中央又提出构建社会主义和谐社会。在国际上,我们倡导中国是和平崛起,和平发展,推动构建和谐世界。这些理念都非常好,非常符合实际,符合这个时代的实际。这是对马克思主义活的运用。从老一代党的领导人到新一代党的领导人,都非常重视把马克思主义理论与中国的实际相结合,所以我们的革命和建设事业取得了胜利。

我们反观一下苏联,恰成鲜明对照。苏联是列宁主义的发源地,可是它的领导人摒弃马克思主义,把一个好端端的国家搞垮了。前一段时间,我们接待了俄罗斯的一个著名的学者,他很诚恳地建议说,中国的广电媒体改革一定要慎重,要接受苏联的教训。他们提供了反面的教训。他们搞媒体私有化,结果,少数工业巨头和金融寡头控制了媒体,进而干预国家政治生活,把舆论搞乱了,思想搞乱了,理论搞乱了,整个国家搞乱了。1989 年苏联解体后,当时有学者说需要 10 年的恢复期,可是到现在已经 17 年了,整个国家并没有完全恢复。任何一个国家,都不能实验一下倒退的结果。中国领导人非常明智,就是紧密结合自己的国情和实际,不管西方如何施压。而苏联,从戈尔巴乔夫到叶利钦,整个都倒向西方了,走西方的路子,结果走不通了,遇到一系列的问题。现在俄罗斯的广电在学习欧洲的模式,整个绕了一圈。所以,作为政治家,作为国家领导人,在涉及国家未来前途和发展道路的问题上,要极其慎重。我认为,我们国家这几代领导人都非常善于把马克思主义基本原理不断运用到中国的实际当中来,使我们的革命和建设不断取得胜利。

要经得起风浪的考验。这实际上是最关键的环节。经得起风浪的考验,要有理论作基础,在理论上坚定了,才能在任何风浪到来的时候站稳脚跟,才能经得起各种风浪对我们的考验。战争年代,经不起考验的就成了叛徒,像张国焘等人。在和平年代,党员领导干部同样要经得起政治风浪的考验,始终忠诚于党和国家的事业。所以第一条,就是要提高马克思主义的基本理论素养。要掌握好三个环节,一是要掌握基本理论,二是要运用基本理论,三是在实践中检验。

第二项基本条件是:党员领导干部要具有共产主义远大理想和中国特色社会主义坚定信念,坚决执行党的基本路线和各项方针、政策,立志献身现代化建设事业,在社会主义现代化建设中艰苦创业,做出实绩。

这里我概括第二项的核心内容是:理想信念和执行能力。这一条包含三层意思:党员们一是要树立共产主义理想和坚定社会主义信念;二是要模范地贯彻执行党的基本路线和方针政策;三是要投身改革开放和现代化建设之中并做出实际成绩。

作为一名党员,从入党的那一天起,我们每个同志都举起手来宣誓信仰马克思主义,要为共产主义事业奋斗终身,我们既然认准了这样一个主义,既然宣誓了要为这个事业奋斗终身,就要始终不渝,而不能半途而废,也不能动摇。因为共产主义社会的目标是马克思主义创始人在研究了人类社会发展规律后揭示的普遍规律,当然马克思主义的创始人他不可能把未来的共产主义的具体形态、具体内容描述出来,但是他提出了人类社会发展的大方向,这是我们共产党人为之追求、奋斗的远大的理想和目标。我们在这个问题上的认识应该是,共产主义的发展是阶段式的,在现阶段,我们要认识到社会主义是共产主义的初级阶段,而我们又处在社会主义的初级阶段,社会主义初级阶段的共同理想是什么呢?党制定的基本路线已经给我们明确提出来了,我们就是要在党的基本路线的指导下,团结全国各族人民,建设有中国特色的社会主义,把中国建设成为富强、民主、文明的社会主义国家。这就是现阶段——社会主义初级阶段我们全党全民的共同理想。只要我们在这个阶段为实现这个阶段目标作出贡献,就是为实现共产主义作贡献。所以我们要把现实所做的工作同远大的理想结合起来,这样我们就能坚定理想的目标,坚定这样一个信念。

我们党员,特别是党的领导干部,要模范地贯彻执行党的基本路线和各项方针政策,带领群众推进各项事业的发展。我们广电系统的党员干部就是要带领本单位的党员和职工完成好各项任务,为推动各项工作的进展,进而为推动中国广电事业的发展做出我们的贡献。中国广电事业的发展,也就是为社会主义文化事业繁荣发展,为全面建设小康社会,为全面构建和谐社会做出贡献,两者是紧密联系在一起的。所以我们既要用发展的观点看待不同的阶段,认识社会发展规律,又要用联系的观点把自己所从事的工作与中国现代化建设的现实任务,同我们广电事业的发展紧密地联系在一起。不能当个旁观者,应付应付,这都不行,要积极主动投身于现代化建设事业,作出实际成绩。

第三项基本条件是:党员领导干部应坚持解放思想,实事求是,与时俱进,开拓创新,认真调查研究,能够把党的方针、政策同本地区、本部门的实际相结合,卓有成效地开展工作,讲实话,办实事,求实效,反对形式主义。

第三项的核心内容概括起来就是:思想路线和思维能力。它包含三层意思:一是要遵循党的思想路线。党的思想路线是什么?党的十六大把它概括为“解放思想、实事求是、与时俱进”。大家知道,在延安时期我们党就提出来,实事求是是我们党的思想路线的核心内容。到了改革开放新的历史时期,在十二大开幕式的讲话中,小平同志正式提出“解放思想、实事求是”。在当时那种历史条件下,如果我们不能够解放思想,在传统观念的束缚下,甚至于处在“两个凡是”之中,那是不可能实行改革开放的,我们也很难真正投身于中国社会主义现代化建设。这在当时是针对那个历史时期存在的问题提出来的。以江泽民同志为核心的领导集体,又加了“与时俱进”。各种文件的规范表述都是以“解放思想、实事求是、与时俱进”作为我们党的思想路线。所以我们要很自觉地来遵循党的思想路线,并以此指导我们的工作实践。二是要从实际出发开展工作。这是思想路线所要求的。我们中国各个地区、各个领域,情况千差万别,广电的发展也是千差万别的,所以我们不能只拿一种模式去套用,简单化去理解改革,一定要从当地、当时的实际情况出发。从宏观层面来讲,一定要从中国国情出发,从本地区实际出发。三是要务实。要把党的路线、方针、政策落实到实际当中,必须通过大量的实际工作,否则就成了空谈。如果没有落实到实际工作中,就不能说是真正落实党的路线、方针、政策。所以我们要了解思想路线是什么,要培养思维能力,遵循思想路线,坚持从实际出发,以务实的精神对待各项工作。

第四项基本条件是:党员领导干部有强烈的革命事业心和政治责任感,有实践经验,有胜任领导工作的组织能力、文化水平和专业知识。

第四项的核心内容是:事业心和工作能力。它包括以下三层意思:第一层意思是,党员领导干部要有强烈的革命事业心和政治责任感。我们每一个领导干部都处在不同的岗位上,我们在不同的岗位必须尽我们的政治责任,要以强烈的事业心来对待我们所从事的工作。如果一个党员干部没有事业心,你也干不成事情,出不了成绩、成果,那么你在事业当中也就起不了什么作用,你就徒有其名,是名不副实的党员干部。所以我们一定要有强烈的事业心和责任感,包括对每一项具体工作,都具有高度负责的精神。第二层意思是,党员领导干部要有与履行职责相应的领导工作能力、文化水平和专业知识。一个人光有主观愿望还不够,还要有相应的能力,要能够胜任工作,胜任领导工作、领导岗位和领导职务。我们在座有的同志过去从来没有担任过领导干部,有的甚至没有当过科级干部就一步到处级干部,尤其需要有意识地来增强自己各方面的工作能力,充分意识到自己处于一个什么地位,自己的职责是什么,要有相应的能力,然后要履行这种职责。第三层意思是,党员领导干部要不断积累实际工作经验,不断提高实际工作的水平。这种能力的培养提高,需要一个渐进的过程,不是说明天就能提得很高了,但是自己必须首先要有自觉的意识并努力去提高,如果连自觉的意识都没有,那要想提高根本不可能。从亲身经历来讲,我也很有体会,我 1986 年起当北京广播学院党委常委、宣传部长,那个时候我是很发怵的,我这个人过去也是比较内向的一个人,喜欢思考,喜欢写作,不喜欢讲话,但是当了学校党委常委、宣传部长,恰恰需要抛头露面,既要给学生讲,又要给老师讲,我为此很伤脑筋。怎么办? 只能学着做。刚开始时,我是先把稿子起草好,讲话的时候就按照稿子讲,不敢越雷池一步。然后经过慢慢锻炼,我可以只用提纲讲话,再后来就列几个要点,找几份材料就可以了。高校的讲话与我们现在的讲话有所不同,如果讲不好,学生就会起哄。我那个时候走向讲台,还是很胆战心惊的。今天在座的有几个原来广院的毕业生——邓向东、李熠星、龚波等,当时应该都听过我的讲话,因为那个时候我经常要给学生讲话。恰恰是那几年,训练了我讲话的能力,把思考的内容转换成演讲的能力,我原来不会,后来从不会当中学习,逼着自己不断学习、提高。从自学到自如,中间需要一个过程。

第五项基本条件是：党员领导干部要正确行使人民赋予的权力，依法办事，清正廉洁，勤政为民，以身作则，艰苦朴素，密切联系群众，坚持党的群众路线，自觉地接受党和群众的批评和监督，做到自重、自省、自警、自励，反对官僚主义，反对任何滥用职权、谋求私利的不正之风。

第五项的核心内容是：品格要求和律己能力。它包含以下几层意思：一是正确行使权力，坚持勤政廉政。我们领导干部多多少少掌握着一种权力，这种权力一定要使用好。我们有的领导签一个字，可能几百万就出去了，我们财务也是，一定要慎用自己的权力。要意识到人民赋予我们权力，我们在使用权力的时候要按照制度办事。二是联系群众，坚持群众路线。坚持群众路线，历来是我们党的路线方针，密切联系群众是我们党的三大法宝之一。我们党不能脱离群众，我们执政的基础也在于群众的拥护。作为执政党，我们执政的权力、行使的权力源于人民群众。三是自觉接受人民群众的监督和批评。做到这一点很不容易。上午莉莉同志给我们讲了很多，我们从那么多的案例中可以悟出一条，就是能不能自觉地接受群众监督。说老实话，现在监督的制度有，但是监督的机制并不完善。你如果有心违规，这里头有很多漏洞、空子可以钻。但是你如果自觉接受监督，自觉坚持党性原则，自己就会感到这是一种应该的监督和约束。我们有党内监督、群众监督、舆论监督等多种形式。我们有许多的规定程序，这就是制度的监督。我们不要觉得有那么多的条条框框，不要有反感，尤其是权力的运用上，多一道监督的门槛有好处，特别在人事、财务方面，人事、财务部门就有监督的责任。思想作风方面，有纪检部门的监督。前一段时间总局对我们的巡视，就是组织上对我们的监督，对我们领导班子的监督，重点是对一把手的监督。我很感谢组织上对我们的巡视，对我们是一种监督的方式。再一个就是要接受批评。现在我们的支部民主生活会，往往开展自我批评相对比较好一些，大家对自己的缺点多多少少能够谈出来一些，但是同事之间开展批评很不够，有的是不敢批评，有的是不愿批评，特别是不敢批评领导，怕报复，不敢批评同事，怕面子上过不去。其实我觉得党内的民主生活要勇于开展批评与自我批评，尤其在相互之间的批评方面要加强。同事之间有意见有看法，当面提，会上讲，不要在下面议论。但是我们有的同志在会上不讲，不愿意讲，在背后讲，这很不好，不利于团结。有一些完全可以在会上当面提出来，两个人坐下来，当面提一提有什么不好呢？我作为班长，每一次民主生活会前都要同班子的每一位成员谈心，听取意见，同时也把每一个成员的不足给他明确指出来。我觉得这样，同事之间有个开诚布公的态度，这是正常的同事关系。不要把别人对你的有益批评看成是跟你过不去。另外，有的时候批评意见不是很准确，这需要区别对待，有的你当面就可以做出解释，会上也可以解释。总之就是要严于律己，宽以待人。对别人宽容一些，对自己严格一些，我们从支部到领导班子当中，一定要敢于和善于开展批评与自我批评，把同志之间的矛盾都放在我们党内所规定的生活范围内解决，而不要散播，不负责任地议论，甚至猜疑。毛主席在延安时期写的《反对自由主义》中列出自由主义的很多现象，其中一条就是“当面不说，背后乱说，会上不说，会后乱说”。自由主义就会涣散团结，甚至严重地破坏团结。所以我想这一条对我们来说尤为重要。党员干部要自觉地接受监督和批评。

第六项基本条件是：党员领导干部要坚持和维护党的民主集中制，有民主作风，有全局观念，善于团结同志，包括团结同自己有不同意见的同志一道工作。

第六项的核心内容是：制度要求和合作能力。它包含三层意思：一是党员领导干部要坚持和维护民主集中制；二是要有大局观念，以事业为重；三是要团结、合作共事。民主集中制是我们党的根本组织制度。党中央对民主集中制向来是相当重视，要求全党要贯彻落实好民主集中制。我认为民主集中制是充满辩证关系的，同时又是行之有效的，通过长期的实践证明是科学有效正确的组织制度。毛主席曾经解释过民主集中制，说民主集中制就是民主基础上的集中和集中指导下的民主。我觉得这解释得非常好。我们党各级组织都实行民主集中制，这种制度最大的好处就是把民主和集中两种方式融合在一块，它可以使我们各种决策具有科学性，避免失误。从历史上看，什么时候我们党内民主集中制实行得好，我们党的革命和建设事业就顺利，什么时候民主集中制受到损害，我们的革命和建设事业就会受到影响。我们规划院虽然是院长负责制，但不是院长一个人说了算，所有大的事项都是提请领导班子集体来研究决定，不搞个人专断。另外，民主集中制可以调动整个班子成员，调动所有干部的积极性和创造性。我们需要集体的智慧，当了这么多年领导干部，我深有体会，有的时候个人的智慧是非常有限的，班子集体讨论，可能有些问题会豁然开朗，迎刃而解。这是需要集体智慧的。再就是要有大局观念，以事业为重。大局，我们党和国家这是个大局。在我们广电部门，我们党组做出的决策、总局的部署就是大局。张海涛同志经常强调三句话：围绕中心、服务大局、贴近实际。我们就是要为这个中心服务，为这个大局服务。作为规划院，我们院领导班子集体做出的决定也是我们院内的大局。这是不同的大局观，但总的来说要服从和服务党和国家的大局。三是要团结共事。这对于领导干部是非常重要的。一个领导干部如果不善于团结人，你有再大的本事也是孤家寡人，而孤家寡人是干不了大事的。善于团结，包括要团结与自己有不同意见的同志一道工作。因为大家在合作共事的时候难免有不同的意见、不同的观念，这都是很正常的。因为大家看问题角度不同,得出的意见就不同,无论是看问题,讨论事情,还是用人方面,可能出现不同的意见、不同的观点。我觉得这很正常。而恰恰是因为有不同的意见,才能实现民主基础上的集中。不可能大家都持完全一样的观点。但是经过讨论形成集体决议之后,就要完全按这个来办,就不能各行其是。另外在涉及一些非原则性的问题时,大家要互谅互让,互相站在对方的角度来思考一下问题,不要固执己见。同事之间要合作好,能够听得进不同意见,尤其是一把手,要听得进不同的意见。不要觉得自己就是正确的,别人就是不对的。因为民主集中制也给我们严格规定了一个原则,就是个人服从组织,少数服从多数,全党服从全国代表大会和中央委员会。这就规定了遇到问题就要按照上述原则来处理。就行政班子而言,当然一把手有集中的权限,但是要集中正确的意见,最后形成大家的共识。

以上六项,构成了党对各级领导干部的整体素质要求。我们每个领导干部,都应以此来对照衡量自己,找出差距,看到不足,要扬长补短,努力做到全面地合格。

三、如何践行六项基本条件

概括起来讲,就是要努力做到一个重视、三个自觉。一个重视,就是要增强"标准"意识,从思想上高度重视。我讲到合格的领导干部就是要做到这六条,这六条就是衡量标准。我们领导干部脑子中要时时有标准的意识。我们规划院是搞广播电视标准研究的,标准对于广播电视意味着什么,大家都知道。对领导干部也是有标准要求的。标准是什么? 就是这六条,《党章》规定的六条。党员领导干部要从思想上高度重视,按照六项基本条件衡量和严格要求自己,努力做到知与行的统一,把六项基本条件要求贯穿和落实到自己的思想、工作和作风之中。

三个自觉就是:第一个自觉,增强"职责"意识,从履行职责上自觉践行,以高度的革命事业心和政治责任感履行岗位职责,对待各项工作。这一项很重要,我们对待每一项工作都要以高度的革命事业心和政治责任感履行岗位职责,从小事做起,把它做好。如果没有把它做好,我们应该吃不好饭,睡不好觉才对。与此同时,我们要主动适应社会变革和广电事业发展的需要,不断充实自己的思想、理论、知识,不断地提高自己的业务水平和工作能力。这个业务水平和工作能力,我认为应包括学习理解能力、业务工作能力、管理工作能力、思政工作能力、思维写作能力等,追求工作的效率、质量和效果。领导干部的能力是多方面的能力。这里我多讲一句,特别是我们各个所的所长们,你们一定要全面地履行所长的职责。作为所长,你们不仅仅要领导全所同志完成好业务研究工作,还要管理好这个所,要做好这个所所有人的思想政治工作,要坚持两手抓,全面承担起领导的责任,对事业负责,对每一位同志负责。特别是一些比较年轻的、过去没有做过领导工作的同志,更需要加强自己这方面能力的培养,这是你的责任所在。比如说,你这个单位有的人思想不稳定,出现了什么情绪,你要了解他的变化,要掌握他的思想脉搏,要耐心细致地做工作,沟通思想,增加感情,让他愿意同你谈心里话,然后有针对性地进行正确的引导、疏导。因为有的是思想问题,有的是心理问题,他需要倾诉,需要排解,这个时候,领导干部就要善于做工作。特别是在现在这样一个激烈竞争的社会中,职工中出现这样那样的问题是很正常的,关键在于领导能否及时发现,及时做好工作。特别是年轻人比较多的一些部门,领导干部要懂得和善于做这方面的工作,不要只是埋头做业务。如果只是埋头做业务,有些人的心理或思想问题没有解决好,他是不会好好工作的,他没有积极性。另外还要学习做工作的艺术,如何让你的部下能够接受你的意见,这里面很讲究艺术。总的来说是一种平和的、平易的,能够面对面交心的这样一种方式。当然有时免不了也要发点火,拍桌子、瞪眼睛也免不了。但是我想只要是为了工作,没有私心,你这么做也是可以理解的。总之要本着为事业高度负责的精神来要求我们的部下,要求我们的职工,要求我们的党员。当然首先自身要做好,才有可能让人家服你。领导干部自身是不是对工作岗位负责,不要认为都是上级领导的事。有的明明就是你职责范围内的事情,你就不能推卸,该是你的事就是你的事。我们工作职责的最后一条都是讲完成领导交办的任务,你不能说,领导交办我拒绝去办。有些不在职责范围内的事情都包含在这一条中。无论哪一级领导都会遇到这个问题。我对总局领导交办的各种各样的任务,我不能说这个不在我职责范围之内。所以我觉得大家一方面要自觉地培养能力,另一方面要有高度的事业心和责任感。

第二个自觉:增强大局意识,从组织制度上自觉践行。我们作为党员领导干部要时刻以大局为重、以事业为重,要模范地执行和维护民主集中制,自觉地坚持个人服从组织、少数服从多数、下级组织服从上级组织、全党服从全国代表大会和中央委员会的原则,坚决维护党内和领导班子内部的团结和统一,坚决反对自由主义和涣散团结的一切行为。这是维护大局最根本的组织制度的保障。我们要有大局意识,如果发生跟大局不符的事情,或者小集团的利益与大局有矛盾了,我们要无条件地服从大局。作为个人对待组织也是,我们个人有什么意见,可以发表,可以申诉,可以反映,但是一旦组织做出决议就要严格按照决议来办。特别是我们作为研究单位,可能经常会有一些与上面不一致的观点,但是上面决定是怎么做就必须执行,我们可以保留意见,可以向上面反映。正确的程序应该是这样的:任何一个下级干部对待上级领导，对于上级交代给的任务，首先要乐意接受，乐意去干，有什么意见可以提出来，对上级领导有什么看法也可以提出来，但是不能拒绝，不能顶着。下级服从上级这是原则。但是在实际工作之中，我们确实碰到有的人比较糊涂，这一点我们要强调，而且还要正确对待上级领导对你的批评。你做的不对，上级领导批评有什么不对？不能因为自己资格老就不能接受上级领导的批评，我们党内没有规定说年轻领导不能批评资格老的同志。如果这一条成立，那总局领导只有两位年龄比我大，能够批评我，其他都比我年轻，就不能批评我。那我们规划院比我年龄大的人也不多，不能说只有那几位同志能够提出批评。我们干部比职工年轻是很正常的，都有这种可能，当然我们首先自己要过硬。所以我觉得这里边既要处理好民主集中制的关系，又要有大局的意识，要能够从组织制度上自觉地践行六项基本条件。

第三个自觉：增强自律意识，从培养作风上自觉践行。我们要模范遵守党规党纪和国家法律，坚持清正廉洁。我觉得这一点很重要。莉莉同志上午给我们举了那么多的反面例子来警示我们，领导干部一定要清廉。我觉得领导干部思想境界要高一点，不要去搞追名逐利的事情，不要把物质的享受看得太重要。人区别于动物就在于人有思想，有感情，有思想的需求，有精神文化的需求，马斯洛关于人的需求的五个层次里，精神需求是最高的一个层次。对理想的追求，对精神的追求，这是一种境界。我觉得人活到一定的年龄后，要把这一点看得更透一些。现在有一些省部级、地市级干部栽倒了，最主要的原因是经济问题。一个一个揭露出来，很多问题说来说去到最后都是物质利益、金钱问题。你说成克杰，位居国家领导人之列，全国人大常委会副委员长，为了满足情妇的生活，捞取了几千万，最后被法院判处死刑。作为副委员长，他的地位可以保障他生活得很好，他干吗去做这些事情？一些部长级、地厅级干部，都是为了几十万、几百万而栽跟头，难道你生命的价值、人格的价值就值那么多钱吗？年轻的干部，像李真，他的《地狱之门》我是从头到尾看了一遍，上午莉莉同志讲到的，这么年轻的干部走上了不归之路。他是贪欲太重，权欲太重，不择手段，攫取财物。到头来，被判处死刑，他后悔莫及，收那么多钱财有什么用？家庭、儿女都要背负沉重的负担，有什么意义吗？所以我觉得人对物质享受到一定程度就该满足了，别太追求这些东西。我有时候讲，还是家里那张床最舒服。虽然家里的床不值钱，很简陋，但是最舒服，是不是这个问题？不能贪欲无度，追逐自己不该得的东西。我们领导干部要清廉，从自己做起，不要在这个问题上栽跟头。在这一点上脑子要非常清楚。我们要去追求高尚人格，自觉地锤炼自己的思想道德修养，要严于律己，宽以待人，心胸宽阔、坦荡，为人正直、正派，要能够正确对待同志，正确对待自己，正确对待名利地位。孔夫子讲过“君子坦荡荡，小人长戚戚”。君子应当是心胸宽广而坦然的，而小人是无所适从的。我们心胸很宽阔，很坦然，不去谋取自己不该得的东西，就可以心情很好，很愉快，这是多好的一种境界！其实贪腐这些人，他们反倒心里非常不好受，到要查他的时候，惶惶不可终日，不知道什么时候就被“双规”了。所以我们要当君子，心胸坦荡，为人正直、正派。我们还要善于团结同志，包括团结同自己有不同意见的同志一道工作。毛主席过去说过一句话：“我们都是来自五湖四海，为了一个共同的革命目标走到一起来了。我们的同志要相互关心、相互爱护、相互帮助。”这是纪念张思德同志的文章《为人民服务》中讲到的，也是一段名言。我看这是我们永恒的一个道理。今天我们二十几个人坐在这里，过去谁认识谁啊？为了共同的革命目标，为了广电事业，我们走到一块来了，在一个单位共事，我觉得要把这看成一种缘分，一种历史的机遇。我想我们每一个同志等你老的时候，退休的时候，都要对这段时光留下美好的记忆。你疙疙瘩瘩干什么？有什么必要，有什么大不了的分歧？有什么冲突？把它掰开了来看嘛。有什么大问题？我看不会有，甚至有的都摆不到桌面上来说的。有什么必要嘛，而且你自己心情不好，老压抑，这也有损健康吧！于工作不利，于个人不利，于身体不利。我们既然在一起工作，大家都心情愉快，有话说在当面，有话说在会上，建设和谐的、融洽的人际关系，真正做到像毛主席说的“相互关心、相互爱护、相互帮助”，为了共同的目标而奋斗。我们每一个人都要珍惜在一起工作的时光，珍惜这样的机会。因为在座的这些人里，我将是最早退休的，我希望在规划院工作的这段时间能够成为我一生中难忘的美好时光。我希望我同诸位的友谊延续到我生命的终结。我想每一个人都应该这样想，很难得，很难得。在工作上有各种各样的矛盾、困难都有可能，但是有一条，千万不要在个人感情上有什么隔阂，大家要善于沟通、相互理解，多站在对方的角度想一想，这样做有助于排解情绪。

以上这些话，总的来说就是围绕党对领导干部要求的六条基本条件，做一些个人的体会性的阐述，这些观点不一定都对，仅供大家参考。但是我想我的心绝对是好的，希望大家能够理解，希望大家共同按照《党章》规定的六项条件来要求自己，为了党的事业，为了国家的建设，为了广电事业，为了人民的利益，让我们共同奋斗。

（本文系作者2006年12月25日在国家广电总局广播电视规划院中层以上领导干部培训班上所作的学习《党章》第三十四条的专题报告）

广播影视事业发展需要专门的研究机构

三年前,我们规划院从广科院分出来而建立。当前,我们规划院又面临重大的调整。一是规划院要一分为二,规划院和发展研究中心分别成立。发展研究中心全称是广电总局广播影视发展研究中心。这是总局党组为了加强规划院的建设、为了加强政策方面的研究做出的决定,我们对此决定要坚决拥护,认真落实。二是领导班子会有新的调整,尤其是规划院的领导班子,设计院的姜文波同志将来我院任新的院长职务,目前正在公示。总局党组做出这样的决定,是经过了充分的考虑的。

第一,因为我院领导班子的结构不太合理,在前一段的巡视工作中,已经有所反映。领导班子五个成员中只有一个懂技术,不太合理。我作为一把手,不是科技方面的专家,不能在科技方面给予直接的、足够的指导,从长远来看是不太合适的,而且会影响单位的发展。我在规划院刚成立的时候也说过,我在规划院做院长,是过渡性的,完成了规划院组建和初期的发展,在推动规划院进入全面发展之后,进行这样的调整,是非常必要的,规划院其他的班子成员也要进行适当的调整,以利于组织建设,以利于规划院长期的发展。我希望,大家都能够理解这样的决定。

第二,从加大总局政策研究力度的方面来看,当前,发展研究中心任务性课题和发展研究性课题任务非常多,工作人员一直是加班加点。而我国广播影视行业各种新情况、新矛盾、新问题层出不穷。这些年,我参加广播影视局长工作会议中感到,各地都对广电事业的改革和发展非常困惑,迫切需要我们对政策性、方向性的发展问题进行研究,对相关重大问题进行深入的调研,提出对策和建议。比如中国广播影视集团,就是在缺乏深入调研的基础上仓促成立的。在保持共产党员先进性教育中,大家对中广集团的设立反映意见较多,总局党组向中央领导汇报后,最后就根据大家的意见作了稳妥的处理。因此,广电行业重大问题,包括广电发展战略问题、广电改革发展中的重大问题,以及广电发展趋势,都需要一个专门的机构进行研究。发展研究中心就是在这样的背景下成立的,承担着整个广电事业发展改革的研究任务。发展研究中心从规划院划出单独建制,意味着中心的同志承担的责任更加重大,任务更加艰巨。这是广电事业发展的需要。大家都应该理解和支持这样的决定。

目前我院正处于过渡阶段。我们思想不能乱、队伍不能乱、工作不能乱。各级干部和群众要坚守岗位,认真做好承担的工作,在总局决定实施之前,我也依然是大家的院长,我们要一切照常,更好地做好各项工作,不能有丝毫的疏忽,不能因为思想上的波动影响工作。

现在还没有到正式一分为二的时刻,我不讲太多带感情的话。

总之,刚才各部所领导总结了一年的工作,完成得较好,并提出了在新的一年里的工作思路。大家要本着对事业高度负责的精神,做好各项工作,不辜负总局党组和广大干部职工的期望。

最后,今天的会议是新年的第一次工作会议,今天是新年的第十二天,我代表院领导班子给大家送来迟到的祝福,祝福大家身体健康、家庭幸福、工作顺利!

(本文系作者2007年1月12日在国家广电总局广播电视规划院工作会议上的讲话)

重建独立的广电发展研究中心

刚才王蓓同志宣布了总局党组的任免通知,两个单位新的领导班子已宣告组成。这同时也意味着新的发展研究中心的诞生。对总局党组这个正确而及时的决定,我表示坚决拥护。

这是规划院、发展研究中心短暂历程中值得纪念的事情,它标志着两个单位进入了一个新的发展阶段!

2003 年 9 月,我被总局聘为首任规划院院长,受命组建规划院和发展改革研究中心,迄今已 3 年零 5 个月。而本届班子成立于 2004 年 4 月,迄今也有 2 年零 10 个月了。

现在,我先代表规划院老班子讲几句话。

在总局党组领导下,特别是在两位主管部长的直接关怀支持下,本届院领导班子带领全体干部职工,艰苦创业,开拓进取,求真务实、扎扎实实地开展工作,使规划院从初创走向了全面发展的新阶段。回顾三年的历程,我们主要做了以下三个方面的工作:

一是推动和实施科技体制改革,筹备创建了规划院和发展改革研究中心。

二是遵循围绕中心、服务大局、贴近实际的工作方针,组织开展广电政策研究和科技研究服务并出了一批成果,为总局决策和广电发展提供科学依据和技术支撑,同时初步确立了规划院和发研中心的应有地位。

三是加强内部各项建设,逐步建立起了比较规范有效的工作秩序和工作制度,建立了基本的专业队伍,并改善了专业队伍结构,为今后实现更大的发展奠定了良好的基础。

这些成绩的取得,离不开总局党组的正确领导,离不开各有关司局,特别是办公厅、人教司、计财司、科技司、国际司、直属机关党委等的大力支持,离不开全院干部职工的辛勤劳动和敬业奉献,离不开离退休老同志对我们的信任、理解和支持。在此,我谨代表老班子的各位同志,向总局领导和各有关司局表示衷心感谢,向全院干部职工和离退休老同志表示崇高的敬意和深深的谢意！

昨天下午，我主持了本届班子最后一次办公会议。班子成员有一个共同的感觉和体会，就是这几年走过来不容易，大家在一起工作是一种缘分，这段共同的经历将在一生中留下美好的记忆，今后大家虽然不在一个单位工作了，但是共同的事业将继续把大家联系在一起。我作为班长，也要向班子的其他成员，向全院干部职工和离退休老同志几年来对我的信任、理解、支持、帮助表示衷心的感谢！如果说还有什么遗憾的话，那就是有些事情还来不及做，有些事情还做得不那么好，同志们的交往还比较少，这是需要请大家包涵的。我相信，新的班子将会做得更好。

下面我还想代表发展研究中心新班子表个态：

原来的发展改革研究中心依托于规划院，一直得到各职能部门和科技各所同志的支持。现在，重新组建成独立的发展研究中心，面临重建职能机构和独立运行体制，承担更加繁重的研究任务等新的情况和新的困难。但我们相信，在总局党组的领导下，在有关司局和全系统的支持下，我们紧紧依靠中心全体职工，一定能够克服前进中的困难，开辟到达胜利彼岸的光明大道。

我们要始终不渝地坚持围绕中心、服务大局、贴近实际的工作方针；我们要始终不渝地关注和研究我国广电发展改革进程中的一切新情况、新动向、新问题、新趋势；我们要始终不渝地追求科学、理性、求实、可行四者的统一，追求中国国情、中央精神、时代要求、广电实际四者的结合，以高度的政治责任感和敬业精神从事广电政策研究工作，以更好更多的研究成果，努力为总局决策服务、为促进我国广电发展服务！

我们的目标是：经过若干年的不懈努力，使发展研究中心成为广电领域名副其实的思想库和智囊团！

我们任重而道远。我们要以今天为新的起点，一步一个脚印地向前走，直至实现未来的目标！

（本文系作者 2007 年 2 月 28 日在国家广电总局广播电视规划院全体职工大会上的告别讲话）

广电发展研究中心来之不易

今天我们第一次假座中化大厦宴会厅欢聚一堂,共同庆祝我们发展研究中心的乔迁之喜,共同庆祝即将来到的新中国58周年国庆。

今天对于我们发展研究中心来说,是值得铭记的日子——因为这不是一般意义上的"搬家",而是标志着发展研究中心第二轮创业迈出重要的一步。曾记得,3年前的6月,当时成立了发展改革研究中心,设于规划院,第一批招聘了7个人,他们是:杨明品、陈共德、张志、陈秀敏、方德运、范洁、顾芳。他们一进来,还没有办公室,就随中心领导到外地调研去了。经过3个多月的努力,我们拿下了中心成立后第一个重大课题《广播影视管理体制改革研究报告》,可以说是初战告捷。今天2月28日,中心从规划院划出单设,成为总局直属的、具有独立法人资格和财政户头的事业单位,并更名为广电总局广播影视发展研究中心。这标志着中心进入了新的发展阶段——第二轮创业阶段。

此时此刻,我想起4年前的9月,总局党组聘任我为规划院首任院长,我受命组建规划院和发展改革研究中心。当时,只我一个"光杆司令",没有一个兵,没有一分钱,没有一寸地,面临的困难比我想象的大得多。在总局党组分管领导和各有关司局的支持下,我们推动了科技体制改革,建立了规划院第一届领导班子,组建了规划院和发展改革研究中心,拉开了第一轮创业的序幕。中心依托规划院,同规划院一道创业、发展,直至今年2月独立出来。从2004年6月中心成立到现在,正好3年3个月,在大家的共同努力下,中心已经完成了大大小小的研究课题二十几项,其中包括组织编写出版了新中国第一部广电发展年度报告,初步奠定了中心的社会地位,并形成了一定的社会影响。与此同时,一支有一定实力的队伍初步形成,目前已有39人(包括编外聘用3人、返聘1人);内部的基础设施建设也取得了新的进展,包括这次租用和迁入中化大厦新办公区,使业务研究人员的工作环境和条件有了显著的改善。所有这些进展,是大家共同努力的结果。其间虽然谈不上多少曲折坎坷,但确实是经历了创业的艰辛和酸甜苦辣,成绩来得十分不易。我深深感到，要有所作为才会有应有的地位，要求实、务实、扎实，才能一步步推进。

对我个人来说，从受命组建规划院和发展改革研究中心之日起，整整 4 年。在我迄今 42 年的工作经历中，有两段时间是最艰难的。前一段是在北京广播学院担任领导工作期间，10 年磨砺和奋斗，耗费了许多心血和精力。后一段就是最近 4 年，为筹组和建设规划院和发展研究中心，我真是耗费了全部心血和精力，为了破解难题，一度夜不能寐。比如，如何解决中心人员的财政供养和独设中心机构问题，可说是天大的难题。不解决这样的“后顾之忧”，我怎么向后人交代啊？在中编办、总局领导和人教司、计财司的大力支持下，这个难题终于从根本上解决了。这是我感到最大的欣慰。当然，也有遗憾的事，那就是规划院的财政户头问题，在我任上没能得到解决，而且至今还未获得解决。因为决定权在中央有关部门，涉及科技体制改革遗留问题，很复杂。想想这几年，真有无限的感慨！但是，我总觉得，我们的付出是值得的。秋天的收获就是对我们最好的回报。

当前，我们仍处在第二轮创业阶段。我们还面临艰巨的任务：一方面，要完成好各项研究课题，不断提高研究水平和质量，增强研究能力和整体实力，向既定目标前进。另一方面要增设信息所，拓展新业务；要健全职能部门，配备有关中层干部；要建立和完善各项规章制度，改进管理工作，逐步进入制度化、规范化管理的轨道；要建立健全党、工、团组织，加强党的思想、组织、作风建设，增强队伍的凝聚力和战斗力。总之，任务繁重，前途光明，有待大家继续努力奋斗。

同志们，再过两天，我们将迎来新中国的第 58 个国庆。接下来，又将迎来党的十七大召开。这是全国人民的大喜事。我是新中国的同龄人，伴随着新中国的脚步走过了 58 年的人生。我深深懂得，没有共产党，就没有新中国，就没有我们国家今天的繁荣昌盛，就没有我个人今天的一切。我这一代人，在座的各位，我们的命运和前途是同党和国家的命运和前途紧紧联系在一起的。我到过世界上十几个国家，包括美、英、俄、日等国，但是我始终认定，还是自己的祖国好。因为，这是我们的“根”，只有在自己的祖国，我们才感到自己是这个国家的主人。这种情怀，是任何物质条件所不能代替的。让我们衷心地为共和国的生日而祝福吧！

今天我带来了 4 瓶“贵州醇”，要求每个人都要喝一杯。现在，请大家一同举杯，为庆贺国庆，为中心乔迁，为大家的健康、幸福，干杯！

（本文系作者 2007 年 9 月 28 日在国家广电总局发展研究中心乔迁中化大厦午餐会上的致辞）

全面加强党的建设　推动第二次创业

在全党深入学习贯彻党的十七大精神、为夺取全面建设小康社会新胜利而奋斗的新形势下,中共广电总局发展研究中心委员会成立大会今天胜利召开了。这是我们中心政治生活中的一件大事、喜事。这次会议的主要任务是:深入学习贯彻党的十七大精神,认真总结过去三年多来发展研究中心的党建工作,提出全面加强和推进发展研究中心党的建设的各项任务,选举产生中共广电总局发展研究中心第一届委员会;团结动员全体党员和干部职工,围绕中心、服务大局,求真务实、开拓进取,全面推动第二次创业,更好地完成总局交给我们的各项政策研究任务,为促进我国广播影视的大发展大繁荣而努力奋斗。现在我代表发展研究中心党委筹备组向大会做报告。

一、三年多来的工作回顾和总结

广电总局党组为适应广播影视发展改革新形势,加强广播影视软科学研究和政策研究,于 2003 年下半年决定筹建广播电视规划院和广播影视发展改革研究中心。2004 年 4 月和 6 月,上述机构相继建立。当时限于机构编制问题,发展改革研究中心设于规划院,中心党的工作由规划院临时党委统一领导。经中编办和广电总局党组批准,今年 2 月 28 日,发展改革研究中心从规划院划出单独设置,并更名为广电总局发展研究中心,成为总局直属的政策研究机构。三年多来,在总局党组的领导和关心下,发展研究中心从零起步,艰苦奋斗,取得了第一次创业的胜利,今年 3 月又开始了第二次创业。三年多来,我们紧紧围绕总局中心任务,服务广电发展大局,求真务实,开拓进取,研究工作和自身建设稳步推进,成效显著。今年 10 月 10 日,总局党组副书记、副局长赵实同志考察发展研究中心,用四个“新”字概括了发展研究中心三年多来的主要成绩:一是建立了一个新的独立的机构。从 2003 年提出构想,到今天变为现实,从无到有,从小到大,克服诸多困难,建成了一个初具规模、功能健全、在全国广电系统乃至业界学界均有一定影响的广电政策研究机构。二是培养了一支新的队伍。这支队伍学科结构、年龄结构合理,绝大多数人员具有博士、硕士学位,具有很大潜力。大家开拓奋进,求实创新,有激情、有精神,精诚团结,具有很强的凝聚力。三是出了一批新的成果。三年多来,根据中央领导的批示和总局党组的工作部署,中心承担和完成了一批重大课题的研究任务,形成了30多个研究报告和调研报告。其中,有些研究报告得到中央领导和总局领导的充分肯定,有些研究报告为总局党组作决策或调整重要政策提供了科学依据,有的则直接被应用于改革的实施,发挥了重要的作用。特别是举全中心之力编写出版的中国广播影视发展年度报告,填补了新中国成立以来广播影视发展方面的一项空白,在业界、学界都产生了重大影响和显著的社会效益,王太华同志称之为广电总局加强政府管理与政策引导、转变政府职能的重要措施之一。最近这项成果被中国广播电视协会评为第五届全国广播电视学术著作特别奖。四是有了一个新的办公环境。在总局领导的关心和计财司的支持下,我们根据事业发展需要,在中化大厦租了500多平方米的业务用房,工作条件有了很大改善。

这些成果的取得是大家共同努力的结果,也是结合中心工作实际积极推进党建工作,充分发挥党组织的战斗堡垒作用和党员的先锋模范作用的结果。我们的党建工作主要体现在四个方面:

(一)加强理论学习和思想建设,不断提高党员和干部职工的理论和政治思想素质

切实加强理论学习。按照总局党组和直属机关党委的部署,中心党组织始终把思想政治建设放在首位,运用多种形式深化理论学习,坚持用马克思主义中国化的最新成果武装党员干部头脑。三年多来,中心党组织认真及时组织党员和干部职工学习贯彻党的十六届四中、五中、六中全会精神,系统学习《江泽民文选》、胡锦涛同志在"三个代表"重要思想理论研讨会上的讲话和在中共第十七次全国代表大会上的报告等重要文献,深入学习科学发展观、加强党的执政能力建设、全面建设小康社会、构建社会主义和谐社会等重大战略思想,开展了学习贯彻党章和践行社会主义荣辱观的教育活动。在理论学习中,运用集中研讨、交流体会、听辅导、参观考察等多种形式,既注重加深理解、领会精神,又注重结合工作实际,学以致用,做到以学习促科研、以科研带学习,使理论学习始终围绕中心工作,不断深入,并取得了较好的成效。党的十七大召开后,总局党组10月24日召开总局学习贯彻党的十七大精神干部大会后,我们发展研究中心第二天就举办十七大精神学习

班,组织全体党员和职工集中两天时间进行学习交流,每位同志都结合工作实际畅谈学习心得,大家深感很有收获,认识到搞政策研究的人员必须先学一步,学得更好一些。赵实同志在中心的学习汇报材料上批示,肯定发展研究中心学习贯彻十七大精神抓得及时、有力,希望中心就广播影视大发展大繁荣的新课题,结合广电实际,深入研究,提出新的思路和措施、对策、建议。我们将按照总局领导的指示,继续深入学习十七大报告精神,并贯彻到业务研究工作之中。

深入开展保持共产党员先进性教育活动。根据总局党组和规划院临时党委的总体部署,我中心 2005 年开展了为期半年的“保持共产党员先进性教育活动”。按照“高度重视、精心组织,严格操作、确保质量”的原则,全面动员,认真组织,狠抓落实,注重实效。通过先进性教育活动,广大党员普遍加深了对党的先进性的理解,经受了一次严格的党内生活锻炼,理想信念进一步坚定,基本达到了“提高党员素质、加强基层党建、服务人民群众、促进各项工作”的目标要求。

有针对性地开展思想政治工作,增强团队的凝聚力。三年多来,发展研究中心一直处于创业期,面临许多问题和困难。职工大多是新招聘进来的工作人员,来自五湖四海,背景和经历不同,思想也比较活跃。面对这些情况,中心党组织开展形式多样的活动,在活动中融入思想政治教育主题和内涵,激发敬业奉献的工作热情,使干部职工在活动中受到教育。与此同时,党组织加强与党员和职工的沟通,及时了解情况,交流思想,解决问题。我们就关系到中心发展全局和发展方向等重大问题,多次以业务研讨、培训等方式在中心全体职工中进行讨论,统一思想,凝聚力量,保证了中心业务工作和内部建设的顺利推进。

(二)加强组织建设,努力提高党组织的战斗力

搞好党的基层组织建设,是加强党建工作的基础。规划院临时党委及时在发展改革研究中心和法律所建立了党支部。三年多来,这两个党支部积极地开展党建工作,发挥了战斗堡垒作用。

认真落实党支部建设目标管理实施细则。2004 年,中心党支部按照总局直属机关党委《关于印发广电总局党支部建设目标管理工作细则(试行)》和《党支部工作达标检查办法(试行)》的要求,认真落实党支部建设目标管理实施细则及达标检查办法,对规范党支部的工作起到了很好的作用。

坚持民主生活会、党员评议等组织生活制度。根据总局直属机关党委的部署,我们认真组织一年一度的领导班子民主生活会和民主评议党员工作,广泛征求党内外群众意见,从学习、工作、党风廉政建设等方面进行对照检查,积极开展批评与

自我批评。同时，把集中教育和经常性教育结合起来，即结合各项工作任务的开展，注重发挥党员特别是党员领导干部的模范带头作用，增强了党组织的战斗力和党员队伍的凝聚力。

发挥战斗堡垒作用，确保各项任务的完成。中心党组织积极配合行政领导班子紧紧围绕中心任务和重点工作，牢牢把握为总局服务、为广电系统和行业服务的宗旨和方向，通过多种途径积极主动参与，组织和带领全体党员在各自的岗位上求真务实、锐意进取、默默奉献，较好地发挥了战斗堡垒作用，推进了中心各项工作的顺利开展和各项任务的完成。

做好入党积极分子培养工作。中心党组织贯彻落实总局发展党员工作会议精神，学习兄弟单位发展党员工作的先进经验，根据中心特点，把发展科研一线人员入党作为发展党员工作的重点。目前，中心有入党积极分子 2 人，对他们的培养教育情况都记入了入党积极分子考察登记表。

(三)从教育和制度两个方面，加强党风廉政建设

深入贯彻落实党风廉政建设有关规定。中心党组织认真学习贯彻落实中央纪委四次、五次、六次全会精神，严格执行中纪委三次全会提出的四大纪律八项要求，落实廉洁自律的各项规定，切实把《建立健全教育、制度、监督并重的惩治和预防腐败体系实施纲要》的具体任务落到实处。开展多层次多形式的活动，帮助党员树立社会主义荣辱观，加强廉政文化建设。中心根据驻总局纪检组、监察局和总局直属机关党委、纪委的安排，多次组织中心领导、处级干部和党务干部参加警示教育报告会和参观监狱、反腐展览等警示教育活动，增强了领导干部的廉洁自律意识。

建立各种规章制度，从源头上构筑廉洁防线。在第一次创业阶段，中心认真贯彻落实中央和总局关于党风廉政建设的各项法规和制度，执行规划院制定的一系列工作制度，形成了安全有效的制度监督。进入第二次创业阶段，中心正在着力建立健全各项内部制度，着力加强民主集中制。目前，中心已经制定实施《广电总局发展研究中心工作规则》，规范了中心主任会议制度和集体决策程序，逐步实现领导工作的规范化、制度化；已经制定了《广电总局发展研究中心职工考勤管理暂行办法》和《广电总局发展研究中心公费医疗管理暂行办法》等规章制度。在新办公区装修和办公家具购置等工作中，我们严格按照政府采购制度，并采取审计的办法控制经费支出。这些都有利于从源头上筑起反腐倡廉防线。

(四)积极推进工会和共青团工作，大力开展精神文明创建活动

中心的工会、共青团工作，近三年里一直在规划院的统一安排下开展，包括组

织参加教育活动、考察活动、文体活动、休假活动等，为增强内部凝聚力和团队精神起到了很好的作用。中心独立设置以来，虽然工会组织、团组织尚未建立健全，但实际工作一直由综合办公室来做，坚持为职工办实事，改善职工生活福利。比如，中心开展了以“送温暖、献爱心”为主要内容的活动，中秋节组织慰问单身职工；慰问走访分娩休产假的女职工；慰问患病职工和亲属去世的职工；为青年职工举办婚庆活动；为职工生日献上生日礼物；中心领导对职工进行家访活动，等等。通过这些活动，职工感受到了集体大家庭的温暖，工作队伍增强了凝聚力。与此同时，中心还积极响应总局直属机关党委、工会、文明办组织的“送温暖、献爱心”社会捐助活动，每年向贫困灾区捐款捐物，每年完成总局下达的献血、绿化、卫生等工作任务。

回顾三年多来的工作，我们最深的一点体会就是：围绕中心、服务大局、求真务实、有所作为，是中心安身立命之基；以人为本、党建育人、敬业奉献、团结和谐，是中心建设发展成功之道。我们也深知，中心的工作虽然取得了一定进展和成绩，但离总局党组和总局直属机关党委的要求，离广大党员和职工的要求还有不小差距，党建工作方面还存在诸多不足。如理论学习制度不够经常化，理论学习的自觉性有待增强；中心独立设置以后，党团工会组织建设未能及时建立健全，一定程度上影响这些方面工作的更好开展；中层领导干部管理和思想政治工作经验不足，党员干部、职工之间的思想交流还不够普遍和深入；党支部对布置的工作检查落实不够，工作方式方法创新不够。这些都是我们需要努力解决的问题。

二、今后党建工作的意见和建议

发展研究中心第一届党委的任期，正逢广电部门贯彻落实党的十七大精神，兴起社会主义文化建设新高潮，推进文化大发展大繁荣的重要时期。面对新形势新任务，我们要不断开创广电政策研究工作的新局面，为广播影视的大发展大繁荣做出应有贡献，这是中心党委和各个党支部工作的目标和方向，也是我们肩负的光荣使命。今后四年，我们中心党建工作的主要任务和目标是：高举中国特色社会主义伟大旗帜，坚持以邓小平理论和“三个代表”重要思想为指导，深入学习贯彻十七大精神，全面贯彻落实科学发展观，以改革创新精神全面推进和加强党的建设，充分发挥党委的政治核心作用、党支部的战斗堡垒作用和党员的先锋模范作用，团结带领中心全体党员和职工，围绕中心、服务大局、求真务实、开拓创新，为中心顺利完成各项研究工作任务、把中心建设成为中国广播影视的智库提供强有力的政治组织保证和思想保证。现就今后的党建工作提出以下意见和建议：

(一)创新理论学习和思想教育,建立健全先进性教育长效机制

紧密联系政策研究工作创新理论学习。深入学习贯彻党的十七大精神,把中心全体党员、职工的思想统一到十七大精神上来,把十七大精神贯彻落实到各项工作中去,用十七大精神武装头脑,指导政策研究工作,推动中心各项建设。一是要加强学习培训,全面提高党员素质。把中国特色社会主义理论和十七大精神作为党员教育培训的基本内容,围绕树立和落实科学发展观、构建社会主义和谐社会、加强党的执政能力建设等主题,进一步加强党员的理论学习。巩固和发展共产党员先进性教育活动的成果,建立党员“长期受教育、永葆先进性”长效机制,从党员学习培训、提高素质、发挥作用、党内民主、党内监督与党员自律等方面,体现党员的先进性,增强党员的责任感和使命感。二是要成立中心党委理论学习中心组,制定实施中心组和党支部两级学习制度。党委中心组要带头学习理论,同时要定期检查各党支部理论学习情况。要把理论学习与政策研究结合起来统筹安排,把理论学习与干部述职和民主评议党员结合起来。三是要开展经常性的形势政策学习教育,增强党员和职工的政策意识和政治敏锐性。积极参加总局直属机关党委举办的各种报告会、党课、讲座、学习辅导等活动,结合中心业务研究工作组织或举办各种有意义的参观、考察、座谈、研讨等活动。活动力求形式多样,注重效果。

有针对性地开展思想政治工作。一是要坚持正面疏导的方针和“三贴近”原则,积极主动开展日常思想政治工作,及时引导和解决好党员、职工中存在的思想认识问题。各支部要坚持从实际出发,围绕业务抓党建,抓好业务促党建,增强党的工作的针对性和实效性,带领党员、职工出色地完成本职工作,不断增强党支部的凝聚力和战斗力。二是要坚持理想信念教育。党政工团发挥整体优势,利用重大事件、重要节日、重要纪念日开展以爱国主义、集体主义、社会主义为核心的理想信念教育,教育党员干部坚定共产主义的远大理想,坚定建设有中国特色社会主义的信念,牢记全心全意为人民服务的宗旨,激励党员干部在各自的岗位上脚踏实地、埋头苦干,发挥党员的先锋模范作用。三是要积极探索新形势下思想政治工作的特点和规律,改进和创新思想政治工作的方式、方法和途径,增强思想工作的实效性。建立党委成员联系党支部的制度,落实党员之间和党群之间的谈心制度,拓展党员干部联系群众的途径,密切党群和干群关系。四是要加强对专兼职党务干部的培训,增强围绕中心、服务大局,面向基层、服务党员的素质和能力。

(二)建立健全基层组织,进一步加强党的组织建设

中心党委建立后要尽快调整和健全各党支部,制定党支部目标管理实施办法,

加强对党支部工作的指导和督促检查，为二次创业提供组织保证。一是要以研究所为基础，调整党支部设置。以有利于工作开展为原则，在中心原有两个党支部的基础上，设立四个党支部。要对支部委员以上兼职党务干部进行培训，使他们增强做好党务工作的自觉性和责任心，掌握党建基本知识、基本制度和基本工作方法，把党务工作和业务工作结合起来，不断提高党务工作水平。二是要建立健全组织生活相关制度，严格党员教育管理。坚持"三会一课"制度、健全民主集中制制度、党员谈心制度、党员党性定期分析制度、培养发展新党员制度。加强对党员的教育管理，落实党支部管理目标。党支部每年召开一次专题民主生活会，党员领导干部既要参加所在党支部的组织生活会，又要参加每年一次的领导班子民主生活会。组织好每年一次的党员民主评议工作，对优秀党员进行表彰奖励。三是积极稳妥地做好发展新党员的工作。按照"坚持标准、保证质量、改善结构、慎重发展"的方针，积极稳妥地做好发展新党员的工作。加强对入党积极分子的教育培训，引导和帮助入党积极分子学习党的文件，培养对党的感情，端正入党动机，坚定共产主义信念。

（三）开展党风党纪教育，推进党风廉政建设

要深入学习贯彻党的十七大关于党风廉政建设的精神，全面推进中心的党风廉政建设。从中心的实际情况出发，以领导干部为重点，加强理想信念和廉洁从政教育，弘扬新风正气，抵制歪风邪气，全面加强党员干部的思想作风、学风、工作作风、领导作风和生活作风建设，大力倡导党员干部讲党性、重品行、树正气、做表率，树立正确的世界观、人生观和价值观，坚持正确的政治方向、政治立场、政治观点，提高政治鉴别力和政治敏锐性，严守政治纪律。

要加强中心党风廉政方面的制度建设，注重从源头上预防腐败、保护干部。认真执行中央和中纪委关于党员领导干部廉洁自律的各项规定，切实落实党内监督制度。深入开展党风党纪教育，把作风建设纳入培训教育的重要内容，贯穿于党员干部的培训、教育、管理、使用各个环节。党员领导干部要发扬民主作风，自觉接受党员和群众的监督，积极开展批评和自我批评。要建立健全党风廉政建设责任制，领导干部任职谈话、诫勉谈话和年终述职述廉制度，加快中心内部的科研、人事、财务、行政后勤等各项制度建设，从制度上防止违法违纪行为，确保领导干部的清正廉洁。

（四）加强队伍建设，培养和造就一支政治强、业务精、作风正的高素质队伍

创业时期，人才为要。当前是文化大发展大繁荣的历史机遇期，是广播影视发

展改革的关键时期,为每一个人的发展提供了良好的平台、条件和机遇。发展研究中心的发展取决于队伍建设,取决于每一位同志的努力。因此我们要倍加重视队伍建设,倍加重视人才培养。首先要加强干部队伍建设。要通过思想政治和工作业绩考核、民主推荐、民主测评,把品行好、作风正、顾大局、讲团结、有能力、有实绩、群众公认的干部放到重要的领导岗位上,培养一支可以打硬仗、善攻坚、综合素质高的干部队伍。其次要加强研究人才队伍建设。要建立激励机制和培养机制,把工作表现和绩效作为分配和奖励的重要依据,搭建多种平台,调动大家的工作积极性,促进研究人员早成才、快成才,使每一位研究人员都能成为某一方面的专家,培养和锻造一支与发展研究中心地位和作用相称的高水平高素质研究人才队伍,为使中心真正成为总局和整个广电系统的智库提供人才保障。

(五)尽快建立健全中心工会、共青团组织,积极开展精神文明创建活动

中心党委建立后,要尽快着手组建中心工会、共青团组织,指导和支持工会、共青团结合各自的特点和中心任务开展工作,充分发挥工青妇群众组织的积极性和桥梁纽带作用。团组织要做好向党组织推荐青年中的优秀分子入党的工作;工会要主动为职工办实事、排忧解难,开展丰富多彩、健康有益的群众性文化体育活动,增强单位的凝聚力和职工的幸福感。积极开展群众性的精神文明创建活动,把党的工作融入各项创建活动之中,引导全体职工积极参与,凝聚力量,大力营造中心的团结、进取、健康、和谐的环境。

回顾过去,我们取得了第一次创业的重大胜利,倍感欣慰和自豪;面对现实,我们正行进在第二次创业的征途中,使命在肩,责任重大,任务繁重;展望未来,乘着兴起社会主义文化建设新高潮的东风,踏着广播影视大发展大繁荣的节奏,我们满怀信心,充满希望。现在,我们正站在新的历史起点上,处在第二次创业的关键时期。我们全体共产党员要高举中国特色社会主义伟大旗帜,以邓小平理论和"三个代表"重要思想为指导,全面贯彻落实科学发展观,用十七大精神统一思想和行动、凝聚智慧和力量,在总局党组和直属机关党委的领导下,以改革创新精神不断加强和改进党建工作,努力开创党的建设的新局面,为全面推进发展研究中心的建设和研究工作,为从智力方面支持和促进广播影视大发展大繁荣而努力奋斗!

(本文系作者2007年11月30日在中共广电总局发展研究中心委员会成立大会上的报告,原题目是:《认真学习贯彻党的十七大精神,努力开创发展研究中心党的建设的新局面》)

自觉坚持研究工作的两个追求

前面,我就发展研究中心2008年工作总结和2009年工作安排作了报告。在这里,我想就中心队伍思想建设问题讲几点意见。

要使我们的研究工作真正地为总局党组决策服务,为促进广播影视发展服务,就必须搞好中心的各项建设,特别是职工的思想道德建设和作风建设,真正使这支队伍成为高素质、有战斗力的队伍。中心从2004年6月成立时招聘7名人员开始,先后分几批招聘才逐步形成现在这样一支有40多人的队伍。四年多来,这支队伍在完成各项任务中发挥了重要的作用,在政策研究方面出了一批成果,这是大家共同努力奋斗的结果。同时,我们也逐步推进了中心的各项内部建设,从当时附属于规划院到两年前成为独立的机构,内部的建设一步步向前推进,这也是中心全体同志共同努力的结果。但不可否认的是,我们在队伍建设方面也还存在着一定的差距,在提高素质、能力方面,在增强责任感、服务意识方面,在内部的团结、协作方面等,都还存在着这样那样的问题。特别是在思想认识上,在人与人之间的关系上,在工作的协作配合上,仍然存在较多的问题,由此也出现某些碰撞和矛盾。这是中心在发展中出现的问题,一方面我们要正视它,另一方面我们要解决它。关键是从思想认识和观念上解决。我今天主要就这个问题谈几点意见,提几点要求。

一、正确认识中心的性质和职责,自觉坚持研究工作的两个追求

我们绝大多数同志对中心的性质和职责的理解是好的,也在自觉地向政策研究方面来转变,但是也有个别同志转得不够快、不够自觉,甚至有抵触情绪。我想,每一个同志只要一进入中心,就必须认识这个性质和职责。每一次招聘我都讲过,中心不是一个学术研究机构,总局党组批准的发展研究中心"三定方案",明明白白地规定:发展研究中心是广电总局直属的政策研究机构。政策研究同学术研究有联系,但是更有区别。主要区别就在于政策研究要紧贴党的路线、方针、政策的

贯彻,要紧贴领导机关的决策部署,要紧贴广电发展改革的实际。这就要求我们要给总局科学决策提供依据,要为广电的发展改革提供政策咨询,离实践更近。正如赵实同志去年12月29日在《中心领导班子学习实践科学发展观分析检查报告》上的批示指出:“理论研究最大的危险是脱离实践。请发研中心在完善体制机制过程中,把突出实践特色、完善密切联系实践的机制及措施抓实抓好。”我们中心从筹建之初至今,总局的两任部长和主管领导多次指示,强调发展研究中心一定要为总局决策服务、为广电发展服务。所以,大家要充分认识中心的性质和职责,牢固树立政策研究和智库作用的理念,自觉向政策研究转轨,自觉坚持研究中心的两个追求,即追求“科学、理性、求实、可行相统一”和“中国国情、中央精神、时代要求、广电实际相结合”。任何一个同志都不要在这个问题上犯糊涂,应该主动适应这个机构的性质、职责和任务,而不能让这个机构的性质、职责和任务来适应某一个个人。自觉坚持中心的政策研究的性质,关系到中心的存在,中心任何人都没有权力改变这种性质和职责。我在高校学习工作达21年之久,不谦虚地说,在学术理论研究方面的意识并不差。比如,我在北京广播学院任职期间,曾兼任学报《现代传播》主编,就极力主张和支持把原来比较侧重于编播业务层面的学报转变到学术理论层面来,指导实现了学报的根本转型。现在,《现代传播》已成为学界很有学术品位的学术理论刊物。当然,对我们中心来讲,我也不是完全排斥学术理论研究,恰恰相反,我们可以利用学术理论功底和条件来搞好政策研究工作,特别是在一些重大问题的分析上,理论思辨是十分必要的。大家在工作之余,写一些学术理论文章发表也是应该得到鼓励的。关键在于如何处理好学术理论研究和政策研究的关系。

二、充分认识政策研究工作的重要性和严肃性,切实把好研究工作的政治关、政策关和技术关

政策研究是一项非常重要的工作。太华部长在去年12月26日同我的谈话中指出:“发展研究中心是个很重要的单位,关系总局的方向、导向、形象和影响,如果发表一些不合适的文章,影响就很大。”总局领导是很看重我们的工作的,我们工作的好坏,特别是当我们的成果在社会上发布的时候,都会直接影响到总局。比如2007年广电蓝皮书一发布,立即就有媒体炒作“广电总局充分肯定超女”。我们的研究中心是官方的机构,政治性很强,只要我们署名单位的文章,社会上就会看成是广电总局的,我们的一两句话在有些场合的影响就很大。因此,政治意识、大局

意识、责任意识对我们极为重要，我们拿出的成果一定要把好政治关、政策关和技术关。包括在语言的应用上，也要特别注意，关键性的文字要反复斟酌。我这几年参加的学术业务活动不少，每次讲话都要掌握好分寸，和纯学者不一样。这就是对我们的特殊要求。

三、树立敬业精神和进取精神，不断提高研究能力和水平，努力成为广电政策研究专家

每一个人既然来到中心这个平台，都有使自己成为某个方面的专家的意愿，单位也为每个人提供了这个条件。因此，关键在于我们如何努力，是否具有高度的敬业精神和进取精神。如果只是满足于现状，不愿承担更多的研究工作，只想混个"铁饭碗"，那就很难成才，很难有大的提高。所以，我们首先要热爱这个事业和岗位，充满热情地去做好研究工作。同时，在研究工作中，一定要培养严谨细致的作风。政策研究工作，有时候一句话不恰当就偏离了政策。前一段时间，中央某部门发表一篇文章，只有一个标点符号不恰当，就变成可以这样理解，也可以那样理解，台湾和海外媒体就开始评论这个问题。我们作为政策研究人员，一定要培养严谨细致的作风，不能浮躁、粗疏，要使我们的每一个课题成果都成为高质量的成果。每个研究人员要在政策方面提高能力，成为广电政策研究专家，特别要处理好如下几个关系：

一是处理好政策研究与学术研究的关系。这个问题我已在前面讲述了，不再重述。二是处理好职务研究与业余研究的关系。我们从事的广电政策研究是我们的职务行为，其成果属于职务成果，不属于个人。业余研究可以成为个人的成果，两者要区分开，不能把职务成果当作个人的成果。三是处理好集体研究与个人研究的关系。从某种意义上讲，政策研究成果就是集体智慧的交流和凝结，是集体努力的结果。单个人独立承担一个大的项目是很难的。我们中心课题组的每个成员都是集体的一员，要摆正个人和集体的关系，具有集体意识。集体成果或职务成果的上报、发送、公布都是要经过中心领导的批准的，任何个人未经批准不能擅自发送和传播，否则要追究个人的责任。以后科研管理部门要把这些程序规定清楚，使大家照章办事。四是处理好学习理论与调研实际的关系。政策研究工作，既需要深厚的理论来支持，更需要深入实际的调研。这就要求我们处理好理论与实践的关系。理论来源于实践，实践应成为理论的源泉。理论又要高于实践，成为实践的向导，更好地指导实践。五是处理好业务工作与在职学习的关系。对于研究人员

而言，研究工作是最主要的任务。一些同志要求通过继续深造来提高自己，这是可以理解的。但是，必须处理好两者的关系，把工作摆在第一位，合理安排自己的时间，在完成工作任务的前提下，继续学习以提高自己。不能以学习为借口，把工作摆在第二位。学习要根据自身的条件来决定，要看自己是不是有余力。否则两方面都做不好。从当今社会来看，是重视学历的，但不是唯学历的，用人单位更看重的应该是工作能力。学历是拥有一定专业知识理论的标志，但不等同于能力。高学历固然是很好的条件，但同时应拥有相应的能力，包括把专业知识理论转化为工作能力的能力。所以，每个人都要从实际出发，不要顾此失彼。六是处理好个人专长与业务工作的关系。我们中心每个研究人员都有自己的专业理论业务方面的专长，比如经济学、传播学、管理学、教育学等方面的专长，这是非常好的条件。但是，关键是能否善于应用这些条件，把专长与政策研究结合在一起。很多同志的专长看起来和广电关系不是很紧密，但如果能将自己掌握的专业领域的知识理论应用到广电政策研究工作中去，很可能在边缘领域会有新的突破。我曾和朱新梅谈过这个问题，鼓励她把教育学、心理学方面的专长应用到广电政策研究工作中，可能可以在交叉领域闯出一条新路。就我所知，传媒大学的周鸿铎教授，大学时学的是政治经济学，20 世纪 80 年代中期致力于广播电视经济学研究，将经济学与广播电视结合，结果写出了中国的第一部《广播电视经济学》，具有开创意义。还有，曾庆瑞教授学的是中国语言文学专业，他致力于电视剧研究，结果成为电视剧研究领域的著名专家。所以，每个同志都要认识到原来学的专业和所具备的专长，都可以应用到广播影视研究之中，都可能发挥自己的专长，关键是要有这种自觉结合的意识，并选择好自己的结合点，以寻求有所突破。

四、自觉遵守中心的规章制度，以主人翁的精神参与和推进中心的各项建设

中心是一个正规的国家事业单位，必须建立相应的规章制度和正常的工作秩序，这是单位得以存在和发展的基本要求，每个人都必须遵守。发展研究中心的各项制度正在陆续建立健全，已经出台的规章制度，比如考勤制度、聘用管理办法、财务管理制度等，应该毫无例外地得到执行，每个人必须有一种高度的自觉性。一个单位如果没有规章制度的约束，只能是一盘散沙。我们大部分同志都能很好地遵守各项规章制度，但个别同志在遵守制度方面做得不够好，虽然经过教育批评，仍没有明显改进，这是不好的现象。大家要充分认识到，下一步我们要实行岗位聘用

管理办法,单位要同每个职工签订聘用合同,其中每个人都要作出守约的承诺。各项制度都有明文的规定,希望大家都能遵守。到领导决定动用纪律的时候,后悔也就晚了。我们中心曾经有过这样的先例,我不希望这样的事情再次发生。人人都应有自觉性,应当倡导这种自觉的精神,纠正违纪的行为。否则,只能按照制度处理,制度面前人人平等。再者,每个职工都是中心的主人,应该以主人翁的态度对待和参与中心的各项建设,而不能站在旁观者的角度评头品足、说三道四。在学习实践科学发展观的过程中,很多同志提出了建设性的意见,帮助中心领导改进工作、促进中心的发展,起到了很好的作用。领导不是不喜欢听到意见,关键是意见是不是善意的、建设性的。个别同志的心态不是很好,对很多事情不满意,甚至采取抵触、冷嘲热讽的态度对待中心的工作和有关领导。这难道是共产党员应有的态度吗?难道是中心主人应有的态度吗?单位建设发展好了,对每个职工都有好处,大家要热爱和维护这个单位,热爱自己的岗位。希望每个同志要有是非观念,对于非善意的言行要明辨是非,态度要鲜明,明白什么应该支持,什么应该反对,不能让消极的因素蔓延。只有这样,才能把我们共同的家园建设好。

五、维护和促进中心内部的团结和统一,构建和谐的团队和单位

中心的职工应把握好如下几点:第一,要珍惜自己的岗位,珍惜自己的职业,珍惜工作的机会,珍惜同志之间的友谊。每个人都是自觉自愿加入这个集体的,应该十分珍惜这个职业、岗位和机会。现在人才市场竞争非常激烈,各种人才都很不容易寻找自己中意的职业和单位,能够进入到我们这个国家级的研究单位,应该说是一种幸运,也是个人一种正确的选择。单位可以为你的成长成才提供很好的平台,希望能够倍加珍惜。第二,要有包容之心,善于与不同意见、不同个性的同志一道工作。每个人由于出身、成长环境不同,教育背景不同,来自不同的地区,每个人都有自己的个性,这是客观现实,无可非议。但是,不能因为个人的个性而不能包容他人,唯我独尊、目中无人。每个人要在社会中生存发展,必须与人打交道,必须首先尊重别人,才能够被别人尊重,得到别人的包容。第三,要学会感恩,保持积极健康的心理状态。最近我看到1月28日《参考消息》转载西班牙《趣味》月刊的一篇文章,题目是《学会感恩 受益匪浅》,其中有几段话非常精彩,在这里读一下与大家分享:“各种文化都崇尚感恩。心理学家指出,懂得感激的人不仅会加强社会关系,而且还会感到更加幸福,甚至还会更长寿。”“如果一个人能够将自己视为幸运之人,并且为生活所给予的一切而心怀感激,那么这种心态可以延缓衰老过程,甚至

可能延年益寿。”“埃蒙斯在美国《人的性格和社会心理杂志》上发表的一项研究显示,有规律地产生感激之情的人会在心理、身体或人际等多方面获益。”“经常表达感激之情的人能够表现出更高水平的愉快心情、幸福感和乐观态度,更善于应对每天遇到的压力,而且身体康复得更快。”“感激可以预防由嫉妒、疼痛和伤感造成的具有破坏性的感情冲动。”“爱因斯坦认为,人每天都应自我提醒上百次,自己生命的一切都取决于其他人的努力,无论这些人健在或者过世。”“埃蒙斯认为,一个乐于感恩的人更容易看到事物的积极层面,并且较少专注于消极层面。此外,懂得感激的人能够更快地从失败经历和旧伤口中摆脱出来。”以上所引的这些话,都很有哲理性和科学性,足以让我们从中得到启示。我们每一个人都要学会感恩。想想看,我们每个人自生命诞生以来,曾受益于多少人的关怀啊!包括父母家人、老师、同学、朋友、领导、同事等的关怀和帮助,这难道不值得感恩吗?要多想想别人为你的付出,应该知足,不能只想别人如何来满足你,而你却不知道如何来感恩他人。大家都追求幸福、健康、长寿,因此要学会感恩。我本人觉得自己是很幸福的,首先是为广电事业干了一辈子,是很值得的,是有价值的;其次就是得到了许多人从不同角度的帮助,特别是在我人生转折关头,每一次都得到组织和他人的帮助,对此我总是铭记在心。我在给总局领导的信中表达过,从事工作四十多年来,一直得到党和人民的信任,得到组织的重用,得到同志们的帮助,我是要永远铭记在心的。大家都应该持有良好的心态,否则对自己没有好处,不能感到幸福,只能在痛苦中度日。另外,人与人之间不能攀比,而是要追求更高的思想境界,否则也只能自寻烦恼。马斯洛的心理需求理论告诉我们,人的最高境界就是自我价值得到社会的承认。作为共产党员,我们应该把自己的一生献给党的事业、国家现代化建设的事业,这样才是有意义的。第四,个人可以有个性,但是不可以用个人的率性来对待工作和他人。每个人都有个性,没有个性社会生活就不会丰富多彩,人与人之间就显得非常单调。但是,不要把个性变成个人的率性。自己要能够控制自己,个性的张扬要掌握好度,待人处事方面要把握好度。第五,为人要正直、正派,处事要讲原则、讲党性、讲道德。这是关系到一个人的品德、品性、人格的问题。我们在判断一个人的时候,人品是第一位的。现在选拔干部,要按照中央的要求,讲德才兼备、以德为先。处事要讲原则,不能感情用事。另外,要反对自由主义的现象。上下级之间、同事之间有意见要当面提、会上提,反对不负责任的自由主义现象,反对搞小圈圈,反对当面说得好、背后搞小动作的行为。不利于团结的话不说,不利于团结的事不做。我也不赞成那种匿名的方式提意见。要做光明磊落、堂堂正正的人。

六、领导干部要以身作则，以自己的模范行为影响和带动整个团队

我们中心的两级领导干部，是中心的中坚力量，负有领导和率领全体职工建设中心、服务广电的重任。领导干部的素质、能力、作风如何，关系中心的整体作用、形象乃至发展前途。因此，所有领导干部都要毫无例外地成为各个方面的模范。这里，我再次强调几点要求：第一，要讲党性，顾大局。第二，要言行一致，表里如一。第三，要增强事业心和责任心，以高度的责任感来从事自己的工作。第四，要努力不断提高工作能力和工作水平，要敢于管理和善于管理。第五，要求实、务实、扎实地开展工作。第六，要心胸宽广，善于与人合作，包括与自己意见不同的人合作共事。第七，要克己奉公，廉洁自律。这几条，都没有超过党章和中组部有关规定对领导干部的要求。我们各级领导干部总体表现不错，但是严格对照，还是有差距的，要看到这个差距。比如，有的领导干部不敢管、不善于管，或管理方法比较简单；有的领导干部之间不善于沟通、协作，甚至个人意气用事；有的领导干部工作能力与职责要求还不适应，工作责任心还不够强；有的领导干部还不善于“两手抓”，不善于做好本部门人的思想工作，等等。这些都有待于改进、克服、提高。希望大家看到自己的不足，增强紧迫感，加快提高的步子，做合格的、优秀的领导干部。

以上这些话，是针对我们中心队伍的实际情况而讲的，是我自己的感受，发自肺腑，希望大家能够理解，希望每个同志能健健康康成长、顺顺利利发展，成为对党和国家的有用之才，使我们中心能够成为全系统、全行业公认的中国广电的“兰德公司”。

（本文系作者2009年2月16日在国家广电总局发展研究中心2009年工作会议上的讲话）

第三辑

广播电视高等教育探索与思考

一　北京广播学院建设发展探索与思考

关于广院改革发展的思考

今天的讨论会,我想结合学院的改革发展思路,讲四个大的问题。

一、理顺四个关系

（一）数量与质量的关系

"以质量求生存,以品种求发展",同样适用于高校。因此应继续实行多层次、多规格和多种形式办学。

但学生规模宜适当控制,比如稳定在1500人左右。现在的首要矛盾是质量问题。不提高质量,势必"误人子弟","高分进来,低分出去",或"高分低能"。其次,不顾客观条件,盲目追求速度,超越物质条件承受能力,势必造成顾此失彼,内部各项工作失调,全面紧张。再者,领导不得不以相当精力去抓"吃喝拉撒睡",分散精力,忽视抓大事。

今后的方针应该是:相对稳定,适当发展,着重抓质量,抓基础建设。

（二）教学与科研的关系

教学与科研好比飞机的两翼,缺一不可。教学水平的提高,教学内容的更新,有赖于科研的开展。科研不能脱离各个学科的教学。应把"以教学带科研,以科研促教学"的方针落实到实际工作中去。要在政策上鼓励科研。

当前的状况是,教学中的许多大问题没得到解决,教改步伐缓慢;科研基本上处于自发状态,还不能达到有领导、有计划、有组织地进行,科研成果一是少,二是没有高质量、高水平的成果。因此,要一手抓教学,一手抓科研。不能把教学同科研对立起来。

(三)全局与局部的关系

要树立全局观念。在全局性问题上,学院要有统一目标、统一规划、统筹安排,教职工要统一思想、统一步调,局部利益要服从全局利益,对局部有利但对全局不利的事不能做。

现在的"小而全""各自为政"的现象,是全局与局部关系不顺的突出表现,造成了人力、物力、财力的浪费。

要在改革中,按照"三个面向"的要求,逐步消除妨碍全局的现象,该集中的要集中,该分散的分散。

(四)办学与创收的关系

要在指导思想上确立:办学的根本目的是多出人才、出好人才。正如中央关于教育体制改革的决定指出的那样:"衡量任何学校工作的根本标准,不是经济收益的多少,而是培养人才的数量和质量。"因此,院系两级组织,应将主要精力、工作重点放在办学上,不能因为创收而影响校内教学。

学校没有一定的计划外收入不行。但不必发动各单位各部门甚至人人都来搞创收。可组织一定人力专门从事创收工作。创收项目最好能与学院的优势结合起来。

从个人来说,要摆正校内工作与校外创收的位置。即只能在确保完成本职工作任务的前提下,适当承担社会上的工作。要纠正那种把主要精力放在校外的做法。

二、树立三种思想

(一)以教学科研为中心的思想。这不能只停留在口号上,要体现在各个方面、各项具体的工作之中。

(二)管理工作就是服务工作的思想。从院长、党委书记到每个党政工作人员,都是服务人员。院长、党委书记要为全院师生员工服务。教学管理、政工、后勤各部门，要为教学科研服务，为学生服务。党政机关要为教学科研服务，为基层服务，为领导工作服务。

(三)立志改革的思想。从领导来说，要解决好“守”与“创”的认识问题。不改革就没有出路。改革是中央的要求，是形势发展的需要。要不要改革，是检验我们能否与中央保持一致，能否适应时代潮流的问题。

现在主要倾向是“守”重于“创”，谨慎有余，创新不足。

三、解决两大问题

(一)改革问题

改革的中心问题是简政放权，调整学科和专业设置。

要解决两个“死”的问题：上级主管部门对学校管得过“死”；学院对各系管得过“死”。实现两个“活”：学院充满活力，各系充满活力。

应采取的改革举措：

第一，学院要依据中央关于教育体制改革的决定，向国家、向主管部门要办学的自主权(规定的权)。

第二，学院向各系放权。各系除已有权力以外，要增加四方面权力：一是财权。各系有权支配核定预算经费和计划外创收留成部分。二是人事权。各系有权在核定编制内调配、任免科以下干部和聘任讲师以下教师。三是职称评定权，各系有权评定讲师以下教师职称(向院备案)。四是委培权。各系在完成指令性计划外，有权接受委托培养。

第三，调整学科、专业设置。全院设五个系：新闻系设编采、播音、国际新闻、电视摄影与电视节目制作专业；文艺系设文艺编导、电视编导专业，复办艺术专业；工程技术系设播控、发送、微波专业(或只设一个宽口径专业)；外语系设英语等各语种专业，以小语种为主，以体现特色；管理系设宣传管理、技术管理、行政管理专业(或只设一个通用专业)。

新闻研究所与新闻系合并，对内一套人马，对外两块牌子；技术研究所与工程技术系合并，同样对内一套人马，对外两块牌子。

基础教学单位：马列教研部(包括德育教研室)、语言文学部、工程基础部、体育教研室。

今后可成立几个中心，如节目制作中心，实验中心(广播电台、电视台)，计算机中心等。

学院名称改为中国广播电视学院。

第四,精简机关,实行岗位责任制。党院办合并,对外两块牌子;组织部、宣传部合并;学生处、团委合并,对外两块牌子;保卫部、人武部合并;人事处、老干部处合并;教务处分为教务处、科研处;总务处、计财处不变;生产处改为服务公司或开发公司,从事创收工作。

第五,自上而下实行定编。编余人员由人事部门按其所长另行分配适当工作。不服从者扣除工资或奖金。

第六,在定编基础上完善岗位责任制。如院长工作上只与副院长、处长、主任形成直接关系。明确各级责任,消除推诿、扯皮、矛盾上交现象。

(二)队伍建设问题

建设好师资队伍。普遍进行调整、充实,不宜做教学工作的坚决调整,同时培养青年教师,聘请高水平的兼职教师。每个系应有一二名有名望的教师。

建设好管理队伍。一是要安排他们的业务培训和学习现代管理科学,提高他们的政治业务素质,提高工作效率和质量。二是落实有关政策,解决一些实际问题,确保队伍的稳定。

四、建设一个强有力的院领导班子

这是关键问题。应尽快充实院级领导班子。继续调整配备好中层领导班子。坚决贯彻中央指示,提高干部“四化”水平。院班子成员应具备奉献精神、工作魄力、科学的方法和优良的作风;要抓大事,不要陷于事务;注意倾听干部群众的呼声。

(本文系作者1985年7月18日在北京广播学院整党学习“端正业务指导思想”讨论会上的发言提纲)

广院短评(一组)

尊师重教　教书育人

新学期伊始,迎来了第二个教师节。在这喜庆的日子里,我们向各位老师致以热烈的祝贺、亲切的慰问!光荣的人民教师,党感谢你们,人民感谢你们,学生感谢你们,家长感谢你们!

培养广播电视人才,是我们学院的根本任务。培养人才靠什么?当然要靠必要的物质条件,要靠教学、政工、后勤三支队伍的协同"作战",但首先要依靠教师。教学活动是学校的基本活动,是培养人才的基本方式,而居于主导地位的是教师。没有教师,就没有学校。没有教师的辛勤劳动,就不会有"桃李满天下"的今天。我们应当在全校大兴尊师重教之风。

尊师重教,最根本的是要把教学活动作为学院各项工作的中心,把培养人才放在首位,自觉地为它服务。我们设这个机构那个机构干什么?就是为了一个共同的目的——培养人才。我们配备这些干部那些职工干什么?同样是为了培养人才。既然如此,我们就应全心全意地为培养人才服务,就要千方百计急教学之所需。我们的干部,我们的职工,我们的学生,都要尊重教师,理解教师,爱护教师。我们的各级党政组织,都要关心教师,支持教师的工作,尊重教师的劳动,尽可能为教师的教学科研活动创造较好的条件。这是党和人民的要求。这是我们办学前途的根本大计。

能否全面地实现培养目标,教师起着举足轻重的作用。教师的素质和作风如何,直接影响到学生的政治业务素质。中央最近指出,要"明确教书育人是教师的崇高职责。教师不但是科学文化知识的传播者,而且是社会主义精神文明的建设者,在思想政治、道德品质、文明教养、治学态度等方面,都应当严以律己,为人师表”。从总体上说,我们教师队伍的素质是好的,是一支可以信赖的队伍。不少教师自觉地坚持教书育人,受到学生的尊敬和称赞。但是,对照中央的要求,有些同志恐怕还有差距。有差距不要紧,认识到了,就努力赶上去。特别是党员教师,要意识到自己首先是个党员,要模范地履行党员的义务,模范地履行教师的职责,为人师表,教书育人。

人们常把教师誉为“人类灵魂的工程师”。在建设社会主义物质文明和社会主义精神文明时期,党和人民需要千千万万“人类灵魂的工程师”。有什么能比这更高尚、更宝贵的呢?愿我们的所有教师都无愧于这一崇高的称号!

(本文以评论员文章发表于《北京广播学院院刊》1986 年 8 月第 49 期)

为了未来,继续奋斗

春满大地,绿染校园。中国共产党北京广播学院第二次代表大会在象征希望的春天里胜利召开了。

出席这次党代会的一百零九名代表,受全院五百多名党员的委托,庄严地行使党章赋予的民主权利,共商学院未来大计。经过全体代表共同努力,大会圆满完成了预定的任务,取得了重要的成果。这是一次团结的大会,民主的大会,进取的大会。

成果之一,就是确立了我院今后五年的发展方针、主要目标和任务。今后五年,是我国实施国民经济和社会发展第七个五年计划的时期。这一时期,我国广播电视事业将有很大的发展。作为培养广播电视人才的高等学校,如何适应广播电视事业的需要,如何跟上全国高教事业发展步伐,是我们面临的严肃的课题。上届党委向党代会所作的工作报告,不仅总结了过去六年的工作,还提出了学院未来五年的发展方针、主要目标和任务,向我们展示了光明的前景。代表们怀着崇高的使命感,认真审议,献计献策,一致通过了工作报告。这就为我们向着未来继续前进提供了依据,指明了目标。

这次大会的又一重要成果,就是选举产生了新的一届党的委员会和纪律检查委员会。从酝酿到预选,从预选到正式选举,充分发扬党内民主,充分尊重代表意愿,生动地体现了党的民主集中制原则。新的党委和纪委的产生,不仅从根本上改变了长期以来学院党的领导班子不健全的状况,确立了健全的、坚强的领导核心,还为实现学院今后的发展目标奠定了组织保证的可靠基础。

现在,未来的方向和目标已经明确,关键在于如何去组织实施,怎样去为之奋斗。我们全体党员和师生员工,要在新一届党委的领导下,团结一致,奋发进取,以扎扎实实的实际行动,一步一步地实现未来的目标!

(本文以评论员文章发表于《北京广播学院院刊》1987 年 4 月 27 日第 57 期)

良好的开端

继中国广播电视学会北京广播学院分会成立之后,我院又一个群众性学术团体——思想政治教育研究会诞生了。思想政治教育研究会的诞生和首届学术年会的成功,揭开了我院思想政治工作史上新的一页,标志着我院思想政治工作朝着科学化的道路迈出了第一步。这是一个良好的开端。

思想政治工作在高等学校占有重要的地位。它"是学校教育的一个重要组成部分,是团结师生员工贯彻执行党的路线、方针、政策,顺利完成教育改革和教学、科研、后勤等各项任务的根本保证",是使学生树立正确的人生观、坚持正确的政治方向和成为"四有"人才的根本保证。在新的历史时期,我们面临着如何改进和加强思想政治工作,更好地发挥其两个"根本保证"作用的课题。

最近几年来,全院各级党组织逐步加强了对思想政治工作的领导,运用多种形式开展了一系列思想政治教育活动,收到了较好的效果。但是,我们还应当看到差距。许多同志感叹"学生思想工作难做",难就难在我们过去形成的思想观念和工作方法,不能适应新时期新形势的需要。长期以来,我们总是习惯于一般性地布置,对新的历史条件下教育对象的思想特点和行为规律缺乏研究,对整个思想政治领域的新情况、新进展、新经验缺乏研究,没有真正把思想政治工作当作一门科学来对待,因而带有很大的盲目性和随意性,缺乏针对性和科学性。与此相联系的是,我们政工干部自身的政治业务素质,包括马列主义理论水平、政策水平和科学文化知识水平,也与新形势不相适应,急待加以提高。

高校思想政治工作是一门思想性、政策性、实践性很强的科学。因此,我们必须以科学的态度和科学的方法来对待。我们的一切研究活动,要以马列主义、毛泽东思想为指导,以四项基本原则为准绳。同时,在研究和探索的实践中,加强思想政治工作队伍的建设,逐步“培养和造就一批思想政治教育的专家、教授和理论家”。

千里之行,始于足下。我们已经有了一个良好的开端,只要坚持不懈、扎扎实实地向前迈进,我院思想政治教育研究工作必将开创新的局面。

(本文以评论员文章发表于《北京广播学院院刊》1987年7月13日第60期)

在十三大精神指引下加快改革的步伐

党的十三大报告指出:“要坚持教育为社会主义现代化建设服务的方针,按照实际需要,改善教育结构,提高教育质量,克服教育脱离实际和片面追求升学率的倾向。”这是我们进行改革的根本指导方针。

为了培养适应“三个方向”和广播电视事业发展需要的、有特色的新型人才,我们必须在原有基础上深化教育改革,加快改革的步伐。从我院的实际出发,当前和今后一个时期改革的主攻方向是:打破封闭状态,拓宽专业口径,加强不同学科之间的相互借鉴,逐步形成综合优势;加强实践环节,理论联系实际,更新教学内容,改进教学方法;调整教学体系,加强横向组合,解决封闭分散问题,提高办学效益。通过一系列改革,提高教育质量,增强竞争能力,这就是我们改革的主要内容和基本设想。

我们正面临三大挑战:全国经济、政治体制改革形势的发展,向我们提出新的课题;广播电视宣传改革日新月异和适应全国改革形势的需要,对广播电视人才的素质提出更高的要求;四十多所高校相继设置了新闻广播电视方面的系科专业,“独家经营”状况已被同行竞争局面所代替。严峻的现实,值得我们每一个干部、每一个教师、每一个职工警醒起来。

我们必须从战略高度来看待即将进行的改革。如果不从根本上进行改革,我们就很难大踏步前进,就会在培养人才的竞争中败北,把我院建设成有中国广播电视特色的、高水平的社会主义现代化大学的目标就会落空,未来的高校之林就没有我们广播学院的地位。

改革是时代的主旋律。经济的发展,民族的振兴,国家的进步,都要靠改革来推动、来实现。我们学院的前途，同样系于改革。我们的出路在于改革。基于这种认识，我们要积极行动起来。全体党员、全院师生员工，都要以主人翁的态度关心改革，参与改革，为改革献计献策。

当前，全院上下正在学习十三大文件。我们要在认真学习、深刻领会的同时，联系学院实际，贯彻十三大精神。我们必须抓住时代契机，在十三大精神指引下，加快改革的步伐，向着既定的目标挺进。

（本文以评论员文章发表于《北京广播学院院刊》1987 年 12 月 29 日第65 期）

改革需要思想观念的转变

我们正处在改革时代。我们正面临全国改革新形势、广播电视改革新进展和高校开创新格局的挑战。因此，我们应当增强危机感，立志创新，锐意开拓。

改革是一种探索。我们要用新的思维、新的观念思考问题、观察事物，从长远战略目标着眼，从解决当前主要弊端入手。

改革不可避免地要打破旧的格局，在过去的基础上去开创新的局面。整个形势发生了变化，我们的办学格局也要随之而变。固守原有的一切，只能永远把自己置于落后的地位。

改革有可能出现挫折或失误。我们要理解与支持，既积极、大胆，又稳妥、慎重。要以主人翁态度投入改革。

考虑改革要从学院全局出发，正确对待局部与全局、眼前与长远的关系。

改革的成效有的短期内可以见到，有的则需相当长的时间。过高的期望、超前的期望都是不切实际的。

（本文以评论员文章发表于《北京广播学院院刊》1987 年 12 月 29 日第65 期）

巩固和发展文明校园建设成果

我院文明校园建设,经过全院各级组织和广大师生员工的共同努力,已经取得阶段性成果,通过了北京高校文明校园建设专家组的检查评估,我院即将被北京市高等教育局授予"文明校园"光荣称号。这是来之不易的成果和荣誉,我们应该倍加珍惜。

现在,我们面临的是如何巩固和发展成果的问题。文明校园建设,是长期的任务,不可能"毕其功于一役"。在一定时间内,集中力量打"歼灭战"是必要的,但长期的巩固和发展,主要靠"持久战",即常抓不懈,持之以恒。

巩固和发展文明校园建设成果,是学院自身建设的需要,也是广大师生员工的共同愿望。我们应当从建设社会主义精神文明的高度来理解和对待文明校园建设的重要性,我们也可以从学院的显著变化中切身感悟到文明校园建设的必要性。有了这种共识,就可以转化为巨大的物质力量。

巩固和发展文明校园建设成果,必须加强制度建设,实行依法治校。"没有规矩,不成方圆"。没有制度,办不好高校。我们要进一步建立健全各项规章制度,严格依照规章制度进行管理,形成依法治校、从严治校、良性循环的新格局。每一个广院人,都应养成自觉遵守校规校纪、服从规章制度管理的良好习惯。

巩固和发展文明校园建设成果,需要全院师生员工的积极参与。文明校园建设,几乎涉及全院各个领域、各项工作,与每个广院人息息相关。光靠领导不行,只有少数人的积极性也不行,只有发动广大师生员工的参与才能成功,才可能不断获得发展。这已为我们前一阶段的实践所证明,今后我们仍然必须坚持群众路线,特别要注意调动学生内在的潜力和动力,增强学生参与的自觉性、主动性和创造性,培养锻炼学生的自我教育、自我管理能力,使学生成为文明校园建设的一支主力军。

巩固和发展文明校园建设成果,必须坚持"两手抓"的方针,一手抓"硬件",一手抓"软件"。各级领导干部要学会"两手抓",要真抓、敢抓、经常抓、上下协调一起抓。坚持抓下去,必定见成效。

学院党委提出的文明校园建设近期目标是:到明年 9 月 40 校庆周年时,文明校园建设的 11 项内容的得分率全部达到 95% 以上,总体上要在现有基础上迈上一个新台阶,初步实现并巩固高水平的达标,争取被北京市人民政府授予“文明校园”称号。实现这个目标,是有可能的,但任务也是很艰巨的。我们需要继续以“背水一战,志在达标”的勇气和精神去努力奋斗,以实际行动和辉煌成绩迎接我院创办40大庆的到来。

(本文以评论员文章发表于《广播学院报》1993年11月28日第124期)

全方位推进文明校园建设

我院是广播电影电视部直属高等学校,承担培养广播电视各类专门人才的任务。广播电视事业的性质和广播电视工作的特点,要求我们培养的学生应当具备与之相适应的、较高的政治业务素质。开展文明校园建设,是实现培养目标的有效途径,是加强学院自身建设的客观需要。

去年4月,我们遵照国家教委13号令颁布的《高等学校校园秩序管理若干规定》,根据中共北京市委教育工委、北京市高教局《关于在北京高等学校实施〈北京高等学校文明校园检查评估标准(试行)〉的通知》精神及统一部署,在全院范围广泛、深入地开展了文明校园建设活动。在此之前,我们贯彻《广播电影电视部党组关于加强精神文明建设工作若干问题的决定》,开展了精神文明建设工作,并被评为广播电影电视部系统的精神文明建设先进单位。

经过近几年特别是今年以来的不懈努力,我们已在文明校园建设方面取得了较大的进展,获得了阶段性的成果。10月19日至20日,经北京市高教局东郊协作组文明校园互检组检查评估,我校获总分649.1分,各项目得分均在项目总分的80%以上,符合合格标准。为此,我们向北京市高教局提出达标评估的申请。

下面从三个方面汇报我们的工作情况。

一、把文明校园建设作为学校当前中心工作全方位展开

我院在《1992年工作要点》和《1993年工作要点》中,都把文明校园建设列为本年度的一项重要工作,明确提出要"逐项落实文明校园建设标准的实施方案,全面推进文明校园建设,力争1993年内达标"。今年3月举行的我院第三次党代会,则把文明校园建设作为学院的一项战略性任务提上日程。为了加快文明校园建设的进程,在去年工作的基础上,本学期我们把文明校园建设作为全院的中心工作,集中时间、集中力量、集中精力,进行一场全方位的文明校园建设"战役"。一年半

来，我们的主要工作及进展是：

(一)加强宣传阵地和校园治安工作，改善政治环境

宣传教育工作坚持正确的政治导向，为深化教育改革扫除思想障碍。我们把深入学习邓小平同志南方谈话、党的十四大报告，特别是邓小平同志建设有中国特色的社会主义理论，作为政治理论学习和思想政治教育的核心内容，运用多种形式加以宣传。同时，把学习理解同干部的思想解放、同本校的教育改革紧密联系起来，从而形成推动我院改革和建设的强大思想动力。我们还针对不同阶段师生员工的思想"热点"问题，采取形势教育的方法，提高认识，理顺情绪，消除歧误，增强信心，从而有效地从思想上、政治上巩固学院的安定团结局面。

为更好地发挥各种宣传工具的作用，我们加强了宣传工作自身的建设，发挥了我院的专业优势和师生的专业特长。《广播学院报》改为激光照排，从宣传内容、版面设计到栏目设置，都向专业化水平靠近，质量明显提高。新开辟的"校友园地"和"家长信箱"专栏，沟通了学院与校友、与家长乃至社会的联系，扩大了我院的影响。学院广播站改为广播台，更新了全部技术设备，健全了各项制度，开辟了"校园广角""文学地平线""体育大看台"等十几个新栏目，内容丰富，形式新颖，体现广院特色，颇受师生欢迎。有线电视台初步建成，增加了收看频道，丰富了节目内容。此外，我们还对宣传橱窗加强了管理，使其不断以新鲜、充实的内容及时配合学院的中心工作。

加强校园治安和交通管理。根据国家教委 13 号令精神，学院党委和行政发布并施行《关于维护校园秩序，加强治安管理的决定》，采取各种治安防范措施，签订治安防范协议书，建立治安防范责任制。学院聘请保安公司的保安队进驻学院，承担校门警卫和校园巡逻任务。全院所有交通干道及十字路口，均设置了交通标志。划定了自行车停放场地，整顿了自行车停放秩序。多年未曾解决的 2、3、4 号楼楼道违章置放灶具、橱柜和杂物的老大难问题，这次得到彻底清理，清除了火险隐患，设置了公共厨房，方便了教职工的生活。我们吸取了重大治安案件的严重教训，整顿了学生活动中心的管理工作，严格了门卫制度，加强了对大型文体活动的安全防范措施。校园治安状况日趋见好，师生的安全感普遍增强。

(二)整顿教学秩序，改善教学环境

教学是高校的主要活动，教学秩序状况直接影响教学质量。近年来，我们针对教学管理上的薄弱环节，采取各种整顿措施：建立教学检查督导制度，由教务、科

研、研究生管理部门负责人组成督导小组，对主要教学场所进行经常性的巡查督导，发现问题及时予以纠正或解决；严格作息制度，明确规定第四节课不得在12点以前结束，违反者给予通报批评直至纪律处分；建立院、系两级领导干部听课制度，对主讲教师进行师德教风和业务水平的实地考核；加强监考工作，严格考场纪律，对考试作弊者一律给予纪律处分。上述措施已初见成效，教学秩序已明显好转。

体育工作方面，我们依据国家教委颁发的《大学生体育合格标准》，努力改进体育课教学，建立学生身体素质测试，实行早操制度，将逐步实现体育达标。早操制度刚刚实行，还有待加强。鉴于前年我院在大学生体育竞赛中成绩严重滑坡的现象，从去年起，我们采取有力措施，加强体育队伍建设和运动队集训，迅速扭转了落后状态，在东南片高校第12届学生田径运动会上，男女团体总分跨入了东南片高校的前5名。最近我院成功主办了东南片高校第13届学生田径运动会，取得男女团体总分名列第4名的好成绩。

（三）加强"硬件"建设，改善生活环境

从文明校园建设活动一开始，我们就把整治校园环境卫生作为重点。去年4月以来，我们先后4次组织全院性卫生大扫除，清扫范围包括教学楼、办公楼、学生宿舍楼、图书馆、食堂等10余座建筑物和整个教学区、学生生活区的地面空间，消除了长期形成的卫生死角10余处，拆除了过去无人敢动的违章栅栏、棚舍、篱笆和植物，清运垃圾612车（1224立方米）、基建渣土和废弃物12000立方米。同时，学院坚持不懈地除"四害"，鼠密度保持在1%以下，蚊蝇滋生也得到了遏制。这些都有效地净化了校园环境。为巩固成果，我们还重新划定了卫生责任区，实行清洁工的日常清扫维护同各单位定期的群众性清扫维护相结合的保洁制度。

为了保障师生员工的健康，我们开展多种形式的卫生防病教育，如通过校报、广播站、墙报、黑板报和专题讲座、红十字会活动等，宣传普及卫生防病知识，增强师生防病意识。近年来，我院还建立了教职工保健体检制度，每年5月安排40岁以上教职工全面体检一次，每两年为40岁以下教职工全面体检一次。

校园绿化美化在原有基础上又向前迈出一步。去年以来，我们根据达标要求和重新修订的规划，新铺草坪6000余立方米，栽种各种乔灌木1075棵，修建活动景点5处、花坛4个、亭子1座、石桌椅4套、路椅29把。至此，我院300多亩土地上，已有各种乔灌木69种8719株，挂牌树293棵，绿篱3种共4641延长米，草坪3种共1761平方米，宿根花卉3000余株，垂直攀援植物7175株；设置亭子2座、大小花坛10个、石桌椅4套、喷水池1个、假山2座、植物园1处、活动景点8处。一座三季有花、四季常青、景色宜人的园林式校园已初步形成,为师生员工创造了比较优美、舒适的校园环境。

伙食工作关系师生切身利益,也是学生最关心的生活问题之一。近年来,我们在总结自己的经验和学习兄弟院校经验的基础上,按照《评估标准》要求,逐步改进和加强食堂管理工作,食品质量、花样品种、成本核算、服务态度、饮食卫生、民主管理等方面都有改进。餐厅条件和就餐秩序也有一定改善,为师生提供了较好的就餐环境。

我们把学生宿舍视为学校文明建设的窗口和第二课堂,从改革入手加强和改进学生宿舍的管理工作。我院 1989 年起逐步实行全面公寓化管理,今年又对公寓管理体制进行了重大改革,即实行公寓管理委员会、公寓管理办公室和管理组三级管理,融管理、教育、服务于一体,公寓管理机构与学生处合署办公,吸收学生参与管理服务的新体制。新体制的建立,加大了管理权,提高了权威性,有利于管理育人和服务育人。在学院主管领导和公寓管理委员会的组织领导下,各系、部、处密切配合,对全部学生宿舍进行了全面的、大规模的综合治理和维修,长期来脏、乱、差的状况已发生根本变化,总体上已初步形成整洁、有序的新面貌。

我院现有校舍建筑面积 11 万多平方米,其中相当一部分年久失修。在这次文明校园建设中,我们集中投入了人力、物力、财力,对部分校舍及配套工程进行了大面积的维修。其中主要项目有:大修 5 号楼(办公楼改造为学生宿舍)、1 号搂(主要教学场所之一)计 8160 平方米;局部改造西配楼(主要教学场所之一)、8 号楼(女生宿舍);检修并粉刷主楼、东西配楼、图书馆楼、7 号楼(男生宿舍)、南食堂;更换玻璃、纱窗 2600 平方米;更换校园路灯 81 套,检修了教学楼、办公楼、学生宿舍的灯具。往日残破不堪的校舍面貌现已焕然一新。

(四)抓好“软件”建设,培养良好校风

“软件”建设,一是抓管理,一是抓校风。结合管理改革,我们制定和修订了涉及学院各个方面的 189 项规章制度,其中教学管理方面的 33 项,科研管理方面的 16 项,学生管理方面的 70 项,人事管理方面的 15 项,宣传管理方面的 9 项,治安保卫方面的 10 项,后勤管理方面的 36 项。各项规章制度的健全和完善,为依法治校、严格管理提供了依据和条件。同时,由于在管理工作上严格执行规章制度,我们已在某些方面收到积极、可喜的成效。

校风问题是我院多年来突出的问题。这次文明校园建设,我们把它作为重点堡垒来攻克。我们通过德育课坚持对学生进行系统的法制教育、文明教育和道德教育,通过岗前培训坚持对青年教职工进行系统的职业道德教育,并将其纳入考试、考核内容,同评三好生、评奖学金、评先进工作者、晋级晋职等挂起钩来。我们颁发了《教职工道德规范》和《高等学校学生行为准则》《北京广播学院学生行为十不准》等规范性文件,印发了《学生手册》,并组织师生学习,以增强文明、道德观念。我们研制确定并在主楼前矗立起"立德、敬业、博学、竞先"的八字校训,用以激励、鞭策全院师生员工。

另一方面,本着依法治校、严格管理的原则,学院对违纪的教职工和学生,一经查实,视其情节轻重,坚决给予批评教育、通报批评和纪律处分。我们还设立了文明校园建设综合检查组,对各种不文明的行为进行劝阻、纠正和处理。与此同时,我们通过开展评奖评优,组织实习、军训、社会实践、文体活动、第二课堂活动等,倡导教书育人、管理育人、服务育人,鼓励学生自我教育、自我管理,引导学生向积极、健康、进取的方向发展。校风和文明举止方面虽然还不很理想,但与过去相比,确实发生了很大的变化,良好的校风、教风、学风正在逐步形成。

二、从思想上、组织上、物质上确保文明校园建设的顺利推进

文明校园建设是一项庞大的系统工程,事关学校全局,如果没有思想上、组织上、物质上强有力的保证,要取得大的进展和成果是不可能的。我们在实践中充分认识到了这一点。总结我们的经验,归结到一点,就是我们比较自觉地从这三方面予以加强,因而能取得较大的进展和阶段性成果。

(一)思想保证

学院党政领导对文明校园建设有着高度的共识。我们认为,在高校开展文明校园建设,是落实中央提出的"两手抓"的正确决策,符合高校的实际情况,具有普遍的、重大的、深远的意义。因此,我们鲜明地提出:我们的目的是,通过抓文明校园建设,建立良好的秩序,树立良好的校风,创造良好的环境,提高师生员工的文明素质,提高教育教学质量。由于认识一致、目的明确,党政领导班子团结一心,配合默契。

我们通过领导干部动员会、党员动员会、全院师生动员会、学生干部动员会、学生代表座谈会、文明校园建设答问会等各种途径,层层进行动员,力求上下统一认识,统一步调;同时开动各种宣传机器,印发《文明校园建设学习材料》,包括国家教委13号令及其颁布的《高等学校校园秩序管理若干规定》《北京高等学校文明

校园检查评估标准》《北京广播学院文明校园建设达标宣传提纲与实施意见》等，采用知识竞赛、开卷闭卷考试和问卷抽查等形式，广泛宣传文明校园建设的目的、意义、内容、标准、任务、要求等，全面做好思想发动工作，做到人人皆知、人人动手，使文明校园建设的任务、目标变为师生员工的自觉行动。

在进行思想发动的时候，我们就有针对性地提出要解决好反感情绪、片面认识和旁观态度等三个思想认识问题，引导大家提高认识，端正态度，积极参与。当学生中出现“文明校园建设是不是为了应付检查”“检查过后还搞不搞”的疑问时，我们及时以对话、广播、发简报、院领导作报告等形式，反复阐明这样的道理：文明校园建设是学院自身建设的需要，最大最终受益者是学生自己；文明校园建设是长期的任务，是学校的基础性建设，必须常抓不懈。针对师生对能否搞好文明校园建设信心不足的情况，学院主要领导同志明确表示要痛下决心，背水一战，志在达标，同时又以正在发生的活生生的变化事实来说服和教育他们。广泛的宣传和深入的发动，从思想上保证了文明校园建设的顺利启动和全面推进。

（二）组织保证

为加强对文明校园建设工作的统一领导和协调，去年 4 月，学院党委常委会确定开展文明校园建设的同时，成立了文明校园建设委员会。当时的院长常振铮同志为主任，其他 3 名院党政领导为副主任，机关有关部门负责人 11 人为委员。委员会下设办公室和 5 个工作组。本学期，为集中全力全面推进文明校园建设，学院对文明校园建设委员会成员进行了调整和加强，7 名党委常委全部参加，由现任党委书记、院长刘继南同志为主任，其他 7 名党政领导为副主任；下设工作组由原来的 5 个调整、增设为 10 个，即宣传教育组、教学教风组、文明校风组、生活服务组、学生宿舍组、治安保卫组、综合协调组、制度建设组、监督检查组等，各组组长均由机关党政部门的处级领导干部担任。各个系、部、所、馆等直属单位和机关各部门，也都成立相应的文明校园建设领导小组，由本单位、本部门的党政一把手任组长。这样，一个党政一体、上下对应、阵容强大的领导集团形成了。这对文明校园建设的全面开展和全力推进起了决定性的组织保证作用。

我院党委和行政领导对文明校园建设是重视的，从市委教育工委和市高教局决定在北京高校开展文明校园建设活动以来的两年时间里，我们始终把文明校园建设列入年度工作计划，列为重要的议事日程。据统计，党委常委会、院长办公会、党政联席会和有院党政领导参加的文明校园建设委员会专门研究决定文明校园建设事宜达 57 次。党委明确规定，各级领导班子和领导干部在文明校园建设中的表现和实绩,均列为年终干部考核和评选先进的内容和条件;责成组织部和文建委监督检查组对系处党政领导班子和领导干部进行检查和考核。

(三)物质保证

开展文明校园建设,必须有相应的物质保证,包括人力、物力、财力的投入。最大的问题是财力问题。我们主要争取部里支持,再从教育经费和自筹资金中挤出一些。从去年4月到现在,全校一共投入了259.3万元,保证了绿化美化、校舍维修、设备更新、政治环境建设等各方面的需要。

三、巩固和不断发展文明校园建设的成果

我院文明校园建设虽已取得阶段性成果,但仍然面临如何巩固和继续发展的问题。如果不坚持不懈地抓下去,某些方面的问题就可能出现反复。我们对此要有清醒的认识,要有长期"作战"的思想准备。

实际上,问题还不少,差距也很明显。软件方面的问题,集中反映在不同程度存在的治校不严、管理不力、校风不理想上,不文明行为不时出现。彻底解决这些问题,有相当的难度,绝非一朝之功。文明素质的全面提高,则受整个社会环境的制约,更不可能急功近利。硬件方面的问题,主要是校舍年久失修,住房紧张,学生宿舍拥挤,教学和后勤设施老化严重。这类问题的解决,需要大量的经费投入,目前财力短缺,只能逐步创造条件。硬件问题引发的思想情绪和不安定因素也不可忽视。

文明校园建设工作本身也存在一些问题:前期工作比较迟缓,抓得不够,有客观原因,但主观原因是主要的;思想教育工作还有"死角",极少数人对文明校园建设意义认识不足,说搞"文明校园建设是形式主义",持消极、旁观态度;校内各单位的进展不太平衡,个别单位动作不大,下功夫不够。这些都有待总结和改进。

为巩固和发展已有成果,逐步实现高水平的达标,今后我们将从以下几方面不懈努力:

——继续深入宣传文明校园建设的重大意义,引导师生员工从建设社会主义精神文明的高度来理解和对待文明校园建设,把师生员工的共识转化为实际行动和物质力量。

——把文明校园建设同学校的改革结合起来,用改革的措施巩固和发展文明校园建设成果,不断推动文明校园建设向更高层次发展。

——把文明校园建设纳入学校总体建设规划，有计划、分阶段提出并实现文明校园建设的阶段目标和长远目标。

——继续加强制度建设，提高科学管理水平，逐步使文明校园建设走上制度化、规范化、常态化的轨道，形成依法治校、从严治校的新格局，树立优良的校风、教风、学风。

——继续保持必要的经费投入，积极争取上级领导机关的财力支持，进一步改善校园环境和办学条件，为师生员工创造更好的工作、学习、生活环境。

——大力开展教书育人、管理育人、服务育人，增强师生员工的主人翁责任感和凝聚力，培养师生员工热爱广院的感情和建设广院的热情。

——继续加强对文明校园建设工作的领导和指导，建立定期检查评比和民主监督制度，实行奖优罚劣，激励、调动师生员工的积极性、主动性和创造性。

以上汇报如有不当之处，请予批评指正。

（本文系作者1993年10月29日代表北京广播学院向北京市高教局文明校园建设检查评估委员会所作的文明校园建设工作汇报。作者时任北京广播学院党委副书记、副院长和文明校园建设委员会副主任）

附：

北京广播学院文明校园建设规划

(1992年4月10日)

一、依据和目标

根据国家教委1990年第13号令颁布的《高等学校校园秩序管理若干规定》，中共北京市委教育工委、北京市高教局《关于在北京高等学校实施〈北京高等学校文明校园检查评估标准(试行)〉的通知》精神，学院党委常委会研究决定：从现在起，在全院范围广泛深入地开展文明校园建设活动。

学院大体用三年时间，全面完成文明校园建设各项任务。第一步，1993年以内实现基本达标；第二步，1994年以内实现高水平的达标。通过文明校园建设，建立良好的秩序，创造良好的环境，树立良好的校风学风，提高师生员工的文明素质，提高教育教学质量。

二、组织机构及分工

为从组织上保证文明校园建设的正常开展和长期坚持，学院决定成立北京广播学院文明校园建设委员会，统一组织领导全院的文明校园建设工作。委员会组成如下：

主　任：常振铮(院长)

副主任：黄　勇(党委副书记、副院长)

赵玉明(副院长)

王纪言(副院长)

委　员：陶翠亭　李志民　陈宇锴　李焕生　陈山水　刘广章

张五洲　张巨才　关成芳　王温凤　宋南男

委员会下设一个办公室和五个组：

办公室主任：陶翠亭

秘书：纪淑田

宣传组组长：李焕生

教风组组长:陈宇锴

学风组组长:张五洲

治安组组长:刘广章

校园组组长:陈山水

各部门任务划分:

教风建设以教务处、研究生处为主;

学风建设以学生处为主,教务处协助;

文明行为以学生处、团委为主;

宣传阵地以宣传部为主;

校园治安以保卫部为主;

学生宿舍、绿化、美化、卫生、食堂、校舍维修由总务处负责;

各系党政领导负责本系范围文明建设达标;

机关各部处互相配合,各有侧重,合理分工。

三、任务和步骤

1.1992 年的主要任务是:建立组织,普及教育,修订规章制度,整治校园环境。具体任务如下:

(1)召开各级动员会,层层进行宣传动员,使全体师生员工明确文明校园建设的目的、意义、内容和要求。

(2)整顿教学环境,调整教室。

(3)整治校园环境,清除垃圾杂物,消除卫生死角。

(4)整顿学生活动中心,健全规章制度,加强对学生业余活动的指导管理。

(5)加强校园治安,聘请保安公司保安队进驻学院负责门卫和巡逻任务。健全和严格执行门卫制度。建立教学区与家属区隔离栏杆。改善治安环境,确保安全生活。

2.1993 年的主要任务是:全面开展文明校园建设达标活动,重点抓好规章制度、校风校纪、校舍维修、学生公寓整顿,争取年内达标。具体任务如下:

(1)通过各种形式,深入进行文明校园建设达标的宣传教育,务使全院师生员工人人皆知,积极参加。

(2)修订或制定有关教学、学生、治安、后勤、人事等各个方面的规章制度,初步实现各项工作有章可循。编印《学生手册》,做到所有学生人手一册。

(3)发布文明行为规范,进行文明道德教育,纠正不文明行为,查处违纪行为。

(4)改革学生公寓管理体制,实行三级管理,融管理、教育、服务为一体,完善各项管理制度,按标准整治宿舍内务卫生,从根本上改变脏、乱、差状况。

(5)继续搞好校园绿化美化工作,设置景点,修建花坛、花圃,种树种草,实现绿化基本覆盖。

(6)全面维修1号楼,改建5号楼,局部维修2、3、4、6、7、8号楼和东西配楼。调整部分办公用房。

(7)改造广播站,更新设备,改善条件,提高质量。

(8)严格执行作息制度,整顿教学秩序,建立院系领导听课制度和下课巡查制度。

(9)按达标标准要求,全面治理校园环境卫生。

(10)整修运动场,办好东南片高校学生田径运动会。

(11)拟定并设置校训,用以教育、鞭策师生。

3. 1994年的主要任务是:巩固已有成果,向高水平、高标准推进;整个文明校园建设全面纳入制度化、规范化轨道,实现依法治校、从严治校;校风学风根本转变,进入良性循环;建立检查评比和民主监督制度,奖优惩劣。总之,要以全方位的新面貌迎接40周年校庆。具体任务另定。

四、保证措施

1. 组织保证。争取党委的领导和支持。适时调整、加强文明校园建设委员会及其工作机构。

2. 思想保证。深入、持久进行文明校园建设的目的和意义的教育,特别要以文明校园的进展和成效来鼓励和教育全体师生员工,充分调动师生员工参与文明校园建设的积极性、自觉性和创造性。

3. 经费保证。积极争取部领导的支持,三年内计划投入140万元。具体安排:1992年10万元,1993年100万元,1994年30万元。以后争取每年投入30万元。

4. 制度保证。建立检查制度,定期进行检查;实行领导分工责任制,责任到人,建立监督制度,开展监督活动。

以上系初步规划,在执行中将视情况随时加以充实和修订。

追求与梦想

《北京广播学院学报》，应改革之运而生，乘改革之风而行，迄今已15个春秋。经历届同仁的不懈努力，刊物的内容、质量、面貌，不断鼎新，自成风格，成为传播界的一块富有生机和活力的学术理论园地。

近年来，为适应我国广播电视乃至整个传播事业改革与发展的需要，我们提出并实行"求新、求深、求广"的业务指导思想，力求使刊物更加贴近时代，从理论高度去展示历史的进程，探索改革的思路，总结发展的成果。应该说，这种努力已初见成效。

自然，我们不应自满于已有的进步，还必须看到自己的差距。今后，《学报》追求的目标是：有特色，即中国特色，广播电视特色，"学院派"特色；有影响，即不仅在国内学界有影响，还要打入国际传播理论界并产生影响；高层次，即全息式的思维，全景式的研究，规律性的揭示，理论性的启迪；高品位，即追求文化品位、学术价值、创造精神和社会效益，成为一流的现代传播学术理论刊物。

面对实践的呼唤，我们必须组织起一支稳定的、高水平的作者队伍，必须同广播电视界乃至整个传播界建立密切的联系，追踪最新动态，捕捉最新信息，荟集最新成果，最大限度地充实和丰富《学报》的内容，力求发挥广播电视改革和发展的理论向导作用。

我们的学术研究工作应当坚持理论联系实际的原则。一方面，要注重理论研究，在研究中不断提出新的理论观点，即出思想、出理论、出观点，并在此基础上构建新的理论体系，创立边缘学说；另一方面，要学会运用多学科综合理论，观照广播电视在现代社会的位置和功能，揭示广播电视发展和运作的内在规律，回答广播电视实践和改革中的重大问题，探析广播电视未来的走向和趋势。总之，要研究现代传播的一切现象。

无疑,这是十分艰难的。但我们仍然痴心不改,除了自身的努力,还要借助社会各方的关照。我们将寻求合作伙伴,通过协办、联办、资助等各种形式,来共同办好这个中国广播电视系统和传播界共有的学术园地。

我们的追求也许是梦想。但愿梦想也能成真。

(本文刊于《北京广播学院学报》1994 年第 5 期)

试论北京广播学院的特色

北京广播学院是我国专门培养广播电视人才的全日制普通高等学校。从它的前身算起,迄今已有四十年的历史。如同一个人,四十而不惑,她已进入了成熟期,已形成了自己的特色,并以自己的特色自立于全国高校之林。本文试图从广播学院的发展轨迹和客观现实中寻找和概括她的基本特色。

所谓特色,本义为事物特殊的色彩和风格。从哲学的角度讲,任何事物都有它的特殊性,否则就不可能独立存在。但是,并非任何事物都有天然的特色。特色,既反映事物的内在特性,更体现人的主体对于事物的改造过程及其效果。

高等学校必须遵循高等教育的一般规律。这是事物的普遍性。但是各校由于历史背景不同、业务性质不同、专业结构不同、培养目标不同、服务对象不同、队伍构成不同,又具有自己的特殊性。办学者就是在普遍性与特殊性的结合上造就自己的特色,并在竞争中以特色取胜。

北京广播学院经过四十年的历程和几代人的开拓,已成为一所有特色的高等学校。概括起来,我以为有下列五大特色:

一、与广播电视鱼水相依的行业特色

从历史背景看,北京广播学院是我国广播电视事业发展的产物,从诞生的第一天起就确立了同广播电视的“血缘”关系。她归属于广播电视系统,兼具广播电视和高等教育两大基因和特性,是一所广播电视专业性、行业性高等学校。

因此,北京广播学院办学向来以广播电视系统为依托,其教学科研活动同广播电视实际工作部门有着千丝万缕的联系;而广播电视实际工作部门,从中央三台到乡镇广播站,都把广播学院视为自己的高等学校,把支持广播学院办学包括接纳学生实习作为自己应尽的义务。这是综合性大学新闻院系所缺少的办学优势。

随着原有的“广播电视系统”扩展为联结全社会的“广播电视行业”,北京广播学院同广播电视的联系、依托和服务，范围更为广阔，形式更为多样，内容也更为丰富。北京广播学院董事会的成立，就是新形势下依托行业办学、开发行业优势的新举措，将会进一步密切广播学院同广播电视行业的关系，使广播学院更好地凸显自己的行业特色。

源于广播电视，依托广播电视，服务广播电视，这就是广播学院的行业特色。

二、多样化、开放式的办学特色

经济体制改革和经济高速发展，极大地促进了广播电视事业的改革和发展。为适应广播电视改革发展对广播电视人才的多样化需求，北京广播学院逐步打破了单一的办学模式，实行多层次、多规格、多形式的办学体制，把提高规模效益同提高教育质量结合起来。其基本内容和特点是：第一，全日制高等教育以本科教育为主，全面开办包括研究生、本科生、第二学士学位生、专科续本科生、专科生等各个层次的学历教育；第二，大力发展函授高等教育，形成以广播学院为中心，以设于各地广播电视部门的35个函授站和函授分站为基础，辐射全国26个省市自治区的函授高等教育网络；第三，成人继续教育从零星培训发展为培训中心和各系多专业全面铺开、常年不断、对内对外结合、短训班与专业证书班并举的兴旺局面。多样化的培养和培训，最大限度地满足广播电视行业和全社会对广播电视人才的多样化需求。这是广播学院的办学特色之一。

实行开放式办学是北京广播学院办学的又一个特色。开放式办学是基于以下的认识而逐步实现的：在改革发展战略上要“面向现代化，面向世界，面向未来”；在服务范围上要面向广播电视行业，面向新闻传播界，面向全社会。这就是说，实行开放式办学不是权宜之计，而是战略选择。从实际运作情况看，广播学院在对内开放方面，最有代表性的方式就是延聘社会各界一大批著名专家学者为兼职教授，参与学院的教学和科研工作，此为“请进来”；再就是组织师生作为实际工作者，参与社会重大活动的电视转播、报道和技术保障工作，参与大型电视节目的制作活动，此为“派出去”。这类有利于双向交流的对内开放方式，使学院同广播电视行业、同新闻传播界以至同整个社会的联系更为密切，给学院的教学和科研工作增添了生机和活力。在对外开放方面，广播学院积极拓展同各国广播电视机构、高等学校及有关国际组织的联系和交流渠道，不断寻找和开辟新的合作领域，同样采取“请进来”和“派出去”的方式，开展了人员、学术、业务方面的交流和科研方面的合作。对外开放使北京广播学院逐步走向世界，也使世界逐步认识北京广播学院。

三、多学科兼容、全方位覆盖的学科特色

学科是高等教育的基本构成要素。任何高校总是由一定的学科构成她的教学体系,并以她的学科特色代表或展示学校的特色。北京广播学院的学科特色主要体现在它的兼容性和覆盖面方面。

一般来说,行业性高校的学科构成是比较专一的。北京广播学院也是行业性高校,但学科构成却相当庞繁,跨学科、多学科现象十分明显。现有学科,属一级学科的有文学、语言学、外国语言学、电子学等,属二级学科的有新闻学、广告学、文艺学、政治学、无线电技术学、管理学等。根据办学的需要,学院逐渐开辟和创立了一批有特色的分支或边缘学科,如电视学、播音学、新闻心理学、音响美学、广播电视文艺学、广播电视经济学等。由此可见,广播学院在学科构成上具有多学科兼容的鲜明特点。这是由作为现代传媒的广播电视复杂的结构所决定的,从这个角度看,广播学院不仅是行业性的高校,也是一定意义上的综合性高校。

以学科为基础,广播学院依据广播电视和新闻传播业发展的需要,本着"人无我有、人有我优、人缺我全"的思路,捷足先登,及时地增设或调整专业和专业方向,"抢占"制高点,形成专业上"早、优、全"的优势。目前,全院所设的 7 个硕士研究生专业、24 个本科专业和 5 个专科专业、5 个函授专业,已全方位地覆盖了广播电视行业的业务范围,并已扩大到新闻传播业的部分业务领域。这使广播学院在许多高校纷纷开办新闻广播电视教育的百舸争流局面下,得以保持、发展自己的优势和特色。

四、按广播电视职业要求培养学生综合素质的育人特色

我国广播电视是党和政府的喉舌,是人民的喉舌,是教育鼓舞全党、全军和全国各族人民进行社会主义现代化建设的最强大的宣传舆论工具。因此,党和政府对广播电视从业人员的素质要求是很高的。作为培养输送广播电视人才的高等学校,广播学院在治学和育人上必须体现这种职业要求,培养高素质的人才,同时,在这个过程中形成自己的育人特色。

根据广播电视的职业要求,总结以往育人的经验和传统,北京广播学院把"立德、敬业、博学、竞先"立为校训,即作为治学与育人的规范。立德,就是坚持德育首位,树立社会公德、职业道德和社会主义思想品德;敬业,就是敬重事业,热爱专业,专心学业,具有强烈的事业心和社会责任心;博学,就是要掌握广博的科学文化知

识，博闻广识，博学多才，基础厚实；竞先，就是要有时代精神、竞争意识和竞争能力，开拓进取，敢为人先。八字校训已成为广大师生认同的规范，也体现了广播学院的育人特色。

从教育教学方面来说，广播学院的育人特色，就是根据广播电视的职业要求，从全面培养学生的综合素质出发，实施并坚持以下行之有效的培养方式：一是重视时事政策教育，通过经常性的时事政策教育，使学生及时了解国内外政治经济形势，了解党和政府不同时期的方针政策，提高政策水平，把握正确方向，增强政治敏感性和思想敏锐性。二是教学上坚持理论联系实际，把课堂教学同社会实践结合起来，传授知识同培养能力结合起来，静态的学习同动态的实习结合起来。教学各环节注意联系广播电视工作的实际，并根据不同时期的实际需要和发展趋向调整改革课程设置、课程内容等。学院要求学生把自己掌握的理论和专业知识运用到广播电视实际工作中去，在实践中增强实际工作能力，提高业务素质；同时，通过实践进一步巩固、充实自己的理论和专业知识。要求学生“三头”（笔头、口头、镜头）过硬，“六语”（文学语言、声音语言、音乐语言、画面语言、计算机语言和外国语言）皆通，以达到就业后上手快、能力强、基础厚、后劲足。三是结合专业特点开辟第二课堂，主要是通过开办各类知识讲座和学术沙龙，广泛输入各类信息，拓宽学生的眼界视野，开启学生的创作灵感和创造思维。经常性的具有专业特点的各类文化艺术活动和社团活动，不仅丰富了学生的课外生活，还使学院逐步形成了以广播影视为特征的校园文化，使学生在健康、有益、文明、活泼的文化氛围中陶冶思想情操，培养审美情趣，发展专业特长。校外人士普遍反映广播学院学生思想比较活跃、动手能力强，正是上述文化环境造就了学生活跃的性格、广泛的兴趣和参与能力。

五、“学院派”的学术特色

北京广播学院是广播电视系统最早从事广播电视学术理论研究的单位，也是最早开展广播电视业务和技术研究的单位之一，具有历史长、力量强、成果多的明显优势。特别是在广播电视学术理论研究方面，不少成果的学术水平居领先地位。大量有关广播电视的学术理论研讨会由广播学院主办或在广播学院举行。《北京广播学院学报》已成为社会公认的有特色、有影响、高层次、高品位的学术理论刊物。这一切表明，北京广播学院实际上已成为广播电视学术理论研究中心。对于学院的学术理论成果，人们往往给予“学院派”的评价。不管这种评价是褒是贬或兼而有之,至少承认它是有别于广播电视系统业务研究的一种风格流派。如果说,广播电视系统的研究工作是以业务研究为主,那么广播学院的研究工作则是以学术理论研究为主。这就是两者的区别和所长。因此,我认为,“学院派”就是广播学院的学术特色。

所谓“学院派”。最显著的特征有以下四点:一是注重理论研究,包括基础理论和应用理论研究。在研究中不断提出新的理论观点,构建新的理论体系,创立边缘学科理论。换句话说,就是出思想、出理论、出观点。事实上,关于广播电视的许多重要理论观点,往往首先出自广播学院的学者。二是注重理论思维。理论思维是教学科研人员必备的思维方式。他们结合教学科研工作,着力用理论去揭示广播电视发展和运作的内在规律,用理论去审视和回答广播电视实践中的重大问题,用理论去分析和预测广播电视未来发展的趋向。三是注重理论总结。一般来说,广播电视实际工作部门比较重视业务总结,无暇顾及理论总结。广播学院恰好可以起补缺作用,即在实际工作部门业务总结的基础上进行系统的研究,从中找出规律性的东西,加以理论概括,使之理论化、系统化、科学化。这既是学院自身教学科研工作的需要,也是整个广播电视系统业务和理论建设的需要。四是注重理论综合。这是指运用多学科理论综合研究现代广播电视的一切现象。在人类已经进入信息时代的今天,仅仅用单一的传统的新闻理论,是无法解释和回答当今广播电视的一系列重大问题的。广播学院多学科兼容的优势,使她有条件开展以广播电视为对象的多学科综合研究。

笔者认为,上述五个方面的特色,大致概括了北京广播学院的基本特色。正是这些基本特色,使北京广播学院在国内外高校中独树一帜,在广播电视高等教育领域独领风骚。

(本文系作者 1994 年 9 月 7 日在北京广播学院建校 40 周年相关活动“广播电视人才培养研讨会”上的发言)

《现代传播》的创新性转型

中国传媒大学学报《现代传播》已经走过了三十年的路程。这是伴随国家改革开放时代潮流的三十年，是从北京广播学院到中国传媒大学持续发展中成长壮大的三十年，也是各个阶段从事该刊工作的所有人员开拓创新、与时俱进的三十年。古人说“三十而立”，三十岁的《现代传播》已经在学界、业界乃至整个社会真正“立”起来了。这是十分可喜可贺的事情。

我有幸在这三十年的中间阶段，即 1991 年至 1996 年，兼任《现代传播》主编，与副主编和编辑部的同事们一同推动了学报的创新与转型。当时，我任北京广播学院党委副书记(1992 年起兼任副院长)。学院党委为加强对学报的领导，决定由我兼任学报主编，分管学报工作；同时决定调朱光烈同志任学报副主编，主持编辑部日常工作。五年间，我对学报的领导和管理，主要通过以下方式进行：把握学报的办刊方向，审定重要文稿，指导和推进创新转型，做好内部人员的思想工作和协调工作。

回忆这一段工作，我以为学报最大的成绩在于成功地实现了创新性转型。所谓创新性转型，就是在原有基础上，通过一系列的创新手段，将专业业务型的学报转变为学术理论型的学报。当时的考虑是：一方面，我国广播电视已进入了快速发展时期，发展成为主潮流，改革已成燎原之势，急需理论支撑和智力支持；另一方面，北京广播学院党委已明确提出，要把学院办成高水平、有特色的教学科研型大学。对此，作为学院的学术阵地，学报必须打破原有的专业业务局限，以更加宽广的学术视野，更具学理性的学术研究，在传播研究领域独树一帜，成为研究现代传播规律和现象的学术理论刊物，并以此区别于广播电视系统已有的各类专业业务期刊。

基于上述考虑，我们对学报进行了重大的调整和改版。其一，重新确立刊物定位，即从原来的“研究广播电视的学术刊物”，调整为“以研究广播电视为中心的现代传播学术理论刊物”。与此相适应，刊物名称改为《现代传播——北京广播学院学报》。如此一改，研究领域拓宽了，研究重点更突出，学术追求也更鲜明。其二，明确新的业务指导思想。编辑工作要“求新、求深、求广”，力求使学报更加贴近时代、贴近传媒，从理论高度揭示演进过程，探索改革发展的思路和路径，及时提供理论与智力支撑。其三，明确提出并努力实现办刊的目标追求。这就是：有特色——中国特色、广播电视特色、“学院派”特色；有影响——不仅在国内学界业界有影响，还要打入国际传播学界并产生影响；高层次——全息式的思维，全景式的研究，规律性的揭示，理论性的启迪；高品位——文化品位、学术价值、创造精神和社会效益。其四，调整作者范围和择稿标准。即稿件选择从原来的以校内为主改为不分校内校外，取消择稿比例，所有稿件一视同仁，以稿件内容和质量定取舍。同时，明确在坚持四项基本原则的前提下，提倡学术上的百家争鸣，刊用不同甚至对立学术观点的文章。其五，改进编排和版式设计。打破按广播电视业务工作分工设置栏目的做法，改为按学科设置栏目，增设交叉学科和学术争鸣专栏。版式设计改变单调、呆板样式，体现时代感和规范性。上述重大调整和改版逐步实施之后，学报的面貌焕然一新，从里到外发生了根本性的变化，赢得了学界和业界的欢迎和肯定。

学报的这项创新转型并不简单，可以说从事学报工作的每一个人都经受了考验和锻炼。如果从总结经验的角度讲，我认为主要在于正确处理以下几个关系：

一是继承和创新的关系。在我们之前，学报创办已十余年，经历了初创和成熟阶段，打下了较好的基础。我们对此应予以充分肯定。但是，我们面临新形势、新趋势的时候，必须看到存在的差距和局限，必须与时俱进，必须在前人的基础上有所创新、有所前进。这次转型，就是在继承原有成果的基础上的一次大的改革和创新，在新的阶段推进了新的发展。

二是解放思想与把握方向的关系。解放思想是我们党在改革开放新时期思想路线的重要内涵之一，也是推动改革开放的思想保证。在新时期办好我们的学报，同样需要解放思想，否则无从推进。但是，必须十分清醒，一份社科类学术期刊，必须坚定和把握正确的政治方向。其实，任何社科类期刊，都以主办者的政治意向为转移，稿件的选择、篇目的编排、编者的按语等等，无一不体现主办者或编辑者的意图。从这个意义上说，它实实在在存在着导向问题，尽管这种导向与广播电视宣传工作的导向有所不同。因此，我们必须把解放思想同把握方向统一起来，以解放思想推动学术研究和学报创新，以把握好方向，确保学报的健康持续发展。

三是校内与校外的关系。如果说，在学报初创阶段，由于当时社科类学术期刊不多，为本校教学科研人员提供学术园地和评定职称提供条件，学报择稿范围仅限于本校人员是可以理解的做法；那么在成熟阶段之后，就有必要进行调整，从按校内外比例转变为面向整个社会择稿。如果不进行这样的调整，稿源和内容受限，刊物质量就难以全面提升，影响力就难以延伸到学界业界乃至社会，更不要说打入国际学界。实际上，任何公开的学术期刊，只有面向更广阔的范围，才能求得更大的影响力。另一方面，如果没有一批比较稳定的校内作者，刊物就不能形成自己的学术特色；而没有一批校外作者的参与，就不可能有开阔的学术视野。总之，择稿范围的调整在当时是一件难度很大的事情，但编辑部的同志顶着压力逐步实施，终于得到了校内的认同和校外的呼应。

四是主编、副主编与编辑部的关系。办好学报，推进学报的创新转型，需要主编、副主编和编辑部全体同志思想认识和行动上的协调一致。当时我无论是作为学院的分管领导还是学报的主编，既要放手发挥副主编的作用，支持编辑部的工作创新，鼓励学术探讨和争鸣，又要牢牢把握学报的方向，确保不出任何政治性偏差。限于当时学院的办学条件，学报推进创新转型既面临人力、物力、财力不足的困难，又面临思想观念和工作方法不适应的问题，乃至在某些重要问题上主编、副主编之间发生了激烈的碰撞。好在大家都有共同的目标、共同的追求和很强的敬业精神，经过共同努力，矛盾归于消解，认识得以统一，观念逐步转变，能力不断提高，最终推进和实现了这次具有重大意义的创新转型。

需要强调的是，这次创新性转型的具体工作，是由副主编朱光烈同志带领编辑部全体人员共同完成的。他们为学报的发展作出了重要贡献。而我的作用只是提出思路，把握方向，支持副主编和编辑部的工作，指导和推进编辑工作和创新转型。

令人欣慰的是，在我调离和光烈同志退休后，在两任主编李焕生、胡智锋同志的带领下，学报工作同整个学校的工作一样，又实现了新的突破和跨越性发展，今日之《现代传播》已成为国家信息与知识传播核心期刊和中国新闻传播核心期刊，并已向国外发行，其影响力日益扩大，学术地位已大大提升。当年我们的追求和梦想，如今都已变为现实。抚今追昔，几多感慨；展望未来，信心满怀。三十而立正当年，我们期待《现代传播》再接再厉，更上一层楼！

（本文发表于中国传媒大学学报《现代传播》2010 年第 1 期）

校训的由来及其含义

母校北京广播学院，即将迎来五十华诞。如同一个人，“五十而知天命”，标志着进入了全面成熟兴盛阶段。的确，诞生于新中国百废待兴之时的北京广播学院，历经艰难和曲折，在改革开放的大潮中，奋勇拼搏，开拓创新，逐步建设和发展成为特色鲜明、门类齐备、实力雄厚、影响日增的传播综合大学，跨入了国家高等教育“211 工程”行列，自立于中国和世界高校之林。这是每一个广院学子都为之欢欣的。

我曾经在北京广播学院学习、工作了 21 年，度过了人生中最为宝贵的年华，留下了永生不忘的记忆。值此母校五十华诞大庆，应学院出版社之邀，谨选取无数经历的记忆浪花中的一朵，献给母校师生和历届学子，以表达对母校的深情和敬贺。

11 年前的 1993 年，北京广播学院确立了自己的校训：立德、敬业、博学、竞先。从此，八字校训成为学院治学与育人的规范，一批批跨入校门的新生，牢记校训，求知成长；一届届毕业的学子，践行校训，建功成才。校训的意蕴，深深地扎根于广院学子的心田。

北京广播学院有两个诞生日：一是 1959 年 9 月，北京广播专科学校扩建升格并改名北京广播学院之时；一是 1954 年 3 月，学院的前身——中央广播事业局广播技术人员训练班开班之时。从广播技术人员训练班到北京广播专科学校，从北京广播专科学校到北京广播学院，这就是北京广播学院的历史沿革。为了尊重历史，同时也参照高校的惯例，从 1994 年起，北京广播学院党委将学院的诞生年份定为 1954 年，校庆日定为每年的 9 月 7 日。1993 年，学院在筹备四十周年校庆时，院领导同志都感到，作为一所已近不惑之年的高校，理应有体现自己特色和风格的校训。当时，学院正在按照北京市委教工委、高教局的统一部署，全力开展文明校园建设活动。这项活动的内容包含学院党的建设、思想政治工作、教学管理、后勤服务、校园环境、校风校纪、制度建设等各个方面，实行严格的量化评估、验收、考核办法，实际上是北京市教育领导机关对高校全面工作的检查、考核和促进。我当时担任学院党委副书记、副院长和文明校园建设委员会常务副主任,正全力以赴抓文明校园建设工作。我想,何不乘此文明校园建设的东风,把校训立起来,既可作为文明校园建设的一个成果,又可作为明年校庆四十周年的一个献礼。学院领导成员一致认为,现在是确立校训的好时机。学院党委书记、院长刘继南同志把这项任务交给了我,确立校训的工作由此启动。

回忆起来,整个过程大体经历以下几个步骤:

一是明确校训的意义和取向。关于校训的意义,我在当时的《广播学院报》上提出:校训是学校的"面孔",应展示学校的风貌;校训是办学的"向导",应体现学校的特色;校训是师生的"镜子",应折射师生治学做人的准则。关于校训的取向,集中大家的意见,认为应当把握四点:国学渊源、时代精神、学校特色、行业要求。

二是在反复比较中提出校训备选方案。当时,我们通过多种方式在校内征集校训建议稿,并注意收集各兄弟高校的校训词。赵玉明副院长就向我提供了一些高校的校训词。我每到一所兄弟高校,都要询问并把该校的校训词带回来。我看过收集到的许多校训词后,发现有一个问题,就是雷同太多,诸如团结、勤奋、求实、创新等,大同小异,没有特色。但我到了广东中山大学,看到孙中山先生为该校题写的校训,印象十分深刻。该校校训是:博学、审问、慎思、明辨、笃行。五个词十个字,词语简洁而内涵丰富。一查,该校训词取自古代典籍《四书》之一、孔子的孙子子思的《中庸》第二十章,原文是:"博学之,审问之,慎思之,明辨之,笃行之。"用现代语言来说,就是要"广博地学习,详细地询问,慎重地思考,清晰地辨别,忠实地贯彻"。这个校训,给了我很大的启发。于是,我查阅了我国古今教育家、思想家有关教育治学方面的精辟论述或传世名言,试图从中提炼适当的词语。经过上述征集、收集和反复比较,我们终于选出了若干个校训备选方案。

三是在广泛征求意见的基础上确定最后方案。拿出备选方案后,我们分别召开了部分教授座谈会和系处级干部座谈会,广泛听取大家的意见。大家提出了许多很好的建议和意见。有的同志还把自己草拟的校训词稿送给我参考。曾经当过十年院长、离开领导岗位不久的常振铮同志,十分关心校训拟定工作,曾多次同我个别切磋,提出自己的看法和意见。此外,我还邀集几位或是亲历学院历程的老同志、或是对教育理论较为精通、或是好学多思的各方面同事,进行小范围的研讨。在集思广益的基础上,提炼形成了"立德、敬业、博学、竞先"这个八字校训方案。我当时认为,虽不能说这是最理想的,但毕竟体现了本校的一些特点。这个方案很快获得学院党政领导的认可和学院党委常委会议的批准。于是,在这年迎接北京东南片高校文明校园建设检查评估的前夕,在北京广播学院主楼二层平台上矗立起了用钢板铸就的八个红色大字:立德、敬业、博学、竞先。这一时成了师生谈论的话题。

校训确立之后,一些师生要求对校训的含义有个准确、权威的解释。这件事,又责无旁贷地落到我的身上。当时,我在《广播学院报》上发表了一篇短文,题为《八字校训的由来》,以答记者问的形式,对校训的由来、意义和基本含义作了阐述。之后,在1994年9月学院四十周年校庆之际举行的“广播电视人才培养国际研讨会”上,我在宣读自己的论文《试论北京广播学院的特色》中,对校训的基本内涵作了全面而简洁的阐述。根据上述阐述,回忆当时拟定校训过程中的思考,这里再对其内涵作一详细介绍,也算是对后人的一个交代。

立德:就是坚持德育首位,树立社会公德、职业道德和社会主义思想品德,培养有理想、有道德、有文化、有纪律的社会主义建设人才。“立德”一词,出自《左传·襄公二十四年》:“太上有立德,其次有立功,再次有立言,虽久不废,此之谓不朽。”这段话的意思是:最高的是树立圣人之德,其次是建立显赫功业,再次是创立学说。一个人达到这三点,就是功德圆满,可以名垂青史。自古以来,仁人志士总是把立德、立功、立言作为修身立业的准则和目标。考察中国古代典籍,从诸子百家到历代儒学无不十分重视修身之说。《易经》引孔子语:“君子进德修业,欲及时也。”曾参在《大学》中曰:“富润屋,德润身。”宋代杨时在《河南程氏粹言》中引程颐语:“一德立而百善从之。”这些都说明中国古代教育对道德修养格外重视。我们把“立德”作为校训的首要要求,既突出了它的国学渊源,又是对中华民族文化的继承和弘扬。

品德道德教育更是我们新中国教育的基本要求。我们党和国家向来把德育放在教育的首位,并将之作为教育方针、政策和指导思想的重要内容。早在20世纪50年代,毛泽东主席就提出:“我们的教育方针,应该是受教育者在德育、智育、体育几方面都得到发展,成为有社会主义觉悟的有文化的劳动者。”邓小平同志在论述建设有中国特色的社会主义社会时,强调一定要“教育全国人民做到有理想、有道德、有文化、有纪律”,“尤其是我们的青年,要有理想”。江泽民同志明确提出:“各级各类学校都要全面贯彻党的教育方针,坚持社会主义办学方向,努力培养德智体全面发展的‘四有’新人。”由此可见,党和国家始终把德育即思想道德教育作为教育方针和办学方向的基本要求。因此,把立德作为校训的首要要求,是完全必要的。

敬业:就是敬重事业,热爱专业,专心学业,具有强烈的事业心和社会责任感。广播学院从她创办那一天起,就承担着为我国广播电视事业培养专门人才的光荣任务。我国广播电视事业,既是党和政府的重要喉舌,又是社会主义事业的重要组成部分,肩负着“以科学的理论武装人,以正确的舆论引导人,以高尚的精神塑造人,以优秀的作品鼓舞人”的历史使命。我国广播电视事业的性质和任务,要求从业人员具有很好的政治业务素质,高度的敬业精神,强烈的事业心和社会责任感。如果不具备这样的素质,是难以胜任广播电视工作的。而那些杰出的或有成就的广播电视工作者,恰恰就是敬业的模范。敬业,是广播电视行业特点,也是职业特点。培养广播电视后备人才的高等学校,无疑要把培养目标的要求同广播电视实际工作者的素质要求相适应、相衔接。因此,把“敬业”列为校训内容,作为治学与育人的规范之一,同样是完全必要的。

博学:就是要掌握广博的科学文化知识,博闻广识,博学多才,基础厚实。这是对广播电视人才的业务要求。广播电视部门是知识密集、信息密集、科技密集、人才密集部门,对从业人员的科学文化知识要求很高。在信息传播多样化和国内外传媒竞争加剧的条件下,在我国广播电视从传统传媒向现代传媒转变的过程中,广播电视从业人员的素质和知识结构状况,对广播影视业的发展和在竞争中取胜至关重要。博学的要求,就是我们的学生要培养适应上述发展变化的高素质的复合型广播电视人才。具体来说,就是我们的学生要具备广博的科学文化知识,厚实的基础理论功底,专深的专业基本知识和能力。

竞先:就是要有竞争意识和竞争能力,开拓进取,敢为人先,与改革开放时代同步。这一条,反映时代要求,体现时代精神。处在改革开放新时代的高等教育,治学育人应当体现时代精神。培养现代传媒人才的高等学府,必须适应时代发展的要求。把时代精神和时代要求融入校训,可以起到激励、劝勉的作用。实际生活告诉我们,在社会主义市场经济条件下,竞争成为普遍现象,人才的竞争愈益激烈,广播电视人才的竞争亦不例外。因此,培养具有竞先意识、素质和能力的广播电视人才,应当成为教育者和被教育者的追求。

“立德、敬业、博学、竞先”八字校训,较好地体现了国学渊源、办学特色、时代精神、行业要求,已为广大师生所认同。我相信,她的生命力将伴随北京广播学院的历程而延续,并将得以发扬光大。

(本文载于《奋进的脚步——治校方略》,北京广播学院出版社 2004 年 8 月第 1 版)

就设立校训答记者问

在迎接东南片高校文明校园建设检查评估的前夕,我院主楼二层平台引人注目地矗立起八个红色大字:“立德、敬业、博学、竞先。”许多师生关心新立校训的来龙去脉及其含义。为此记者采访了我院党委副书记、副院长、文明校园建设委员会常务副主任黄勇同志。下面是黄勇同志答本报记者问。

记　者:请您谈谈设立校训的由来。

黄　勇:广院诞生已有 34 年历史,加上她的前身:北京广播专科学校和中央广播事业局广播技术人员训练班,已有 39 年历史。明年广院就将迎来 40 周年校庆。一所已近不惑之年的高校,理应有体现自己特色和风格的校训。这就是我们确立校训的初衷。这次乘文明校园建设的东风,把这件事办了,我想应该是好事。

记　者:请问应如何理解设立校训的意义?

黄　勇:校训是学校的“面孔”,展示学校的风貌;校训是办学的“向导”,体现学校的特色;校训是师生的“镜子”,折射师生治学做人的准则。由此可见确定校训的重要意义之所在。但是要拟定符合上述要求的校训并非易事。

记　者:那么,现在这八字校训是怎样形成的?

黄　勇:已经酝酿了很长时间。我每到一所兄弟学校都很注意人家校训的内容。刘院长和赵副院长都很关心这件事,刘院长多次责成我负责拟出校训,赵副院长向我提供了好几则有特色的高校校训。与此同时,我们在全院范围内征集校训,征求了部分教授和系处领导同志的意见,还召集了几位同志专门进行了切磋。我还查考了从孔子、老子到当今教育家的一些教育论述,试图从中提炼词语,古为今用。在集思广益的基础上,最后形成了“立德、敬业、博学、竞先”八个字。这不能说是最理想的,但总算体现了本校的一些特点。

记　者:请问应如何理解校训的特点及含义?

黄　勇:我看过许多学校的校训,发现一个问题:雷同太多,诸如团结、勤奋、求实、创新等,大同小异,没有特色,哪个学校都可以用。所以,我们在讨论拟定校训时，最重要的一个考虑，就是要有特色，或者说有别于他校。此外，还要考虑词意的涵盖面、词组结构的合理性，以及声韵的抑扬顿挫，等等。现在这八字校训及其基本含义是：立德，就是要培养社会主义的思想品德，树立高尚的道德情操；敬业，就是要热爱自己的专业，专心学业；博学，就是要掌握广博的科学文化知识，博学多才，打好基础，以适应广播电视工作的需要；竞先，就是要有竞争意识，竞争能力，追求进步，敢为人先，与改革开放时代同步。我衷心希望，我们学院师生员工都能朝着这个方面努力，使"立德、敬业、博学、竞先"蔚然成风，把北京广播学院办成一流大学。

（本文载于《广播学院报》1993 年 10 月 21 日第 123 期）

二 广播电视高校党的建设和思想政治工作探索与思考

努力适应新形势，把思想政治教育纳入科学化的轨道

受筹备组的委托，现在我向大会作思想政治教育研究会筹备工作报告。

一、建立思想政治教育研究会的目的意义

建立思想政治教育研究会，在我院的历史上还是第一次。为什么要建立这个学术团体？回答这个问题，不能不从宏观方面说起。党的十一届三中全会以后，全党工作的重点转移到了社会主义现代化建设上来，我们国家进入了新的历史发展时期。特别是改革开放方针的实施，不但在整个经济领域引发了巨大变化，而且在人们的思想领域引起了强烈震动。马克思主义认为，存在决定意识。处在举世瞩目的社会大变革之中，人们的心理、思想、观念等都遇到了前所未有的冲击。这种正常而又复杂的社会现象，使我们传统的思想政治教育遇到了严峻的挑战。而这一切不能不反映到我们高等学校中来，不能不反映到我们所从事的思想政治教育工作中来。

人们常把高校比作社会的晴雨表。它至少承认了高校作为社会的组成部分，在思想政治领域所具有的特殊的敏感性和复杂性。在改革开放的社会背景下，在当代大学生具有与过去任何时期大学生不同的思想特点的高校里，这种特殊的敏感性和复杂性显得更为突出。

近几年来,无论是从事思想政治工作的同志,还是从事教学和管理工作的同志,都有一个共同的感受,那就是:人的思想工作太难做了,特别是学生的思想政治工作太难做了。难就难在,我们过去长期形成的思想观念和工作方法,不能适应新形势的需要。如何改革、加强和改进我们的思想政治工作,是我们在实际工作中面临的迫切的理论问题和实践问题。对此,我们是不可能回避的。唯一正确的态度是:第一,面对现实,知难而上。既要从宏观上把握新时期思想政治工作的方针、政策和任务,又要从微观入手,从本单位的实际出发,研究思想政治方面的新情况、新特点、新问题,勇于改革和探索,并在改革和探索中不断总结经验,有所创造,有所前进。第二,加强学习,注意提高。我们在思想政治工作中遇到的许多不适应,实际上是我们自身政治业务素质不适应。多年来,我们总是习惯于应对日常事务,缺乏对思想政治工作的研究,没有真正把思想政治教育作为一门科学来对待,在开展工作中,往往带有很大的盲目性和随意性,缺少科学性和针对性。每当学生中出现错误思潮时,我们往往只有“招架”之力,而无“还手”之功。所以,加强思想政治工作人员的学习,提高思想政治工作人员的政治业务素质(包括思想水平、理论水平、政策水平和科学文化知识等),刻不容缓。

如果说,过去我们在这方面的落后状况除了主观努力不够以外,还有所谓“大气候”不利的客观原因,那么,现在的情况就大不一样了,“大气候”对我们的思想政治教育是越来越有利了。1986 年 5 月,中共中央、国务院批转的《国家教委关于加强高等学校思想政治工作的决定》指出:高等学校的思想政治工作,“是学校教育的一个重要组成部分,是团结师生员工贯彻执行党的路线、方针、政策,顺利完成教育改革和教学、科研、后勤等各项任务的根本保证”。该《决定》还提出:“思想政治工作是一种思想性、政策性很强的科学”,“从高等学校长远建设出发,要培养和造就一批思想政治教育的专家、教授和理论家。”同年 9 月,六中全会通过的《中共中央关于社会主义精神文明建设指导方针的决议》指出:“思想政治工作是经济工作和其他工作的有力保证。要努力适应新时期的需要,开创思想政治工作的新路子。”这就从根本上为我们指明了高校思想政治工作的性质、作用、任务,指明了思想政治工作改革和队伍建设的方向。

为了贯彻中央的指示,为了适应新时期的需要,为了提高我院思想政治工作人员的政治业务素质,逐步把思想政治教育纳入科学的轨道,从根本上改进和加强思想政治工作,我们认为,成立一个全院性的思想政治教育研究会是适时的、必要的。院党委对这件事给予了充分的肯定和支持,并把它列入了学院《一九八七年工作要点》之中。现在我们召开第一次会员大会和首届年会,成立研究会,就是来具体落实这项十分重要的事情。

我院思想政治教育研究会是党委领导下的群众性学术团体。这是研究会的性质。它的基本任务是:遵循《中共中央关于社会主义精神文明建设指导方针的决议》,从学院的实际情况出发,研究新时期思想政治工作的地位、作用和任务,研究教书育人、管理育人、服务育人,着重研究学生的思想特点、发展规律和思想政治教育的内容方法。研究会的一切研究活动,必须以马列主义、毛泽东思想为指导,以四项基本原则为准绳,为改进和加强思想政治工作服务,为提高教育质量、培养"四有"人才服务。

我们成立思想政治教育研究会,向思想政治教育科学化迈出了重要一步,无疑是一个良好的开端。但这仅仅是个开端,大量的工作还在后头,要靠大家来做。我们相信,在学院党委领导下,在各级党政领导和师生员工的支持下,经过全体会员的不懈努力,这个研究会一定能把思想政治教育研究活动扎扎实实地开展起来,一定能对我院思想政治教育和精神文明建设起有力的推动、促进作用。

二、思想政治教育研究会筹备情况

早在 1985 年,我们一些从事思想政治教育的同志就开始酝酿成立思想政治教育研究会,进行了可行性的探讨,并起草了研究会章程初稿。后来由于种种原因而搁置下来。这次筹备工作是从今年 2 月正式开始的,由党委副书记刘继南同志直接领导,党委宣传部负责具体筹备工作。6 月 3 日,筹备组会议听取并检查了筹备工作进展情况,确定了第一次会员大会暨首届年会的日期、议程,讨论了会章草案和理事会组成人选名单。6 月 5 日,常委会议批准了筹备组提出的安排意见。

下面我着重汇报几项具体的筹备工作情况。

从 2 月以来,我们主要做了四项工作:

(一)调查研究

筹备组负责同志先后走访了北京钢铁学院和北京师范学院,考察、了解和学习这两所兄弟学校在思想政治教育方面的先进经验,同时还请教了中国高校思想政治教育研究会理事长、北京高校德育研究会会长杨静云同志和市高校德育研究会副会长、秘书长王殿卿同志。他们向我们介绍了这两个上级学术团体在开展思想政治教育研究方面的情况、经验、动态和成果,并对我们准备成立研究会表示热情支持。他们还同意我们的研究会作为市高校德育研究会的集体会员,并希望会后加强合作与交流。两校两会的指导和帮助,带给我们许多新的启发,为我们筹备研究会提供了宝贵的借鉴。

(二)制定会章

我们现在的会章草案是在1985年起草的《北京广播学院学生思想工作研究会章程(讨论稿)》的基础上,经过广泛征求意见再作较大的修改、补充而成的。原来是五章十条,现在是五章十五条。

修改和补充的主要内容是:

1. 研究会名称原是"北京广播学院学生思想工作研究会",现改为"北京广播学院思想政治教育研究会"。理由是:①不冠以"学生",既包括学生,也包括教工,范围更大些。但重点是学生。②用"思想政治教育"比"思想工作"更准确、科学、全面一些。

2. 在确定研究会"基本任务"一条(第二条)里,补充提出,要遵循《中共中央关于社会主义精神文明建设指导方针的决议》,要研究教书育人、管理育人、服务育人,着重研究学生的思想特点、发展规律和思想政治教育的内容方法。这就显得更鲜明,更具高校特点。

3. 增写了研究工作的"指导思想"一条(第三条)。我们认为,为保证研究工作的正确方向,明确研究工作的指导思想是完全必要的,也是符合中央关于坚持四项基本原则、反对资产阶级自由化的指示的。

4. 增写了"常务理事"一条(第九条)。考虑到理事会成员有30多人,而且分布在各系处,经常召开全体会议是有困难的,而某些日常工作又需要及时研讨,为解决这个问题,设若干常务理事(主要由在机关的同志担任),由会长随时召集常务理事会议来讨论决定某些日常重要的工作,肯定是有利的。

5. 增写了"活动"一章三条(第四章,第十一、十二、十三条)。成立了研究会,当然要开展活动。不活动也就失去了它存在的条件和意义。因此,我们把最主要的活动用条文固定下来,以便于全体会员执行和监督。

现在这个章程草案,尽管几经修改和补充,已经是第三稿了,但肯定还不尽完善。请各位会员审议并提出修改意见。

(三)发展会员

思想政治教育研究会既然是个群众性的学术团体,发展会员当然就应该具有广泛的群众性。我们在章程草案中规定:凡本院从事思想政治教育工作的干部、教师以及有志于此项工作的其他教职工，均可申请参加本会；同时，还欢迎学生干部自愿参加。应该说，这个范围、条件都比较宽，符合群众性的要求。

我们正是本着这个精神来发展会员的。已正式填表申请入会的同志中，既有专职政工干部，也有业务教师和管理干部，既有长期从事思想政治工作的老同志，也有参加工作不久的新同志。需要说明的是，凡是专职政工干部，不管填表了没有，都是当然的会员。

从这次入会情况看，教师（除马列主义基础部以外）参加的不多，据说主要原因是老师们认为思想政治教育是政工干部的事，教师不一定参加。这是一种误解。中央明确提出，教书育人是教师的崇高职责；教师不但是科学文化和知识的传播者，而且是社会主义精神文明的建设者。因此，对学生的思想政治教育就同每一个教师息息相关了。我们期待有更多教师参加思想政治教育研究活动。当然，我们的原则是自愿参加。

（四）组织论文

这是筹备工作中花费时间和精力最多的一项工作。可喜的是，我们许多同志积极性很高，在短短的时间里，加班加点，拿出了论文。大多数单位都很重视和支持这项工作，有些总支书记、副书记和有的系主任带头撰写论文。筹备组负责同志审阅了大部分论文，并对一些论文提出了修改意见，有关作者进行了认真的修改。到现在，已经提交的论文共 31 篇。这些论文，有的从宏观上探讨高校思想政治工作的地位、作用和特点，探讨 20 世纪 80 年代大学生的思想特点和发展规律，有的从微观入手，分析研究本校本系本专业学生的心理思想轨迹和变化规律，提出加强和改进学生思想政治教育的措施；既有对思想政治工作本身的总结和反思，也有从教学、管理的角度探索教书育人、管理育人的方向、途径和方法的。其中也有不少新的见解、新的观点。总的来看，这批论文具有两个鲜明特点：一是选题多样，内容丰富，基本上没有重复的现象；二是能较好地联系实际，有“的”放矢。

今天我们将安排 8 位同志在首届年会上宣读他们的论文。由于时间关系，我们这次不可能把所有的论文都拿出来交流。但我们已经决定，在这次年会之后，立即着手编选工作，把符合要求的论文汇集成册，正式出版。

据我们所知，一些已经确定选题的同志，由于时间仓促，或正在着手撰写，或准备动笔。我们欢迎大家继续提交论文。今后，研究会将要定期举办学术交流会或年会，不管什么时候撰写的论文，都可以随时提供给研究会。质量高的论文，我们将推荐给市高校德育研究会或中国高校思想政治教育研究会。

在上述各项筹备工作中，我们得到了全院各级党政组织的支持和帮助，在此表示深切感谢。关于研究会今后的方针和任务，常振铮、刘继南同志在上午和下午的会上将要专门讲到，我在这里就不讲了。

（本文系作者1987年6月12日在北京广播学院思想政治教育研究会第一次会员大会暨首届年会上所作的筹备工作报告。全文已收入《耕耘与探索》，北京广播学院出版社1987年11月第1版）

论高校思想政治工作特点和如何加强的问题

我国高等学校是培养社会主义建设人才的阵地。思想政治工作是高等教育工作的重要组成部分,它在办学和育人上都起着极其重要的政治导向作用。在社会主义初级阶段,在改革开放的历史时期,高校的思想政治工作只能加强,不能削弱,更不能取消。

一

加强高校思想政治工作,必须从自身的特点出发。概括起来,高校思想政治工作具有以下几个特点:

(一)工作对象的双重性

高等学校是培养高层次人才的教育单位,劳动者和劳动对象都是人,即教职工群体与学生群体。这就决定了高校思想政治工作的双重性,即既要面对教职工,更要面对在校学生。作为教育者的教职工特别是教师,负有教育学生的责任,同时又有自身接受教育即教育者必须先受教育的义务。作为被教育者的学生,他们不仅要接受科学文化的教育,还要接受思想政治教育。高校的中心工作是育人,它的“产品”是学生。因而,任何一所高校,都不能不把思想政治工作的重点放在学生方面,同时还得做好教职工的思想政治工作。这种双重性表明,高校有别于任何机关、企业和其他事业单位,其思想政治工作任务尤为繁重。

(二)教育体系的多元性

高校思想政治工作对象的双重性,决定了思想政治教育体系的多元性。它除了一般社会单位共同性的日常思想政治工作、党内思想政治工作和群众组织思想政治工作以外,还独具一般社会单位所没有的政治理论教育、德育教育、“第二课堂”教育、教书育人等教育形式，构成一个综合的、系统的思想政治教育体系。其类别，教育内容、目的和教育对象如下：

1. 日常思想政治工作：结合日常工作、学习、生活中出现的思想问题，做启发、转化、教育工作和表扬、批评工作。教育对象包括教职工与学生。

2. 党内思想政治工作：党的路线、方针、政策的教育学习，党风党纪的学习教育，党的基本知识的学习教育。教育的对象是党员。

3. 政治理论教育：系统的马克思主义基本理论教育，配合中心工作的阶段性政治理论学习和时事政策教育。前一类教育是通过开设课程对学生实施教育，后一类教育既对学生也对教职工实施。

4. 德育教育：对学生进行系统的人生观、世界观、道德观、价值观、成才观、恋爱观等方面的教育。

5. 教书育人：教师结合业务课程教学，启发、引导学生德、智、体全面发展，培养学生的职业素质。

6. “第二课堂”教育：用校园文化活动和社团活动，丰富学生的精神文化生活，陶冶学生的思想情操，促进学生身心健康。

7. 群众组织思想政治工作：围绕学生的中心工作独立开展适合本组织特点的教育性、娱乐性活动。一般由共青团和学生会组织团员、学生参加。

8. 社会性教育：根据育人需要，组织学生参加社会调查、专业实习、军事训练、义务劳动等社会性活动，使他们在实践中认识社会、经受锻炼、增长才干。

9. 思想政治教育研究：组织政工人员、政治理论教师和其他有关人员，研究高校思想政治工作的规律、作用、内容、方法，研究学生的思想特点和教育途径，研究教书育人、管理育人、服务育人，为加强和改进思想政治工作提供科学依据。

由此可以看出，高校思想政治教育体系具有两个显著特征：一是形式多元，内容丰富，规模庞大；二是教育面向教育者和被教育者，但以学生为重点。

（三）思想文化结构的差异性

这种差异性来自人员结构的多样性。高校教职工队伍按工作性质划分，可以分为教学人员、科研人员、教辅人员、行政管理人员、政治工作人员、工勤服务人员等六类。各类人员由于工作性质不同，受教育程度不同，以及思维、视野上的差别，他们的思想文化结构也是多层次的、有差异的。他们在思想观念、价值取向、个人志趣、奋斗目标、个性特征、生活习惯上，都存在千差万别。就文化结构来说，从半文盲的工人到学识渊博的教授，属于各个文化层次的人都有。因而，他们对思想政治教育的接受能力、理解程度乃至接受方式，都会有差别。学生的思想文化结构一般比较单一、整齐，但在思想观念、价值取向、个人志趣、个性特征等方面也存在或多或少的差别。特别是近几年的大学生，他们在思想道德与文化知识上的反差太大，以至在文明道德的某些方面，高校不得不做本来属于小学阶段的思想道德教育工作。所有这些差异，给高校思想政治工作带来了相当的复杂性和艰巨性。

（四）思想动态的不稳定性

高校是社会的“晴雨表”。从某种意义上说，社会的进步与停滞，社会的开放与闭锁，社会的稳定与动荡，社会的活跃与沉闷，都可以首先从高校窥见端倪。特别是社会思潮动态，往往起自高校，然后波及整个社会。这是因为，高校是知识与信息的“集散地”，有所吸收就有所释放，而某些错误的、有害的思想观念也掺杂其中；高校是知识分子集中的地方，知识分子对社会政治、经济、文化生活的关切往往先于其他阶层，对思想意识形态领域的动向尤为敏感；特别是青年学生，他们处在人生的“断乳期”，政治上不成熟，思想情绪极易波动，对纷繁复杂的社会现象缺乏独立思考和正确判断的能力，往往容易被错误的思潮与舆论所左右，被别有用心的人所利用，以至失去理智，发生群体性的失控行为。这种不稳定性总是同社会生活变化和国内外“大气候”的变化相一致的，是经常存在的。但是，为了整个社会政治上的安定，我们必须争取这种思潮动态的相对稳定。问题在于对这种不稳定性如何引导，导向正确，就有利于推进改革开放和四化建设；导向错误，就可能影响社会的安定，甚至造成一定范围的社会动乱，阻碍改革开放和四化建设的进程。我们在任何时候都应坚持正确的导向，以便从不稳定中求得稳定。

二

掌握上述特点，是做好高校思想政治工作的基础，也是加强高校思想政治工作的前提。

当前，高校思想政治工作正面临严峻的挑战——改革开放和四化建设的推进，高等教育改革的深入发展，要求高校思想政治工作与之相适应；资产阶级自由化泛滥在政治上、思想上造成的危害，各种社会矛盾和消极现象对人们的思想和价值观念的冲击，要求高校思想政治工作必须充分发挥它的战斗作用，以形成有益的、健康的育人环境。对此，高校思想政治工作亟待加强。

(一)确立思想政治工作在高校的应有地位

党的十一届三中全会确定把全党工作的着重点转移到社会主义现代化建设上来以后,高校经过拨乱反正逐步走上了以教学为中心的正常轨道,传授和学习科学文化知识重新成为广大师生的主要任务。随着社会主义现代化建设的全面展开,党又及时提出了提高全民族科学文化水平的战略决策。正因为这样,我国高等教育事业在十年改革中得到了极大的发展,为社会主义现代化建设培养输送了大批人才。但值得总结的是,在此期间出现了矫枉过正的现象,即只重视智育,忽视了德育;只注重分数,不注意政治方向。特别是最近几年,甚至出现了淡化党的领导、忽视社会主义精神文明建设、削弱乃至取消思想政治工作的严峻倾向。思想政治工作的地位一落千丈,跌入低谷。

在社会上,无产阶级政治被当作“左”的产物而被摒弃,思想政治工作被说成“政治说教”而被嘲弄,政工干部被视为无能之辈而被任意丑化。与此同时,“一切向钱看”的歪风横行无忌,几乎渗透到各个领域;贪污腐化、行贿受贿、以权谋私、敲诈勒索、唯利是图、坑蒙拐骗、倒买倒卖、吸毒卖淫等腐败丑恶现象,像瘟疫一样蔓延;崇洋媚外、追求西方资产阶级的“民主”“自由”和生活方式,诋毁祖国民族文化、反对四项基本原则的资产阶级自由化大肆泛滥。在高校,经商风、吃喝风、麻将风、斗殴风、摔瓶风、作弊风、恋爱风、媚外风,禁而不止,越刮越烈;更有所谓“民主沙龙”“自由论坛”在校园出现。面对如此严重的问题,有的高层决策者不仅不强调加强思想政治工作,反而提出所谓的消极现象“不可避免”论和思想政治工作“改造”论,为歪风邪气的盛行提供理论依据,起推波助澜的作用。触目惊心的事实告诫人们,千万不能放弃思想政治工作!

我们的高校是社会主义的高校,我们培养的人才应该是社会主义事业的接班人。1987 年,中共中央文件曾明确指出:“高等学校培养出来的大学生、研究生,应当有坚定正确的政治方向,爱祖国、爱社会主义,拥护共产党的领导,努力学习马克思主义;应当热衷于改革和开放,有艰苦奋斗的精神,努力为人民服务,为实现具有中国特色的社会主义现代化献身;应当自觉地遵纪守法,有良好的道德品质;应当勤奋学习,努力掌握现代科学文化知识。还要从他们中间培养出一批具有共产主义觉悟的先进分子。”可以看出,这对高校学生的政治素质要求是很高的。要实现这样一个培养目标,政治导向非常重要,我们不能不把坚定正确的政治方向放在第一位。高校思想政治工作在这方面负有极其重要的责任。

根据我国的国情和高校的性质任务,高校思想政治工作的基本职能是:保证党的路线、方针、政策在高校贯彻执行，保证社会主义的办学方向，保证学生的正确政治方向和政治素质，巩固和发展学校安定团结的政治局面，提高师生员工的思想政治觉悟和道德水平，促进社会主义精神文明建设，创造健康文明的办学和育人环境。毫无疑问，高校思想政治工作的地位应当同它的基本职能相称，应当成为高校各项工作的灵魂、生命线和导航仪。

（二）建立党委领导下的齐抓共管体制

高校思想政治工作体制，应从高校的实际出发，符合高校思想政治工作的特点，而不能照搬企业、党政机关和其他事业单位的模式。总结以往的经验，适应新时期思想政治工作的需要，高校思想政治工作应建立起党委领导下的齐抓共管体制。只有这样，才能使高校思想政治工作得到可靠的组织保证。

党委领导下的齐抓共管体制，立足于两个基本点：第一，党委是学校的政治领导核心，对全校思想政治工作实行统一领导；第二，在党委的统一领导下，党、政、工、青、学齐抓共管，通力合作，形成上下左右一致的教育合力。目前我国高校的领导体制有两种：一种是党委领导下的校长负责制；一种是校长负责制，党委只起监督保证作用。大多数高校仍然实行前一种领导体制，只有少数高校改行后一种领导体制。从我国的国情和校情来看，可能更适宜实行前一种领导体制。我认为，无论是实行哪一种领导体制的高校，都应当坚持党对思想政治工作的统一领导，党委应当成为全校思想政治工作的最高指挥部。

我们的党是执政的党。高校党委是中国共产党在高校的基层组织，它负有保证党的路线、方针、政策在高校贯彻落实的重大责任，它应当对高校的工作实行政治领导。所谓政治领导，就是要把握办学的社会主义方向，就是要通过思想政治工作引导学生和教职工拥有正确的政治导向，就是要从政治上保证学校成为培养社会主义事业接班人的坚强的阵地。因此，实行党委对思想政治工作的统一领导是理所当然的。

高校的系级教学单位，直接承担着培养人才的重任，是高校教育的第一战线。它既负有向学生传授科学文化知识和专业技能的任务，又负有转变学生思想，培养学生政治素质的任务。为了加强思想政治工作，在不改变现行系主任负责制的前提下，系的党总支应对本系思想政治工作实行统一领导，并通过思想政治工作保证本系教学业务和培养人才任务的完成。

校、系两级党组织对思想政治工作实行统一领导，不仅有利于发挥全体党员在思想政治工作方面的骨干作用，还有利于理顺内部关系，明确领导责任。但是，这绝不意味着高校思想政治工作仅仅是党组织的事情,而与其他方面无关。我们这里只是论述了思想政治工作归谁领导的问题。这只是建立党委领导下的齐抓共管体制的一个方面。另一方面就是要形成齐抓共管的局面。

思想政治工作具有极大的贯通性,这是它区别于其他业务工作的一个显著标志。在高校,思想政治工作贯通到教学、科研、行政管理和后勤服务等各项工作之中,贯通到育人的各个环节和全过程之中。所以,思想政治工作仅仅靠党组织和政工部门来做是远远不够的,必须各个方面、上下左右齐抓共管。所谓齐抓共管,就是学校各级党组织、行政领导、工会、共青团、学生会都要抓思想政治工作,教学、科研、行政、后勤等各个部门要结合自身的业务做好人的思想政治工作,教师要教书育人,干部要管理育人,后勤职工要服务育人。只有形成这样一个局面,思想政治工作才可能卓有成效,从而从各个方面保证办学的社会主义方向,保证培养任务的完成,保证学生政治业务素质的合格。

(三)建设一支富有战斗力的思想政治工作队伍

思想政治工作是做人的工作,首先需要有人来做。各高等学校经过长期的建设,都形成了规模不等的思想政治工作队伍。这支队伍主要由专职政工干部(包括从事党务、宣传、学生教育管理、共青团工作的专职干部和政治辅导员)和政治理论课(包括马列理论课和德育课)教师组成。从总体上看,这是一支党和人民可以信赖的队伍。最近几年来,他们在社会“大气候”极其不利的艰难条件下坚持工作,不为名,不为利,默默无闻地作出自己的奉献。但是,必须看到,我们这支队伍正面临青黄不接、后继无人的严峻局面。特别是专职政工干部队伍极其不稳定,50 岁左右的感到来日无多,别无选择,只好死心塌地继续干;40 岁左右的“凭着党性干”,但“身在曹营心在汉”,只要有机会就想“转移阵地”;30 岁以下的压根儿就不愿干,总觉得大学毕业干政工“太吃亏”,没奔头,千方百计另谋职业。究其原因,主要是:政工干部的社会地位随着思想政治工作地位的下降而下降,他们的劳动得不到社会的尊重和承认。由此带来政策上的歧视,他们的工作不被视为专业工作,他们的职称问题一直得不到解决(国家没有设置这方面的职称系列,一些高校只好采取“分流”的解决办法),导致他们在政治、经济、生活、学习进修等方面受到不公平的对待。这就极大地伤害了他们的感情,挫伤了他们的积极性。如果让这种状态继续下去,加强高校思想政治工作就会成为一句空话!

为了把高校办成培养社会主义事业接班人的坚强阵地,我们必须建设一起一支富有战斗力的思想政治工作队伍,并充分发挥它的作用。为此,我们需要调整政策,采取如下措施:1. 坚决纠正忽视思想政治工作的倾向,坚决制止那些贬低、丑化政工干部的做法,提高思想政治工作的社会地位,创造"做思想政治工作光荣"的社会舆论环境,调动全体政工干部的积极性和创造性。2. 从政策上确认思想政治工作是专业工作,思想政治工作人员是专业人员,立即设置专门的职称系列,为所有符合条件的政工干部评定职称。3. 分期分批对现有的政工干部进行政治、业务轮训,选送他们到各级党校进修学习,提高他们的马列主义理论素养和科学文化水平,培养大批思想政治工作方面的专家和理论家,逐步使政工队伍专家化。4. 提高政工干部的政治业务待遇,吸引和选拔那些德才兼备、经过实践锻炼的优秀青年知识分子献身思想政治工作,改变政工队伍后继无人的状况。只有抓住上述这些关键性的问题并切实加以解决,才能建设起一支稳定的、高水平的、富有战斗力的政工队伍,才能从根本上加强高校思想政治工作;而且也只有这样,才能为重建思想政治工作的威信与形象创造条件。

(四)真正把思想政治工作当作一门科学来对待

由于种种原因,高校思想政治工作同整个思想政治工作一样,长期以来不被作为一门科学来对待,思想政治工作"无学"的观念盛行,以至于政工干部被当作"万金油"而在某些政策待遇上被列入"另册"。如果说这种不正常的状况是扭曲了的社会时代的"特产"的话,那么现在就是到了彻底改变的时候了。

马克思有句名言:人的本质,在其现实性上,是社会关系的总和。人类社会学也告诉我们:人区别于其他动物,就在于人有思维能力,并且在思维的支配下劳动和生活。人类进化到20世纪80年代,现代人的思维和智慧之发达,是过去任何时代的人所不能比拟的。现代医学科学已经证明,人自身是世界上最复杂的物质结构。人可以制造出每秒运算亿万次的巨型电子计算机,却迄今无法解释自身所具有的许多常见功能。谁都承认,研究昆虫是一门科学。奇怪的是,研究人的思想和行为的规律,并运用这种规律去开展人的工作的思想政治工作,不被承认为一门科学。这不仅是莫大的讽刺,更是一种历史的悲哀。

所幸的是,现在思想政治工作"无学"的偏见正在逐渐缩小"市场","思想政治工作是一门科学"的观念正在逐步形成。

高校是知识分子密集、人才密集的地方。高校的思想政治工作,既具有运用知识优势的一面,又具有多层次、高难度的一面。唯其如此,它才大有学问可做。特别是学生思想政治工作,是一项科学性很强的工作。我们常常感叹20世纪80年代的学生思想政治工作难做,难就难在我们还没有科学地掌握它的规律,更不用说驾轻就熟地运用这一规律科学地开展工作了。

一门科学应具有相对完整的知识体系。高校思想政治工作“无学”的状况正在改变，但迄今为止还不能说它已经形成完整的知识体系。建立高校思想政治工作科学体系，已历史地落在当今从事这项工作的人们身上。

高校思想政治工作科学体系，应该是一门综合性的交叉学科，即运用哲学、政治学、伦理学、法学、美学、社会学、心理学、教育学等学科理论，以特定的群体或个体为研究和工作对象，以转变人的思想和行为为目的。无疑，建立这样的科学体系，首先需要我们树立科学观念，并以坚韧不拔的毅力去构筑思想政治工作科学的大厦。

既然我们把思想政治工作当作一门科学来对待，有关方面就应该为它的活动提供必要的物质保障和财力支持，使思想政治工作人员能够运用多种手段有效地开展思想政治教育工作。在高校，为教学花钱是天经地义的事，为保障生活花钱也必不可少，唯独为思想政治工作花钱是那样吝啬，好像它是多余的事情，给点“零钱”花花就不错了。而我们的财政政策也恰恰在这方面“卡得”死死的。要知道，20 世纪 80 年代高校思想政治工作，比 50 年代、60 年代的要复杂得多。如果我们不能运用多种手段包括现代化的宣传手段开展工作，思想政治工作的应有作用就得不到充分发挥。虽然思想政治工作的效益是潜移默化的，而不是“立竿见影”的，但从长远利益看，它是整个国家建设社会主义精神文明所不可缺少的，也是为 21 世纪准备社会主义建设人才所不可缺少的。因此，给思想政治工作增加一点投资是完全必要的、完全应该的，也是完全值得的。

（五）在继承优良传统的基础上努力创新

我们党在长期革命和建设实践中建立了思想政治工作制度，把思想政治教育作为团结全党进行伟大斗争的中心环节。这一制度对保证党在各个历史时期总任务的胜利完成起了巨大的作用。同时，思想政治工作的优良传统也逐步形成了，如坚持马列主义、毛泽东思想和党的路线、方针、政策，启发人、教育人、提高人的思想觉悟；坚持用民主的方法、讨论的方法、说服教育的方法、批评和自我批评的方法，解决人民内部的思想认识问题；坚持教育者先受教育，身教重于言教；坚持群众路线，关心群众生活，把解决实际问题同解决思想问题结合起来；坚持民主集中制，倡导民主作风，深入调查研究，一切从实际出发等。在新的历史时期，这些优良传统不仅不应该被丢掉，还应该得到发扬。它的基本原则和基本精神并没有过时，仍然具有强大的生命力。

因此,继承和发扬思想政治工作的优良传统,仍然是我们广大思想政治工作者义不容辞的职责。任何借口"改革""创新"而淡化、否定优良传统的想法和做法都是错误的。历史唯物主义告诉我们,创新并非凭空而来,它是在继承和借鉴前人经验的基础上的创造。从某种意义上说,后人的每一种创造都是前人成果的延伸。高校思想政治工作在过去几十年实践过程中,积累了丰富的经验,形成了许多优良传统,今天的我们同样应该很好地继承和发扬。这就是我们在"继承"问题上应有的态度。

但是,我们绝不能满足、固守已有的经验和传统,绝不能面对新情况、新问题而不思创新,无所作为。每一代人都有每一代人的历史责任,都需要在上一代人的基础上有所发现、有所创造、有所前进。我们正处在改革开放时代。改革的大潮频频涌向各个领域,开放的环境使各种信息和思潮纷至沓来,无论是社会生活,还是人们的思想观念,都随之不断发生新的变化。这种变化,较之过去任何历史时期的变化都更为广阔,更为纷繁,也更为深邃。这种变化也同样表现在高校师生员工身上。毫无疑问,高校的思想政治工作应当适应变化了的实际,应当提高它的吸引力、贯通力和战斗力。这就有个如何改革创新的问题。

改革创新涉及思想政治工作的内容和方法。许多高校努力探索,创造了不少好的经验。我们应当在继承和发扬优良传统的基础上,继续致力于思想政治工作的改革创新。

我们要始终坚持以共产主义教育为核心,把长远教育同近期教育结合起来。20 世纪 50 年代,我们高等学校坚持以共产主义育人,培养了大批德才兼备的人才,如今这批人才已成为党和国家的栋梁,成为社会主义现代化建设的中坚力量。现在的大学生、研究生能不能成为 21 世纪的社会主义事业接班人,很大程度上取决于我们现在对他们进行什么样的思想教育。正是从这样的战略高度来考虑,我们必须对学生进行以共产主义为核心的思想政治教育——包括爱国主义教育、革命理想教育、无产阶级世界观教育、共产主义人生观教育,使他们初步确立共产主义信念和马克思主义的立场、观点、方法。与此同时,从我国社会当前的实际和学生的思想实际考虑,学校要有针对性地对学生进行基础文明教育、法制教育、形势教育、劳动教育、艰苦奋斗教育等,使他们懂得如何做一个合格的公民,正确认识我国的国情,正确认识社会,正确认识自己。虽然这两类教育内容上跨度很大,但它们有内在联系,都是必不可少的。因为我们的目标是要培养有理想、有道德、有文化、有纪律的社会主义新型人才。

我们要努力改进思想政治工作方法,争取取得最佳的教育效果。如何改进?

我认为应从高校的实际情况和教育对象的思想特点出发，认真做好以下五个“结合”：1. 理论教育与实践相结合。要在全体师生员工中大力加强马列主义理论的学习和教育，同时尽可能创造条件，让学生和青年教工接受社会实践的教育，使他们了解国情、民情、社情、校情，进而缩短他们思想认识与实际生活的差距。2. 综合教育与单项教育相结合。要确立长远、统一的教育目标，调动和协调各方面的力量，有组织、有计划、有步骤、首尾衔接地开展综合教育工作，实现教育目标。各个单项教育活动都应主动纳入综合教育系统。3. 共性教育与个性教育相结合。师生员工思想文化结构的差异性，要求思想政治工作分层次进行，解决好“面”与“点”的关系。4. 灌输教育与疏导教育相结合。马克思主义理论和共产主义思想不可能在人们的头脑中自发产生，必须通过灌输才能在人们的头脑中扎根。对于思想可塑性很大的青年学生，进行马克思主义理论和共产主义思想的灌输教育，有利于他们形成正确的世界观和人生观。否定灌输教育方法的作用，不是实事求是的态度。疏导教育就是让人们畅所欲言，然后加以正确引导，这是解决思想认识问题的主要方法，也是人们比较乐于接受的一种方法。如果我们能够很好地把两种方法紧密结合起来，思想政治工作的效果就会大大增强。5. 解决思想问题同解决实际问题相结合。许多思想问题是由实际问题引起的。因此，在做思想工作时，应该注意了解思想背后的实际问题。在政策允许的范围内，应尽量解决实际问题。

（本文收入《思想政治教育论文集》，北京广播学院出版社 1989 年 10 月第 1 版）

学习贯彻毛泽东教育思想
探索和推进我院教育教学改革

为纪念毛泽东同志诞辰100周年,学院党委宣传部和广播电视学会、思想政治教育研究会、高教学会今天在这里联合举行毛泽东教育思想研讨会,这既是一次纪念活动,也是一次学术活动,是很有意义的。值此,我代表院党委和院领导对本次活动表示热烈的支持和祝贺!

毛泽东同志是伟大的马克思主义者,是伟大的无产阶级革命家、战略家和理论家,是中华民族历史上最伟大的民族英雄。他把马克思列宁主义的普遍真理同中国革命具体实践相结合,领导党和人民,在一个半殖民地半封建的东方大国里进行长期艰苦卓绝的革命斗争并取得伟大的胜利,并以独创性的理论丰富和发展了马克思列宁主义。正如邓小平同志指出的,没有毛主席,至少我们中国人民还要在黑暗中摸索更长的时间。纵观毛泽东的一生,他为中国共产党和人民军队的创立和建设,为中国各族人民解放事业的胜利,为中华人民共和国的缔造和我国社会主义事业的发展,建立了永远不可磨灭的功勋。这是我们永远不能忘记的。

毛泽东同志虽然辞世已经17年了,但他留下的不朽遗产——毛泽东思想,仍然是我们党的指导思想的理论基础,仍然是一面伟大的旗帜,指引着人民胜利前进。毛泽东思想是马克思列宁主义在中国的运用和发展,是被证明了的关于中国革命和建设的正确理论原则和经验总结,是中国共产党集体智慧的结晶。因此,在改革开放的历史新时期,我们党把坚持毛泽东思想作为立国之本的四项基本原则之一。

毛泽东思想作为系统的科学理论,包含着极其丰富的内容和极其深邃的底蕴。中共中央在《关于建国以来党的若干历史问题的决议》中,把毛泽东思想的独创性内容概括为六个方面,即:①关于新民主主义革命;②关于社会主义革命和社会主义建设;③关于革命军队的建设和军事战略;④关于政策和策略;⑤关于思想政治工作和文化工作;⑥关于党的建设。毫无疑问,毛泽东的教育思想也具有独创性。

我以为,毛泽东教育思想的主要理论观点如下:

关于党的教育方针。如:“教育必须为无产阶级政治服务,必须同生产劳动相结合。”“应该使受教育者在德育、智育、体育几方面都得到发展,成为有社会主义觉悟的有文化的劳动者。”

关于政治方向问题。如:“青年应该把坚定正确的政治方向放在第一位。”他为抗大制定的教育方针,第一句就是“坚定正确的政治方向”。这就是现在的德育首位思想。

关于思想政治教育的作用。如:“掌握思想教育,是团结全党进行伟大政治斗争的中心环节。”“全党都要加强政治思想工作……不搞政治思想工作,那就很危险。”“没有正确的政治观点,就等于没有灵魂。”

关于思想政治工作“齐抓共管”的观点。如:“思想政治工作,各个部门都要负责任。共产党应该管,青年团应该管,政府主管部门应该管,学校的校长教师更应该管。”“学校的一切工作都是为了转变学生的思想。”

关于政治工作和经济工作的关系。如:“政治工作是一切经济工作的生命线。在社会经济制度发生根本变革的时期,尤其是这样……它是要结合着经济工作一道去做的,不能孤立地去做。”

关于政治与业务的关系。如:“政治和业务是对立统一的,政治是主要的,是第一位的,一定要反对不问政治的倾向;但是,专搞政治,不懂技术,不懂业务,也不行……我们各行各业的干部都要努力精通技术和业务,自己成为内行,又红又专。”

关于教育者先受教育。如:“我们的文学艺术家,我们的科学技术人员,我们的教授教员,都在教人民,教学生。因为他们是教育者,是当先生的,他们就有一个先受教育的任务。在这个社会制度大变动的时期,尤其要先受教育。”①

今天的社会环境和整个形势,同过去大不相同了,但是,毛泽东教育思想的基本原理没有过时,仍然具有现实指导意义。对我们教育工作者来说,学习和掌握毛泽东教育思想,仍然是非常必要、非常重要的。

在新的历史时期,邓小平同志丰富和发展了毛泽东的教育思想,提出了许多关于教育的著名论断,如关于教育事业必须和国民经济发展的要求相适应的观点,关于教育在经济和社会发展中的战略地位的观点,关于物质文明、精神文明要两手抓的观点,关于教育归根到底要出人才出成果的观点,关于教育要面向现代化、面向世界、面向未来的观点,关于尊重知识、尊重人才的观点,关于培养“四有”人才的

---

① 上述关于教育思想的摘句出自人民出版社出版的《毛泽东著作选读(甲种本)》等书。

观点，关于忽视教育的领导者是缺乏远见、不成熟的领导者的观点，关于反对错误思想倾向的观点，关于十年最大的失误是教育主要是思想政治教育不够的观点，关于用中国历史教育青年的观点。从中，我们可以看到继承的轨迹、发展的脉络和创造的思维。

当前，我们正在深入学习《邓小平文选》第三卷。作为教育工作者，我们要把学习毛泽东教育思想同学习邓小平同志关于教育工作的一系列论述紧密结合起来，以此作为教育改革的根本指导思想，进一步解放思想，大胆开拓，抓住学科建设这个龙头，全面推进和深化我院的教育教学改革，实现我院的改革发展目标。这就是学习的目的。

今天的研讨会，无疑开了一个好头。我们希望各个学术团体在这方面发挥积极的作用，把全体会员组织起来，在学习研讨的过程中探索我院教育教学改革的新路子，把毛泽东教育思想和邓小平有关教育的论述贯彻落实到我们的实际工作中来。

（本文系作者 1993 年 12 月 18 日在北京广播学院举办的毛泽东教育思想研讨会上的讲话）

启示与思考:学习《邓选》第三卷札记

一

《邓小平文选》第三卷,贯穿始终的思想是:实事求是。

邓小平同志作为改革开放的总设计师,他的伟大实践证明,他是实事求是的典范。用他自己的话说:"我是实事求是派。"①

早在1977年他刚刚再次恢复工作时,他就鲜明提出"毛泽东思想的精髓是实事求是"②,从此开始了实践是检验真理的唯一标准问题的讨论。从此,实事求是成为我们党的思想路线的理论基础。

没有实事求是的思想路线,就没有十一届三中全会以后的政治路线、组织路线和一系列方针、政策,也就没有改革开放和经济建设的今天。

正如邓小平同志在视察南方的谈话中所总结的:"实事求是是马克思主义的精髓。""我们改革开放的成功,不是靠本本,而是靠实践,靠实事求是。""过去我们打仗靠这个,现在搞建设、搞改革也靠这个。"③

小平同志关于实事求是的论述和实践,给了我们深刻的启示:坚持实事求是,我们的事业和各项工作就有成功的可能;违背实事求是,我们的事业和各项工作就难免出现失误,导致失败。

二

我理解,实事求是分两层意思:实事,即客观存在,客观事实,客观规律;求是,就是通过主观努力,寻求客观规律、客观真理,寻找解决问题的途径、方法。两者是

① 邓小平文选:第三卷[M].北京:人民出版社,1993:209.

② 邓小平文选:第三卷[M].北京:人民出版社,1993:10.

③ 邓小平文选:第三卷[M].北京:人民出版社,1993:38.

存在与意识的关系,是客观与主观的关系,是辩证统一的关系。

坚持实事求是,就是坚持马克思主义的辩证唯物主义。

这是普遍真理,普遍适用于革命和建设事业。

毛泽东同志依靠实事求是,坚持把马列主义同中国革命的具体实际相结合,寻找到了"以农村包围城市"的正确革命道路,并取得震撼世界的伟大胜利。

邓小平同志依靠实事求是,坚持从中国的实际出发,"走自己的道路,建设有中国特色的社会主义",取得了改革开放和经济建设的举世瞩目的伟大成就,使当代中国发生了历史性巨变。

实事求是,是正确思想路线的理论基础;是革命和建设取胜的思想武器;是中国共产党人建党治国的伟大法宝。

三

15 年的改革开放,我国社会发生了极为广阔而深刻的历史性变化。这种变化,在物质方面集中表现为社会生产力的解放和经济的高速持续发展,以及综合国力的增强和人民生活的改善;在精神方面则集中表现为思想的解放和观念的转变,以及多元文化的出现和多元价值的追求。

社会主义市场经济的发展,将从根本上改变价值观念的基础。在当前这个过渡期,原有的价值观念和道德准则被打破了,新的价值观念和道德规范尚未建立起来,各种价值观念正处于矛盾冲突的无序状态。

这就是当今我国社会的客观现实。思想政治工作只有从这个现实出发,才具有针对性和实效性。

四

上述变化,一方面极大地促进了高校的改革和发展,给高校带来了不可多得的历史机遇,另一方面也极大地冲击着高校师生的思想,给高校思想政治工作带来严峻的挑战和相当的难度。

面对变化纷繁的社会大背景,高校思想政治工作已经显出愈来愈不能适应的窘迫状况。

——观念不适应。国家对外开放,已与世界连为一体;高校对社会开放,已与社会连为一体。物质的围墙,隔不开也不应隔开信息与思想的交流。强大而先进的大众传媒,已经打破了过去的封闭状态。试图在封闭条件下进行思想政治工作的观念已经过时。高校思想政治工作决然脱离不了社会大环境。所谓“6 + 1 = 0”，正好从反面印证了学校教育与社会教育的密切联系。确立开放观念，是做好思想政治工作的前提。

——体制不适应。其一，由供给制演化而成的一切全包（即吃喝拉撒睡、生老病死退都得管）、学校办社会的办学体制，造成了师生的过分依赖思想，压抑了师生的内在活力和动力，进而带来一系列实际问题，往往使思想政治工作无能为力。其二，高校长期承袭党政机关的机关化的领导体制，造成了无穷的弊端：强调机构上下对口，学校成了“小政府”，领导干部终日为应付各个上级机构下达的一切任务（无论该任务与学校工作是否有关）而疲于奔命；党政两个系统，实际上形成两个中心、两个重点，导致思想政治工作与业务工作分离的“两张皮”现象。这种体制，从某种程度上使高校丧失了它作为独立办学实体应有的特性。

——方式不适应。计划经济、阶段斗争时期形成的思想政治工作方式——指令性、运动式、“一刀切”、“大一统”、“我打你通”、自我服务、自我循环等，至今尚无根本转变。

——队伍不适应。这方面的问题主要是：队伍不稳，青黄不接，后继无人；人员的科学文化素质跟不上，知识面偏窄，“万金油”“救火队”形象没有根本转变；政策不配套，导向有问题，大方针与具体政策的矛盾，不利于队伍建设。

这些不适应，是当前高校思想政治工作严重滞后、思想政治工作人员陷于困惑的症结所在。

如何摆脱困境？唯有改革。

五

改革的命题，早已为人们所接受。就全局性改革而言，从经济体制改革到政治体制改革，从教育体制改革到科技体制改革，不断推进，逐步深化。在高校，教育教学改革，同样在不断推进，逐步深化。

但是，在高校，人们都忌讳提思想政治工作改革，只提改进、加强。也许这是对10年最大失误的一种“矫枉过正”。

小平同志说得好：“不以新的思想、观点去继承、发展马克思主义，不是真正的马克思主义者。”“墨守成规的观点只能导致落后，甚至失败。”①

---

① 邓小平文选：第三卷[M]. 北京：人民出版社，1993：292.

我认为，还是要以实事求是的态度对待现实，不能因噎废食，不能自欺欺人。

改革不是改造。改革是一个自我完善的过程。思想政治工作自身的改革是回避不了的。只有主动地改革，这方面的工作才能真正有所改进和加强，否则就很可能在一片“加强”声中削弱下去。

怎么改？首先，要以邓小平建设有中国特色社会主义理论为指导，坚持实事求是原则，坚持从实际出发，改革一切不适应新形势需要的东西。其次，要处理好继承与创新的关系。继承是创新的基础，创新是继承的延伸与发展。两者是源和流的关系。要继续坚持和发扬思想政治工作的光荣传统和行之有效的方式方法。特别是要大胆创新，敢于试验，探索思想政治工作的新思路、新形式、新方法、新途径，开辟思想政治工作的新领域、新天地，更好地发挥思想政治工作的应有功能和优势。最后，改革的方法，可以循序渐进、先易后难、步步推进，也可以先在小范围试验，取得经验后再大面积推广。要把思想政治工作改革纳入整体教育改革之中，与校内其他各项改革配套统筹，使之互为促进。当然，各校情况不同，我们还应从本校的具体实际出发，选好突破口，力求有实效。

以上仅为个人在学习中的一点思考。

（本文系作者学习体会，写于 1994 年 1 月）

略论加强高校党的建设的战略意义

邓小平同志在视察南方的重要谈话中指出："中国的事情能不能办好，社会主义和改革开放能不能坚持，经济能不能快一点发展起来，国家能不能长治久安，从一定意义上说，关键在人。""关键是我们共产党内部要搞好，不出事。"①邓小平同志的这一论断，精辟而深刻地揭示了改革开放新形势下加强党的建设的战略意义，再次告诫全党：越是加快改革开放、发展经济，越要加强党的建设。

党的十四届四中全会通过的《中共中央关于加强党的建设几个重大问题的决定》，进一步阐述了新形势下加强党的建设的战略意义，指出："我国正在进行伟大而艰巨的改革开放和社会主义现代化建设。""我们党作为执政党，肩负着历史重任，经受着时代的考验，必须加强自身建设，不断提高领导水平和执政水平。""以经济建设为中心，发展社会主义市场经济，发展社会主义民主政治，发展社会主义精神文明，都要求强有力的党的领导，进一步加强党的建设。"②

高等教育事业是我国社会主义事业的组成部分，它肩负着培养一代又一代社会主义事业建设者和接班人的重任。加强高校党的建设，不仅关系到高校自身的建设和发展，更重要的是关系到我国社会主义事业的前途和命运。

只有从这样的高度来认识和理解加强高校党的建设的战略意义，才能克服盲目性，增强自觉性，切实把高校内部党的建设搞好，促进高校的改革和建设，使高教事业更好地为以经济建设为中心的社会主义现代化建设服务。

本文想从以下四个方面来谈谈加强高校党的建设的战略意义。

---

① 邓小平文选：第三卷[M].北京：人民出版社，1993：380-381.

② 中共中央关于加强党的建设几个重大问题的决定[EB/OL].(1994-09-28)[2022-05-06].http://www.people.com.cn/item/20years/newfiles/b1090.html.

一、从确保高等教育的社会主义方向的高度认识加强高校党的建设的重要性

高校坚持社会主义办学方向，主要体现在坚持党对教育工作的领导，坚持按照党的教育方针办学育人，坚持以马列主义、毛泽东思想指导教学科研工作。这是我国高校坚持四项基本原则的集中体现，也是我国高等教育的社会主义性质的基本特征。

我们党对教育工作的领导，从宏观上来讲，很重要的一条，就是通过制定和施行党的教育方针，确保各级各类学校的正确办学方向。20 世纪 50 年代，毛泽东同志提出的党的教育方针，为新中国的教育事业奠定了社会主义方向。高等学校贯彻这一方针，为国家培养了数以百万计的社会主义新型人才，现在这批人才是我国社会主义现代化建设的中坚力量。在以经济建设为中心的新的历史时期，以邓小平同志为核心的党的第二代领导集体，不仅把发展教育事业列为国民经济和社会发展的战略重点，而且提出了与党在新时期的基本路线和总任务相适应的新的教育方针，即："教育必须为社会主义建设服务，社会主义建设必须依靠教育"；"教育要面向现代化，面向世界，面向未来"；"教育必须为社会主义现代化建设服务，必须同生产劳动相结合，培养德、智、体全面发展的建设者和接班人"。这个方针，高度概括了我国教育事业的性质、任务、地位，鲜明地指出了教育改革的趋势和方向，明确地规定了教育与现代化建设的关系，以及教育的总体培养目标。高等学校只有全面贯彻这个教育方针，才能从根本上确保办学的社会主义方向。

贯彻党的教育方针是贯彻党的基本路线的具体体现。高校党组织的根本任务，就是要把党的基本路线和教育方针贯彻落实到学校的办学育人之中，始终保持社会主义办学方向。这是坚持党对高校的领导的基本内涵。而这一切无不取决于高校党的建设的状况。

二、从培养建设人才、服务四化建设的高度认识加强高校党的建设的重要性

培养社会主义建设人才，是高等学校的根本任务，是我国实现社会主义现代化宏伟目标的重要条件。

李鹏总理指出："发展教育事业，提高全民族的素质，是社会主义现代化建设的根本大计。我国社会主义现代化事业，需要大批专门人才，也需要亿万受过良好教

育的劳动大军。”①当前和今后一个时期，高校不仅要为20世纪90年代，还要为下个世纪的社会主义现代化事业培养建设人才。这是高校服务四化建设的根本所在。

现代化，归根结底是人的现代化，而人的现代化不可能是自发的，必须依靠教育、通过教育。列宁曾经说过：“在一个文盲的国家内是不能建成共产主义社会的。”②“只有用人类创造的全部知识财富来丰富自己的头脑，才能成为共产主义者。”③现代社会的发展，越来越证明列宁名言的真理性。在建设有中国特色社会主义的伟大事业中，我们所需要的建设人才，应当具有坚定的共产主义信念，具有丰富的科学文化知识，具有创造和开拓精神，能够运用马克思主义的科学世界观和方法论去观察事物、改造社会、建设国家、创造新生活。高等学校应当而且必须成为培养这种现代化建设人才的摇篮。

但是，正如邓小平同志所言：“没有党的领导，真正又红又专、特别是有专业知识和专业能力的队伍也建立不起来。”④这就是说，只有坚持党的领导，高校才可能承担起培养建设人才、服务四化建设的重任；“只有在党的集中统一的坚强领导下，调动校内外的一切力量，共同努力，才能完成这一艰巨复杂的任务”⑤。

加强高校党的建设，正是实现党的坚强领导、调动全体党员和师生员工的积极性和创造性的基本保障。在新形势下，高校“党的建设要围绕学校的改革和发展，加强和改进德育工作，培养有理想、有道德、有文化、有纪律的社会主义事业的建设者和接班人来进行”⑥。

三、从培养接班人和反和平演变的高度认识加强高校党的建设的必要性

党的十一届三中全会以来，党中央为适应社会主义现代化建设和改革开放的需要，改革干部人事制度，提高并施行干部队伍革命化、年轻化、专业化、知识化的方针，使大批年富力强、德才兼备的干部走上各级领导岗位，实现了历史性的新老交替。其中一个显著特点是：担任县处级以上职务的各级领导干部，接受过高等教

---

① 关于国民经济和社会发展十年规划和第八个五年计划纲要的报告[N]. 人民日报，1991-04-11(1).

② 中共中央编译局. 列宁选集：第四卷[M]. 第2版. 北京：人民出版社，1972：357.

③ 中共中央编译局. 列宁选集：第四卷[M]. 第2版. 北京：人民出版社，1972：348.

④ 邓小平. 目前的形势和任务[M]//中共中央宣传部教育局，国家教委思想政治工作司，共青团中央学校工作部. 毛泽东邓小平著作青年读本. 北京：人民出版社，1991：456.

⑤ 南京师范大学教育系. 教育学[M]. 北京：人民教育出版社，1984：545.

⑥ 中共中央关于加强党的建设几个重大问题的决定[EB/OL]. (1994-09-28)[2022-05-06]. http://www.people.com.cn/item/20years/newfiles/b1090.html.

育、具备大专以上学历的人所占比重越来越大。可以预见，随着现代化建设的发展，今后这类由高校培养的领导人才将会越来越多。更确切地说，到21世纪初、中期，我们国家的各级领导干部，将主要出自20世纪80年代以后高校的毕业生。到那时，领导和治理国家的重任将历史地落在这一代人身上。因此，他们的政治素质如何，将会决定我国未来的前途和社会走向。

邓小平同志早在改革开放之初就语重心长地说过："我们一定要认识到，认真选好接班人，这是一个战略问题，是关系我们党和国家长远利益的大问题。"①党的十四届四中全会根据邓小平同志的一贯思想，从坚持党的基本路线不动摇、保持党和国家的长治久安、不断把改革开放和现代化建设事业推向前进的战略高度，总结出《中共中央关于加强党的建设几个重大问题的决定》，再次把培养和选拔德才兼备的领导干部，作为新形势下党的组织建设的紧迫任务，提到了全党面前。这是高瞻远瞩的重大决策。贯彻落实邓小平同志关于培养接班人的战略思想和党的十四届四中全会的重大决策，这是高校义不容辞的职责，也是高校党的建设面临的重大课题。

从另一个战略角度来看，和平演变和反和平演变的斗争将长期存在，其实质是争夺接班人的问题。接班人问题的实质，则在于领导权掌握在什么人手里。对于我们中国这样的社会主义大国，如果将来各级领导权，特别是党和国家最高领导权，落在非马克思主义者手里，落在政治上不坚定分子或顽固坚持资产阶级自由化的人手里，他们就会迎合外部的和平演变，把社会主义中国引向歧途，就会断送无数革命先烈用生命换来的革命成果，给中国人民带来深重的灾难，就会造成社会历史的大倒退。

针对这个问题，江泽民同志曾尖锐地指出："社会主义事业在中国的前景，很大程度上取决于青年一代的状况。要以对今后十年乃至下个世纪中国社会主义事业的命运高度负责的精神，着眼于培养广大青少年。"②高校党建的重要任务，就是要通过各级党组织，坚持不懈地对全体学生和青年教师，进行爱国主义、集体主义和社会主义的教育，进行邓小平建设有中国特色社会主义理论和党的基本路线的教育，把他们培养成为社会主义事业的可靠接班人、无产阶级的领导人才，从组织上确保党的基本路线的连续性，确保党和国家的长治久安，使我国坚定不移地沿着建

---

① 邓小平.高级干部要带头发扬党的优良传统[M]//马克思主义党的学说著作选读.修订本.北京：中共中央党校出版社，1990：509.

② 江泽民.在庆祝中国共产党成立70周年大会上的讲话[N].人民日报，1991-07-02(1).

设有中国特色的社会主义的方向前进。

四、从巩固社会主义思想理论阵地的高度认识加强高校党的建设的必要性

培养建设人才和接班人,生产精神产品和传播思想文化,是高等学校的基本功能和优势所在。这表明,它同整个社会的精神文明建设有着紧密的联系,而且二者互为联系、互为影响、互为作用。社会的精神文明状况如何,会直接或间接地影响高校,高校培养的人才的素质和生产的精神产品质量如何,也会反作用于整个社会。高校属于上层建筑领域,是十分重要的思想理论文化阵地。

在改革开放的新的历史时期,高校是面向世界的前沿阵地,是外来思想文化直接进入的重要门户。为适应改革开放和经济发展,推进我国的现代化建设,我们应当善于吸收和借鉴人类社会和世界各国创造的一切优秀文化文明成果。同时也必须看到,国际范围内两种社会制度的对立和斗争,和平演变和反和平演变的斗争;国内范围的资产阶级自由化同四项基本原则的对立和斗争,意识形态领域的社会主义同资本主义的斗争,仍然存在,而且容易从思想理论上反映到高校中来,又反作用于社会。前几年高校一度出现的资产阶级自由化思潮泛滥,就是这种反映的集中表现。以往的经验教训告诉我们:党对高校的领导决不能削弱,思想政治工作决不能取消,思想理论阵地决不能失控乃至丢失。

江泽民同志指出:“资产阶级自由化同四项基本原则的对立和斗争,实质是要不要坚持共产党领导、坚持社会主义道路的政治斗争,但这种政治斗争大量地经常地表现为意识形态领域的思想理论斗争。思想宣传阵地,社会主义思想不去占领,资本主义思想就必然会去占领。”①“意识形态领域是和平演变与反和平演变斗争的重要领域”,“这方面工作做得好不好,直接关系社会主义事业的成败”。② 加强高校党的建设必须切实加强学校各级党组织对思想理论工作的领导和引导,坚持用马列主义、毛泽东思想指导思想理论工作,特别是文科教学科研工作。列宁说:“只有以先进理论为指南的党,才能实现先进战士的作用。”③因此,高校党委首先要用马克思主义理论武装自己的党员,发挥党员在思想理论战线的有力作用。同

---

① 江泽民.在庆祝中国共产党成立70周年大会上的讲话[N].人民日报,1991-07-02(1).

② 邓小平.高级干部要带头发扬党的优良传统[M]//马克思主义党的学说著作选读.修订本.北京:中共中央党校出版社,1990:509.

③ 列宁.怎么办[M]//马克思主义党的学说著作选读.修订本.北京:中共中央党校出版社,1990:69.

时，高校要下决心建设起富有战斗力的马克思主义理论队伍，领导和依靠以这支队伍为骨干的整个教师队伍、思想政治工作队伍，通过日常大量的教学科研活动和思想政治教育工作，帮助学生掌握马克思主义思想理论武器，树立马克思主义世界观和共产主义人生观，并以生产和创造大量健康的精神产品去影响社会，促进两个文明建设。只有这样，我们的高校才能真正成为培养社会主义事业建设者和接班人的摇篮，成为建设社会主义精神文明的坚强阵地。

综上所述，我们的高校是社会主义性质的高校，加强高校党的建设，对于坚持社会主义办学方向、培养社会主义建设者和接班人、反对和平演变、确保党和国家长治久安、巩固社会主义思想理论阵地，都具有重大的战略意义。它不仅关系高校自身的建设和发展，更重要的是关系我国社会主义事业的前途和命运。这就是本文的结论。

（本文收入《高校思想政治教育研究》，北京广播学院出版社 1995 年 3 月第 1 版。收入本书时有改动）

推优工作重在提高团员的思想政治素质

一、充分认识推优工作的战略意义

党的十四届四中全会通过的《中共中央关于加强党的建设几个重大问题的决定》,把推优工作作为党的建设的内容,要求“共青团要进一步做好推荐优秀团员作党的发展对象的工作”。

共青团十三届三中全会贯彻党的十四届四中全会决定精神,作出了《共青团中央关于加强团的建设若干问题的决定》,全面部署了团的建设工作,提出了深化“推优”工作的任务。

为什么如此重视推优工作?因为这项工作具有重大的战略意义。我们可以从两个方面来理解:

第一,这是培养和造就建设有中国特色社会主义事业接班人和坚持党的基本路线不动摇的需要。青年是改革开放和社会建设的生力军和突击队,是影响当前、决定未来的重要力量。赢得青年就赢得未来。社会主义事业需要一代代优秀的青年来接班。正如江泽民同志指出的:“社会主义在中国的前景,很大程度上取决于青年一代的状况。”我们正处于世纪之交。培养造就接班人的问题,比任何时候更为突出和紧迫。而这样一批接班人,无疑应当从优秀青年团员、党员中产生。吸收优秀青年入党,是培养跨世纪接班人的迫切要求。党的基本路线是确保国家长治久安、繁荣昌盛的生命线,也是国家和人民的希望、前途所在。能否坚持党的基本路线一百年不动摇,关键在于能否培养一代又一代坚定的坚持社会主义方向的青年人,特别是青年中的优秀分子。

第二,这是加强党的建设和团的建设的迫切需要。中国共产党是执政党。在中国这样的大国、穷国进行伟大的改革开放和社会主义现代化建设,没有这样一个坚强的久经考验的政党来领导,那是不可想象的。党的建设特别是党的队伍状况如何,直接影响党的执政能力和凝聚力。也就是说,能否坚持党的领导、党的领导是否坚强有力,取决于党的队伍的素质。把真正优秀的青年、团员吸收入党,是壮大党的队伍、提高党的队伍的素质的必由之路。共青团是党的助手和后备军,理应向党组织输送更多优秀团员到党的队伍中来。这是团的工作的一项极其重要的任务。总之,推优是党组织和团组织自身建设的共同需要。

由此可见,我们必须十分重视推优工作,在提高认识的基础上,真正把推优工作全面地、规范地开展起来。

二、推优工作的目标和指导方针

团中央提出的推优工作总体目标是:①要在加强团的基层建设的同时,使绝大多数基层团组织能够开展推优工作并取得实际成效;②在联系实际、富有成效的培养教育工程中,使绝大多数团支部都有团员提出入党申请,不断提高申请入党的团员占团员总数的比例,建设一支稳中有升、素质较高的团员入党积极分子队伍;③在党组织发展青年党员工作计划的指导下,以保证质量为前提,有步骤地推荐优秀团员作党的发展对象,保证推优的质量和数量都能够满足发展青年党员工作的需要。这就是强调重在质量,突出“优”字,防止片面追求数量和降格以求。

这应当成为我院当前和今后一个时期推优工作的努力方向、工作目标和指导方针。我们应努力使推优工作真正成为党组织发展青年党员的主要渠道,使共青团员成为党组织发展青年党员的主要来源。

三、加强团的组织建设,把推优工作的重心放在提高团员的思想政治素质上面

第一,从思想上重视,充分认识到推优工作是共青团先进性的重要体现,是党对共青团作为助手和后备军的政治要求,是新时期共青团的历史性任务。

第二,要健全全团的各级组织。这是推优工作的组织保证。只有组织健全、工作活跃的基层团组织,才能承担推优工作任务。有些组织战斗力不强和松散现象要尽快改变。各级团组织的干部要选拔优秀团员或青年党员来担任。年内要召开团代会,把院团委健全起来。各团总支、团支部都要加快健全起来并开展工作。这已是团的工作的当务之急。

重点要加强基层团支部建设,发挥团支部应有的作用。这是当前的薄弱环节。不能只停留在上面动,下面不动,大量的活动应在团支部举行。同时,团支部的工

作要逐步规范化、制度化。推优工作要全面开展起来，而且要按规定的程序进行，力争达到最好的效果。

第三，推优工作的重心要放在提高团员的思想政治素质上。入党是自愿的，但不等于自然成熟，而应是培养成熟。因此必须做好：①在办好党校的同时，也要开办好业余团校，对团员进行培训；②要广泛建立党章学习小组、马克思主义理论学习小组、特色理论学习小组，把理论学习扎扎实实地开展起来；③通过各种形式进行党的基本路线教育、党的基本知识教育、党的光荣历史和优良传统教育；④开展社会实践活动和主题教育活动，进行爱国主义、集体主义、社会主义教育。在普遍提高团员的思想觉悟的基础上，把思想政治素质优良的团员作为推优对象输送给党组织。

四、加强领导，总结经验，使推优工作更好地向前发展

党组织与团组织要加强对推优工作的领导，调动两个积极性，完成共同的任务。一方面，各级党组织要把推优工作纳入议事日程，帮助和指导共青团做好推优工作，特别要帮助加强基层团组织建设，注意发挥青年党员在团的工作和青年工作中的作用；把推优工作同发展青年党员工作紧密结合起来，在制订发展计划、部署发展工作时，认真听取和研究团组织的推优意见和工作汇报，帮忙解决推优工作中的实际问题。另一方面，共青团组织要争取同级党组织的领导，接受组织部门的指导，以积极主动的工作态度和真抓实干的工作作风开展工作；要根据学院党委关于发展青年党员工作的部署和要求，积极落实推优任务，定期主动向党组织汇报推优工作情况，在教育团员、培养团员入党积极分子、推荐优秀团员作党员发展对象等环节上，搞好与发展青年党员工作的衔接。

各级党团组织要及时总结交流推优工作经验，发现和培养先进典型，不断改进和推进推优工作。

（本文系作者 1995 年 5 月 31 日在北京广播学院推优工作会议上的讲话）

“两课”是高校德育的主渠道和主阵地

本学期以来，我院继基础课教学工作会议和实验课教学工作会议之后，今天又举行马克思主义理论课和思想政治教育课(简称“两课”)教学工作会议。这是贯彻落实去年召开的全国教育工作会议的精神和《中共中央关于进一步加强和改进学校德育工作的若干意见》的一项重要举措，也是我院深化教育教学改革的重要内容。

我们这次会议的指导思想和主要任务是：以邓小平建设有中国特色社会主义理论为指针，贯彻全国教育工作会议和中央 9 号文件精神，研究讨论“两课”的改革和建设，提高认识，统一思想，改进和加强“两课”教学工作，更好地为实现育人目标服务。

现在我受学院党委的委托，讲三个问题。

一、关于“两课”的地位和作用问题

党中央对学校德育工作，包括两课，非常重视，从 1985 年以来的 10 年间，先后就加强和改进学校德育工作发过 4 个中共中央文件。这些文件反复强调了德育工作的重要地位和作用。

“两课”在高等教育中具有极其重要的地位，这是我国教育的社会主义性质所决定的，也是我国高等教育的根本任务所决定的。我认为，应该从这样的战略高度来认识这个问题：一是从教育的性质看，这是社会主义高等教育同资本主义高等教育的主要区别之一；二是从教育的方向看，这是引导学生确立和坚持为建设有中国特色的社会主义而奋斗的政治方向的必然要求；三是从教育的目的看，这是培养有理想、有道德、有文化、有纪律、献身有中国特色社会主义事业的建设者和接班人的重要途径和重要保证。

对此，我们不能有任何的含糊和动摇。特别是我们的各级领导干部，一定要有清醒而坚定的认识。

“两课”是学校德育的主渠道和主阵地。德育是诸育之首。我们应当具有这种首位意识,从战略的高度来认识“两课”工作的重大意义。中央9号文件深刻指出:“现在和今后一二十年学校培养出来的学生,他们的思想道德和科学文化素质如何,直接关系到二十一世纪中国的面貌,关系到我国社会主义现代化建设战略目标能否实现,关系到能否坚持党的基本路线一百年不动摇。”这里说的三个“直接关系到”,就是我们高等教育的全部工作特别是德育工作的战略意义所在。

“两课”既具有天然的内在联系,又有不同的作用和侧重点。总的来说,马克思主义理论课要解决世界观、方法论问题,要揭示社会发展规律,要回答现实社会中的重大问题,具有宏观性;思想政治教育课要解决人生观、价值观、道德观问题,要回答学生生活中的一系列实际问题,带有微观性。就是说,两课要着重解决的是学生的四个问题:政治方向问题,思想意识问题,道德品质问题,心理素质问题。这些问题,归根到底决定着学生将会走什么道路,是否为人民服务、为社会服务,能不能适应社会和时代的需求,能不能成为社会主义事业的建设者和接班人。虽然一个人的成长和成才,不仅仅依靠学校教育,但由于大学生正处在人生的转折阶段,学校对他们施行什么样的教育,影响极大。可以说,两课教学对学生的健康成长起着导向、动力、保证作用。这已为无数的事实所证明,它在高等教育中的作用是毋庸置疑的。

我们应当本着对国家、对人民、对历史负责的态度,正确认识和理解德育的战略意义,正确认识和理解两课的重要地位和作用。大家只有在这个问题上取得真正的共识,才能从根本上加强和改进“两课”的工作,许多实际问题也就比较容易解决了。我们这次会议,首先应能在这个重大问题上取得共识。

二、关于“两课”的改革问题

“两课”的改革势在必行。这是因为,新时期、新形势、新问题,对“两课”工作提出了更高的要求,“两课”工作确有不适应的问题。根据中央9号文件提出的要求,在当前和今后一个时期,以下五个问题应当是我们深化“两课”改革的方向和目标。其要点是:

(一)在经济体制发生重大变化,以公有制和按劳分配为主体,其他多种经济和分配方式并存的条件下,如何坚持社会主义意识形态的主导地位,用马克思列宁主义、毛泽东思想和邓小平建设有中国特色社会主义理论教育学生。

（二）在进一步扩大对外开放，学习国外先进科学技术和管理经验的条件下，如何教育学生正确认识我国国情，继承和发扬中华民族优秀文化传统和中国共产党领导下的革命斗争传统，树立民族自尊、自信、自强、自立的精神。

（三）在新旧体制转换过程中还存在各种矛盾，社会生活中还存在、产生需要克服的消极现象的情况下，如何引导学生逐步树立正确的世界观、人生观、价值观和道德观，培养良好的道德品质。

（四）在人民生活水平有了较大改善和提高的情况下，如何培养学生具有艰苦奋斗的精神和坚强的意志品质。

（五）在科学技术迅速发展，社会主义市场经济体制逐步建立的情况下，如何指导学生在观念、知识、能力、心理素质方面尽快适应新的要求。

当前，北京地区高校“两课”改革试点工作已经启动。市教工委、高教局经研究，确定清华大学、北京科技大学、北京理工大学、北京师范大学、北方工业大学、北京工业大学、首都师范大学等八所高校为试点学校。我院虽未被列为试点学校，但从深化教育改革的全局考虑，也应启动改革，力争逐步改革到位并取得成效。

实际上，近几年来，我们也进行了某些方面的改革探索，包括课程结构的调整、教学内容的更新和教学方法的改进，都有不同程度的进展。但现状与中央要求、形势要求还有较大的差距，改革尚须加大力度。

这里，我想强调一下“两课”改革的三条原则：第一，坚持以邓小平建设有中国特色的社会主义理论为指导；第二，坚持理论联系实际；第三，坚持理论教学“要精、要管用”。

“两课”改革的重点是教学内容和方法的改革，也就是本着上述三条原则，进行内容和方法上的改革。当然，改革的着重点应视每一门课程的具体情况而定，不搞“一刀切”。

内容方面的改革，首先，是要解决好邓小平建设有中国特色的社会主义理论进课堂、进教材的问题。目的在于帮助学生确立为建设有中国特色的社会主义而奋斗的政治方向。其次，在注意基本原理的系统性的同时，要增强针对性，能够用理论解释现实社会生活中的重大问题、热点问题和学生思想的实际问题，对学生进行以爱国主义、集体主义、社会主义为核心的教育。最后，要剔除那些陈旧、重复、没用的东西，充实新鲜、精练、有用的东西，更新教学内容。要以内容的改革来提高教学的吸引力和战斗力。

方法的改革同样是不可缺少的，应着重搞好五个结合：①课堂教学与社会实践相结合；②单向授课与双向研讨交流相结合；③教学工作与思想工作相结合；④笔试与口试相结合;⑤言传与身教相结合。

两课的改革,目的是为了改进和改善,争取最佳的教学效果,而不是削弱,更不是取消。目前存在的问题是:①有的同志对“两课”的重要地位和作用认识不足,重视不够;②有的系随意决定不上某门政治课,或以专业课随意冲击政治课。有鉴于此,大家需要明确以下各点:

(一)“两课”是中央和国家教委规定的必修课,是学生是否完成学业、是否达到培养目标的重要标志,绝不是可有可无的课程。“两课”不及格者,不能毕业,不可获得毕业证书。

(二)要加强“两课”的教学管理,维护教学计划的严肃性。没有特殊情况,未经主管院领导的批准,任何单位、任何人不得随意中断“两课”教学活动,不得随意决定不开或推迟开课。因公务特需或个人家庭不可抗拒的原因而停课,必须事先经系、院主管领导批准。

(三)“两课”的总学时安排不低于国家教委规定的下限(即文科必修课教学不低于 280 学时,工科不低于 210 学时。我院现为文科 360 学时、工科 290 学时,属较高者)。

三、关于两课的建设问题

(一)师资队伍建设问题。“两课”质量的提高,关键在于建设一支高水平的两课教师队伍。目前这支队伍,一是数量不足,再过几年,“文革”前大学毕业的教师将陆续退休,这个矛盾将更加突出;二是水平参差不齐,具有高水平和社会影响的教师还不多;三是年龄结构不合理,两头大、中间小,存在一定程度的断层现象。

解决这个问题的主要措施是:①吸纳一定数量的政治素质好、学历层次高的硕士以上研究生学历人员充实师资队伍。在编制和进人指标上给予特别照顾。②给现有教师,特别是中青年教师,提供更多的国内外进修和社会调查的机会。落实两课教师的政治待遇,为他们及时了解中央的方针政策和重大决策情况提供方便条件。③要求“两课”教师练好三个基本功,即系统掌握和善于应用马克思主义的基本功,教学和调查研究的基本功,做学生思想政治工作的基本功。当前,在第一个方面,“两课”教师应特别注意认真学习掌握和运用邓小平建设有中国特色的社会主义理论的基本功;在第二个方面,要特别注意提高课堂教学的基本功;在第三个方面,应始终坚持教书与育人的紧密结合,做到言传与身教的统一。我这里想特别强调一下,教书育人,已载入《教师法》和《教育法》。这就意味着教书育人不是一般的号召，而是依法执教的问题。我们的全体教师都要自觉地把教书育人作为重要的权利和义务，以教书为职业，以育人为己任，认真依法执教。学院要依法落实和完善这方面的工作，要求"两课"教师成为依法执教、教书育人的模范。4. 加强科研工作，提高学术水平。

（二）课程和教材建设问题。关于课程体系问题，马克思主义理论课，前几年已进行了调整，即文科设马克思主义原理、中国革命史、中国社会主义建设、世界政治经济与国际关系四门课程，工科设前三门课程，可不作变动，主要应在更新内容上下功夫。思想政治教育课，去年做了调整，即把原来的"人生哲理"与"大学生思想品德修养"两门课合并为一门"人生哲理与品德修养"，消除了内容上的交叉重复。再是把"职业道德"由单独的课程改为讲座，并加入就业指导的内容，改称为"职业道德与就业指导"，但尚未正式开课。"法律基础"仍单独列为一门课。这是在国家教委尚未作出统一规定之前的探索性改革。今后，课程体系问题，可在调研基础上继续进行探索，要按国家教委新的规定，逐步完善课程体系，使之逐步科学化、规范化。

课程建设很重要的一面，就是要根据本校培养目标的需要，开设人文社会科学、科技及交叉型的各种选修课和专题讲座，最大限度地满足培养适应未来社会需要的人才的要求。随着五天工作制的实施，学生的机动时间将更多，这种需求将变得更为迫切。这不光是社科部的事，也是学院和各系的事。包括工科各系，也可以在这方面有所作为，像清华大学有的系就开设了与本专业相应的既有科技知识又有思想教育意义的选修课和讲座，对学生进行爱国、创业、成才方面的正确引导和教育。这些课程和讲座很受学生欢迎，值得我们借鉴。

教材建设，主要是充实和更新内容的问题。凡有国家教委统一编写教材的课程，都应使用国家教委统编的教材。没有统编教材的，要自己组织编写。授课教师还要编写有自己特色的教学参考书，为学生的自学创造条件。

（三）物质条件保障问题。"两课"的改革和建设，以至整个德育工作，需要相应的经费投入。我们要转变过去那种认为只要一张嘴、一支粉笔、一本书就可以的旧观念，也要克服那种剩多少才给多少的旧做法。一定要千方百计增加投入。一是从学院经费中尽可能增加一点，二是要开辟筹资的多种渠道（如与企业"联姻"），三是要争取在董事会基金和部教育基金中立项。

（四）加强领导问题。"两课"教育以至整个德育工作，总的来说是要建立党委领导下的党政齐抓共管、以行政教学系统主抓的体制。院党委和行政各有一名领导分管此项工作。党委要定期研究德育工作的重大问题，定期听取"两课"教学工作的汇报。这次发的一个关于加强和改进“两课”的意见讨论稿，请大家讨论并提出修改意见。

“两课教学”和整个德育工作，是事关学校和育人的全局问题、首位问题。因此，全院各级党政组织都负有义不容辞的责任。院系两级领导必须从思想上予以高度重视，采取积极的措施，加大“两课”改革的力度，加快“两课”建设的步伐。各系有责任予以密切的配合。院有关各职能部门要给予大力支持。社科部当仁不让，更应全力推进这项工作。大家共同努力，把“两课”教学教育工作和改革建设推上一个新的台阶，使其发挥应有的作用。

（本文系作者1995年6月7日在北京广播学院“两课”工作会议上的讲话）

三 广播电视高校学生工作实践与思考

理论与现实:怎样认识新闻自由

一

当今世界,和平的力量在增长,战争的危险仍存在,贫困与富裕对立,裁军与发展共生,新的技术革命蓬勃兴起。在我国,社会主义现代化建设全面展开,改革从农村到城市,从经济领域到政治领域,步步深入,举世瞩目。这是一个天翻地覆的时代。

面对纷繁复杂的多极世界,面对正在发生历史性巨变的中国,人们以新的思维、新的眼光,评价历史,观察现实,展望未来。

青年人的思想最活跃。人常说,20 世纪 80 年代的青年是思考的一代。是的,时代为他们创造了思考的条件。他们的视野所及,他们接触知识的范围之广,他们接收信息的渠道之多,是过去任何时代的青年不可比拟的。

处于这样一个时代,值得青年们思考的东西是很多很多的。问题是,你怎样去思考。

人们欣喜地看到,不少青年学生、青年工人、青年农民、青年军人、青年知识分子,在探寻真理和知识的过程中,在社会实践的广阔天地里,思考祖国的前途,思考改革的成败,思考人生的价值,思考成才的道路……他们把自己的命运同祖国的命运紧密联系在一起,他们立志为振兴中华奉献自己的青春和才能。这就是当代青年的思想主流。

然而，人们也不无忧虑地看到，有一些涉世未深的青年，盲目崇尚西方资产阶级某些陈旧的理论或时髦的思潮，从“自我”出发观察社会、思考人生，夸大我国现实生活中的消极面，寻求抽象的民主与自由，怀疑四项基本原则，对自己的祖国、民族和文化采取虚无主义态度。这是一种危险的思想倾向。究其原因，主要在于：他们受资产阶级自由化思潮的影响，理论上分不清是非；他们脱离实际，对社会缺乏全面、真正的了解。

关心、帮助青年一代的健康成长，特别是引导和教育思想上一时陷于迷惘的青年朋友，使他们正确地看待世界、看待社会、看待历史与现实、看待理想与人生，是我们所有教育工作者义不容辞的责任。正是出于这一动机，我们组织编写了这本读物（指《理论与现实 108 题》），试图从理论与现实两个方面回答青年朋友们所关心的一系列问题。如果青年朋友们能从中得到一些启发，逐步从迷惘中解放出来，政治上和思想上更快地成熟起来，我们将感到无限的欣慰。

参加本书编写工作的有本院的部分政治理论教师和思想政治工作人员。本书还收入了少量校外同志在有关报刊上发表过的文章。许俊基教授，姚惠龙、沈禄赓、李寿源、杨伟芬、肖恩芳副教授，给予了热情支持，并为本书撰稿。周鸿铎、黄勇两位同志承担了本书的拟题、组稿和全部书稿的编审工作。应该说，这本读物是集体的成果。

限于我们的理论水平，加之成书仓促，书中出现疏漏、缺点甚至谬误在所难免，诚望青年朋友和各界读者批评指教。

（本篇系作者为《理论与现实 108 题》所写的前言摘要）

二

“新闻自由”这个口号，虽然出自英国资产阶级政论家，但它并不是资产阶级的专利。资产阶级在上升时期，曾把“新闻自由”作为反对封建文化专制的思想武器，而无产阶级在反对资产阶级统治、争取自身解放和夺取政权的斗争中，则把争取“新闻自由”作为实现自己革命目标的一部分。无产阶级革命领袖，从马克思、恩格斯，到列宁、斯大林，到我国的毛泽东、周恩来，在革命时期，都曾公开或秘密地运用报刊，无情地揭露帝国主义、封建主义和官僚资本主义的反动统治，为争取无产阶级和劳苦大众的彻底解放和自由（当然也包括新闻自由），进行了不屈的斗争。无产阶级和千百万人民要真正获得这种自由，只能在无产阶级掌握政权之后。

中华人民共和国的成立，使亿万人民从帝国主义、封建主义和官僚资本主义三座大山压迫下彻底解放出来，同时也为亿万人民获得全部自由创造了条件。1954年，我国第一部宪法诞生。这部宪法的第3章第87条庄严载明："中华人民共和国公民有言论、出版、集会、结社、游行、示威的自由。"此后历届人大通过修改的宪法都重申这一规定。这是我国人民享受新闻自由的最根本的法律保障。

但是，必须明确，由于社会制度不同，由于国情不同，我国的新闻事业和新闻自由，同资本主义国家的新闻事业和新闻自由有着本质的区别——

（一）我国新闻事业是整个社会主义事业的组成部分，它赖以存在的经济基础是社会主义公有制，新闻自由是社会主义民主制度的体现。而资本主义国家的新闻事业是垄断资本集团的事业，它所依附的经济基础是资本主义私有制，新闻自由是资本主义民主制度的产物。

（二）我国新闻事业是中国共产党领导下的事业，它既是党和政府的舆论工具，也是人民的舆论工具，也是党和政府联系人民群众的桥梁和纽带，它的根本利益同党的利益、人民的利益是完全一致的。新闻自由集中体现了这种一致性。而资本主义国家的新闻事业，受控于垄断资本集团，它绝对没有背离垄断资本集团的利益的"自由"，它所代表的利益同人民大众的利益是根本对立的，因而它自身并无"新闻自由"可言。

（三）我国新闻事业的出发点和目的是为人民服务、为社会主义事业服务，现阶段的根本任务是团结、教育、激励全党、全军和全国各族人民建设社会主义物质文明和精神文明，建设有中国特色的社会主义，新闻自由为最广大人民所享有。而资本主义国家的新闻事业，其"政治任务是维护现存的制度和秩序"，"左右着人民的政治思想和最细微的日常生活"，"为了保证垄断资本的利润，它们使经济、金融和技术情报不停地流传，保证资产阶级的政治、哲学和社会思想、道德规范的说教在各个角落不断地传播"。[①] 由此而来的"新闻自由"，只能是少数剥削者的自由。

上述对比告诉我们，新闻自由是有鲜明的阶级性的。我们所要的新闻自由只能是社会主义的新闻自由。所谓社会主义新闻自由，就是在社会主义宪法和法律范围内的新闻自由，就是符合四项基本原则的新闻自由。离开这两个基本前提那就不是社会主义新闻自由了。主张没有任何限制的"自由报纸，自由的广播、电

---

① 戴邦. 新闻学基本知识讲座[M]. 北京：人民日报出版社，1984：52.

视”,那不仅在中国不可能,而且在世界任何国家都是不可能的。

在两个基本前提之下,我国人民和新闻工作者享有真正的新闻自由——

我们的报刊、广播、电视,每天报道最多的是工人、农民、知识分子、革命军人在各条战线创造的新成就、新情况、新经验、新典型,以及在他们中间涌现的先进人物的新成绩、新发明、新思想、新风尚,以人民和人民的业绩为最主要、最经常、最广泛的报道对象;

我们的报刊、广播、电视,大多辟有真实反映人民呼声的专栏、专版或节目,随时把那些具有普遍意义和有代表性的意见、建议、申诉乃至揭发公之于世,批评各种不良倾向,揭露各种违法犯罪行为,揭露严重官僚主义和不正之风,揭露社会上的各种丑恶现象,动员社会舆论来改变社会面貌,促进两个文明建设;

我们的所有新闻工作者,都有发挥自己聪明才智的自由,都有采访写作的自由,都有反映报道我们的时代和社会生活的自由,哪里有新闻,哪里就有我们的记者,他们的辛勤劳动,使亿万人民得以“不出门能知天下事”;

我们的所有新闻爱好者和公民,都有在个人条件允许下的采写自由,都有向报刊、广播、电视提供新闻线索或新闻作品的自由。

这就是实实在在的新闻自由。除此以外,一味追求抽象的“言论、出版、新闻自由”,那是毫无意义的。

如果把“新闻自由”理解为没有任何限制的自由,那就不仅不是社会主义的新闻自由,甚至也不可能是资本主义的“新闻自由”(因为资本主义的“新闻自由”实际上也是受限制的),而只能是无政府主义或无法无天的“新闻自由”。“文化大革命”初期,我们一些报社、广播电台曾一度被“造反派”夺权,结果,什么乌七八糟东西都在报纸上、广播中出现。对极少数造反者来说,那是够“自由”的了,但却剥夺了广大人民和新闻工作者的自由,造成了史无前例的恶劣影响。难道我们还要那种无法无天的“新闻自由”吗?

当然,应该承认,我们的社会主义新闻自由还不够完善,例如:还没有专门的新闻法,新闻工作者在正常的采访工作中无法可依,不时遇到人为的阻碍;一些应该报道的新闻得不到及时报道;人民对新闻机关的监督还没有形成制度;不少组织还不善于利用报刊、广播、电视来报道应该公开的活动,以求得人民的理解和思想上的相互沟通,等等。随着政治体制改革的展开和深入,随着社会主义民主和法制的逐步健全,我国人民和新闻工作者将更广泛地享有社会主义新闻自由的民主权利。

三

新闻自由是言论、出版自由在新闻领域的具体运用。“新闻自由”的口号最早出自1644年英国资产阶级政治家约翰·密尔顿的《论出版自由》。在欧洲资产阶级革命时期,“新闻自由”曾被新兴资产阶级作为反封建文化专制的思想武器,起过进步的历史作用,特别是推动了近代新闻事业的发展。因而,列宁曾把它称为“伟大的口号”。

西方资产阶级在取得政权以后,相继将“新闻自由”即言论自由、出版自由正式写入国家法律。如美国在独立战争之后,于1789年颁布的宪法第一修正案即人权法案,就规定国会不得制定“剥夺人民言论自由或出版自由”之法律。这一法案一直沿用至今。又如,法国在1878年的《人权宣言》中宣布“各个公民都有言论、著述和出版的自由”。再如联邦德国,不但国家《基本法》(即宪法)对“新闻自由”作了规定,而且各州都制定了专门的新闻法。

应当承认,西方资本主义国家新闻事业历史较长,新闻立法也比较完备,新闻记者也确有一定的采访报道自由。但是,他们的“新闻自由”绝不是我们有些同志所想象的那么绝对的自由——不受任何控制、不受任何限制,想报道什么就报道什么。

先说受不受控制。人们只要深入考察,就会发现,西方资本主义国家的新闻机构,无不直接或间接受政府、政党或财团的控制。例如,美国的《纽约时报》《华盛顿邮报》《洛杉矶时报》,美联社、合众社,哥伦比亚广播公司、全国广播公司、美国广播公司,控制了全美国的新闻事业,而它们本身就是垄断集团。“美国之音”则是美国政府的喉舌,直接受美国政府控制。英国的英国广播公司,尽管标榜不受政府的控制,但它的最高领导机构董事会的全体成员,都要由政府提名、女王任命,实际上是另一种形式的控制。日本、法国、联邦德国等资本主义国家,其新闻机构也全部或部分由政府所垄断。

再说受不受限制。事实上,不受任何限制的“新闻自由”在世界上是不存在的。资本主义国家的“新闻自由”至少要受以下五种限制:

一是法律的限制。在美国,新闻采访报道要受《诽谤法》的制约,有些州的宪法也明文规定新闻工作者“须自负滥用此项权利之责任”。联邦德国则在《基本法》中同时规定:新闻自由权利“受到普通法、保护青少年和保护个人名誉权利法的限制”。有人说,西方人可以随便骂总统,自由得很。可是你这种“骂”,第一不能损害总统的名誉,否则以诽谤罪论处;第二不能在行动上对现行制度构成威胁,只能“小骂大帮忙”。

二是制度的限制。资本主义国家的“新闻自由”,是资产阶级民主制度的一部分,它的实质是要维护垄断资产阶级的根本利益和剥削制度的。因此,资产阶级决不让这种自由漫无边际地任意扩大。他们千方百计地把出版自由和新闻自由限制在一定范围之内,纳入他们允许的运行轨道。也就是说,这种“新闻自由”总是以垄断资产阶级的政治需要为转移的,以不触动他们的根本利益为前提的。例如,20世纪50年代初,美国政府在对外发动侵朝战争的同时,对内颁布和实施了臭名昭著的“麦卡伦法案”,一面迫害、逮捕、镇压大批共产党人和反战进步人士,一面取缔了所有共产党报刊,视共产主义和正义之声为洪水猛兽,以赤裸裸的暴行撕毁了“新闻自由”的面纱。

三是观念的限制。资本主义的意识形态同社会主义的意识形态是根本对立的。垄断资产阶级掌握或控制的新闻机构,总是不遗余力地宣传资本主义的思想、观念和生活方式,而对社会主义的思想、观念和生活方式,从来是持否定和诋毁态度的,甚至对社会主义国家某些公认的客观事实,是否加以报道也总是以它的标准或偏见来决定取舍的。请看事实:1973年,美籍华人学者赵浩生先生第一次回祖国探亲。行前,他有位在美国某报工作的学生向他约稿,说不要谈政治,只谈人情就行了。赵先生返美后即履约交稿。结果,稿子被退了回来。赵先生询问原因何在,某报答曰:“你这篇文章是新旧对比都说中国好,你要是能客观地骂骂中国,我们就可以用了。”瞧,“新闻自由”的政治倾向性多么泾渭分明!

四是派别的限制。当统治阶级内部出现矛盾或冲突的时候,“新闻自由”往往成了传播媒介攻讦对方的“打猎执照”,可以“任意瞄准、射击”。一个典型的例子是当年轰动世界的“水门事件”。发生在美国的“水门事件”,本来只是小事一桩。但是,美国东北部的自由主义者和可以左右全国舆论的大报如《纽约时报》《华盛顿邮报》《时代杂志》《新闻周刊》和三大电视网,对来自西部的尼克松一向没有好感”,从地区和派别的恩怨出发,抓住“水门事件”不放,借助强大的传播力量,穷追猛打,终于迫使在任总统尼克松下台。而《华盛顿邮报》因此销路空前,并获得了帕利策新闻奖。最后,差不多所有与水门案有关的原告、被告、律师、检察官,甚至这个悲剧的主人公尼克松自己,都写了回忆录,赚了大钱。这就是西方“新闻自由”所造成的近乎荒诞的结局。

五是垄断集团的限制。西方资本主义国家的新闻机构,往往把自己说成是独立于议会、政府、法院之外的“第四势力”,但实际上它不过是垄断集团控制下的舆论工具，而从事新闻工作的所有人员不过是垄断集团的雇员，因此它的一切宣传报道方针、计划、口径和对新闻的取舍，不能不听命于垄断资本集团的旨意，否则从记者到主编都随时有被解雇的可能。

美国耶鲁大学华裔新闻学者赵浩生先生曾在发表于中国社科院新闻研究所的一次演讲中，引用两个美国新闻从业者从不同角度评论美国“新闻自由”的例子，我们不妨把他们的原话照录如下，也许能帮助人们理解西方资本主义国家的“新闻自由”究竟是怎样的一种“自由”：

记者出身的美国夏威夷州州长的新闻秘书罗伯特·邓肯说：“美国新闻自由从某种意义上说，是一种侵害别人自由的新闻自由。”

美国评论家米琪尔·巴兰蒂认为：“在现实中，无论从何种意义上解释‘自由’这个字眼，我们的新闻界都远非‘自由’的。”

（上述第二、三篇系作者为《理论与现实108题——答青年朋友》所撰的两题。现题目为编辑时所改。北京广播学院出版社1987年9月第1版）

大学生军训管见

一

大学生是社会成员中最富有朝气的一部分,也是青年中知识层次较高的一部分。他们在未来不仅负有建设祖国的历史使命,还负有保卫祖国的光荣职责。因此,组织在校大学生参加一定的军事训练,是十分必要的。

据有关资料介绍,目前世界上不少国家把大学生参加军事训练作为兵役义务的一部分,作为全民普及军事教育的好形式。例如:苏联(写此文时苏联尚存)的大学生在完成学业的同时,必须按照预备役军官训练大纲接受军事训练。美国在兵营中设立训练中心,以夏令营集训形式训练那些参加后备军官训练团的大学生。民主德国(写此文时德国尚未统一)的男性大学生,入学前须服现役 3 年。加拿大实行的是学兵制度,即由国防部在全国各地设立 30 多个夏令营,组织自愿参加的大学生到夏令营过集体军事生活,接受 2—8 周的军事训练和军事体育活动。英国则按传统的办法,在数十所高等学校中设立航空中队,为军队培养空军军官。大学生军训之所以在许多国家受到高度重视,是因为它可以提高青年学生的军事素质,增强青年学生的国防观念和爱国主义思想,同时可以为本国积蓄后备兵员,以利于巩固本国国防。无疑,它对一个国家具有战略意义。

我国的大学生军训始于 1955 年冬,以北京体育学院和北京钢铁学院为首批试点高校。到 20 世纪 60 年代,共有 52 所高校进行了军训试点。当时的重点是培养预备役技术军官,除学习一般军事知识和进行军事生活锻炼外,学生还学习有关的军事专业知识。如一、二批 14 所高校的一万多名学生,就进行了 21 种军事专业课的训练。20 世纪 70 年代中期,部分恢复不久的高校曾组织过一些军训(即所谓"学军")活动,但由于受"左"的路线的影响,军训指导思想和军训内容偏离了正确的方向。1981 年,经过拨乱反正,党中央指示高等学校要把大学生军训纳入教学计划，部分高校恢复了军训工作。1984 年 5 月 31 日，第六届全国人民代表大会第二次会议通过的新的《中华人民共和国兵役法》规定："高等院校的学生在就学期间，必须接受基本军事训练。"此后，国家教委和总参、总政等部委多次联合发出通知，要求开展和加强高校学生军训试点工作。1985 年以来，继 52 所高校军训试点之后，一大批高校纷纷组织学生开展军训活动。军训正以"燎原"之势迅速在全国高校推开。

我们北京广播学院，也于 1986 年秋组织八五年级近 400 名学生到人民解放军济南部队某部进行为期半个月的军事训练。这是我院 20 世纪 80 年代大学生的首次军训活动。由于军地双方的共同努力，这次活动同样取得了良好的效果。

军训是大学生依照法律履行兵役义务的基本形式。其目的，是从保卫"四化"建设的需要出发，积蓄后备力量，为培养预备役军官打下基础。同时，通过训练，学生能够初步掌握一般的军事基础知识和技能，提高政治觉悟和爱国主义思想，增强国防观念和组织纪律性，扩大知识领域，促进德、智、体全面发展，成为"有理想、有道德、有文化、有纪律"的社会主义新型人才。各校的实践证明，军训是实现上述目标的一种好的形式，应当成为大学生的必修课。

二

20 世纪 80 年代的大学生，从家门到校门，又从校门到校门，没有社会生活阅历，对部队生活是很陌生的。他们对军训的认识和态度，大致有这样几种情况：一是向往军营生活，渴望在军训中提高和充实自己。他们有较强的进取心，但还缺乏感性体验，是带着某种神秘心理去迎接考验的。二是随大流，或出于好奇，愿意去"体验体验军人生活"。他们思想上有积极的一面，但缺乏充分的思想准备，对军训的意义只有一种朦胧的认识。三是觉得"学了也没用"，"部队太艰苦"，认为"学校是培养人才的地方，搞军训是误人子弟"。他们把培养人才与搞军训对立起来，打心里不愿参加军训，但迫于硬性规定不得不去。

提高学生对军训必要性的认识，首先要从教育引导入手。这就是：从法律意义上讲清军训的必要性，启发学生的公民义务感；从实践的意义上讲清军训的必要性，启发学生的社会参与感；从成才意义上讲清军训的必要性，启发学生的历史使命感。这种理性的引导，可以为他们参加军训实践打好思想基础。

学生跨入军营之后，他们的思想往往会有相当大的转变。他们不再把军训当成负担，而是把它当作"青春的港口和加油站"，是"开始崭新生活的光辉起点"；他们不再认为军训是“多此一举”，而是称之为“明智之举”；他们不再觉得军训是“误人子弟”，而认为它能“育人子弟”。为什么会有如此大的变化呢？因为军事化的氛围，使他们自觉不自觉地进入了“军人”角色，他们在耳濡目染之中，思想得到了升华。再者，部队指战员（特别是那些经过老山前线生死考验的同龄人）的言传身教，使他们受到了从未有过的最直接、最生动的教育，从一定程度上触动了他们的心灵。把学生拉到部队训练，是一种独特的教育形式，也是一种独特的社会实践形式，我们应当认识它的现实意义和长远意义，把它纳入整个教育体系之内，并作为一项制度长期坚持下去。

三

军训对大学生之所以必要，就在于它有积极的实际效果。求实求新是20世纪80年代大学生的一大特点。军营的崭新生活，真枪实弹的训练，特别是部队指战员的传、帮、教，最富吸引力和感染力，最易为学生所接受。如果组织得好，是可能获得最佳效果的。根据我们的实践，军训的实效性主要表现在四个方面：

（一）纪律观念的增强

军队是纪律性最强的社会集团。这是由它的特殊性质所决定的。军队如果没有铁的纪律，是不会有任何战斗力的。而没有战斗力的军队是难以卫国御敌的。凡经历过部队生活的人，最深刻的感受莫过于那近乎严酷的纪律约束。对于军人，这种约束是绝对必要的。

大学生在校期间，也要受各种纪律和规章的约束，但就其严格和自觉程度而言，是远不及军人的。毋庸讳言，近几年的大学生，由于种种原因，纪律观念尤为淡薄，各种违纪现象屡见不鲜。我们要培养“四有”人才，其中一“有”就是“有纪律”。这是社会主义现代化事业对大学生的客观要求。

人的纪律观念的形成一般通过两种方式：一种是潜移默化中，逐渐培养起自觉的意识，并支配自己的行为，在自觉中实现自由；一种是在强制的条件下，逐步增强适应能力，在非自觉的状态中达到自觉。

军训对人的影响当然包含这两种因素，但更侧重于后一种方式。在那种特殊的环境里，不论是上课、操练、集会，还是起床、用餐、就寝，一切都雷厉风行，令行禁止。严格而有规律的军事化生活，使散漫惯了的学生从不适应到适应，从不自觉到自觉。他们返校后，迟到、旷课现象减少了，课堂纪律明显好转；参加集会利索多了，队伍整齐多了。连教师都感到，经过军训的同学就是不一样。事实证明，这种方式是增强大学生纪律观念的重要手段，它与日常的思想教育相辅相成。

（二）集体观念的增强

尽管大学生在校期间过的是集体生活，但有些人缺乏集体观念和集体荣誉感，对集体活动不感兴趣，对有益集体的社会工作漠然置之。更有甚者为了宣泄个人的情绪，可以置集体、他人利益于不顾，可以对同学拳脚相加。究其原因，既有学生个体受所谓“自我设计”和极端个人主义消极影响的问题，也有我们教育不够的问题。转变这种状况，需要我们通过各种途径和方式，逐步培养他们的集体主义思想。

军训是其中一种有效的途径和方式。在军训的整个过程中，从出发到返回，学生从来没有这样强烈地感受到个人与集体之间的紧密联系和亲密关系。客观上，这时候的几乎一切活动都是集体活动，每个人都无时无刻不在这种高度集中的环境中生活；主观上，学生视自己为集体的一员，意识到自己的言行同集体息息相关。有这样一个例子：在靶场上，一位女同学连发数弹，久久不见报靶，以为“理”了“光头”，急得哭了，趴在那里起不来。这时她不光想到个人成绩，更多是有强大的集体荣誉的压力，因为她知道，个人的成绩如何直接影响她所在的全连的成绩。而当指挥员下令报靶，报靶员显示的结果是“优秀”时，这位同学立刻破涕为笑，她不仅为自己高兴，更为争得集体荣誉而欣慰。

军训的集体生活，大大密切了同学、师生之间的关系。途中，出现抢着帮助他人提行李的情景；军营里，照顾病号、代班站岗、帮忙洗衣服、互让被褥等好人好事不断涌现。学生与学生之间、学生与老师之间、师生与军人之间，互相关心，互相爱护，互相帮助，充满了友爱和尊重，体现了平等和信任。生活在这样的集体里，无疑会增强他们的集体主义观念。

（三）吃苦精神的增强

现在的大学生，年龄一般在17—22岁，在家时是“重点保护对象”，上大学后又在较为优越的条件下生活，没有经历过艰苦生活的锻炼，其弱点之一就是缺乏吃苦精神。害怕艰苦、贪图享受、铺张浪费的思想和行为，在大学生中已不是个别现象。这种不良的倾向应当引起我们的高度重视。

解决的办法，一是从思想教育入手，发挥他们的内因作用提高思想认识。特别应当强调，我们国家还处于社会主义初级阶段，经济不发达，生产力水平不高，追求享受和高消费是不现实的;要从根本上摆脱落后状态,需要几代人的艰苦奋斗。现在的大学生属于跨世纪的一代,尤其应当具有吃苦精神、创业精神和献身精神。二是从社会实践入手,为他们创造锻炼的机会,借助外因(客观环境)的作用,促进内因的转变,让他们逐步具有吃苦精神。

军训对于大学生来说,既是一种锻炼的机会,也是一种艰苦的考验。在军营里,每一个学生都要过两“关”——生活关、训练关。紧张的生活,低标准的伙食,条件确实比在学校艰苦得多。在这种艰苦的环境里,大多数学生经受了考验。他们在观察了战士们对待艰苦生活的态度之后,鲜明的对比使他们在羞愧中找到了自己的差距。他们是这样扪心自问的:“战士们常年过这样的生活,我们为什么不能过?”训练也绝不像他们原先想象的那么浪漫——练队列,烈日下一晒几个小时,免不了大汗淋漓,腰酸腿疼;练射击,地上一趴就是半天,肩胛被枪托顶肿了,胳膊肘被沙砾磨出了血。吃这样的“苦”,在校内是不可想象的。然而在军营里,男女大学生都坚持了下来。他们说:“与战士们在老山前线浴血奋战相比,我们这点苦算得了什么!”

我们广播学院是为广播电视事业培养人才的学校。现在的在校学生就是将来的广播电视工作者。广播电视最讲时效,真、快、广是它的显著特点。与此相适应,广播电视工作是一项紧张、高效、艰苦的工作。从事这样工作的人,要有较好的思想素质、作风素质和身体素质,没有吃苦精神是干不了的。军训中,我们有不少学生把军训同自己所学专业联系起来,自觉地磨炼意志,增强艰苦条件下的耐力和吃苦精神,培养专业所要求的政治业务素质。

(四)国防观念的增强

我国《宪法》规定:“保卫祖国、抵抗侵略是中华人民共和国每一个公民的神圣职责。”在祖国需要的时候,青年大学生毫无疑义要履行这一光荣义务。近几年来,老山前线血与火的战斗,老山英雄催人泪下的事迹,以及一曲《血染的风采》,深深地教育和感染了千千万万的青年学生,他们愈来愈懂得:“没有前方将士为国戍边,哪有我们的安宁生活!”

为了捍卫我国的主权和领土完整,为了确保国家的安全和社会主义现代化建设的顺利进行,我们必须要求大学生牢固树立国防观念,初步掌握一定的军事知识和技能,随时准备为保卫祖国而献身。

军训是对大学生进行国防教育的好形式。通过接受军事理论、军事知识课教学和军事科目的训练,大学生可以学到校内学不到的东西,包括毛泽东军事思想和我军的光荣传统，我国国防现代化进程和我军军兵种知识，现代化战争的特点和军事科技的发展趋向，队列要领和射击技术，等等。这就不仅可以填补学生知识领域的空白，还大大地增强了学生的国防观念。

军训给大学生提供了直接接触军人的机会，加深了大学生对军人的理解。过去，大学生对军人的了解和认识，主要是通过传播媒介等间接方式，缺乏感性认识，难免出现偏差。军训期间，大学生与军人朝夕相处，有助相互了解、理解和影响。特别是那些经历过血与火、生与死考验的年轻军人的事迹，最能扣动大学生的心弦，最能触动大学生的心灵。而且，战士们在日常生活中所表现出来的高尚思想、朴实言行和谦虚品德，往往对学生起潜在的教育作用。这种直接的了解，使学生缩短了认识上的差距，消除了感情上的障碍。他们终于理解了：军人之所以能在战场上不怕艰难困苦，不怕流血牺牲，是因为“祖国在我心中”。他们终于看到了：军人的牺牲不仅仅在悲壮的战场，更多的是平凡的、默默无闻的奉献。有一位学生以炽热的情感写下了这样的体会：“班长只比我大两三岁，有同我们一样读书的权利。然而，他却为了保卫祖国，保证我们能在安全环境下读书、工作，走上了战场。从前，我们对军人只有一种间接的了解，谈不出真正的感受。今天，我们确实看到了他们美丽而宽广的心灵，纯朴而崇高的品质。他们不愧是 20 世纪 80 年代最可爱的人，是我们学习的好榜样。”还有一位学生在诗作中抒发自己的感受：“大学生与战士，没有高低之别，没有贵贱之分，不同的是职业，相同的是报效祖国的一腔热血！”学生们从与同龄人的对比中，看到了自己的差距，思想感情发生了很大的变化，懂得了作为 20 世纪 80 年代的大学生应该这样生活：积极，紧张，向上。

四

从以上内容可以看出，军训作为一种教育手段，确实对大学生起到了教育的作用，效果是明显的，意义是深远的。但是，我们绝不能把它当作包治百病的灵丹妙药。企图通过军训来克服学生的一切弱点，那未免过于苛求，实际上是办不到的。任何一种教育形式或教育手段，总是在一定时间、一定范围之内发生作用，不可能解决一切问题。军训当然也有这种局限性。

正确地评估军训的作用，全面地认识军训的必要性、时效性和局限性，可以使我们减少盲目性，更好地组织和开展军训活动，进而最大限度地发挥军训对大学生的教育作用。而欲达到这一点，我们必须正确看待和处理好以下几个关系：

(一)强化性与持久性

军训的基本特征是:训练内容集中,训练时间集中,活动方式集中。就是说,在极其有限的时间里,学生们必须完成规定的训练科目,必须按军队条令活动。显然,这是一种强化性教育。

大学生在校四年,接受一定的强化性教育是十分必要的。犹如机器上的螺丝钉,在它松动的时候,需要给它拧一拧。人的思想发展变化规律,既不是垂直上升或下降,也不是水平延伸,而是波浪式发展的。思想教育也应当据此规律有“的”放“矢”。过去的情况说明,一年级的学生比较朴实,守纪律;进入二年级后,学生们开始放松要求,逐渐散漫起来,违纪现象也多起来。因此,对二年级学生进行强化性的军训,符合学生的思想变化规律,有助于学生的持续上进,有助于校风的良性循环。

但是,我们必须明确,仅仅靠强化性教育,是远远不够的。因为,思想变化是一个渐进的过程,思想教育是一项持久的工程。持久教育过程中,可以有一定的强化性教育,但强化性教育不能代替持久性教育。我们对大学生的思想教育必须贯穿其整个在校期间,主要是打“持久战”。当然,我们也需要寻找契机打点“突击战”。

(二)单一性与综合性

全面培养学生的素质,需要与之相适应的多样化的教育内容和形式。这就叫综合性教育或立体型教育。综合性教育是由许多单一性教育构成的。所谓单一性教育,是指形式相对独立或独特、内容相对集中或统一的教育。如果把综合性教育比作总系统,那么单一性教育就是子系统了。没有单一性也就没有综合性,正如没有涓涓细流就没有澎湃大江一样。

军训比之其他教育形式显得更为单一——军事化的教育,军事化的训练,军事化的生活。有人觉得军训生活单调、枯燥,就是对这种单一性教育的消极反应。既然军训属于单一性教育形式,它就不可能起全面的综合性的作用。但是将它寓于综合性之中,它可以在综合性的总体中发挥某一方面的作用。

因此,我们可以下这样的结论:军训的教育作用,是其他教育形式所不能代替的;同样,其他教育形式的作用也是军训所不能代替的。转变学生的思想,全面提高学生的素质,应该从各方面“综合治理”。

（三）速效性与潜移性

所谓速效性，是指思想浅层的突变，眼前能见得着的实际效果；所谓潜移性，是指思想深层的渐变，往往需要较长时间方能见效。军训对于大学生，既有速效性，也有潜移性。

我们在前面讲到，经过军训的学生，纪律性普遍有所增强，这就是军训的速效性的表现。但这种速效性是有局限性的，当环境条件转变之后，状况往往会有反复。如一些学生返校不久，散漫的"旧病"就又复发。好比速效感冒药，它可以迅速治好你的感冒，但并不能保证你不再患感冒。因此，要使这种"速效"转化为"长效"，需要进行长期、艰苦的工作，而不能"毕其功于一役"。

凡经过部队艰苦生活锻炼的人，在后来的人生道路上往往较易于经受各种艰苦环境的考验。这是因为，艰苦的部队生活，给他们造成了一种"免疫力"。他们当然乐于过舒适的生活，但他们决不惧怕艰苦的生活。这种"免疫力"在他们思想上所起的连他们自己也察觉不到的微妙作用，就叫潜移性，或叫潜移默化。

我院参加军训的八五级学生，他们在军训自我鉴定中，在座谈体会时，几乎无一例外地从相同或不相同的角度谈到自己思想上的收获，普遍反映军训"净化了心灵，磨炼了意志，增加了知识"。有一位同学用形象的专业用语写道："军训的一幕幕都会在我心里成为永久的定格。"我相信，绝大多数同学说的都是肺腑之言。军训之后，我们看到了这样可喜的现象：有些同学上进心增强了，主动靠拢党组织，积极争取入党；有些同学懂得了珍惜时间，学习抓得更紧了；有些同学思想感情起了变化，生活上不再那么挑剔；有些同学助人为乐，主动关心患病同学……所有这些，不正表明军训的潜移性么？军训在他们的一生中也许只有一次，但一次军训很可能在思想上令他们受益一生。

当然，我们还不能对军训的潜移性作过高的估价。军训时间毕竟很短，学生受教育的深度也还有限。况且，学生的个人生活经历和思想认识水平不尽相同，军训在他们思想上的烙印是很不一样的，军训对于他们的潜移性也是极不平衡的。

（本文收入《耕耘与探索》，北京广播学院出版社 1987 年 11 月第 1 版）

致 1994 届电视摄影毕业班同学

同学们!

我高兴地接到了你们的请柬,因为正在参加常委会议,没能听到你们的毕业汇报。但是,在这之前,我看过你们毕业实习的成果展览。透过那多姿多彩的画面,我看到了你们独具匠心的构思。它从一个侧面,展示了你们的才华、智慧和风采。你们已经胜利完成了学业!

在这里,我代表学院各位领导,向你们表示衷心的祝贺!

你们在广院度过了难忘的四年。四年很长,那是入学时的感觉;四年很短,这是毕业时的心态。

可曾记得,当你们跨入广院的时候,小礼堂后的一条醒目的标语提示你们:这里是终点,也是起点。当你们毕业时,我想再把这句话回赠给你们。

你们即将走向社会,走上新的岗位。这是人生的转折,这是生活的起点。就像孩子要离家远行,作为师长,我想给你们留几句赠言:把“立德、敬业、博学、竞先”八字校训带上,还要努力做到虚心、勤奋、进取、实干!

电视系的毕业生,许多已成栋梁之材。不久前我去福州,见到 1979 级电摄毕业生翁星,他已成为福建电视台副台长兼有线电视台台长。他在那里干得很出色,受到人们的称赞。你们也应像翁星那样,成为未来广播电视的新星!

你们很快就要走了,无论走到哪里,不要忘记培养你们的师长,不要忘记四年同窗的友情,不要忘记你们的母校,不要忘记那一片核桃林!

衷心祝愿你们像年轻的白杨,茁壮成长,绿满天涯!

衷心祝愿你们在广播电视战线一展身手,创造辉煌的业绩!

黄　勇

1994 年 6 月 15 日

以自己的贡献和成才来回报人民

应届毕业班的同学们，经过几年的努力学习，现已完成了全部学业，即将离开母校，走上新的岗位。在此，我向你们表示热烈的祝贺！

今年毕业的同学共有 378 名，其中本科毕业生 293 名，大专续本科毕业生 59 名，研究生 26 名。今年的毕业生虽然总数不多，但在广院的历史上占有一席之地。正是每年一批批同学毕业，才有广院桃李满天下的今日。连你们在内，广院四十年，共培养输送各类人才 17093 人。这是一支在我国广播电视行业具有举足轻重地位的队伍，你们将成为这支队伍的一分子，应当感到自豪。

同学们分别在广院度过了四年、三年、两年。在一个人的一生中，四年、三年、两年是很短暂的，而这却是人生的一大转折，或者说是人生的一个终点和新的起点。时间越久远，大家对这一点的感受就会越强烈。许多老毕业生在见到师长或回母校的时候，几乎都说到这一点。

你们都是怀着美好的梦想来到广院的，从不熟悉到熟悉，从不适应到适应，度过了多少个紧张、热烈而有意义的日日夜夜。我相信，每个同学对自己的母校，都会有深深的感情。当然，大家也会有不满意的地方，这也是可以理解的。作为部属高校，现在我们遇到的困难，在所有高校中最大最突出的矛盾，就是投入严重不足。绝对数是上升了，但由于物价因素，实际数是下降了，而办学成本、开支却大大提高了。尽管我们作了很大努力，但仍有不尽如人意的地方，有待今后继续解决和改善。这一点，请同学们也要理解和体谅。

下面我想着重讲几点要求和期望，作为临别赠言吧。

一、正确对待分配去向，做好迎接挑战的思想准备

378 名同学，少部分留在北京，大部分回到各省、市、自治区；大部分分到广电系统，少部分分到其他行业。无论到什么地方，同学们都应将其看作社会的需要。

一个人能否成才，不取决于地区，也不取决于单位，而主要取决于自身的素质和能力，当然也有外部环境的问题，但两者关系是内因和外因的关系。如果自己不努力，无论分到什么地区、什么单位，都不可能成才。相反，在那些比较艰苦的条件下锻炼的人，往往比较能够成才。所以，要正确对待去向，每个人都应该心情愉快地走向新的岗位。

大家对所要去的单位，期望值不要太高。我们国家还是发展中国家，总体上各方面条件还比较差，当然单位之间也有差别。要有吃苦的思想准备。不是去享受，而是要去干一番事业。要以事业为重，不要计较生活上的待遇。

要主动迎接挑战。我国正处在由计划经济向市场经济转轨的过渡时期。一方面，这种改革，极大地推动了我国的建设和发展，一方面，又会出现许多新的问题和无序状态。这么大的国家，进行这么大的变革，又无前人经验可以借鉴，出现某些问题是不可避免的。看社会，看改革，要看本质，要看主流。

另外，我们也要看到，这对每一个大学生，既是挑战也是机遇。市场经济是竞争的经济。这种竞争将涉及一切领域。每个人都面临竞争。竞争的规律就是优胜劣汰。从这个意义上说，竞争就是挑战。敢不敢主动迎接挑战，是对每一个大学生的严峻考验。要充分认识到挑战也是机遇。就是要在挑战中去寻找机遇，抓住机遇，努力发挥自己的优势，善于在竞争中取胜。

二、尽快适应新的环境，摆正自己的角色位置

毕业、就业，意味着正式走向社会，意味着真正开始独立生活。从学校到社会，社会环境变了，周围环境变了，任务和岗位变了，角色变了，所处的群体变了。对你们来说，这又是一个大转变。因此，就有一个如何适应的问题，只能自己去主动适应社会，而不可能让社会来适应自己。同学们要学会自己走路，不要再依靠别人来扶助自己。社会是极其复杂、庞大的系统，不要看得太简单，更不要自寻苦恼。要善于处理好自己同社会、同周围的人、同上下左右的关系。

走向社会，就得充当社会角色。每个角色都应有自己恰当的位置。你们到了工作岗位，要看到自己还是一个新手，还是一个尚未对社会作贡献的人。几年学习，是人民用血汗钱养育了大学生，大学生到了工作岗位，就应以自己的贡献来回报人民。用人单位最忌讳的是那种盛气凌人，夸夸其谈，大事干不了、小事又不干的人。大家要谦虚谨慎，虚心向老同志、向周围同事学习，向实践学习。

三、做文明人，给母校留下良好印象

文明，是现代人的要求，更是大学生的要求。一个国家的现代化，不光是物质水平，更重要的是国民的整体素质如何。大学生、研究生是我国总人口中文化水准最高的一部分，理应是文明素质最高的人。大学生中出现的许多不文明行为和现象，严重损害了大学生的形象。我希望从这一届毕业生开始，你们能够成为最文明的大学生。

有的同学可能有一种误解，认为反正快走了，得找机会发泄发泄。这一发泄，就发生了问题——严重违纪，受了处分，甚至被勒令退学（去年就有此例）。这是我们做师长的所不愿意看到的。任何事情，总得有个度。超出这个度，就会走向反面。同学们临走之前，要组织若干活动，这都是可以理解的，也是应该的。但是一定要守纪律，遵守规章制度。如果有人硬要违纪，那自己就得付出沉重的代价，就得承担一切责任。我希望今年毕业同学，从今天起不要有任何违纪行为出现。

大家知道，文明校园建设成果来之不易，也包括大家的一分心血一分汗水，应该倍加珍惜。特别要想到，我们毕业班同学的言行举止，对于在校继续学习的同学来说，影响极大。不能让不良影响一届传一届。要形成良性循环。同学们要爱护学校的声誉，不仅在校内，到工作岗位之后也要爱护自己母校的声誉，要有母校荣光我荣光的意识。

四、不断进取，早日成才

最近，我正在审阅《白杨颂》续集文稿。1989 年，我曾审阅过第一集文稿。这里所记录的近百名校友，都是广院毕业生中的佼佼者。他们有的作出了突出的成就，有的在平凡岗位几十年如一日无私奉献。从他们成长、成功、成才的过程和经验来看，至少有以下三个共同点：1. 在岗坚持继续学习，不满足于已有知识。大学只是打了个基础，毕业生走上岗位之后还得去继续学习新的东西。何况现在知识更新的速度也大大加快，不继续学习，就会落后。过去，广院学生有专业思想牢固、上手快、事业心强的特点，但有后劲不足的弱点。而这几年，据说优势在弱化。这是值得深思的。所以一定要加强学习，不仅要学专业知识，还要学习经济知识，学习科技知识，向社会学习，向实践学习，向群众学习。2. 坚持从小事、从自己做起。比如像打开水、打扫卫生等小事。用人单位是非常看重这一点的。如日本新闻单位刚参加工作的大学生都会先被安排去卖报纸，要当记者就得从卖报纸开始，然后当见习记者、助理记者、记者。这是符合人的成长成才规律的。如果一个人什么小事也不做,那他是绝不可能成大器的。3. 吃苦精神和强烈的事业心是成才的决定性因素。一个人只图享受,是绝对不会有成就的。你们今后在实际工作中会体会到,要干成任何一件事情,特别是要取得大的成就,没有吃苦精神、拼搏精神、奉献精神,那是绝对不可能的。当个人利益同事业发生矛盾时,个人应当无条件服从事业的需要。

我希望我们这届同学也能同已经成才的广院历届毕业生一样,在新的岗位上,在未来的事业中,做出无愧于时代、无愧于母校的辉煌业绩。

我希望你们,无论走到哪里,都不要忘记你们的母校,不要忘记你们的师长,不要忘记同学之间的友情,不要忘记广院那一片核桃林!

衷心祝愿你们像年轻的白杨,茁壮成长,绿满天涯!

(本文系作者1994年7月在北京广播学院1994届毕业生分配动员会上的讲话)

当代青年学生的价值追求

新中国五十大庆即将到来。北京广播学院学生处的同志们，把凝聚着青年学生对新中国赤诚之情的篇篇文字汇编成《国旗下的演讲》，献给新中国成立五十周年。这是一项很有意义的工作，也是一份特殊的礼物。

我曾经在母校北京广播学院学习、工作和生活过二十余年，当过学生，也当过管学生工作的“官”。尽管已离开母校多年，我仍然对母校有着割不断的情缘，仍然对学生工作有着深深的怀恋。当我翻阅这一篇篇母校学子的“演讲”的时候，我强烈地感受到这一代青年对祖国的赤诚，对时代的责任，对英模的崇尚，对成才的渴望，对现实的思考，对未来的探寻。这多么令人欣慰啊！

国旗是国家的象征。五十年前的十月一日，中国人民的伟大领袖毛泽东主席，在开国大典上庄严宣告：“中华人民共和国中央人民政府今天成立了！”中国人民从此站起来了！他亲手把新中国第一面国旗——五星红旗高高升起在天安门广场。从此，社会主义的新中国巍然屹立在世界的东方；从此，五星红旗成为新中国的象征，无论我们走到哪里，只要看到飘扬的五星红旗，就会感到作为中国人的自豪！

这本以国旗为题的“演讲”，始终回响着爱国主义的旋律。在这里，有“鸿鹄当有凌云志”“青春为祖国而燃烧”的庄严誓言；在这里，有对“不朽的民族魂”“火热的情怀、闪光的人生”的崇敬和歌颂；在这里，有对时代变迁的“欣然回首”和“饮水思源”的历史思考；在这里，有对抗洪精神、“爱国情结”和“民族之根”的深情礼赞；在这里，更有“心系腾飞”“让生命之火升华”“让中国的脚步走在世界的前列”的激情抒发！当代青年学生的这种爱国主义情怀，继承了中国历来，尤其是“五四”以来优秀青年知识分子爱国主义的光荣传统，体现出了当代青年学生身处新时代、面向新世纪对人生价值和社会责任的正确理解和探求。

难能可贵的是，他们不仅意识到自己未来的历史使命和社会责任，还意识到必须把远大的理想同目前的学业联系在一起，同不断地充实、完善自我联系在一起。

廉伟同学的几段“演讲”，很能表达这样一种意愿：

“今天，在国旗下，我们宣誓：‘我们会以拼搏努力对待学习，积极热情地投入工作，以平常心融入生活，做一名合格的大学生，踩实脚下的路，在人生七彩的画卷上，描一笔亮丽的风景。’”

“脚下是一条四年的求学之路，头顶是一片新世纪的天空，面前是无尽的机遇与挑战，心中是坚定的信念与锲而不舍的追求。”

“在努力掌握专业技能的同时，加强自身的修养，不断充实完善自我，用扎实的功底说话，用优秀的人格说话，用良好的修养说话，用正直的品德说话。”

的确，只有把远大的理想同当前的实践结合起来，生活才是充实的，人生才是有价值的。

人类正处在世纪之交、千年之交。经过半个世纪艰苦探索，英勇奋斗的中国人民，正在中国共产党的领导下，续写改革开放和社会主义现代化建设更加辉煌壮丽的新篇章。青年学生是跨世纪的一代，是开创未来的先锋，任重而道远。

愿青年朋友把国旗下的誓言化为实际行动，在国旗下成长成才，用自己的青春和热血，为共和国大厦添砖加瓦，为五星红旗增光添彩。

［本文系作者为北京广播学院学生处编写的《国旗下的演讲》（北京广播学院出版社 2000 年 5 月第 1 版）所写的序文，题目为编辑时所加］

充分发挥校友会的作用　增强传媒大学的软实力

今天，北京中国传媒大学校友会宣告成立了。这是传媒大学发展史上一件有深远意义的大事喜事。我谨代表传媒大学全体校友表示最诚挚的祝贺！

中国传媒大学是我的母校。我曾经在这里学习、工作达21年之久。这里是我第一次接受高等教育并成为知识分子的地方；这里是我第一次走上领导岗位并得以全面锻炼成才的地方；这里是我参与培养广播电视人才而度过无数不眠之夜的地方。完全可以说，是母校把我带入了人生的一段新的旅程，我对母校的一草一木、一砖一瓦都怀有深深的感情。同时，这也意味着我要永远铭记母校的恩惠，用心、用情、用一切行动来回报母校。我想，这也是那些因母校而改变人生前途的学子和所有热爱母校的校友的共同意愿。

今年3月，传媒大学领导班子研究决定，推荐我为中国传媒大学校友会首任会长人选。我参加了第一次校友会筹备会议。按规定程序，我和王云鹏、罗建辉、赵忠颖4位校友正式向学校提交了《关于发起成立北京中国传媒大学校友会的倡议书》。学校社会服务与发展办公室受校领导委托，迅速全面开展了申报和各项筹备工作，并得到教育部和北京市教委、民政主管部门的批准。这样，北京中国传媒大学校友会获得了合法法人的社团地位。

在今天这个成立大会上，大家推选我为首任会长，推选罗建辉等12位校友为副会长及秘书长。这是大家对我们的高度信任和期待。在此，我代表各位副会长和秘书长，衷心地感谢学校党政领导和各位老师、校友对我们的厚爱。

按照校友会章程的规定，北京中国传媒大学校友会是传媒大学校友自愿发起成立的社会团体法人，其基本宗旨在于联络和团结传媒大学的所有校友，增进校友与母校、校友与校友之间的沟通和合作，以各种方式促进传媒大学的建设和发展，增强传媒大学的影响力和竞争力，特别是要提升传媒大学在国内外的软实力。

本月5日，我在福州召开的中国传媒大学第二届董事会第三次全体会议暨“大学与传媒的合作与共赢”论坛上发言，提出应积极发掘校友资源、努力提升传媒大学软实力的命题。我认为,传媒大学经过55年发展历程,特别是近10年来的建设发展,已经成为规模较大和具有一定实力的重点大学。但是,软实力还远远不够,与硬实力不相适应。在学校当前致力于落实科学发展观,坚持以人为本、全面发展、特色发展理念,寻求内涵式发展路径,逐步实现建设世界知名高水平传媒大学的目标的关键时期,提升传媒大学的软实力已经成为现实具有重大战略意义的课题,必须予以高度重视。

我还就传媒大学软实力的内涵作了初步的概括。我认为,主要应该包括如下四个方面:一是学校的品牌、特色、贡献及其社会影响力;二是学校的名师和学术理论成果及其社会影响力;三是毕业生的质量、成就、成才、声誉及其社会影响力;四是学校文化建设特色、成果及其社会影响力。比如,像已故的齐越教授和罗京校友这样的知名人物的社会认同,像《校园里有一排年轻的白杨》这首经久不衰的校歌的社会影响力,像一些校友在某个领域做出突出成绩而荣获国家级、省部级的荣誉等等,都体现了学校的软实力。如果能在上述四个方面增强传媒大学的影响力,那么传媒大学的软实力就将大大增强。

遍布国内外的校友是传媒大学办学的重要资源。成立校友会并通过校友会独特的平台和途径,把广大校友的资源和力量汇集起来,将在支持学校办学、推进学校建设发展、增强学校的软实力方面发挥重要的不可替代的作用,包括发挥校友与母校、校友与校友之间的紧密联系的纽带作用,发挥校友会在组织开展联谊、学术业务交流的平台作用,发挥校友会联络国内国外和社会各界支持学校办学力量的桥梁作用,发挥校友会在发现、推荐、宣扬优秀校友事迹的宣传作用。如果能真正发挥好上述四个方面的作用,就可以从不同侧面为传媒大学办学提供智力和物力支持,促进学校的建设和发展,就可以使母校的软实力大大增强。

我希望传媒大学的所有校友都来关心母校的办学建设和发展,都能积极参与校友会组织的活动,为学校办学建设和发展建言献策并提供各种形式的支持,共同把传媒大学建设成为世界知名的高水平大学!

我们这届校友会将在传媒大学领导下,广泛团结广大校友,为实现中国传媒大学的发展目标而不懈努力!

(本文系作者2009年11月21日在北京中国传媒大学校友会成立大会上的讲话)

致校友

壬辰将去，癸巳将至。伴随新年的到来，中国传媒大学校友网开通了！此举可喜可贺！

中国传媒大学校友网，是传媒大学校友会主办的面向广大校友的网站。校友网的开通，为广大校友随时随地瞭望和了解母校提供了极为宽广的窗口，为广大校友联系母校、联络师长校友架起了一座无形而通达的桥梁，为广大校友心系母校、抒发情感、建言献策开辟了一方精神文化田园。

母校是校友永远的家。校友会是联系、接待、服务校友的社团组织，是汇聚校友力量、发掘校友资源、助力学校建设发展的联络中心。校友网的开通和运用，将可以从一个重要方面增强和发挥校友会的上述功能和作用。

校友网是校友会与校友的联络网和传播网。愿分布在祖国和世界各地的校友们，一起来关心这个网站的建设，共同来打造这个网站品牌，使之成为名副其实的传媒大学的校友传媒网，使之成为内容丰富多彩的窗口，交流畅达快捷的桥梁，文化百花争艳的田园！

（本文为作者 2012 年 12 月 26 日为传媒大学校友网开通而作）

四 广播电视高等教育发展回眸

曲折的历程 光明的前景

——纪念北京广播学院建院二十五周年

在伟大的中华人民共和国成立三十五周年前夕，我们迎来了北京广播学院建院二十五周年。二十五年来，我们学院与国家共命运，走过了曲折而又光荣的路程。在纪念建院二十五周年之际，让我们沿着学院前进的足迹，回顾过去，总结现在，探求未来，以唤起我们热爱学院、建设学院的热情和信心，为把学院建设成为具有中国广播电视特色的、高水平的社会主义现代化大学而继续奋斗。

历史的回顾

广播学院诞生于一九五九年九月七日。这是我国第一所培养广播电视高级人才的高等学校。广播学院的建立，为我国广播电视事业的更大发展，提供了人才的来源和培训的基地。这是人民广播事业史上一件有深远意义的事件。

早在一九五六年五月，刘少奇同志在听取广播事业局梅益局长关于广播事业发展计划的汇报时，就提议创办培养广播干部的高等学校。他对梅益同志说："你们为什么不办大学？搞一个大学好，应该有一个大学来训练广播干部。"少奇同志高瞻远瞩的意见，不仅完全符合当时的客观形势，还为后来广播学院的创办奠定了思想基础。

我们知道，"从一九四九年十月中华人民共和国成立到一九五六年，我们党领导全国各族人民有步骤地实现从新民主主义到社会主义的转变,迅速恢复了国民经济并开展了有计划的经济建设,在全国绝大部分地区基本上完成了对生产资料私有制的社会主义改造”(《关于建国以来党的若干历史问题的决议》)。在这个历史阶段中,我国各条战线都取得了辉煌的成就。同样,我国人民广播事业也在改造旧的基础上获得了空前的发展。到广播学院建立前夕,即一九五九年上半年,全国共有无线广播电台105座,各个电台的播出时间和发射功率比解放初期成倍以至数倍地增加,不少电台办了两套以上节目,节目内容和形式也逐步丰富多彩起来。广播成为社会主义建设工作和人民生活中不可缺少的一部分。在发展广播的同时,新兴的电视台相继在北京、上海、广州、成都、天津、沈阳、哈尔滨、鞍山、抚顺等大中城市出现。广播电视事业迅速发展,迫切需要与之相适应的编播、技术业务干部。但是,当时全国广播战线的全部工作人员仅有三万人左右。培养和补充大量的又红又专、德才兼备的广播电视工作人员,成为广播电视更好地为祖国社会主义建设服务的关键之一,成为广播电视事业继续顺利发展的关键之一。广播学院就是在这种历史背景和客观形势下应运而生的。

在这以后的二十五年里,学院经历了三个不同的时期,三起两落,道路很不平坦。第一个时期,从一九五九年九月到一九六六年四月,属于创业时期,学院经历了初创、调整、发展三个阶段。建院初期,学院面临的困难相当严重。广播学院是在广播专科学校基础上建立的,而专科学校还是一年前在广播技术人员训练班的基础上建立的,现成的物质条件非常有限,与历史悠久、基础雄厚的老大学是无法相比的。当时最大的困难,一是干部特别是教师匮乏,全院教职工总共只有167人,其中专任教师才65人,教辅人员11人;二是校舍不敷使用,全部建筑面积只有1.9万平方米,教学、办公、学生住宿都挤在一座1.6万平方米的大楼里,活动场地也非常狭小。有的教工对能否办好学院缺乏信心,有些学生甚至懊悔考入广播学院。在物质和思想的双重困难面前,学院党委一手抓以安定师生情绪为重点的思想政治工作,一手抓以充实师资队伍为重点的物质基础建设。在中央广播事业局的支持下,一批长期在广播宣传第一线的业务干部和刚刚从高等学校毕业的大学生,充实到我们的师资队伍里来,担负起沉重的教学担子。同时,学院还借助社会力量,聘请专家名流和对口业务部门的在职干部兼课,以弥补师资之不足。学院一九五九年首次招生573人,连同原专科学校转入的大专生,在校学生共917人;一九六〇年继续招生394人,在校学生达1026人,同时还开办了播音、摄影短训班。初创阶段的广播学院,办得生气勃勃。到了第二阶段,即一九六一、一九六二两年,由于在这前后国家处在国民经济严重困难时期,招生数量急剧下降,两年中只招

35 人。当时在校学生仍有 898 人。在这个调整阶段,学院执行中央关于“精简节约”的指示,精简教职工,紧缩经费开支,坚持勤俭办学,与国家一道渡过了暂时困难。随着国民经济的恢复和好转,学院在一九六三年至一九六五年又逐步获得了发展。一九六三年招生 37 人;一九六四年招生 355 人;一九六五年招生达 622 人,其中外语系 408 人。外语系一年新增专业 7 个,共有 20 多个专业(多为非通用语言专业)。全院在校生 993 人。经过七年的艰苦奋斗,到一九六六年年初,广播学院已成为初具规模的高等学校。在这个创业时期,学院不仅为国家培养了一大批人才,还在开拓中积累了办学经验,形成了“艰苦创业、勤俭办学”的光荣传统和“刻苦学习、热爱劳动、团结友爱、艰苦朴素”的优良校风。令人难忘的是,在这一时期,我们学院得到了周总理、陈毅副总理、彭真副委员长等中央领导同志的亲切关怀。周总理在与中央广播事业局负责同志谈话时,指示说:“学院工作不论新闻系、外语系、无线电系,办得应该多样化,有二年制、三年制、四年制。”可惜,总理的宝贵指示,因为随之而来的史无前例的“文化大革命”而无法实现。

一九六六年五月,“文化大革命”开始。从此整个国家陷入了十年内乱。我们学院所经历的第二个时期,就是这样一个动乱时期。一九六六年七月,陈伯达、康生、江青、张春桥、姚文元等人,三次亲临学院,支持造反夺权,分裂师生队伍,挑动学生斗干部,诬陷学院主要领导同志,全盘否定学院的工作,造成学院内部的极大混乱和严重恶果。一九六九年,在江青“批示”后,学院被强令撤销,全院师生员工被下放河北望都干校劳动。创业者苦心经营的北京广播学院,在江青的淫威下毁于一旦。这是令人不堪回首的一个阶段。“野火烧不尽,春风吹又生”,林彪反革命集团覆灭之后,“周恩来同志在毛泽东同志的支持下主持中央日常工作,使各方面的工作有了转机”(《关于建国以来党的若干历史问题的决议》)。在这种形势下,广播学院于一九七三年得以恢复重办,经过一年多的筹备,终于在一九七四年恢复了招生。在恢复筹备阶段,困难比学院初创阶段更为严重:被遣散的教职工难以全部“归队”,被瓜分的图书资料、教学仪器设备和家具不能“完璧归赵”,大部分校舍被占用。校园内,疮痍满目,百废待兴。肩负复校重任的干部和教职工,发扬艰苦创业的精神,作出巨大的努力,重新把学院的架子搭起来,并在极为简陋的条件下边建设边办学。虽然这一阶段仍然摆脱不了“四人帮”的干扰破坏,学院还是尽力为国家培养了一批人才。

第三个时期是从一九七六年十月粉碎“四人帮”以后直到现在。这是一个转折发展时期。这一时期的情况,我们在本文下一部分专门叙述。

纵观学院二十五年历史,我们可以清楚地看到:广播学院的发展并非直线前进，而是在起伏中曲折前进的。她每一次起伏，无不同国家的命运紧紧联系在一起，无不同党的路线正确与否息息相关。二十五年来，我们学院在前进的道路上尽管遭受过重大挫折，但所取得的成绩是显著的。到目前为止，学院已经培养和输送研究生、本科生、大专生等各类毕业生3700多人，培训在职干部1500多人。毕业生中，除少数分配到外事和其他部门以外，大部分分布在全国广播电视系统工作，成为广播电视系统一支不容忽视的骨干力量。他们中，不少同志在广播电视宣传、技术工作中成绩显著，崭露头角，成为人们看重的广播电视工作者；不少同志被提拔到各级领导岗位或被列入第三梯队，有担任省委、广播电视部部门领导职务的，有担任广播电视系统厅局长、正副台长、总编辑、部主任职务的，也有任新华社驻国外分社社长和我国驻外使馆官员的；还出现了谈建华、白振生这样有影响的先进模范人物。二十五年辛勤耕耘，换得桃李满天下，这是值得我们引为自豪的。

转折中的发展

粉碎“四人帮”以后，我们国家进入了新的历史时期。党的十一届三中全会和十二大的召开，为全党全国实现伟大转折、开创改革开放和社会主义现代化建设新局面，指明了正确的方向，开辟了通向胜利的道路。我们学院也从动乱时期过渡到转折、发展时期。从一九七六年十一月起，学院党委根据党中央的部署，开展了群众性的揭批江青反革命集团罪行的斗争，清查与“四人帮”有牵连的人和事，推倒了“四人帮”强加给广播学院的所谓“黑基地”的罪名，为所有受林彪、江青反革命集团以及“左”的路线迫害的干部、教师、学生平反昭雪，恢复名誉，同时还复查和解决“文革”以前的遗案。党的十一届三中全会以后，院党委组织全体党员和师生员工，学习贯彻十一届三中全会文件，学习贯彻《关于建国以来党的若干历史问题的决议》，学习贯彻党的十二大文件，开展关于真理标准问题的讨论。大家通过学习讨论，分清了政治上的重大是非，解放了思想，端正了思想路线和办学指导思想。在此基础上，学院坚决把工作重点转移到教学方面来，强调以教学为中心，逐步建立起了正规、稳定的教学秩序；与此同时，加强了政治思想工作和后勤工作，巩固了安定团结的局面。学院走上了建院以来所没有过的健康发展的道路，并且在各个方面取得了相当的进展。

这个时期的建设和发展，集中体现在以下几个方面：

（一）扩大办学规模，实行多层次、多规格和多种形式的办学体制。一九七七年年底，我们招收了恢复高考制度后的第一批学生。这是教学走上正轨的一个重要标志。此后八年连续招生,招生数累计已达 2226 人。去年和今年两年,招生数分别为 427 人和 518 人,增长幅度之大是一九七四年恢复招生以来没有过的。一九七九年,学院首次招收研究生,至今已六年连续招生。现在在校学生总数已达 1400 多人,创建院以来最高纪录。从办学层次、规格和形式看,现在既有培养研究生、本科生、大专生的全日制教育,也有在职干部短期培训和函授教育;既有国家投资的计划内招生,也有地方出资计划外委托代培。从专业设置看,除继续开办编采、播音、摄影、广播发送、电视播控 5 个专业外,学院又先后新设了电视编辑、电视导演、微波工程、国际新闻等 4 个专业,恢复了文艺编辑、英语、孟加拉语、泰米尔语、他加禄语、土耳其语等 6 个专业,现全院共有 15 个专业。从学制看,有五年、四年、三年、二年 4 种,另有几个月不等的干训。今年内,我们还准备开办业余大学,举办以厅台长为培训对象的管理干部培训班。这是我院办学上的转折性突破。周总理十九年前对我们学院的希望,已经变为现实。

(二)师资队伍得到充实,教学水平有了新的提高。建院初期,全院只有 65 名专任教师,一九六五年才达到 148 人。而现在,有专任教师 380 多人,其中教授、副教授、高级工程师、讲师、工程师 220 人,形成了一支以教授、副教授为学术带头人,以中年教师为骨干,以青年教师为后备力量的师资队伍。通过进修、培训、以老带新、参加业务实践、结合教学开展科研等途径,就总体来说,我们教师的教学水平有了新的提高,从而保证了教学质量逐步提高。

(三)教学管理工作走上了正常的轨道。学院对教学工作,包括教学方案、教学计划、教学内容、培养目标、学籍管理、课堂秩序等方面,进行了一系列调整和整顿,建立并巩固了新的教学秩序。在摒弃"左"的教条之后,我们按照教学规律办事,调整了教学组织,撤销了"专业连队",恢复了教师不坐班制,实行教师工作量制和学生奖学金制度。制定并实行《教学科研系统职责范围试行条例》等六个规章条例,基本上达到教学工作有章可循的要求。从一九七八年开始,全院开展了评定教师职称的工作,为一大批符合条件的教师确定和提升了业务职称。

(四)科研工作蓬勃开展,科研成果不断涌现。在解脱了"四人帮"横行时期的精神枷锁以后,我们的教师本着"以教学带科研,以科研促教学"的原则,积极主动地开展科学研究工作,取得了可喜的成果:在各种学术刊物上发表了大量的科学论文,编写了一大批教材和教学参考资料,接受并完成了部里的某些科研项目,陆续出版了有关新闻、摄影、播音、语言、文学、党史、广播电视技术方面的专著和丛书。学院一九七九年成立了学报编辑部,创办了《北京广播学院学报》;一九八〇年成立了两个专门的研究机构——新闻研究所和广播技术研究所。新闻研究所办起了学术性刊物《新闻广播电视研究》。学术活动日益频繁，全院有127人分别参加了社会上的教育、德育、体育、哲学、新闻、摄影、语言、文学、电子、通信、数学等各种学会。培养研究生的工作，带动了有关学科的科研。学生中的科研活动也逐渐开展起来。我们学院已先后获得了语言学和新闻学的硕士学位授予权，并已在今年七月首次授硕士学位于我们自己培养的研究生。

（五）学生思想政治工作获得了新的活力。随着政治上、思想上拨乱反正的胜利，我们的学生思想政治工作，首先从内容上发生了根本性的变化，摆脱了过去“以阶级斗争为纲”的影响，开始以共产主义为核心的教育，从而获得了新的活力。其次，针对二十世纪八十年代大学生的特点，学院改进传统的工作方法，开展青年们乐于接受的各种健康有益的活动，寓教育于这些活动之中，使学生在具体、生动、形象、活泼的活动中，潜移默化地接受爱国主义和共产主义的教育。现在，学生中出现了可喜的变化：学习马列理论、关心时事政治的人多了，不愿上政治课、厌恶政治的人少了；积极要求进步、主动靠拢组织的人多了，对党离心离德、对现实不满的人少了；追求革命理想、正确对待人生的人多了，缺乏革命理想、消极对付的人少了。学生在德育、智育、体育三个方面都有了健康的发展。同时，校风、学风也有了明显的好转。

（六）对外交流日益活跃。从一九七九年起，我们学院开始同国外广播电视机构和对口的高等学校建立业务联系，开展学术交流。党中央提出对外开放政策以后，这种联系和交流日益活跃起来。学院先后五次单独组织了考察团、组，到美国、西德考察访问，参加学术年会；派出教师33人次，分别到日本、美国、西德、澳大利亚、马来西亚、泰国等国考察、进修、讲学和攻读学位。与此同时，我们接待了主要来自发达国家的许多专家、学者，接受了日本、美国的进修人员。现在已经同我院建立合作关系的有：美国的斯坦福大学、密苏里大学、拉玛大学，日本的朝日电视，西德的爱伯特基金会，澳大利亚的电影电视学校；有业务联系和交往的有：美国的俄亥俄州立大学、加州大学、山脚下初级大学、波士顿大学新闻学院，加拿大的魁北克大学。对外交流的日益活跃，对于开阔我们的视野，吸收国外的先进技术，促进我们的教学和科研，以及改善我们某些办学条件，已经起到了良好的效果。今后还应扩大这种交流，开拓新的合作领域。

（七）加强了校舍、教学设备和图书资料的建设，改善了办学条件。从一九七六年到现在，学院陆续兴建了学生宿舍楼、教工宿舍楼、新的教学大楼及附属设施、田径场看台等建筑，总面积达43663平方米（包括今年年底竣工的新教学楼部分）。校园占地面积也有了相应的扩大。教学仪器设备逐步得到了补充。现有教学仪器设备总价值达1334万元(广播电视部有关部门无偿调拨的广播电视设备未计在内)。一批专业教学实验设施和基础科学实验室相继建立。学院图书馆的藏书量有了比较大的增长,已从一九六六年的17万册、一九七六年的24万册增至目前的40万册(包括购进了一大批实用价值较大和教学急需的书,接受了已故著名诗人、文学评论家何其芳的藏书),质量也有了提高;订阅期刊1200多种;建立或完善了各个专业性资料室。这就不仅有效地改善了这些年来的办学条件,也为学院今后大的发展奠定了基本的物质基础。

总之,我们学院在粉碎"四人帮"以后,特别是党的十一届三中全会以来,取得了可喜的成绩,发生了显著的变化,标志着学院建院二十五年来的历史性转折,预示着学院进入了一个新的发展时期。

新的奋斗目标

党的十二大提出了新的历史时期党和国家的总任务和经济建设总的奋斗目标,确定了全面开创社会主义现代化建设新局面的正确纲领和方针政策,并把教育、科学问题列为战略重点之一。邓小平同志不久前指出:"教育要面向现代化、面向世界、面向未来。"党的十二大精神和邓小平同志的指示,为教育事业的发展和改革指明了方向,为教育工作提出了战略性的要求。这是我们考虑学院发展方向、制定新的奋斗目标的根本指导思想。

一九八三年三、四月间召开的第十一次全国广播电视工作会议,根据党的十二大精神和中央书记处关于广播电视工作的指示,确定了令人鼓舞的奋斗目标:"到本世纪末,要在我国建成一个具有中国特色的,中央和地方、无线和有线结合的,城市和农村、对内和对外并重的社会主义现代化广播电视宣传网。"同年十月,党中央下达37号文件,批准了这次会议确定的奋斗目标和相应的措施。其中一个重要的措施,就是要"加速建设一支德才兼备的广播电视工作队伍",这"是实现奋斗目标和进行改革的关键"。中央37号文件精神和第十一次全国广播电视工作会议确定的奋斗目标,是我们学院加快建设和发展步伐的基本依据。

社会主义现代化建设需要大量具有专业知识的人才,而人才不足又是一个普遍存在的问题。拿广播电视战线来说,一九八二年,全国有中央、省(市、自治区)、省辖市三级广播电台125座,电视台54座,但在这三级广播电视机构工作的全部人员还不到7万人,直接从事编采、播音、摄影、导演和技术工作的专业干部的人数,比这个数字还要少。另一方面的问题是,现有干部队伍中,人员文化水平偏低,专业知识不足。据我们对江苏、上海、福建三省市广播电视局的调查，这三个局具有大专毕业以上文化程度的干部在干部总数中的比例普遍不高——江苏是47.7%，上海是25%，福建是51%。这还是三个文化发达的省市，其他省、市、自治区的情况也就可想而知了。因此，近几年来，各地方台向学院要毕业生的呼声相当高。这就是目前的现状。按照第十一次全国广播电视工作会议确定并经中央批准的事业建设方针，即实行四级办广播、四级办电视、四级混合覆盖，今后全国对广播电视专业人才的需求量将大大增加。为此，广播电视部党组确定，“首先要办好北京广播学院，提高教学质量，扩大招生能力”。

显然，广播学院目前的规模、水平和招生能力，远远不能适应上述的需要，远远不能适应三个“面向”的要求。因此，我们学院要加快建设和发展的步伐，为国家多出人才、快出人才、出好人才。学院已初步确定如下奋斗目标：争取在二十世纪九十年代以内，把广播学院建成具有中国广播电视特色的、高水平的社会主义现代化大学。办学规模一九九〇年内要达到：在校生4000人，以培养研究生、本科生为主，培养专科生为辅，适当提高研究生比例，招收一定数量的留学生；干训在学学员300人，函校在学学生6000人。这一新的奋斗目标，已经得到广播电视部党组的批准和支持。为了实现这一奋斗目标，我们认为必须着重解决好以下几个问题：

（一）进一步解放思想，逐步改革不适应“三个面向”的体制制度

不能不承认，我们一些同志由于过去长期受“左”的影响，在当前改革潮流此起彼伏的新形势下，仍被思想上的旧框框束缚住，往往自觉不自觉地遵循这样无形的原则：过去没有干过的事，现在不好干；过去成为既成事实的，现在不能动；上级文件里没有的，自己不敢创；有些条条明显不合理的，不会变通执行。诸如此类，都是思想不解放的表现。因此，我们还要不断清除“左”的影响，进一步解放思想。这是实行改革、实现奋斗目标的根本保证。

中央领导同志曾明确指出：允许改革不成功，但不允许不改革。基础雄厚的大学尚须改革，我们这样一所发展中的高校，更需要改革。否则，我们就可能在未来的事业中无所作为，成为新技术革命的淘汰者，成为同行竞赛中的落伍者。为了实现我们的目标，学院必须进行改革，在改革中挖潜力，在改革中争速度，在改革中开拓前进。学院党委经过调查研究认为，根据兄弟院校的经验和我院的实际情况，应从管理改革入手，首先在今年内普遍实行岗位责任制和浮动岗位津贴制度，然后交叉进行教学工作、政治工作和后勤工作方面的改革，进行人事、劳动制度的改革，并创造条件争取工资制度的改革。要搞好这一系列的改革，除了解放思想以外，极为

重要的一条,就是要及时发现、大胆起用富有改革精神、敢于探索未来的能人。再就是要争取上级领导机关的支持。这些是改革成败的关键。

(二)大力加强师资队伍的建设

教师是培养人才的人才。教师的素质、水平如何,决定着教学质量如何。我们已经建立起一支有一定数量和水平的师资队伍。加强这支队伍的建设,今后的着重点应放在继续提高水平上面,其次才是适当补充数量。要围绕提高水平抓好这样几项工作:1. 普遍建立学术梯队,充分发挥学术带头人的作用,有组织有计划地培养教学骨干。2. 大力推进科学研究工作。组织一切有科研能力的教师,结合教学开展本学科的研究活动,在活动经费、资料、设备等物质条件方面予以支持。积极推广他们的科研成果。3. 调整教师队伍的内部结构,改变目前"两头小、中间大"的不合理比例状况。通过实行聘任制等办法,逐步把不适宜继续做教学工作的人员调做其他工作。4. 改进职称评定工作。打破事实上的论资排辈框框的限制,把那些具有相当水平的教师(不管其资历、年龄如何),提升到与他们的实际水平相符合的职称上来。力争到一九九〇年副教授以上职称的教师占教师总数20%以上。5. 举办在职研究班或助教进修班,培养尚不具备研究生学历的青年教师。今后补充青年教师,主要应从毕业研究生中挑选。到一九九〇年,具有研究生学历的教师,应占教师总数的50%左右。6. 继续做好落实知识分子政策的工作。应采取实际措施,从政治上信任教师,工作上支持教师,生活上关心教师。特别要注意关心中年知识分子的健康,注意解决那些长期追求进步的讲师以上教师的入党问题。

(三)改革教学体制

要认真总结二十五年来办学方面的经验教训,注意研究国内外同类高校的学科发展趋向。在调查研究的基础上,果敢地解决目前教学体制中的种种弊端,如人财物分散、小而全、设备利用率低等问题。应当按照"三个面向"的要求,考虑并解决好学科建设、专业设置、培养目标、课程设置、教学方法、考试制度、招生分配办法等问题。对凡是不符合或有碍于这个要求的,我们就要坚决地进行调整和改革。我们今后培养的学生,业务上的基本要求是:基础理论扎实,知识面宽,具有较强的分析问题、解决问题和动手的能力。我们应当通过加强基础教学、精简某些课程内容、增设选修课、扩大专业面(文理、文工相互渗透)、加强实践环节、注重能力的培养、改进教学方法等具体措施,来达到这个要求。我们要特别重视学生的政治质量,因为我们培养的学生将来要掌握党的宣传工具,工作的政策性很强,责任重大。学院为此必须加强政治理论课教学、时事政策教育和思想政治工作,以保证学生的政治质量。

(四)建立四个“中心”

这就是:计算机中心、图书情报资料中心、节目制作中心、广播电视实验中心(即实验广播电台、电视台)。这是适应“三个面向”的需要,是适应新技术革命的需要,是培养高质量人才的需要。没有现代化的教学、科研、实验设施和手段,能培养出适应现代化工作的人才,那是不可设想的。所以,我们必须下决心在现有基础上建设四个“中心”。在建设方针上,可实行两条腿走路的方针,即国家投资和自筹资金相结合。要设法开辟财源,增加计划外收入,并将其中相当一部分用于购置教学仪器设备。

(五)加快校舍的建设

按照学院发展目标确定的办学规模,到一九九〇年,校舍建筑面积应达到14.5万平方米。今后平均每年要新建校舍1.3万平方米。此外,学院还要相应扩大校园占地面积。能否加快校舍建设,直接关系到今后整个学院的发展。为此,我们除了自己要作极大的努力以外,还要争取上级和有关部门的支持,力求如期完成校舍建设任务。

我们的任务是艰巨而又光荣的。学院的前景是广阔而又光明的。我们全院教职员工要在院党委的领导下,发扬艰苦奋斗的光荣传统,同心同德,积极工作,为实现学院新的奋斗目标而作出应有的贡献,以更加出色的成绩去迎接建院三十周年。

(本文与李振水同志合作,本人执笔,发表于《北京广播学院学报》1984年第3期)

广播电视高等教育二十六年

中国的广播电视普通高等教育，是适应广播电视事业发展的需要而创立、发展起来的。从一九五八年创办北京广播专科学校起，经过二十六年的曲折历程，我国已发展出学科和专业比较齐全，具有培养硕士研究生、本科生和专科生的能力，实行多层次、多规格、多种形式办学的有特色的高等教育事业。

广播电视部所属的培养广播电视专门人才的全日制普通高等学校，有北京广播学院(注：即现在的中国传媒大学的前身)和正在筹建中的浙江广播电视专科学校(注：即现在的浙江传媒学院的前身)。全国还有几十所高等学校开设了新闻和广播电视方面的系或专业。它们已经和正在为全国广播电视战线培养、输送专业人才。

一、广播电视高等教育事业的创立和发展

一九五六年，中国开始进入全面的大规模的社会主义建设时期。人民广播事业有了很大发展，需要补充大批编播人员和技术干部。但是，当时全国没有一所正规培养广播专业人才的学校，仅仅依靠训练班培训技术人员已经不能适应新形势的需要。同年五月二十八日，中共中央在听取中央广播事业局党组汇报时提出，应该有一个大学来训练广播干部。同年八月召开的第四次全国广播工作会议确定筹办训练编辑、记者和播音员的专门学校。经过积极筹备，一九五八年，中央广播事业局利用原有的广播技术人员训练班的人力物力，创办了北京广播专科学校，开始培养大学专科水平的广播电视人才。限于当时条件，广播专科学校只设发送、传音、电视 3 个工科专业，学制两年，招收高中毕业生，当年招生 357 人。十一月，由于对外广播宣传工作的需要，学校聘请外籍专家担任教师，开设了波斯语专业本科班，着手培养对外广播新闻高级人才，学生是北京外语学院俄语专业毕业生。

为了适应迅速发展的广播电视事业对人才的需求，一九五九年九月，经国务院

批准，中央广播事业局把北京广播专科学校扩建为北京广播学院，由周新武副局长兼任院长，左荧、刘永业、周云庭任副院长。学院设新闻系、无线电系、外语系。新闻系设播音、编辑采访、电视摄影、文艺编辑 4 个专业，无线电系设传音、发送、电视 3 个专业，外语系设波斯语、西班牙语、泰米尔语、土耳其语 4 个专业。各系以培养本科生为主，同时培养专科生。本科学制四至五年，专科学制二至三年。学院当年招生 573 人，连同原广播专科学校转入的专科生和本科生，共有在校学生 917 人。

北京广播学院的创办标志着中国广播电视高等教育事业进入了新的发展阶段。二十六年来，广播学院走过了一条曲折的道路，经历了创业、动乱、兴盛三个时期。

（一）创业时期

从一九五九年到一九六五年是北京广播学院创业时期。广播学院是在一九五八年广播电视事业大发展的历史背景下，在国民经济暂时困难开始的时候建立起来的。当时办学条件还不完全具备，面临许多困难，如缺乏教师，没有现成的专业教材，校舍、教学设备严重不足等等。为了办好这所学校，中央广播事业局从中央电台、广播科学研究所等部门抽调了一批经验丰富、业务能力强的老广播工作者，如温济泽、邹晓青、张纪明、康荫、高而公、刘铭信、邵燕祥等，到广播学院任教。中国人民大学等高等学校也向广播学院输送了一批新闻、中文等专业的毕业生。加上原广播专科学校的政治理论教师和理工科教师，学院组建起一支 65 人的教师队伍，同时充实了一批管理干部和后勤人员。他们担负了开拓中国广播电视高等教育事业的重任。

广播电视高等教育工作没有前例可循。学院根据党的教育方针和广播电视事业的要求，边学习，边摸索，边创造，在很短时间内制订了一整套适合培养广播电视人才的教学计划、教学大纲和培养目标，开设了具有鲜明广播电视特点的课程。对必须开设的课程，即使一时没有适当的教师，也要外请兼职教师把课开起来。各门课程所需的教材，除工科可以采用部分通用教材以外，大部分由自己的教师编写或改编。仅头三年，全院自编教材 121 种、教学参考资料 152 种，基本上满足了教学的需要。为了弥补教学实验设备的不足，许多教师因陋就简、修旧利废，自制教具和教学设备，使绝大部分实验项目得以按计划完成。全院师生员工以自力更生、艰苦创业的精神，战胜困难，坚持办学。

一九六〇年九月，广播学院首次向广播电视战线输送了 333 名工科专科毕业生，同时继续招收本科、专科新生 394 人，在校生达到 1037 人，另外还开办了播音、摄影短训班,培训学员 59 人。一九六一年至一九六三年,根据中共中央对国民经济实行"调整、巩固、充实、提高"的方针和全国教育事业计划会议的精神,除播音专业和乌尔都语、尼泊尔语、孟加拉语、普什图语专业少量招生以外,其他专业暂时停止招生。随着国民经济的好转,一九六四年各专业恢复招生。为贯彻中共中央、国务院关于外语教育七年规划的批示,中央广播事业局决定扩大广播学院办学规模,增设了一批别的外语院校不办而对外广播需要的非通用语种外语专业。一九六五年,全院共开设了 27 个专业,其中外语系有英语、葡萄牙语、意大利语、瑞典语、荷兰语、希腊语、斯瓦希里语、僧伽罗语、印地语、老挝语、世界语、祖鲁语、阿萨姆语、乌尔都语、普什图语、尼泊尔语、孟加拉语、泰米尔语、土耳其语、豪萨语等 20 个专业。在校生 993 人。此外,学院首次开办了广播技术高等函授教育,招收广播电视战线在职函授生 211 人。

广播学院在创业时期得到了党和国家领导人的亲切关怀。周恩来总理曾就广播学院的办学方针、培养目标、专业设置和招生制度等问题作过一系列指示。在一九六六年四月召开第九次全国广播工作会议期间,周恩来总理听说广播学院部分师生员工从城里搬到东郊,条件比较差,就号召师生员工向大庆学习,用大庆精神办好学校。陈毅副总理也过问和关心广播学院的外语教育。这些都使师生员工受到很大鼓舞。经过近七年的艰苦创业,广播学院已初具规模和特色,不仅成为广播电视战线培养专业人才的主要基地,还是国家培养外语人才的主要基地之一,这一时期共培养本科生、专科生(包括一九六五年以前入学、"文化大革命"期间毕业的学生)2419 人。同时,学院在创业中积累了办学经验。

(二)受挫时期

广播学院本来可以继续发展,为国家培养更多的人才。但是,一九六六年五月开始的"文化大革命"打断了它的进程,经历了长达十年的动乱。

"文化大革命"中,大批老干部、老教师惨遭迫害,教职工下放干校劳动,校舍、教学设备和图书资料等均被调作他用,中国唯一的广播电视高等学校被迫撤销,中断培养人才达八年之久。

一九七三年,周恩来总理亲自过问,广播学院由此得以恢复重办。学院筹备领导小组带领教职工,在浩劫之后荒芜的校园里边建设边办学,先是举办短训班,培训在职干部。一九七四年十一月,编采、播音、电视摄影、电视中心、英语、孟加拉语等专业恢复招生。一九七五年恢复了电视发送专业和英语播音专业,同时增设艺术专业,定向为中央广播文工团培养声乐、弦乐和表演人才。一九七六年,与北京电视机厂合办“七·二一”大学，培养电视工程技术人才，三年共招收学生 469 人，最后一届一九七九年毕业。由于“左”的错误的影响，这一时期的教育工作不可能走上正轨。

（三）发展时期

党的十一届三中全会以后，随着全党全国政治上、思想上的拨乱反正，广播学院逐步建立起正规的、稳定的教学秩序，开始走上健康发展的道路。

为了尽可能满足广播电视战线对专业人才日益增长的需求，广播学院千方百计创造条件，挖掘潜力，逐步扩大办学规模。一九七七年恢复经高考录取本科生，一九七九年第一次招收研究生，此后都连续招生。一九八一年在校生总数达到 1057 人，突破了“文化大革命”前的最高纪录。一九八二年起实行硕士、学士学位制度，经国务院学位委员会批准，先后获得新闻学、语言学硕士学位的授予权。还相继开办了新闻编采、微波工程在职干部专修科。一九八三年以后，贯彻第十一次全国广播电视工作会议精神，增加招生数量，增设新的专业，开办高等函授，实行多层次、多规格和多种形式办学，既培养研究生、本科生，也培养专科生、函授生，既有全日制普通高等教育，也有成人高等函授教育。截至一九八四年底，在校研究生、本科生、专科生共有 1384 人，函授生 632 人。

学院采取各种措施加强教师队伍建设。一方面，继续选调具有较高业务水平和广播电视工作经验的专业干部，选留和接收应届毕业的研究生、本科生，从数量上壮大教师队伍；另一方面，通过以老带新、选送中青年教师到国内重点高等学校和国外广播电视机构、对口高等学校进修学习，以及开展科研活动等途径，提高他们的学术业务水平，增强教师队伍的素质。到一九八四年年底，全院有专任教师 376 人，其中教授、副教授、高级工程师、讲师、工程师 199 人。他们当中有齐越、韩焕堂教授等教学经验丰富、学术造诣较深的老教师，有在教学科研方面起骨干作用、颇有学术成就的中年教师，还有崭露头角的青年教师。这支队伍的一个显著特点是，大多数专业教师参加过广播电视宣传、技术工作的实践，有的本来就是广播电视编辑、记者、播音员和工程技术人员，因而他们既有比较厚实的理论基础，又有比较丰富的专业知识。

广播学院的物质基础建设也获得了可喜的进展。“文化大革命”前图书馆藏书只有 16 万册，学院被撤销时，这些图书被瓜分一空。复校时收回一部分，大多散失了。一九七六年以来，围绕各专业教学的需要，图书馆有目的地增购专业书刊和有关的基础书刊，包括从国外引进最新科学著作和新闻广播电视书刊，还接受了已故著名现代诗人、文艺评论家何其芳的藏书3万多册。各系、研究所、基础部共建立了3个专业资料室,收藏了数万册专业书刊。经过多年的建设,全院藏书总数已达40多万册,初步形成具有广播电视专业特色的藏书体系。

二、广播学院的办学特色和办学成果

广播学院在长期的办学过程中,在办学方针、办学体制、培养目标和培养方式等方面逐步形成了自己的特色。

(一)办学方针和办学体制

广播学院筹建之初,中央广播事业局为它规定的方针任务是:贯彻党的教育方针,培养具有一定理论水平和技术水平的编辑、记者、播音员和高级无线电技术干部;以培养大学本科生和专科生为主,以轮训在职干部为辅。广播学院以广播电视事业的发展目标为办学依据,以培养适应各个时期广播电视工作实际需要的各类专业人才为基本任务。随着社会主义现代化建设的不断前进和世界新技术革命的不断发展,广播学院遵循党在新时期的教育方针,贯彻"教育要面向现代化,面向世界,面向未来"的精神,将培养更多有理想、有道德、有文化、有纪律的高质量的广播电视专业人才。

广播学院学科和专业的设置、教学结构和培养目标的调整,都以广播电视事业的需要和发展为转移。系和专业设置如下。

新闻系:设编辑采访专业,培养从事广播新闻宣传工作的编辑、记者。

电视系:设电视新闻专业、电视剧导演专业、电视节目制作专业,分别培养电视新闻记者、电视剧导演、电视编辑、制片人或节目主持人。

播音系:设播音专业,培养从事广播电视播音工作的普通话播音员。

文艺编辑系:设文艺编辑专业,培养广播电视文艺编辑、记者。

外语系:设国际新闻、英语、孟加拉语、泰米尔语、他加禄语和土耳其语专业,培养从事对外广播宣传的编辑、记者、翻译。

无线电工程系:设无线电技术专业,培养从事广播电视发送工作的工程技术人才。

广播电视工程系:设广播电视工程专业,培养从事广播电视播控工作的工程技术人才。

微波工程系:设电磁场与微波技术专业,培养从事微波工作的工程技术人才。

管理系:设广播电视管理专业,培养从事广播电视宣传、技术、行政管理工作的管理人才。

广播学院专业上的特色是“独家”专业较多,如播音专业、文艺编辑专业、电视节目制作专业、广播电视管理专业等,都是其他高等学校没有开办的专业;专业方向与其他高等学校同类专业不同,如编辑采访专业、电视新闻专业、无线电技术专业等,主要侧重于广播电视新闻、艺术和技术;课程设置除某些基础理论课以外,专业课和专业基础课与其他高等学校同类专业课程不同,广播电视内容更集中、更系统、更鲜明,所占比例也更大;各专业培养的都是广播电视应用人才,学生从一入学就明确自己毕业后的去向和从事的工作。

广播电视事业的发展需要一部分更高层次的专业人才。广播学院先后开设了6个培养硕士研究生的专业,即新闻学、语言学、通信与电子系统、电磁场与微波技术、中国现代文学、国际共运史专业。这些专业研究生毕业后,一部分留校任教,一部分被分配到广播电视机构从事宣传、技术和科研工作。

高等新闻编采函授和广播电视工程函授教育,是为没有接受过系统高等专业教育的在职广播电视工作者开设的。

(二)培养目标和培养方式

广播电视工作者不仅要有广博的文化科学知识和较强的专业技能,还必须具有一定的马列主义理论素养、政策水平和全心全意为人民服务的思想。为此,广播学院要求学生重视政治理论学习,树立无产阶级世界观,具有社会主义道德品质,掌握专业基础理论和基本技能,具有较强的实践能力和分析研究能力;掌握一门外语,能阅读本专业外文书刊;具有强健的体格;愿意献身广播电视事业。

为了达到上述培养目标,在培养方式上,学院坚持和发扬下列特点。

一是重视时事政策和专业思想教育。学院通过经常性的“形势与任务”的教育,使学生及时了解国内外政治经济形势,了解党和政府不同时期的方针政策,提高政策水平,把握政治方向,增强政治敏感性。专业思想教育内容包括:学习党中央关于新闻广播电视工作政策方面的文件,介绍全国广播电视事业最新发展概况,讲述未来广播电视工作者的历史使命和广播学院的历史、现状和成就;在文科专业开设新闻广播电视理论课和中国新闻广播电视事业史课,系统讲授中国新闻广播电视事业的性质、任务、作用、特点和历史、现状、传统,以及广播电视工作者的职业道德,旨在使学生逐步热爱自己的专业,自觉培养为广播电视事业贡献智慧和才能的志趣,增强学生的事业心和责任感。

二是注重理论与实践的结合和不同学科的相互渗透。广播电视是实践性很强的事业，因此，在课程设置、教材选编、教学形式等教学环节上，学院注意联系广播电视工作的实际，根据各个时期的实际需要和发展趋向，对教学进行必要的改革。编采专业强调"笔头"过硬，播音专业强调"口头"过硬，电视摄影专业强调"镜头"过硬，并据此来安排教学和实习。为培养一专多能的广播电视人才，我们加强了各学科的相互渗透，在文科专业开设广播电视技术常识课，在工科专业开设广播电视业务常识课；近年来，又在文科专业增开了法律、心理学、计算机和广播电视摄像录像等课程。此外，我们还重视培养工科专业学生的动手能力，对学生加强了计算机操作训练和专业技术实验训练。所有学生在校期间除了课堂学习以外，均有到广播电台、电视台或对口工厂实习的机会，因而能够广泛接触社会，接触广播电视宣传、技术业务，把自己掌握的理论和专业知识运用到实践中去，在实践中增强实际工作能力，提高业务素质；同时，通过实践进一步巩固、充实自己的理论和专业知识。广播学院将传授知识同培养能力，静态的学习同动态的实践有机地结合起来，不断为全国各级广播电视机构培养和输送人才，各级广播电视机构也为学生的实习提供良好的场所。

三是借助社会力量开拓学生的知识领域。学院从创办之初就开办"社会知识"课，把它作为学生的一门综合性必修课。近年来，学院又开设了"百科知识"讲座。应聘主讲的有社会各界知名人士和许多著名文学家、艺术家、社会学家、外交家、语言学家、历史学家、医学家、教授、记者和工程技术专家以及外国的专家、学者。主讲内容涉及政治、经济、法律、军事、外交、文艺、科技、新闻等各个领域，几乎无所不包。我们还聘请中央电台、电视台、国际台和新华社、人民日报等新闻单位具有丰富实践经验和一定造诣的新闻广播电视工作者担任兼职教师，为学生开设各类专业课或专业讲座。学生可以从中了解最新科学成就和未来发展趋势，吸取新的广播电视实践成果，不仅开阔了业务视野，还丰富了自己的知识，启发了创造思想。

四是结合专业特点开辟第二课堂。在加强和改进学生思想政治工作的同时，学院针对不同时期学生的思想特点，通过共青团和学生会，组织学生结合专业特点经常开展内容健康、形式多样的课外活动，以陶冶学生的思想情操和道德风尚。例如，组成以播音、文艺编辑等具有艺术特点专业的学生为主的合唱团，带动全校的群众性歌咏活动。他们创作演唱的《校园组歌》曾蜚声歌坛，激励了校内外青年学生奋发向上。再如，组织工科学生利用他们的广播电视技术专长，义务为居民修理电视机、收音机和家用电器，培养他们全心全意为人民服务的思想。学生中还成立了富有专业特点的社团,如电视系学生会成立了“影视协会”,新闻系学生会成立了“未来记者协会”,同学们把课余活动同自己的专业紧密结合起来,为未来的工作做好准备。正如“未来记者协会”提出的那样:“我们将从事的是新闻工作。这个职业充满甜、酸、苦、辣。但我们执意去追求,去努力。我们有志成为名记者。成功的希望存在于不懈的努力之中。”

实践证明,这些培养方式是行之有效的。历届毕业生一般思想敏锐,热爱专业,事业心较强,知识面较广,有一定活动能力,能比较快地独立承担工作,得到各级广播电视机构的欢迎和信任。

到一九八四年年底,北京广播学院已为国家培养和输送研究生、本科生、专科生 3751 人,为广播电视系统培训专业干部 1724 人。这些毕业生和学员遍布全国各省、自治区、直辖市,绝大部分在广播电视战线担任编辑、记者、播音员、节目主持人、翻译、电视导演、演员、节目制作人员、工程技术人员、教师和管理干部,成为广播电视战线的骨干力量。例如,中央人民广播电台有 10 名播音员、中央电视台有 6 名播音员是广播学院毕业生或经广播学院培训的学员,他们就是广大听众、观众熟悉的徐乃文(徐曼)、王铁城(铁城)、佟雅坤(雅坤)、冯云(虹云)、钟瑞华(钟瑞)、唐宏仁(陈刚)、葛立治(丁然)、龙纯瑶(龙砧)、赵培兰(赵培)、李娟、杜宪、薛飞、卢静、张宏民、罗京等。各省、自治区、直辖市广播电台、电视台的播音员,也有相当一部分是广播学院毕业生,其中在当地听众、观众中影响较大的有上海电视台的丁峰、北京人民广播电台的汪良、广东电视台的王泰兴等。经过实践的锻炼,有一部分毕业生陆续担任了省广播电视厅厅长、副厅长,省、市广播电台、电视台台长、副台长、总工程师,中央和地方各级广播电台、电视台编辑部主任、副主任和主任工程师。在其他单位工作的广播学院毕业生也大都成为骨干,有的走上了各级领导岗位。

三、广播电视高等教育的进展和展望

中国大规模的经济体制改革正在向更广、更深发展。科技体制改革和教育体制改革已经开始。中共中央批准的“四级办广播、四级办电视、四级混合覆盖”的方针已逐步付诸实施。可以预见,中国广播电视事业将会出现空前繁荣的局面,对广播电视专业人才的要求必将更高更多。

一九八三年五月,中共中央宣传部和教育部联合召开第一次全国新闻教育工作座谈会,着重讨论中国新闻教育的发展规划和新闻教育的改革问题。八月,中宣部和教育部联合发出《关于加强新闻教育工作的意见》,要求加速发展新闻教育,有计划、有步骤地培养新闻干部,“除主要办好适应性比较强的新闻专业外,少数有条件的院校应逐步增设广播电视、国际新闻、新闻摄影、新闻事业管理和广告学等专业”。此后,吉林大学、兰州大学、新疆大学、宁夏大学、武汉大学等高等学校先后增设了新闻系或新闻专业,复旦大学、中国人民大学、武汉大学、华中工学院、厦门大学等高等学校相继筹建了广播电视专业。上海外语学院、北京广播学院、暨南大学等高等学校开办了国际新闻专业。到一九八四年年底,设有这类系或专业的高等学校,已由一九七六年的 4 所增加到 33 所,它们将为整个新闻战线包括广播电视战线培养大批新闻广播电视人才。还有 62 所高等学校设置了无线电、广播电视工程专业,为广播电视战线输送部分工程技术人才。

长期以来,广播电视系统只有一所高等学校,这与全国广播电视事业规模和对专业人才的需求很不适应。为了加速培养广播电视专业人才,广播电视部于一九八四年十月在杭州筹建浙江广播电视专科学校。这所文科大专学校的主要任务是为全国广播电视系统培养新闻、文艺、播音、摄影、事业管理、图书资料等方面的专业人才,在校生计划为 1200 人,预定一九八六年开始招生。一九八三年以来,广播电视部、中央电视台、中央人民广播电台和广播电视设计院,分别委托武汉大学、中国人民大学、北京广播学院和上海外国语学院等高等学校培养新闻专业本科生、研究生,国际新闻专业双学位生和物理学专业研究生。学生毕业后定向分配到各有关单位工作。这些途径将为广播电视战线培养更多的人才。

中共中央批转的广播电视部党组《关于广播电视工作的汇报提纲》指出:“扩大人才来源,补充新生力量,实现队伍的不断更新”,“首先要办好北京广播学院,提高教学质量,扩大招生能力”。这是发展广播电视高等教育的重点。广播学院目前的办学规模和招生能力,还不能适应广播电视事业发展的需求;教育体制、教育质量、教学内容和教学方法等,还不能适应“面向现代化,面向世界,面向未来”的要求。为此,学院要加快教师队伍和物质基础建设,继续挖掘潜力,进一步扩大办学规模,不断提高教育质量,争取在二十世纪九十年代之内,建成具有中国广播电视特色的、高水平的社会主义现代化大学,成为全国广播电视系统的教学中心和科研基地。

(本文为《当代中国的广播电视》第八编第四章,中国社会科学出版社 1987 年 3 月出版。与康荫教授合作,本人执笔。原标题为《第四章 高等教育事业》)

创业铸辉煌　学子遍神州

坐落在北京东郊古运河畔的北京广播学院，是我国广播电视行业的最高学府。金秋时节，我们迎来了她的四十华诞，绿树成荫、喜气洋溢的校园，再度响起——

一支久唱不衰的歌

"校园里大路两旁，有一排年轻的白杨。……啊，年轻的白杨，你好像对我讲：要珍惜春光，要珍惜春光，要珍惜春光！"

十二年前，这首由学生叶延滨作词、青年教工刘天礼作曲、北京广播学院学生合唱团首次演唱的校园歌曲，以其浓郁的校园气息，优美而抒情的青春旋律，在北京首届合唱节上令在场的音乐家和观众为之倾倒，一时蜚声歌坛，风靡全国，成为二十世纪八十年代十大青年歌曲之一。

在北京广播学院，这首歌延绵不断，迎来一批又一批莘莘学子，送走一拨又一拨未来的广播电视人才。从此，白杨成为学生崇尚的榜样、进步的象征，一届又一届学生伴随着这歌声走向祖国四面八方，在广播电视的天地里成长、成才。

播音系，是广播学院最具特色的系，学生千里挑一，个个天生一副金嗓子。每届合唱团，他们都是当然的主力。先后从这个系毕业的敬一丹、肖晓琳、张宏民、罗京、李瑞英、王晓真、赵赫、李修平、杨柳、孙晓梅、贺红梅等一批新秀，无不唱着这支歌告别母校，走向社会，走上中央电视台的屏幕，成为亿万观众心目中的"明星"。

如果把校史再往前翻开，人们更会惊奇地发现，中央人民广播电台和中央电视台的一批著名老播音员、节目主持人的名字——方明、铁城、徐曼、赵忠祥、雅坤、虹云、赵培、李娟、钟瑞等，都同广播学院联系在一起。他们也是北京广播学院的"白杨"。

四十年长河漫漫，四十年弹指挥间。北京广播学院这方土地，已经养育了17000多名学子。他们像白杨，扎根神州，绿满天涯，到处留下他们辛勤的足迹，到处闪动着他们繁忙的身影。他们已成为广播电视战线和其他行业的骨干力量，相当一批人成为有成就、有影响的编辑、记者、播音员、节目主持人、编剧、导演、翻译、外交官和工程技术专家。其中涌现出有突出贡献的全国广播电视系统劳动模范、广西广播电视厅高级工程师陆庆机，福建省劳动模范、福建电视台高级编辑胡兴平，荣获葡萄牙政府“唐·恩里克王子勋章”和巴西政府“南十字星座国家勋章”的新华社高级编辑王志根，广东省和广州市十大杰出青年、广东电视台女记者周晓瑾，“最受读者喜爱的当代十大青年诗人”、《星星》诗刊原主编、编审叶延滨，全国“新时期十佳电视导演”、八一电影制片厂女导演宋昭……

不惑之年的广播学院，为她的学子的成才而自豪。当年创业者们所追求的“桃李满天下”的梦想已经成真。

回首四十年，北京广播学院走过的是——

一条艰难而辉煌的路

北京广播学院的前身是1954年3月开办的中央广播事业局广播技术人员训练班和1958年8月成立的北京广播专科学校。为适应迅速发展的广播和刚刚崛起的电视对专业人才的迫切需求，1959年9月7日，北京广播专科学校扩建为以本科教育为主，全面培养新闻、外语、技术人才的北京广播学院。

从那时起，广播学院经历了三年困难时期的严峻考验，经历了“文化大革命”的毁灭性破坏，天灾人祸，三起两落，可谓创业维艰。

党的十一届三中全会的春风，给恢复中的广播学院带来了生机和希望，学院从此步入了健康、稳定、持续、快速的发展道路。以艰苦创业起家的广院人，在改革与开拓中铸造了新的辉煌：

多层次、多规格、多形式办学新格局已经形成，办学规模不断扩大。全日制普通高等教育方面，除继续培养本科生、专科生以外，相继开办了硕士研究生教育、第二学士学位教育、专科续本科教育；成人学历教育方面，恢复了函授高等教育，开办了夜大学，形成了以广播学院为中心、以35个函授站和分站为基础，辐射全国26个省、市、自治区的函授高等教育网络；成人继续教育方面，已从零星培训发展为各专业全面铺开、对内对外结合、短训班与专业证书班并举的兴盛局面。各类在校在读学生达6000多人，创历史最高纪录。

教学体制和教学结构进行了重大调整，教学改革不断向纵深发展。学院形成了包括13个系、8个研究所（室）共15个教学科研机构（包括一些系所合一的机构）,7个研究生专业、24个本科专业、5个专科专业和5个函授专业的崭新的教学科研体系,专业面涵盖了整个广播电视业务范围。

科研工作纳入了有组织、有计划、有重点的联合攻关和独立研究相结合的轨道,应用性研究和技术开发取得了明显成效,特别是广播电视学术理论研究和边缘学科理论的构建有了突破性进展。

对内对外学术文化交流日趋活跃。学院举办了数十次国内和国际性学术研讨会,学术地位大为提高,同十几个国家和港台地区的广播电视机构和高等学校建立了各种形式的合作关系,开展了人员、学术、资料等多方面的交流。广播学院正逐步走向世界。

教职工队伍日益壮大,办学条件不断得到改善。全校形成了比较完整的教学科研、党政管理和后勤服务三支队伍;兴建了10万平方米的校舍,建立起了播音、录音、演播、激光、天线、发射、传输、电路、计算机、节目制作等一批教学实验设施。

今日的北京广播学院,已成为具有广播电视特色,融新闻、艺术、外语、工程、管理等多学科于一体,开办广播电视方面专业历史最长、学科专业门类最多、办学规模和培养能力最大的行业性大学。

但是,广播学院的领导并没有被已有的成绩所陶醉,他们清醒地意识到:广播电视高等教育正面临激烈的竞争和严峻的挑战。于是,他们适时地作出了——

一个改革发展的战略抉择

二十世纪八十年代以来,我国经济的高速发展,人民群众日益增长的精神文化需求,极大地促进了广播电视事业的发展。迅猛发展的广播电视事业,急切地呼唤更多素质优良的广播电视人才。全国几十所高等学校,甚至一些理工科大学,纷纷开办新闻广播电视专业,打破了广播学院独家经营的局面。随着毕业生分配就业制度的改革,用人单位可以自主选择所需人才,广播电视人才的就业已由过去的卖方市场变为买方市场。无疑,这一切使广播学院遇到了前所未有的挑战。

在邓小平同志视察南方重要谈话和党的十四大精神的指引鼓舞下,1993年初,广播学院党委提出了“改革发展思路30条”,接着又在学院第三次党代会上确定了改革发展的目标、任务和对策。对于广播学院来说,这是一个关系学院发展前途的战略的抉择。

一年半过去了,人们欣喜地看到,改革发展的思路正在变为现实,一个个对策也正在逐步付诸实施:

加大教育改革的力度,寻求内涵发展的新路子,开始建立教学、科研、生产(开发、制作)三位一体的新体制,挖掘办学潜力,最大限度地发挥规模效益;

加强学科建设,特别是重点学科建设,着手培养一批跨世纪的中青年专家学者,逐步形成以几十名国内外知名教授为核心的专家学者群;

深化教学改革,优化专业结构,调整专业设置,开办社会急需的新专业或专业方向,保持和发挥专业上的"早、优、全"优势,力求办出一批拳头专业和名牌专业;

实行开放办学,延聘近百名新闻、文化、教育各界的著名专家学者为学院兼职教授,加强双向学术业务交流,促进教学水平和教学质量的提高;

成立北京广播学院董事会,发挥董事会的指导、咨询、协调、帮助作用,发展与行业与社会的联系和联合办学,动员广播电视行业以至整个传播界对广播学院办学的道义和物力财力的支持;

全面开展和推进文明校园建设活动,创造优良的育人环境,实行依法治校、从严治校,树立良好的校风学风和社会形象。

刚刚步入不惑之年的北京广播学院,正向着既定的目标迈进。可以相信,不久的将来,她一定能够办成具有中国广播电视特色、适应国民经济和社会发展需要、现代化高水平的社会主义综合大学。

(本文以田力笔名发表于《人民日报》1994 年 9 月 7 日第 3 版)

后 记

本《广播影视散论》，是一部以广播影视学术理论业务研究和广播影视工作实践探索思考为内容的文集，由62篇独立的文章汇编而成，是作者继《广播影视发展改革宏观思考》(中国传媒大学出版社2005年11月出版)和《第三次突破——新世纪广播影视发展纵论》(中国广播电视出版社2012年9月出版)之后，出版的第三部论述广播影视的文集。全书共分三辑：第一辑，广播影视学术理论研究；第二辑，广播影视规划和研究机构建设与思考；第三辑，广播电视高等教育探索与思考。

本书的主要特点：一是坚持理论与实践的紧密结合，针对广播影视工作和发展改革中的实际问题进行思考和研究，不是引经据典的纯学理性研究。二是坚持独立思考和实事求是原则，一切从我国国情和广播影视实际出发，讲真话、讲实话、出实招、求实效，体现对党和国家事业负责的精神。三是内容涉及面较广，既涉及广播影视发展改革的宏观思考，亦涉及广播电视具体业务的微观实务；既有对广播影视学术理论的探求研究，亦有对广播影视和广播电视高等教育实际工作的探索思考。四是时间跨度较大，所撰文稿始自1978年，终至2018年，其间恰好是改革开放40年，从中可以窥见广播影视40年的某些历史轨迹。

我1965年12月参加工作，至2009年10月退休，在不同岗位工作了44年。如果从1968年4月进入地方广电部门算起，我已经在广电系统度过了五十几个春秋，是一个老广电人了。这部文集，也是一个老广电人在过往时间里留下的思考和记录。如果后人能够从中了解一段广电发展改革的历史，并得到一些启示，那就是作者莫大的欣慰了。

借此，我要对老校友、原中国国际广播电台台长张振华学兄表示最衷心的感谢！感谢他欣然为本书作序，给予积极的评价和热情的鼓励！我要对老校友、中国传媒大学新闻传播学部学部长高晓虹教授表达最诚挚的谢意！正是由于她的热心支持和鼎力相助，这部文集才得以纳入学校的校友出版项目而面世。我还要诚挚地感谢中国传媒大学出版社，感谢老校友赵淑萍教授和本书的策划编辑王雁来、责任编辑沈悦女士为本书的出版付出辛勤劳动！

黄勇

2022 年 10 月 20 日

写于北京

图书在版编目(CIP)数据

广播影视散论 / 黄勇著. -- 北京 : 中国传媒大学出版社, 2022.11
ISBN 978-7-5657-3191-4

Ⅰ.①广… Ⅱ.①黄… Ⅲ.①广播工作—中国—文集 ②电影工作—中国—文集 ③电视工作—中国—文集 Ⅳ.①G229.2-53

中国版本图书馆 CIP 数据核字(2022)第 061724 号

广播影视散论

GUANGBO YINGSHI SANLUN

著　　者 黄　勇
策划编辑 王雁来
责任编辑 沈　悦
封面设计 风得信·阿东
责任印制 李志鹏

出版发行 中国传媒大学出版社
社　　址 北京市朝阳区定福庄东街 1 号　**邮　　编** 100024
电　　话 86-10-65450528 65450532　**传　　真** 65779405
网　　址 http://cucp.cuc.edu.cn
经　　销 全国新华书店

印　　刷 唐山玺诚印务有限公司
开　　本 710mm×1000mm 1/16
印　　张 24.25
字　　数 448 千字
版　　次 2022 年 11 月第 1 版
印　　次 2022 年 11 月第 1 次印刷

书　　号 ISBN 978-7-5657-3191-4/G·3191　**定　　价** 98.00 元

本社法律顾问：北京嘉润律师事务所　郭建平